KB154749

삼성 라이징

제프리 케인 지음 | 윤영호 옮김

SAMSUNG RISING

삼성 라이징

우리가 미처 몰랐던 치열한 기록

JUST
books

삼성 라이징
Samsung Rising

초판 1쇄 발행 2020년 7월 15일
초판 2쇄 발행 2020년 7월 20일
지은이 제프리 케인
옮긴이 윤영호
펴낸이 구소영
펴낸곳 (주)저스트북스
출판등록 2020년 6월 22일
주소 경기도 고양시 일산서구 강선로 30, 1501-805
전화 010-9147-1479
팩스 0504-422-5888
이메일 luvfreedom@naver.com

ISBN 979-11-970977-0-6 03320

누구보다 이 책의 출간 소식을 알리고 싶은 사람이 있다.
지금도 그의 환한 미소와 시원한 목소리는 내 기억 속에 고스란히 남아 있다.

어려움 속에서도 정의를 찾기 위해 노력했던
너무나 인간적인 그, 고(故) 노회찬 전 의원의 영전에 이 책을 바친다.

나는 창업자 가문의 한 사람 외에 400명이 넘는 전현직 삼성 직원, 고위 관리자, 경영진, 정치인, 사업가, 주주, 언론인, 사회운동가, 그리고 분석가들을 인터뷰했다. 삼성은 이 책에 협조해주지 않았다. 대부분의 인터뷰는 비공식 채널을 통해 이루어졌다. 하지만 삼성은 이전에 「타임 Time」과 「패스트 컴퍼니Fast Company」에 실린 내 기사의 취재 과정에서는 도움을 주었다. 그렇게 이루어진 공식 인터뷰도 이 책에 포함되었다.

인터뷰들은 한국, 일본, 중국, 뉴욕, 뉴저지, 텍사스, 그리고 캘리포니아에서 진행되었다. 많은 인터뷰 대상자들이 익명을 요구하거나 자신의 말이 인용되지 않기를 원했다. 나는 그들의 의견을 존중했다. 자신들에게 도움이 되지 않을 것이며, 오히려 커리어에 해가 될 수도 있는 상황임에도 불구하고 많은 이들이 감사하게도 나에게 도움을 주었다.

인터뷰는 상대방에 따라 한국어, 일본어, 그리고 영어로 진행되었다. 한국어 내용이 가끔 영어로 자연스럽게 번역되지 않을 때가 있다. 그런 경우에는 「가디언Guardian」의 재능 많은 젊은 통신원이자 한국인인 김소은의 도움을 받아 원래 인터뷰 내용이 왜곡되지 않았는지 인터뷰 대상자에게 일일이 확인을 받았다.

이 책을 집필하기 위해 자료를 수집하고 분석하는 과정에서 나는 탐사 저널리즘과 더불어 나의 전공인 인류학의 민족지학적 기법을 따랐다. 기록 수집은 내가 대학원을 다녔던 런던 대학교 동양아프리카학부의 보관 자료 외에 한국의 대통령 기록관과 국회도서관의 자료들을 참조했다.

주요 등장인물

I. 한국인

이병철 회장(1910~1987): 삼성그룹의 설립자이며 1987년 사망하기까지 초대 회장을 지냈다.

이건희 회장(1942~): 이병철 회장의 아들로 1987년부터 현재까지 삼성그룹의 2대 회장이며, 삼성을 글로벌 브랜드로 키워냈다. 2014년 5월 심장마비로 쓰러진 후 모습을 드러내지 않고 있다.

이재용 부회장(1968~): 삼성의 차기 회장. 이건희 회장의 아들로 삼성그룹의 후계자이다. 뇌물공여와 횡령 혐의로 1심에서 징역 5년 형을 선고받았지만, 집행유예를 받아 불구속 상태로 재판을 받은 2심에서는 징역 2년 6개월 및 집행유예 4년 형을 선고받았다. 이후 대법원에서 뇌물 수수 성립 범위를 다시 판단하라고 판결하면서 파기환송심 재판이 열리고 있다.

이맹희(1931~2015): 이병철 회장의 세 아들 중 장남. 1969년 경영 문제로 아버지와의 갈등 후 사임할 때까지 삼성그룹의 유력한 후계자였다.

이미경(1958~): 이맹희의 딸이자 이병철 회장의 조카. 드림웍스^{DreamWorks}와 손잡고 자신의 프로덕션 회사인 CJ엔터테인먼트를 설립할 때까지 엔터테인먼트와 디자인 부문에서 삼성의 미국 대사 역할을 했다.

홍진기(1917~1986): 삼성그룹의 설립자 이병철 회장의 정치적 동지이자 삼성이 운영했던 「중앙일보」의 전직 대표. 딸 홍라희가 이건희 회장과 결혼함으로써 그의 가족과 이씨 가문은 혼인을 통한 동맹을 맺었다.

박정희 대통령(1917~1979): 1961년 군사 쿠데타를 시작으로 1979년 암살될 때까지 권력을 잡았던 독재자. 그는 한국 기적의 경제적, 정치적 기반을 마련하여 삼성과 현대 같은 기업들의 성장을 가능하게 했다.

박근혜 대통령(1952~): 박정희 대통령의 딸. 2013년 민주적인 절차로 선출된 뒤 2017년까지 한국의 대통령 역임. 2017년 정치적 동지인 삼성으로부터 막대한 뇌물을 수수한 혐의로 탄핵되어 감옥에 수감되었다.

이기태(1948~): 2000년부터 2007년까지 삼성전자 무선사업부 총괄 사장으로 재직. 공장 직원으로 시작하여 모바일 부문 대표이사가 된 그는 삼성 모바일의 품질과 내구성을 개선하여 미국 시장에 진출하는 데 크게 기여했다.

황창규(1953~): 2004년부터 2008년까지 삼성전자 반도체 총괄 사장으로 재직. 2008년부터 2010년까지 삼성전자 기술 총괄 사장. 2005년 스티브 잡스와의 중요한 계약을 통해 아이팟과 아이폰에 들어가는 칩을 납품했다. 이 거래는 애플의 폭발적인 성장을 가능하게 했다.

최지성(1951~): 삼성 가문의 막강한 최측근이자 '타워'라고 불리며 많은 핵심

실세들이 속해 있던 미래전략실의 부회장. 뇌물공여와 횡령 혐의로 4년 형을 선고 받아 법정 수감되었다가 항소심에서 징역 2년에 집행유예 3년 형을 선고받았다.

신종균(1956~): 2013년 3월부터 2015년 12월까지 삼성전자 대표이사로 재직. 삼성 갤럭시폰을 본격적으로 론칭했고, 애플과의 스마트폰 전쟁에 불씨를 지폈다.

고동진(1961~): 신종균의 후임자로 2015년 12월부터 삼성전자 모바일 부문 사장으로 재직. 2018년 3월에 삼성전자 대표이사로 부임. 연이은 갤럭시 노트 7 화재 이후 리콜과 생산 취소를 단행했다.

손대일(1956~): 2006년부터 2013년 8월까지 삼성전자 북미통신법인인Samsung Telecommunications America 법인장으로 재직. 애플과의 스마트폰 전쟁에서 중요한 역할을 했다.

강태진(1959~): 2010년부터 2014년까지 삼성전자 수석부사장으로 재직. 삼성을 콘텐츠와 소프트웨어 강자로 키우겠다는 계획하에 iTunes와 경쟁하리라고 예상했던 mSpot의 인수를 진두지휘했다.

II. 미국인

피터 아넬 Peter Arnell: 뉴욕에 소재한 아넬 그룹의 전 대표. 세련되고 스타일리시한 광고로 삼성 제품들의 이미지를 업그레이드시키고 싶었던 이건희 회장이 1990년대 중반에 영입했다. 그 당시만 해도 삼성은 그저 제조 회사로만 알려져 있었다.

고든 브루스 Gordon Bruce: 미국 캘리포니아주 패서디나에 위치한 아트센터ArtCenter의 디자인학과 교수. 1995년에 삼성디자인연구원을 공동 설립했고, 1998년 사임할 때까지 강의를 했다.

피터 스카르진스키 Peter Skarzynski: 1997년부터 2007년까지 삼성 미국 총괄 지사의 세일즈 및 마케팅 담당 부사장으로 재직. 이기태와 함께 삼성 휴대폰을 미국 시장에 진출시켰다.

에릭 킴 Eric Kim: 1999년부터 2004년까지 삼성전자의 마케팅 총괄 부사장으로 재직. 그의 주도하에 진행된 브랜딩과 광고 캠페인으로 삼성은 2000년도 중반에 소니의 브랜드 가치와 매출을 따라잡았다.

토드 펜들턴 Todd Pendleton: 2011년부터 2015년까지 삼성 미국 총괄 지사의 모바일 사업 분야 최고마케팅책임자로 재직. 애플과의 스마트폰 전쟁에서 애플을 겨냥한 광고 캠페인을 진두지휘했다.

대런 츄이 Daren Tsui**와 에드 호**Ed Ho: 일론 머스크Elon Musk와 일을 하며 첫발을 내디뎠던 실리콘밸리의 사업가들. 2012년 5월에 자기들이 개발한 음악 소프트웨어 mSpot을 삼성에 매각했다. 매각 후 삼성은 두 사람을 콘텐츠와 서비스 분야 부사장으로 영입했다. 둘은 2016년 9월에 계약이 종료될 때까지 삼성의 야심찬 프로젝트였던 밀크 뮤직Milk Music의 책임자들이었다.

폴 엘리엇 싱어 Paul Elliott Singer: 뉴욕에 본사를 둔 극비의 헤지펀드인 엘리엇 매니지먼트의 설립자이자 CEO. 업계에서는 '벌처vulture'라고 불린다. 삼성이 이재용을 차기 회장으로 선출하려는 계획을 법정에서, 그리고 지분 싸움으로 저지하려고 했다.

III. 일본인

후쿠다 다미오福田民郎: 이건희 회장의 디자인 관련 고문이자 1993년 6월에 작성된 '후쿠다 보고서'의 집필자. 이 보고서는 삼성이 품질 개선에 박차를 가하는 계기가 되었다.

한국어판 서문

한국에 머물던 대부분의 시간 동안 나는 해방촌의 한 길모퉁이에서 한참 떨어져 있는 아늑한 아파트에서 살았다. 그곳에서 낮에는 뉴스 기사를 작성하고, 작업이 끝나면 한국의 언어와 문화, 그리고 역사에 대해 공부했다. 우리 집 거실에는 한국의 정치 문화에 대한 이해의 토대를 마련해준 그레고리 헨더슨Gregory Henderson의 『소용돌이의 한국정치Korea: The Politics of the Vortex』, 다니엘 튜더Daniel Tudor의 『기적을 이룬 나라 기쁨을 잃은 나라Korea: Impossible Country』, 한국 최초로 멕시코 이민자들에 관한 이야기를 다룬 김영하의 소설 『검은 꽃』 같은 책들이 잔뜩 쌓여 있었다. 그 시절을 떠올리면 아쉬운 마음이 절로 들고, 또 그만큼 그때가 그립다. 한국은 내게 근심 없는 즐거움, 일할 때 열심히 일하고 쉴 때 확실히 쉬는 것, 저녁때 친구들과 만나 노래방에 가거나 삼겹살을 먹는 것(그 덕에 뱃살이 늘었다)

의 중요성을 가르쳐주었다.

한국에서 배운 인생의 교훈을 하나의 문구로 요약한다면, "우리는 죽어도 같이 죽고 살아도 같이 산다"일 것이다. 내가 2009년에 처음 그곳에 갔을 때, 한국은 지금과 전혀 달랐다. 나는 지난 10년 동안 한국이 믿기 어려울 정도로 급격한 변화를 이겨낸 국가라고 생각한다. 그것은 실수를 통해 배우고, 불화를 극복하며, 굳세게 앞으로 나아가는 한국인의 놀라운 능력 덕분에 가능했다. 나는 메르스 사태, 세월호 참사를 취재하면서 결국 한국인들이 재난을 딛고 일어나 전염병과 사고에 맞서 싸워 세계의 선도자가 되었던 것을 생생하게 기억한다. 내 조국인 미국이 분열, 분쟁, 폭력의 길을 가고 있는 동안 나는 항상 한국에서 직접 목격했던 평화로운 시위, 서로 논쟁하던 사람들이 협조적이고 긍정적인 자세로 조화를 이루어내는 방식을 떠올린다. 내 한국인 친구들은 흔히 "우리는 죽어도 같이 죽고 살아도 같이 산다"라고 말하곤 했다.

그런 말을 들으면 나는 삼성의 스토리를 떠올리게 된다. 내가 이 책을 쓴 이유는 신흥 강국으로 주목받는 한국의 스토리를 한국을 대표하는 기업의 시각을 통해 전달하고 싶었기 때문이다. 내 생각에 그런 스토리는 단 한 번도 영어로 소개된 적이 없었다. 내가 뉴욕의 경제 잡지인 「패스트 컴퍼니」에 기고할 기사의 취재를 위해 2010년에 처음 삼성의 수원 캠퍼스를 방문했을 당시, 이건희 회장은 탈세 혐의에 대해 사면을 받고 삼성그룹으로 복귀한 때였다. 나는 범죄 혐의에 대해 개의치 않는 듯한 삼성의 중역들이 이해되지 않았고, 조금 씁쓸하기도 했다. 그들은 이 회장을 하늘처럼 떠받들며 찬양했다. 하지만 나는 얼마나 빠르게 한국이 변하는지 지켜보며 감명을 받았다. 나는 이 회장의 아들이자 후계자인 이재용 부회장이 훗날 1년 동안 감옥에 수감되고 뇌물공여 혐의로 길고 지루한 법정 소송을 벌이다가, 마침내 2020년 5월 6일에 자녀들에게 회사를 물려줄 의사가 없다는 입장을 발표하리라고 전혀 예상하지 못했다.

나는 이재용의 발표가 시대의 변화에 대한 인정이라고 생각한다. 삼성은 조선왕조 같은 시대에서 벗어나 전문경영의 시대로 진입하고 있다. 순환출자 구조를 통한 부의 세습이 점점 더 어려워지고 있는 상황에서 이재용이 자녀들에게 삼성을 물려주려는 시도를 한다면, 그와 자녀들이 장차 다수의 강도 높은 정부 조사와 법적 소송에 시달리게 되리라는 것을 의심치 않는다. 어떤 부모도 자녀들에게 이재용과 같은 일들을 겪게 하고 싶지는 않을 것이다. 그것은 이미 돌이킬 수 없는 일이고, 이제 받아들일 때가 되었다.

나는 삼성과 이 회장 일가 및 삼성의 중역들이 거둔 성공을 존중하고 매우 높이 평가한다. 오늘날의 한국을 일궈낸 세대로부터 삼성과, 조국에 대한 열정과 헌신의 스토리를 들었던 것은 『삼성 라이징』을 쓰면서 내가 경험한 가장 큰 즐거움이었다. 이 책을 쓰는 동안 나는 왕가의 분쟁과 궁정의 음모 같은 봉건적 전통의 재현이라는 스토리의 또 다른 면을 보았다. 바로 그 부분에서 나는 삼성에 대해 매력을 느꼈다. 전 세계에서 그처럼 엄청난 성공을 거둔 기업이 그처럼 가족 통솔에 어려움을 겪은 경우는 거의 찾아볼 수 없었기 때문이다. 나는 이 두 가지 스토리를 모두 유쾌하고 재미나면서도 유익하게 담아내고 싶었다. 이 책이 한국 독자들에게 관심과 사랑을 받게 된다면 영광일 것이다. 부디 좋은 결과가 있기를 바란다.

나는 지금 2년째 터키의 이스탄불에서 지내고 있다. 내가 터키 친구들에게 5년 동안 한국에서 살았다고 말하면, 그들은 몹시 흥분하며 온갖 질문을 쏟아낸다. "괜찮은 K-pop 밴드 좀 추천해줄래요?" "어디서 한국어 강좌를 수강할 수 있는지 알아요?" "혹시 한국전에 참전한 터키 군인들을 다룬 쓸 만한 책이 있나요?" "한국이 이룬 경제 기적과 삼성 같은 기업들로부터 터키가 배울 만한 점은 뭐예요?"

나는 그들에게 삼성 같은 기업을 세우려면 유능한 인재들과 적절한 전략, 그리고 장기적인 시야를 지닌 리더들이 필요할 거라고 말한다. 국가의 정치계와 경제계 리더들은 강력한 중앙집권형 정부를 구성해 주요한 투자처들에 자금을 지원하고 수익을 거둘 때까지 여러 해 동안 발생하는 손실을 감수해야 할 것이다. 그다음에는 같은 전략을 반복해야 한다. 가령 반도체 같은 기존의 투자처에서 거둔 수익을 LCD 디스플레이 같은 엄청난 손실이 발생하는 또 다른 투자처에 투입하는 식이다. 이것은 결코 쉬운 일이 아니다. 만약 삼성의 방식을 시도하는 CEO가 있다면 대부분의 상장기업들은 그 CEO를 해고할 것이다. 그리고 많은 개발도상국들은 불안과 폭력과 부패에 시달리기 때문에 30년 넘게 한 기업을 일구는 데 도움을 줄 수 있는 정부를 갖기 어렵다.

외부인들이 재벌에 대해 연구하면서 배울 수 있는 한 가지 큰 교훈이 있다. 바로 거대한 규모를 갖추고 급변하는 추세와, 시장의 불안과, 무역 전쟁에서 버틸 수 있는 강력한 성을 구축하는 것의 중요성이다. 이것은 맨손으로 시작해 날마다 더 오랜 시간 열심히 일하며 성을 쌓아왔던 금욕적인 세대의 스토리다. 하지만 이것은 서로를 동료이자 친구로 대하면서 바비큐와 소주와 노래방을 즐길 줄 아는 세대의 스토리이기도 하다. 성실한 노력과 공동의 책임이 어우러지면서 그들은 공동의 목표 의식을 다졌다. 내 한국인 친구들은 그것을 이렇게 설명했다. "우리는 죽어도 같이 죽고 살아도 같이 산다."

2020년 6월 11일
터키 이스탄불에서
제프리 케인

차
례

1장

갤럭시, 데스 스타

"가방들은 놔두고 당장 비행기에서 내리세요!" 기내 승무원들이 소리 쳤다.

브라이언 그린은 악몽을 꾸는 것 같았다. 2016년 10월 5일 아침, 그는 켄터키주의 루이빌 국제공항에서 사우스웨스트 항공 994편 여객기의 좌석에 앉아 볼티모어로의 출장을 준비하고 있었다. 이륙 10분 전, 안전 시범이 진행되는 동안 그는 삼성 갤럭시 휴대폰 신제품의 전원을 끄고 주머니에 집어넣었다.

"저는 지퍼형 비닐백이 펑 하며 터지는 것 같은 소리를 들었어요."[1] 후일 그린이 TV 방송국 직원에게 남부 억양으로 말했다. "그리고 무슨 일인지 확인하려고 주위를 둘러보았죠. 그런데 제 주머니에서 막 연기가 피어오르고 있었어요."

그는 황급히 바지 주머니에서 스마트폰을 끄집어내 카펫이 깔린 바닥에 내던졌다.

"그게 제 손에서 터지게 하고 싶지 않았어요." 그가 말했다. 바닥에 떨어진 휴대폰에서 짙은 회녹색 연기가 피어오르고 있었다. 그 연기는 그린의 좌석 앞뒤 열들로 퍼지다가 서서히 사라졌다. 사우스웨스트 항공의 승무원들은 모든 승객들을 내리게 해야 할 시점이라고 결정했다.

오전 9시 20분, 기내 승무원들은 75명의 승객과 승무원을 전원 대피시켰다. 응급 구조대가 도착해 연기가 나는 휴대폰을 수거하고 승객들의 부상 여부를 확인했다. 다행히 그린의 말대로 "손끝 하나라도 다친 사람은 없었다." 그가 제때 휴대폰을 내던진 덕분이었다. 연기가 나는 금속, 플라스틱, 회로의 조각들은 워낙 뜨거워서 바닥의 카펫을 뚫고 타들어갔다. 정비사들이 카펫을 들어냈을 때 그 밑바닥은 까맣게 그을려 있었다.

루이빌 소방국의 방화반 조사관들이 활주로에 나타나 휴대폰을 압수하고 그린을 심문했다. 하지만 그들은 이내 그린에게 아무 잘못이 없음을 깨달았다. 모든 문제는 그가 새로 구입해서 감탄하며 애지중지하던 스마트폰에 있었다.

갤럭시 노트 7은 두 달 동안 한국과 미국을 비롯해 전 세계에서 골칫거리였다. 하지만 모든 사람들이 그 문제는 해결되었다고 생각했다. 8월말 이후 삼성은 이전부터 화제가 되어온 신제품 갤럭시 노트 7이 소비자들의 손, 집, 자동차에서 과열되었던 사례 92건을 상세히 기록했다.[2] 삼성의 주장에 따르면, 그중 상당수는 결함이 있는 배터리 때문에 발화가 일어난 것이었다.

3주 동안 결함이 있는 제품에 대해 얼버무리던 삼성은 미국에서 갤럭시 노트 7에 대한 리콜을 실행하기 시작했다.[3] 회사에서 권고한 대로 브라이언 그린은 새로 구입한 노트 7을 출장 2주 전에 AT&T 매장에서 교환했다.

그린은 교환을 받은 휴대폰과 그 포장을 꼼꼼하게 살펴보았다. 삼성의 포장에서 확실히 전해지는 메시지는 제품을 안전하게 사용할 수 있다는 것이었다. 상자에는 오리지널 노트 7이 아닌 교체품이라는 것을 나타내는 검은색의 정사각형이 표시되어 있었다. 새 휴대폰의 IMEI—모든 기기에 부여되는 15자릿수의 고유 식별 번호—를 삼성의 리콜 웹사이트에 입력했을 때, 그는 이런 준비된 응답을 받았다.[4] "안심하셔도 됩니다! 당신의 기기는 이상이 있는 기기 목록에 없습니다."

여객기에서 대피한 후 그린은 삼성의 고객 서비스 센터에 전화를 걸었다. "나는 내가 해야 할 모든 조치를 취했어요."[5] 그가 상담원에게 설명했다. "이건 리콜을 받은 휴대폰이라고요."

그 상담원은 그린의 메시지를 순서대로 접수했다. 그린은 언제 삼성의 답변을 듣게 될지 궁금했다.[6] 회사는 좀처럼 이 사고를 공공안전의 문제로 취급하지 않았다. 오히려 언론인들이 이 사고를 취재했을 때, 회사는 그 휴대폰에 결함이 있다는 것에 회의적인 반응을 보였다.

"우리가 그 휴대폰을 회수할 때까지는 이 사고가 새로운 노트 7과 연관되어 있다고 확신할 수 없습니다."[7] 삼성의 관계자들이 언론인들에게 거듭 회답했다.

결함이 있거나 위험한 제품을 실험하는 업무를 담당하는 연방기관인 소비자제품안전위원회(CPSC, Consumer Product Safety Commission)의 조사관들은 상황을 다르게 판단했다. 그들은 단호하고 매우 강력한 법적 수단을 동원했다. '긴급 상황'[8]을 언급하면서 CPSC 조사관들은 법정 소환장을 발부받았고, 화재가 일어난 다음 날 루이빌 소방국으로부터 그린의 휴대폰도 압수했다. 조사 팀은 그것을 메릴랜드주 베데스다의 한 연구실로 가져갔고, 그곳에서 긴급하게 여러 가지 실험을 했다. 이 사태의 중대성은 더욱 명확해졌다. 한 회사가 리콜을 감행하는 것은 중요한 문제였다. 게다가 그 회사가 계속 심각한 위험성을 안고 있는 대체품을 안전하다고 대중에게 재발매하는 것은 더 심각한 문제였다.

삼성이 공개 조사에 끄떡도 않는 동안, 애비 주이스라는 열세 살 소녀는 이틀 후 미네소타주 파밍턴의 노스트레일 초등학교에서 동생들을 기다리고 있었다. 갤럭시 노트 7의 대체품을 가지고 놀던 그녀는 갑자기 손에서 이상하게 뜨거운 느낌을 받았다. "마치 핀과 바늘로 찌르는 느낌이 들었어요." 소녀가 말했다. "훨씬 더 아팠지만요."[9]

애비는 즉시 휴대폰을 바닥에 내던졌고, 다행히 엄지손가락에 가벼운 화상 자국만 남았다. 그 학교의 교장은 재빨리 달려가 연기가 나는 휴대폰을 건물 밖으로 걷어찼다.

"그게 제 주머니가 아니라 제 손에 있어서 다행이었어요." 후일 애비가 미디어와의 인터뷰에서 말했다.

"우리는 새 휴대폰이 안전하다고 생각했어요"라고 애비의 아버지가 말했다.

마이클 클러링과 그의 아내는 새벽 4시에 켄터키의 집에서 쉭쉭거리는 소리에 잠에서 깼다. "방 전체가 연기로 가득했고, 냄새도 지독했어요."[10] 클러링이 지역 라디오방송에서 말했다. "방 안을 살펴보니 제 휴대폰이 불타고 있더라고요." 그날 오후에 그는 시커먼 액체를 토하기 시작했고, 병원 응급실에서 급성기관지염이라는 진단을 받았다. 의사들은 그가 연기를 들이마셔서 일어난 증상이라고 판단했다.

삼성의 한 관계자가 클러링에게 연락해 불이 난 갤럭시 노트 7을 보내달라고 요구했다. 그는 거절했다. 이윽고 그에게 삼성의 직원이 실수로 보낸 문자메시지가 전송되었다.

"만약 문제가 될 것 같다면 일단 제가 그를 달래보겠습니다." 그 문자메시지에는 이렇게 적혀 있었다. "아니면 진짜 협박하는 대로 행동에 옮기는지 지켜보도록 하죠."

클러링은 경악했다. 도대체 상황이 어떻게 돌아가는 거지?

"이 사건의 가장 충격적인 부분은 화요일 — 사우스웨스트 항공 여객기 사건이 발생하기 하루 전날 — 에 클러링의 휴대폰이 불탔고, '삼성은 이 사실을 알고도 아무 언급을 하지 않았다'는 것이다."[11] 「더 버지The Verge」의 조던 골슨Jordan Golson이 비난했다. 「기즈모도Gizmodo」의 레트 존스Rhett Jones는 이렇게 경고했다. "이 증거는 삼성이…… 이제 리콜로 교환한 대체품이 위험하다는 정보를 감추려는 뜻임을 시사해준다."[12]

언론 보도는 삼성의 결단력 있는 발표나 조치가 없는 상황에서 계속 쏟아져 나왔다.

대만의 한 여성은 개를 데리고 산책을 하던 중 바지 뒷주머니에 넣어 둔 갤럭시 노트 7에서 불이 났다.[13] 버지니아에서는 또 다른 노트 7의 대체품으로 인해 오전 5시 45분에 숀 민터의 침실용 탁자가 불탔다.

"제 방은 온통 연기로 자욱했어요. 저는 잠에서 깼고 너무 당황했죠."[14]

그 사고 이후 민터는 인근의 스프린트 매장을 방문했는데, 그곳의 판매사원이 그에게 '또 다른' 갤럭시 노트 7을 제공해주었다. 음, 고맙지만 사양할게요.

그로부터 몇 시간 후, 텍사스에서 여덟 살 소녀가 가지고 있던 또 다른 갤럭시 노트 7이 점심 식사 테이블 위에서 불이 붙었다.[15] 규제 기관, 언론, 대중은 모두 삼성 측의 답변을 기다리고 있었다. 세계적인 대기업의 무책임한 태도에 당황한 삼성의 이동통신 제휴업체들은 그 회사의 제품을 포기하기 시작했다. AT&T는 사우스웨스트 항공 여객기 대피 사고가 발생한 지 4일 만인 10월 9일에 갤럭시 노트 7의 모든 판매와 교환을 중단할 것이라고 발표했다.[16] 다른 통신업체들도 그 뒤를 따랐다.

삼성은 바로 그날 호주의 한 통신업체로 보내는 갤럭시 노트 7의 선적이 '일시적으로 중단될 것'이라고 발표했다. 하지만 회사의 메시지는 여전히 애매하고 불확실했다. 수만 혹은 수십만 명의 사람들이 여전히 자칫 폭발할 가능성이 있는 그 기기들을 가방과 주머니 속에 넣고서 만지작거리고 있었다. 그럼에도 명백하게 삼성의 명예가 최우선이었다.

"삼성은 노트 7 대체품에 대해 자신만만해하며 그것이 안전하지 않다고 믿을 만한 이유가 전혀 없다고 말한다."[17] 선적을 중단했던 호주의 통신업체 텔스트라가 내부 기록에서 밝혔다.

"다시 말해……." 「CNN머니CNNMoney」의 기자 새뮤얼 버크Samuel Burke가 답변했다. "삼성은 그 휴대폰의 품질이 계속 생산할 정도의 수준은 못 되지만, 소비자들이 사용하기에는 무방하다고 생각하는 듯했다."[18]

사태가 심각해지면서 갤럭시 노트 7의 교환을 원하는 고객들은 삼성 고객 서비스 부서에서 발송하는 혼란스럽고 이해할 수 없는 이메일들을 받았는데, 종종 엉뚱한 주문 번호가 첨부되거나 다른 오류들이 발견되기도 했다.

"이 업무는 다른 회사로 넘어가기 때문에 이런 교환이 접수되면 우리는 그 회사에서 당신에게 새 휴대폰의 주문 번호나 배송 정보를 보낼 때까지 교환에 관한 상황을 확인할 수 없습니다." 한 고객 서비스 상담원이 거의 한 달 동안 환불을 요청하고도 아무 답변을 받지 못한 갤럭시 노트 7 고객에게 설명했다. "현재 우리는 이 과정의 많은 부분에서 제한된 정보만 가지고 있습니다. 부디 이 정보가 도움이 돼서 빨리 문제가 해결되기를 바랍니다."[19] (해석: 우리는 지금 우리가 하고 있는 일이나 당신이 해야 할 일에 대해 전혀 모릅니다.)

브랜드에 대한 평판이 급격히 추락하고 있었지만, 삼성은 여전히 대처하지 못하고 있었다.

"여기 혹시 삼성 갤럭시 노트 7을 갖고 있는 사람이 있나요?"[20] 스티븐 콜베어가 〈더 레이트 쇼 위드 스티븐 콜베어The Late Show with Stephen Colbert〉에서 물었다. "만약 그런 사람이 있다면, 제발 조용히 스튜디오에서 나가주세요. 위험물 전담반이 로비에서 기다리고 있을 거예요. 삼성은 불타는 휴대폰들을 리콜하지 않았나요? 네, 그랬죠." 그가 말을 이었다. "다들 잘 아는 속담 같은 상황이에요. 한 번 속으면 상대방 탓이죠. 두 번 속으면 '세상에! 내 바짓가랑이가 불타고 있네요!'"

심지어 삼성의 오랜 동반자였던 스프린트마저 제휴업체를 비난했다.

"이봐! @스프린트, 난 더 이상 @삼성 모바일 휴대폰을 신뢰하지 않는데 어떻게 하지?"라고 몹시 짜증난 한 고객이 트윗을 남겼다.[21]

스프린트의 반응은 다음과 같았다.

"안녕하세요." 이 통신업체는 자사의 트위터 계정에 답변을 남겼다. "아직은 애플, HTC, LG, 알카텔을 신뢰할 수 있습니다."

삼성이 자사의 페이스북과 트위터에 텔레비전, 세탁기, 휴대폰 등의 신제품을 발표하거나 고객들이 인터넷 포럼에서 삼성 제품들에 대해 이야기할 때마다 조롱하는 댓글들이 끊임없이 올라왔다.

"나는 지금 삼성 LCD 모니터 앞에 앉아 있어. 부디 이게 터지지 않았으면 좋겠네!"[22]

전 세계의 항공사들은 갤럭시 노트 7의 기내 반입을 금지했다.[23] 익살스러운 사람들은 총기 매장에서 갤럭시 노트 7을 구입해 가상의 남부 캘리포니아 도시인 로스산토스 거리에서 사람들과 자동차들을 향해 마치 수류탄처럼 던지는 캐릭터들을 보여주는 그랜드 테프트 오토 V(GTA 5)의 영상들을 유튜브에 게시했다.[24]

삼성은 그 영상들에 대한 저작권이 없음에도 유튜브에 저작권 삭제 고지를 요청했다. 하지만 이런 검열 시도는 오히려 역효과를 불러일으킬 뿐이었고, 결국 더 많은 영상들이 확산되었다.

"삼성은 이 GTA 5의 폭발하는 휴대폰 수정판 영상을 사람들이 보는 것을 원하지 않는다"라며, 「아스 테크니카 ^Ars Technica^」는 모두가 볼 수 있는 영상을 게시하면서 주장했다.

"삼성은 아예 존재하지도 않는 저작권을 주장하면서 마음에 들지 않는 콘텐츠들을 제거하는 쉬운 길을 선택한 것으로 보인다."[25] 인터넷에서 표현의 자유를 옹호하는 단체인 일렉트로닉 프론티어 파운데이션 ^Electronic Frontier Foundation^은 10월 26일 이와 같이 말했다.

다시 말해서, 이것은 근래에 일어난 최악의 브랜드 참사였다. 리콜을 실시한 후에 별다른 차이가 없는 위험한 대체품을 공급하고도 삼성은 그저 체면을 세우기 위해 점점 더 혼란스럽고 무모한 대응으로 일관했다.

나에게 한국은 발견의 나라였다.

나는 2009년 9월, 처음 이 나라에 정착했다. 2016년 가을까지는 한국에 간헐적으로 거주했고, 그사이에 베트남과 캄보디아에서 취재 활동을 했다.

나는 새로운 제2의 고향에 금방 매료되었다. 한국은 독재주의 체제의 북한과 민주주의 체제의 남한으로 분단된 국가였고, 사회적·경제적·정치적 측면에서 완전히 상반되었다.

하지만 그들은 인위적인 국경에 의해 분단되었을 뿐, 본래 단일국가이자 단일민족이었다.

서울의 내 집에서 북쪽으로 30분 정도 거리에 전 세계에서 가장 많은 지뢰가 매설된 국경 지역인 비무장지대가 있었다. 나도 수십 번이나 방문한 곳이었다. 그 너머에는 미국을 상대로 전쟁의 위협을 일삼고 있는, 김정일 전 국방위원장이 곳곳에 무자비한 포로수용소들을 건설해둔 북한이 있었다.

그런데 한국의 친구들은 내가 북한에 대해 이야기할 때면 따분하다는 듯 대수롭지 않게 넘겼다.

"우리는 정말 북한에 대해 신경 쓰지 않아." 한 친구가 말했다.[26] 그 역시 다른 많은 사람들에게 들어왔던 이야기를 되풀이했다. "우리는 수십 년 동안 북한과 이렇게 지내왔어. 아무것도 변하지 않았지. 우리는 아침에 일어나자마자 북한에 대해 생각하지는 않아. 나는 내 인생을 걱정해야 해. 부모님은 내가 삼성에 취직하기를 바라시지. 네가 삼성, 현대, LG, SK에 취직했어. 그러면 네 부모님과 사회는 너를 성공한 사람이라고 말하면서 친구들에게 자랑할 거야. 그런데 네가 삼성에 취직하지 못하면, 너는 낙오자가 되고 존재하지도 않는 거야."

이런 이야기들은 내 마음을 사로잡았다. 두 세대 전까지 한국은 독재 정권이었고, 북한보다도 가난했다. 오늘날 한국은 가장 부유하고 기술력이 뛰어난 민주국가들 중 하나로 손꼽히는데, 수십 년 전만 해도 거의 아무도 예상하지 못했던 성공 스토리다. 여기 국민들은 한국을 '삼성 공화국'이라고 부른다.

어떻게 한국은 불과 두 세대 만에 농업국가에서 전 세계에서 가장 성공한 경제국가들 중 하나로 변모할 수 있었는가? 무엇이 한국의 국민들과 기업들과 문화에 영향을 미쳤는가? 한국 연구에 집중하던 시기에 나는 서울의 연세대학교에 입학해 한국에 관한 가장 권위 있는 학술서들로 열심히 공부했다. 또 한국인들을 더 잘 이해하기 위해 지역 주민들과 친구가 되었다.

"이 거리에 있는 사람들은 모두 그들의 몸이든 집이든 어딘가에 삼성 제품을 가지고 있습니다."[27] 삼성의 한 전직 부회장이 내게 자랑스럽게 말했다. "그들의 주머니, 거실, 직장 혹은 그들이 사용하는 애플 휴대폰 속의 부품에도 삼성 제품이 있죠. 모두가 말입니다."

나는 그의 말이 사실임을 알았다.

멕시코시티, 런던, 부다페스트의 공항에 내렸을 때 나는 어디서나 삼성 로고와 광고를 발견할 수 있었다. 캄보디아, 쿠바, 러시아, 베네수엘라에서는 사람들이 삼성 휴대폰을 사용하는 것을 보았다. 조용한 동남아시아 국가인 라오스의 비엔티안 공항 밖에서는 시장에서 제품이 퇴출된 지 몇 달이 지난 후였음에도 거대한 갤럭시 노트 7 광고판을 보았다. 평양을 방문했던 기간에는 북한의 한 감시원이 내게 스마트폰으로 그의 집 거실 사진을 보여주었는데, 삼성 로고가 새겨진 평면 TV가 눈에 들어왔다. 삼성은 한국의 자랑이었고, 대부분의 사람들은 한국의 성공은 삼성의 성공을 토대로 한 것이라고 생각했다.

서울에서 갤럭시 노트 7의 폭발에 관한 소식은 각종 뉴스들과 웹사이트들에서 시시각각 보도되었다. 나는 CNN, NPR, BBC, 블룸버그 TV로부터 밀려드는 전화를 받느라 분주했다. 모두 삼성의 명확한 발표가 전혀 없는 상황에서 무슨 일이 일어나고 있는지 파악하기 위해 필사적으로 움직였다. 한 기자는 삼성의 홍보 담당자들이 솔직한 공식 대화를 거부하고 있다며 불평했다.

"삼성은 우리에게 아무것도 말하려고 하지 않습니다."[28] 한 대형 언론사의 뉴스 앵커가 말했다.

나는 이 모든 것들을 전에도 본 적이 있었다. 지난 6년 동안 나는 회사 내부의 공식적인 경로와 나만의 은밀한 경로를 모두 활용해 삼성을 취재했다. 내가 알고 있는 삼성은 이상한 미로 같은 기업으로, 미국인들에게 익숙한 것과는 크게 다른 사업 문화가 만들어낸 산물이었다.

삼성은 사람들이 갤럭시 노트 7의 폭발을 회사에서 채택한 배터리 문제로 인한 결과라고 믿기를 바랐다. 하지만 수년간 삼성이 운영되는 방식을 취재했던 내 경험에 따르면, 근본적인 문제는 그저 전력원의 결함이 아니었다. 그것은 회사에서 오래전부터 개혁하려고 노력해왔던 기업 문화에서 비롯된 문제였다.

400회 이상의 인터뷰를 통해 나는 마치 전투 지시를 내리듯 사업을 실행하는 거의 군대식에 가까운 독특한 경영 체계를 지닌 조직을 기록으로 담아냈다. 삼성은 결코 애플이 아니었다. 애플처럼 엔지니어와 디자이너, 마케터 간의 개별화된 관계도 없었고, 우아한 휴대폰과 아이패드, 그리고 컴퓨터를 사랑하고 그것들을 삶의 모든 영역에 접목시키는 열성적인 수백만의 사용자들도 없었다.

반면에 삼성은 엄격하게 규제되었다. 하지만 삼성 직원들이 삼성 웨이Samsung Way라고 지칭하는 방식은 갤럭시 노트 7 사태에 직면해 골칫거리가 되고 있었다. 자사의 홍보 참사에 대한 삼성의 방어적인 접근법은 그저 피해만 더 증폭시킬 뿐이었다. 엔지니어들과 디자이너들은 잠재적인 문제들에 대해 말하지 못하도록 압박과 제지를 받았다. 갤럭시 노트 7은 그런 문화의 희생양이었다.

수십 년에 걸쳐 진통과 성장을 거듭하며 점차 성공을 이루어내면서 삼성은 직원들에게 회사에 대한 존경심, 충성심, 공포감을 주입시켰을 뿐만 아니라, 내부적으로든 공개적으로든 경영진에 대한 도전을 꺼리는 분위기를 조성해왔다. 삼성은 회사의 운명을 모국의 운명과 연결시켰다.

"(삼성의 한국 본사는) 누군가 무엇을 건드리거나 누군가 무엇을 말하는 것을 원하지 않습니다"[29]라고 한 고위직 마케팅 컨설턴트가 내게 말했다. 그는 갤럭시 노트 7의 폭발에 대처하는 삼성의 방식에 대해 개탄했다. "그래서 현재 일어나고 있는 상황에 대해 세상에 말할 수 있게 되기까지 이렇게 오랜 시간이 지체되는 겁니다. 실수를 범했을 때 명예와 자존심 외에도 여러 가지 요인을 고려해야 하죠."

나는 곧 이 사태에 대해 내가 말했던 내용에 삼성이 몹시 불쾌해했고, 자기방어적인 목적으로 나에게 개인적인 공격을 시작했음을 알게 되었다. CNN과 NPR, 그리고 다른 미디어들에 갤럭시 노트 7에 대한 내 솔직한 의견을 보내고 난 후, 나는 이메일 보관함에서 가끔 저녁 식사를 함께하는 오랜 친구이자 삼성의 부사장 겸 글로벌 커뮤니케이션 책임자 데이비드 스틸David Steel이 보낸 메시지를 확인했다. 영국 출신으로 MIT에서 물리학 박사 학위를 받은 점잖고 말솜씨가 좋은 그는 NPR에 실린 내 의견에 대해 불만을 표시하고 있었다. 나는 황금 시간대 NPR 뉴스에서 삼성 직원들이 내게 말한 내용을 그대로 전했던 것이다.

"이처럼 편향되고 선정적인 시각은……." 스틸이 내 논평에 대해 언급했다. "공정성과 균형성으로 평판을 얻고 있는 NPR와 어울리지 않네."[30] 그는 나를 두 명의 '자칭 삼성 비판가' 중 한 명이라고 불렀고, 내 논평을 '지극히 부적절한 의견'이라고 비난했다.

나는 갤럭시 노트 7 참사를 둘러싸고 삼성의 공공의 적이 되어 있었다. 이것은 자신이 취재하는 회사의 공식적인 방침을 어기는 언론인이라면 누구나 직면하는 위기다. 하지만 나는 이것이 그 회사에 대해 솔직하게 보도하는 유일한 길임을 알고 있었다.

삼성이 갤럭시 노트 7의 생산을 중단한 다음 날인 2016년 10월 11일 아침, 나는 스마트폰으로 삼성의 한 마케팅 담당자가 보낸 메시지를 확인했다.

"애플 아이폰과 관련해 무슨 일이 벌어지고 있는지 확인해줄 수 있나요?"[31] 그녀가 요청했다. "아무래도 아이폰에 여러 가지 결함이 있는데, 미디어는 침묵하고 있는 것 같거든요." 그녀는 경쟁 기업으로 관심을 돌리려 하고 있었다.

나는 삼성이 실패를 인정할 준비가 되어 있지 않다는 것을 깨달았다. 여러 해 동안 나는 친구들과 삼성의 연줄이 되는 관계자들로부터 삼성은 자신들이 오해와 부당한 대우를 받고 있다고 생각하며, 언론과 주주들이 삼성을 몰락시키려 한다는 것을 믿는다는 내부 음모론을 들어왔다. 한 젊은 경제부 기자가 갤럭시 노트 7의 화재에 대해 취재하기 위해 한 국에 들어왔을 때, 어떤 홍보 담당 중역은 그녀에게 자사에 관한 부정적 인 미디어 보도들은 "모두가 근사한 애플 스토리를 좋아한다."[32]는 사실 에서 비롯된다고 말했다.

같은 날 아침, 나는 삼성이 서울에서 차로 한 시간 거리에 있는 수원 캠퍼스에서 중역들을 소집해 불타는 휴대폰에 관한 회의를 한다는 소식 을 들었다. 그들은 상황을 수습하기 위해 파견단을 이끌고 메릴랜드주 베데스다에 가서 CPSC를 만나고 돌아온 한 중역이 실시하는 브리핑을 들을 예정이었다. 미국의 공무원들은 제품의 리콜과 교환 프로그램을 처 리하는 삼성의 방식을 향한 소비자들의 불만에 대해 걱정하고 있었다.

하지만 내가 들은 정보에 따르면, 이 회의의 진정한 목적은 사기를 진 작하기 위한 것이었다.

"침착함과 자신감을 유지하라."[33] 실제 현장에서 상사의 브리핑을 들 은 내 정보원은 결국 이것이 회사의 주요 메시지였다고 말했다.

그녀의 상사는 그녀에게 경찰에서 화재나 폭발이 갤럭시 노트 7으로 인한 것이라고 확정하지 않았다고 말했다. "우리는 여기서 많은 실험을 실시했네. 하지만 기기들에서는 연기만 났을 뿐이야. 그러니 미디어가 지어낸 얘기들이지. 미디어는 애플 제품들에는 침묵하면서 오직 삼성에 만 집중한단 말이야."

수세에 몰린 삼성은 훼손된 고객들과의 관계를 회복하기 위해 계속 노력했지만 성공하지 못했다. 내 정보원에게 들은 내용에 따르면, 회사

내부에서는 애플을 들먹이며 관심을 다른 곳으로 돌리려고 했다. 내 생각에 이것은 회사의 오만함뿐만 아니라 내재된 수치심, 불안함, 절박함까지 드러내는 것이었다. 삼성은 갤럭시 노트 7 참사를 신속하게 타개해야 한다는 것을 알고 있었다. 그러지 않으면 신제품 스마트폰으로 인해 삼성의 브랜드, 심지어 한국의 위신마저 손상될 것이기 때문이었다.

"내가 한국인이라는 게 부끄러워요." 내가 사는 아파트 근처의 한 상점에서 박씨 성을 가진 주인이 물건을 봉지에 담아주며 말했다.

미군 기지에서 가까운 언덕에 위치한 그의 편의점은 한 시간 정도 걸리는 내 아침 산책길의 출발점이었다. 나는 미군 기지를 거쳐 소란스러운 이태원의 유흥가를 가로지르며 전날 밤 손님을 치르고 나온 트랜스젠더 매춘부 무리들의 앞을 지나, 삼성의 광고 계열사인 제일기획의 최신 유리 건물 본사 쪽으로 향하곤 했다.

길모퉁이를 돌아 제일기획 본사에서 왼쪽으로 가면 삼성 이건희 회장의 아내가 설립한 리움 미술관이 있었다. 유명한 랜드마크인 이 미술관은 마크 로스코Mark Rothko의 그림들과 데미언 허스트Damien Hirst의 작품들을 보유하고 있었고, 중세 한국 도자기의 대규모 전시장이기도 했다. 근처에서 산 커피 한 잔을 손에 쥔 나는 흡사 군용 벙커 같은 고급 주택들이 즐비한 한남동의 부촌 언덕을 계속 올라갔다. 그중에는 막강한 삼성가(家)의 저택들도 있었다.

첫 번째 집은 이건희 회장의 아들이자 삼성 왕조의 후계자인 이재용의 저택이었다. 그의 집은 엄격한 유교적 서열에 따라 아버지의 집보다 언덕 아래쪽에 위치했다. 삼성 회장의 저택은 한국의 풍수지리설에 따라 전망이 좋은 언덕 위에 위치했는데, 그것은 놀랄 만큼 아름다운 전통미를 구현한 건물이었다. 은둔자로 알려진 이건희 회장은 도시의 멋진 풍경을 내려다보며 살고 있었다.

아침 운동이 끝나면 나는 언덕 아래로 내려가 버스를 타고 광화문 광장의 조망이 가능한 외신 지원 센터로 갔다. 10층에 위치한 내 사무실에서 나는 주변 건물들에 걸린 삼성전자와 LG전자의 광고판을 쳐다보곤했다. 아래쪽 광장에는 삼성을 찬양하거나 비난하는 정치적 시위든, 이런저런 정치적 사안들에 관한 시위든, 끊임없이 시위가 이어졌다. 진보 진영의 사람들은 대체로 광장 한복판의 세종대왕 동상 주변에 모이는 반면, 보수 진영 사람들은 광장의 가장자리 길 건너편에 모여서 피켓을 들었다.

어느 날이든 광장에는 정치적 상황에 따라 이런 시위자들이 수만 명까지 모일 수도 있었다. 비록 한국의 언론에서 일부 친재계 보수주의자들이 막강한 재계의 로비 단체인 전경련으로부터 금품을 받고 시위에 참여했다는 보도[34]가 나오기도 했지만, 대부분의 시위자들은 합법적인 참가자들이었다. 나는 휴식 시간에 양쪽 진영을 오가곤 했다.

"삼성이 이 나라를 건설했어! 우리 국민을 먹여 살렸지! 우리가 아무것도 가진 게 없을 때 옷을 입혀줬고! 우리한테 일자리를 줬지! 우리한테 국제적인 위신을 가져다줬어! 좌파 좀비들만 감히 삼성에게 반기를든다고!" 한 나이 든 시위자가 소리쳤다. 애국 참전 용사인 그는 휘장이 새겨진 모자를 쓰고 있었다.

나는 이에 대한 반대 진영의 응답을 듣기 위해 길을 건너 진보 진영의 텐트들을 향해 걸어갔다. 그중 일부는 몇 주째 텐트에서 지내고 있었다.

"마리 앙투아네트가 '저들에게 케이크를 먹게 하라'고 말했나? 삼성은 우리나라를 돈으로 샀어! 우리가 한마디 할게, '단두대로 보내버려!'"

보수 진영에서 나는 이런 외침을 들었다. "삼성 노동조합원들은 공산주의자들이다! 그들을 북한으로 돌려보내라!"

갤럭시 노트 7의 엉성한 리콜 이후에 나는 삼성을 옹호하는 한 시위자에게 다가갔다. 그는 지치고 낙심한 듯 보였다.

"전 세계가 지켜보고 있고, 갤럭시 노트 7은 실패로 끝났어." 그가 말했다. "우리나라가 부끄러워. 삼성이 창피하다고."

겨우 스마트폰의 한 제품군의 실패를 가지고 한국의 정치 지도자들은 국가의 경기 침체 가능성에 대해 진지하게 고민하고 있었다.

"최근의 보좌관 회의에서 박 대통령은 갤럭시 노트 7에 대한 브리핑을 받은 후에 상당한 우려를 표했습니다."[35] 정부의 한 관계자가 기자들에게 말했다. 그녀는 모두에게 "우리의 모든 역량을 집중해서 중소기업에 돌아가는 피해를 최소화하라"고 당부했다.

야당의 지도자 문재인 대표(얼마 후 그는 대통령에 당선되었다)는 이렇게 선언했다. "이것은 단지 삼성만의 문제가 아닙니다. 경제 전체에 영향을 미치는 문제입니다. 국민들은 한국을 대표하는 브랜드로서 삼성에 대한 자부심을 갖기 때문에 이것은 국민들의 문제이기도 합니다."[36]

갤럭시 노트 7의 실패는 사실상 5년 전인 2011년 7월로 거슬러 올라

간다. 어느 무더운 여름날, 광화문 광장에서 모닝커피를 마시며 쉬고 있던 나는 삼성 스마트폰으로 삼성 홍보 팀에서 보낸 이메일을 확인했다. 그것은 향후 10년 동안 내가 할 일을 규정하게 될 요청에 대한 답변이었다.

"인터뷰 요청이 승인되었습니다"[37]라고 삼성의 글로벌 커뮤니케이션 담당 직원인 남기영이 적어 보내왔다. 며칠 후 나는 지하철을 타고 남쪽으로 45분 정도 이동해 성형외과 병원들과 고급 핸드백 매장들이 즐비한 강남 신흥 부자들의 성지에서 내렸다. 나는 지하철과 연결된 회전문을 통과해 삼성의 매끈한 고층 복합건물(한국의 목공술에 영감을 받아 직소 퍼즐 조각들이 맞물린 것처럼 보이는 형태[38]로 설계된 3개 동의 유리 건물)의 지하로 들어갔다. 삼성은 이 건물을 회사의 사명을 암시하는 상징물로 건설했다. 세계의 퍼즐들을 해결하라는 사명은 바로 삼성의 뛰어난 인재들이 이룩할 업적이기도 했다.

나는 한국과 북한에 관한 기사를 취재해 「타임Time」지에 기고하고 있었고, 삼성은 나를 본사로 초대해 다급하게 애플에 대한 회사의 방어가 정당하다는 것을 주장하려고 했다.

3개월 전인 2011년 4월에 스티브 잡스Steve Jobs는 삼성에서 아이폰과 아이패드를 '비굴하게' 모방했다고 고소하며, 무려 25억 달러의 손해배상을 요구하는 다수의 소송을 제기했다.[39] 그의 행동으로 인해 이 두 대기업 간에는 전 세계적으로 50건 이상의 소송이 포함된 엄청난 법적 전쟁이 촉발되었다.

그 삼성 직원은 나를 따로 커피숍으로 불러내 현재 돌아가는 상황에 대해 설명했다.

그는 "CEO께서 이 인터뷰를 승인했다는 사실을 알고 계셔야 합니다"라고 말하며, 이 초대의 중요성에 대해 강조했다. 그는 특히 삼성은 회사와 관련된 소송 같은 민감한 사안들에 대해서는 웬만해서는 인터뷰를 허용하지 않는다고 말했다.

우리는 회사 차량을 타고 지저분한 산업도시인 수원을 가로질러 삼성의 보안 검색대를 통과한 후, 비로소 캠퍼스 안으로 들어갔다. 앞서 보안 검색대에서 경비원들은 내 낡은 삼성 휴대폰에 조작된 흔적이 있는지 확인했다. 2019년 통계에 따르면 한국은 세계에서 여섯 번째로 많은 커피를 소비한다고 했는데, 캠퍼스 안 역시 의무라도 되는 듯 커피숍들이 있었다. 회사 박물관을 둘러본 후에 우리는 철저한 보안이 유지되는 삼성전자 휴대폰 사업부 건물에 도착했다.

삼성전자 무선사업부 부사장인 고동진이라는 이름의 풍채가 좋은 남성이 회의 테이블에서 나를 기다리고 있었다. 당당한 체격에 중저음의 목소리를 가진 고 부사장은 실없는 농담으로 분위기를 띄울 줄 아는 매력적인 사람이었다.

"제가 영화배우 조지 클루니^{George Clooney} 같다는 기분이 들었습니다. 하지만 제 외모와 분위기가 전혀 다르다는 걸 인정해야죠."[40] 한 제품의 론칭 이벤트에서 스포트라이트를 받으며 그가 한 말이다.

그의 농담을 듣고 웃게 되는 이유는 그것이 재미있기 때문이 아니라 아주 엉뚱하기 때문이다. 하지만 고 부사장은 테이블에서 나를 마주하며 삼성과 숙적 애플에 대한 삼성의 전략을 변론할 때는 더없이 진중했다.

"어떤 제품을 소개하고 '바로 이겁니다. 우리를 따라오세요.'라고 말하며 선도하기보다, 우리는 각양각색의 사람들이 지닌 다양한 기호에 따른 요구를 충족시키고, 그들의 생활방식에 도움을 주고자 합니다."[41]

비록 애플이라는 이름을 직접 언급하지는 않았지만, 고 부사장은 최근에 시작된 잡스와 애플을 상대로 한 스마트폰 전쟁에 사용될 삼성의 전략을 넌지시 내비치고 있었다. 그 당시 애플은 훨씬 소규모의 제품군으로 모든 상황을 마음대로 통제하려는 독단적인 회사였다. 이 회사는 다양성이 거의 없었다. 소비자들은 최신 버전의 아이폰과 크기가 훨씬 큰 아이패드 중에서 선택해야 했다. 그것으로 끝이었다. 애플의 제품은 사용자들을 근사해 보이게 했다. 애플 제품을 갖고 있지 않으면, 그 사람은 근사해 보이지 않았다. 잡스가 남긴 유명한 말처럼, "많은 경우 사람들은 원하는 것을 직접 보여주기 전까지는 무엇을 원하는지도 모른다."

미국에서 삼성의 시장 연구원들은 '다르게 생각하라'는 애플의 모토를 오만하고 건방지다고 생각했다. 그들의 연구에 따르면, 안드로이드 사용자들 — 삼성 제품을 사용하는 사람들 — 은 자신들이 현명하고 독자적인 선택을 한다고 생각하는 것으로 나타났다.[42] 반면에 그들은 애플 제품의 애용자들을, 스스로를 창의적이라고 여기지만 실제로는 독창성 없는 양떼 같은 추종자들에 불과한 소비자들이라고 간주했다. 삼성은 애플과 정반대의 전략을 채택하기로 결정했다.

작은 화면을 원하는가? 삼성에는 갤럭시 S가 있었다. 더 큰 화면을 선호하는가? 삼성은 그런 제품도 발매할 예정이었다. 바로 갤럭시 노트였다. 대형 화면을 찾고 있는가? 그런 제품 역시 삼성에 있었다. 바로 갤럭시 탭이었다. 다른 많은 제품들이 그사이의 모든 가격대에 자리를 잡을 것이다.

"우리는 우리만의 경쟁력이 있다고 강력하게 믿고 있습니다."[43] 고 부사장이 미국에서 삼성은 애플보다 훨씬 더 많은 특허를 등록했다는 사실을 강조하며 말했다. 그의 설명에 따르면, 실제로 삼성은 다수의 하드웨어 기술을 발명한 기업이었다. 스티브 잡스조차 아이폰의 내부에 이런 삼성의 기술을 사용했다. 실제로 삼성의 칩은 아이폰을 가능하게 만들었다.[44]

2012년 8월, 캘리포니아 법원은 삼성이 애플 제품의 특허들과 '외형 및 분위기'를 도용했다고 판결했다.[45] 하지만 삼성은 일본, 영국, 한국에서 애플을 상대로 법적 승리를 거두었다.[46]

삼성의 중역들은 그 소송들을 더 큰 스토리, 즉 영감과 모방, 노골적인 복제의 경계에 관한 논란의 복선이라고 간주했다. 뛰어난 한 개의 제품 개발에 치중하는 애플의 방식과 달리, 삼성은 업계에서 신속한 실행가이자 점진적인 혁신가로 알려져 있었다.

삼성은 아이폰 같은 파격적인 제품이 시장에서 어떤 성과를 내는지 목격했고, 이후 성공에 이르는 길이 가시화되자 자사의 스마트폰들을 출시했다. 우위를 추구했던 삼성의 사명은 스마트폰의 하드웨어 특징을 조금씩 보완하는 것이었다. 조금 더 큰 화면, 더 오래 지속되는 배터리, 방수가 되는 외장이 그런 부분에 해당되었다. '개선(改善)'은 한국인들이 이런 '점진적인 혁신'의 과정을 일컫는 단어이다. 일본인들에게 이것에 해당되는 단어는 '카이젠'이다.

애플이 스마트폰을 발명한 것은 아니며, 그 제품군은 블랙베리가 장악하고 있었다. 애플은 다른 회사들로부터 영감을 받아 파괴적 혁신으로 제품을 내놓으면서 업계를 대혼란에 빠뜨렸다. 스티브 잡스는 소니와 그 기업문화의 숭배자였다.[47] 애플의 디자이너들은 소니의 디자인을 차용해 아이폰의 방향을 바꿔놓았다.[48] 기존의 아이디어들과 기술들을 하나로 엮으면서 잡스는 마침내 아이폰을 창조했다.

삼성의 중역들은 애플이 모서리가 둥근 검은색의 직사각 형태 같은 일반 특허(법원에서 기각할 만큼 너무 어처구니없는 특허)로 독점을 이끌어내려는 시도를 한다고 느꼈다. "우리는 모두 특허를 얻어낼 겁니다"[49]라고 언젠가 잡스가 말했다.

그는 또한 노골적으로 삼성을 비롯해 다른 경쟁사들을 조롱했고, 그들의 더 큰 휴대폰들을 '허머'(hummer, 1992년 군용 자동차로 처음 출시된 뒤 오프로드의 강자로 자리 잡은 SUV_옮긴이)라고 부르며 비아냥거렸다. "아무도 그걸 구입하지 않을 겁니다."[50] 그가 2010년 7월에 한 기자회견에서 말했다.

삼성의 경영진은 잡스의 공격을 가볍게 여기지 않았다.

몇 년 후, 삼성의 전임 전략마케팅 부사장 브라이언 월리스[Brian Wallace]가 전화로 내게 말했다. "저는 지금 애플이 최근에 모방한 휴대폰으로 전화를 하고 있습니다. 갤럭시 노트 엣지로 말이에요. 스티브 잡스가 숨을 거둘 때까지 조롱했던 바로 그런 대형 휴대폰이죠. 과연 누가 옳았나요? 망할 놈의 잡스 같으니. 그는 죽었고 우리가 옳았어요. 삼성이 옳았다고요."[51]

삼성의 디자이너들은 자신들이 결정적인 흐름을 캐치했다고 느꼈다.

2011년 10월에 처음 출시된 갤럭시 노트로 그들은 태블릿과 스마트폰의 중간에 위치한 휴대폰을 창조했고, 그 제품은 사람들에게 인기를 얻었다. 삼성이 개척한 더 큰 화면은 스마트폰의 진화에서 결정적인 요소가 되었다. 결국 애플도 매번 더 큰 화면을 갖춘 아이폰을 출시했다. 이 분야에서는 삼성이 앞서가고 애플이 뒤쫓고 있었다.

그럼에도 불구하고 삼성의 경영진은 시장에서 애플을 물리치고 세계에서 가장 유명하고 가장 성공적인 전자기기 제조 회사로 등극하기 위해 미친 듯이 노력했다. 이런 절실한 욕망은 그들의 기업문화에 내재된 치명적인 허점을 노출시켰다. 삼성은 여전히 애플의 제품들을 벤치마킹했고, 소위 '빠른 추격자'라고 불리고 있었다. 삼성을 상대로 한 '모방' 소송에 중역들은 아주 민감하게 반응했다. 2014년 2월에 삼성은 영국의 진공청소기 제조업체 다이슨을 명예훼손으로 고소했는데, 앞서 다이슨은 삼성에서 자사의 특허를 침해했다는 소송을 제기한 바 있었다.[52]

갤럭시 노트 7을 준비하면서 삼성의 경영자들은 시장에 활용할 만한 기회가 있는지 찾았고, 여러 소문에 귀를 기울였으며, 애플을 이기기 위해 사용할 수 있는 새로운 제품들을 구상했다. 하지만 쿠퍼티노(Cupertino, 애플의 본사가 있는 캘리포니아의 도시_옮긴이)의 회사를 앞서야 한다는 부담은 조급하고 엉성한 일 처리로 이어졌고, 그것은 결국 전 세계적으로 유명한 삼성전자와 그 회사의 소중한 갤럭시 브랜드에 재앙에 가까운 위기를 초래했다.

앞서 2011년에 만났던 고동진은 2016년 초에 CEO로 승진하면서 삼성전자의 세 CEO 중 한 명이 되었다.[53] 지난 5년 동안 고 사장의 무선사업부는 속사포 같은 점진적인 개선을 통해 스마트폰 기술의 한계를 끌어올렸다. 삼성은 더 큰 화면과 더 강력한 하드웨어를 갖춘 휴대폰들을 출시해 더 뛰어난 마케팅으로 더 많은 물량을 판매하면서 애플의 시장 점유율을 추월했다. 이제 그와 다른 중역들은 차세대 아이폰이 비교적 조용하게 출시될 것이라고 들었다.[54] 디자인은 크게 변화되지 않고 외형과 분위기도 기본적으로 동일할 터였다.

비록 소문들은 그다지 정확하지 않은 것으로 드러났지만, 삼성이 여러 가지 기능으로 무장한 신제품 휴대폰으로 애플을 앞설 수 있는 절호의 기회인 듯 보였다. 바로 갤럭시 노트 7이었는데, 그것은 시선을 사로잡는 유리와 금속 재질의 케이스로 제작되어 싸구려 플라스틱 소재보다 훨씬 고급스러운 느낌을 주었다.[55] 모서리를 곡면으로 처리한 대형 랩 어라운드 화면에는 아이폰에 없는 기능인 홍채 인식 스캐너가 숨겨져 있었다. 또한 방수가 되는 케이스는 아이폰의 심각한 불만 사항 중 하나인 추락의 충격과 액체의 흘림에도 견딜 수 있었고, 배터리는 더 빨리 충전되고 더 오래 지속되었다.

소비자들은 오랫동안 수명이 더 긴 배터리를 기다려왔고, 고 사장은 갤럭시 노트 7의 바로 그 장점을 활용해 새로운 소비자들을 삼성으로 끌어들이고자 했다. 갤럭시 노트 7에는 이전 모델에 사용되던 3,000밀리암페어보다 높은 3,500밀리암페어 배터리가 장착되면서 배터리의 수명이 16퍼센트 증대되었다.[56] 반면에 애플은 아이폰 7 플러스에 용량이 2,900밀리암페어에 불과한 배터리를 장착했다.

삼성전자는 두 곳의 공급업체를 선정했다.[57] 미국에서 판매되는 휴대폰들에는 같은 삼성의 계열사로 세계 최대이자 최고의 배터리 제조업체 중 하나인 삼성 SDI가 활용되었다.

독특한 한국의 제도에서 SDI는 서류상으로 독립적인 회사였지만 실제로는 그렇지 않았다. 삼성전자는 SDI의 지분 중 5분의 1을 소유했고,[58] SDI는 복잡한 출자 구조에서 같은 왕가의 지배를 받았다. 실제로 SDI는 대규모의 삼성그룹 안에서 서로 엮여 있는 순환출자와 가족 소유권의 복잡한 관계에서 일개 기업에 불과했다. 삼성그룹은 조선업, 의류업, 광고업, 외식업에서 50개 이상의 기업과 1개의 병원으로 이루어져 있다. 삼성그룹은 때론 거대 복합기업으로 오해를 받기도 한다. 하지만 '삼성그룹'이라는 명칭은 단지 그 기업들이 창업 가문 아래서 서로 엮여 있는 방식을 표현하는 용어일 뿐이다.

삼성은 중국과 전 세계의 다른 곳들에서 판매되는 휴대폰에는 홍콩에 기반을 둔 외부의 공급업체 암페렉스를 활용했다.[59]

아이폰보다 먼저 시장에 진출하는 것은 회사의 가장 중요한 목표였고, 삼성의 중역들은 마감 기한의 단축을 요구했다.

"우리는 아이폰의 출시일에 민감했습니다."[60] 한 모바일 관리자가 내게 말했다. "그들보다 (시장에서) 앞서기를 바랐습니다. 그러면 우리가 아이폰 고객들을 잡을 수도 있으니까요."

출시일은 2016년 8월 3일이었다. 한 해 전 갤럭시폰의 출시일보다 열흘 앞선 날짜였다. 아이폰과의 정면 대결에 자신이 있었던 고 사장 휘하의 중역들은 신형 갤럭시 노트에서 숫자 6을 빼기로 결정했고—갤럭시 노트 6는 존재하지 않는다—곧장 '갤럭시 노트 7'이라는 이름으로 넘어갔다. 회사는 이 전략으로 갤럭시 노트 7이 소비자들에게 아이폰 7과 직접 비교되기를 기대했다.

「블룸버그 테크놀로지Bloomberg Technology」의 표현에 따르면, "삼성은 모방꾼이라는 애플의 조롱을 완전히 잠재웠다."[61]

삼성의 중역들은 공급업체들과의 미팅에서 숨 쉴 틈 없이 빠듯한 마감 기한과 엄격한 규격을 지켜줄 것을 요구했다.

"압박이 굉장히 심했습니다."[62] 화가 난 삼성 모바일의 관리자가 내게 당시의 상황에 대해 말했다. "정말 엄청났어요! 갤럭시 S6의 제작 과정에서도 디스플레이의 물량 부족이 있었는데, 이젠 갤럭시 노트 7의 공급량까지 맞춰야 하는 압박까지 더해졌죠. 곡면 디스플레이, 배터리, 그 밖에 다른 부품들 모두 말입니다."

중역들은 수시로 규격과 일정에 대한 변경을 요구하면서 상황을 더욱 악화시켰다.[63] 한 공급업체는 「블룸버그 테크놀로지」에 삼성의 요구 사항을 맞추느라 고생했음을 시인했다.

"압박이 엄청났습니다." 삼성전자 휴대폰의 한 관리자가 내게 말했다. 그는 공급업체들에 대한 발주 업무에 직접 관여했다. 그것은 폭주였고 대혼란이었다.

수개월에 걸친 독촉 끝에 삼성의 관리자들은 완성된 갤럭시 노트 7 시제품을 손에 쥐고서 감탄을 쏟아냈다. 스타일러스 펜부터 화면, 배터리까지 이 휴대폰은 예술 작품이었다. 그들은 테스트용 시제품을 통신업체들에 전달했고[64] 통신업체들은 아무 결함도 발견하지 못했다. 품질검사로 인한 짧은 지체 기간이 지나고, 갤럭시 노트 7은 출시해도 좋다는 판정을 받았다. 이것은 삼성의 최대 장점이었다. 바로 방대한 규모의 엄격한 하향식 경영 체계와 뛰어난 공급 체인을 통해 어떤 경쟁업체보다도 빠르게 우수한 하드웨어를 제조하는 능력이었다.

"우리는 우리를 의심하는 회의론자들에게 맞섰습니다."[65] 고 사장이 2016년 8월 3일, 뉴욕시에서 열린 제품 공개 행사에서 당당하게 승리의 연설을 했다. "우리는 대형 화면과 우리의 새로운 S펜을 무시하던 회의론자들에게 이런저런 말을 들었습니다. 하지만 우리는 우리의 비전에 충실했고, 계속 노력했습니다."

하지만 이에 시큰둥해하는 사람들도 있었다.

"저런 사람들은 현실을 왜곡하는 거품 속에서 살고 있잖아요."[66] 몹시 지친 한 삼성의 마케터가 내게 설명했다.

그것은 삼성의 군대식 위계(많은 한국 기업들의 공통된 특징)를 비꼬는 말이었다. 무적의 '장군들'은 새로운 프로젝트마다 저돌적으로 진격하는데, 심지어 상황이 불확실해 보일 때조차 전투병들은 회사와 지휘관들의 위대함에 대한 확신을 갖고 그들을 치켜세워야 한다. 나와 대화했던 마케팅 팀 직원은 한국인이 아니었다. 그는 언제든 미국에서 다른 회사에 취업할 수 있었기 때문에 더 자유롭게 말할 수 있는 여유를 지녔다. 삼성에서 한국인은 보복에 대한 걱정 때문에 그처럼 솔직하게 말할 수 없다는 것을 나는 알고 있었다. 한국의 취업 시장은 소수의 고용주들이 장악했고, 그 기업들은 뒤끝이 있기로 악명 높았다.

갤럭시는 급증하는 수요에 따라 2016년 8월 19일에 출시되었다. 이런 상황에서 공급 체인은 극심한 압박에 시달렸기 때문에 삼성은 러시아와 말레이시아에서의 발매를 연기해야 했다.[67] 하지만 이상 징후는 전혀 없었다. 회사의 주가는 기록적인 신고가를 거듭했고, 제품의 리뷰는 찬사로 가득했다.

"갤럭시 노트 7은 디자인, 배터리 수명, 속도, 기능에서 삼성의 최선을 보여주는 아름답고 뛰어난 안드로이드 휴대폰이다."[68] 「CNET」의 제시카 돌코트Jessica Dolcourt가 호평했다. 「테크레이더TechRadar」는 갤럭시 노트 7이 "삼성의 역대 휴대폰 중 최고의 지위를 차지했고, 더 큰 곡면 화면과 스타일러스 펜 같은 더 많은 기능을 추가했다"[69]고 극찬했다. 「인가젯Engadget」은 갤럭시 노트 7을 사상 최고의 리뷰 점수를 받은 제품으로 선정하면서, "이 회사는 여태껏 해내지 못한 최고의 휴대폰을 만들어냈다"[70]고 찬사를 보냈다.

하지만 이것은 일시적인 승리였다. 불과 며칠 만에 유튜브와 소셜미디어에서 떠도는 제품에 대한 부정적인 기사들이 삼성 본사로 흘러들어가기 시작했다.

"어떻게 그걸 믿을 수가 있나? 다 터무니없는 소리들이야."[71] 한 선임 관리자가 그 기사들에 대해 묻는 휴대폰 마케터에게 말했다. 삼성 글로벌 마케팅센터 부사장 이영희는 「블룸버그 비즈니스위크Bloomberg Businessweek」에 자신은 처음에 그런 기사들을 믿지 않았다고 말했다.[72]

하지만 직원들 사이에서조차 시니컬한 농담이 오가기 시작했다.

무선사업부의 한 중역이 "갤럭시 노트 7은 구내식당에서조차 직원들이 이야기하기를 꺼리는 '방사능처럼 위험한 토픽'이라고 표현했다"고 「월스트리트 저널Wall Street Journal」이 보도했다.[73]

그보다 몇 층 위, 수원의 삼성 무선사업부 빌딩 최고층 근처에서 임원급 중역들은 해고에 대한 두려움으로 전전긍긍하고 있었다. 회사는 고사장을 중심으로 피해를 억제하기 위한 특별대책반을 구성했고,[74] 이후 4개월 동안 매일 오전 7시에 대응책을 마련하기 위한 회의를 열었다. 삼성 왕가에 충성하는 막강한 집행자인 최지성 부회장도 개입했다.[75]

한국의 「EBN」은 이렇게 보도했다. "이제 고동진 사장이 교체될 것이라는 추측이 점점 더 현실성이 있어 보인다."[76]

비록 고동진은 CEO였지만 삼성은 CEO들을 COO(최고운영책임자)에 더 가깝게 취급했다. 특별대책반을 지휘하는 동안 고 사장은 삼성그룹 내 한 회사를 경영할 뿐이었고, 그보다 더 고위직 임원에게 지시를 받아야 했다. 삼성 제국의 미로에서 위로 올라가면 갈수록 임원들은 더 비밀이 많아지고, 그들의 결정은 더 보호되고 차단된다. 그들은 공개석상에서 좀처럼 말하지 않는다. 그들은 사전경고 없이 어려움에 처한 부서를 급습하여 가끔 해당 부서의 중역들이 심각한 대가를 치르기도 한다.

최지성 부회장은 삼성의 종신 직원으로, 한때 삼성전자 반도체 판매 사업부장과 영상 디스플레이 사업부장으로 근무했었다. 그는 조직적이고 계산적인 사람이었다. 한 전직 부사장은 공격적인 방식 때문에 그를 '테러리스트'라고 부르기도 했다.[77] 존경과 공포의 대상인 그는 왕가의 궁전이자 수많은 사업부들에 대한 통제소 역할을 하는, 이른바 미래전략실(FSO)의 대가로 군림했다.

"타워가 지켜보고 있습니다. 타워가 지켜보고 있어요."[78] 한 전직 부사장이 긴밀히 연결된 삼성 임원단의 내부 별명을 써가며 내게 말했다. 그들 중 상당수가 미래전략실 출신이었다.

최 부회장과 고 사장은 수원 캠퍼스의 R5 건물에 있는 고 사장의 사무실에서 만났다.[79] 그곳에서 그들은 갤럭시 노트 7의 X-레이와 CT 검사를 포함한 실험보고서를 검토하면서 화재의 원인에 대한 결론을 내리는 작업에 착수했다. CT 검사에서 삼성 SDI의 배터리는 외피에서 툭 튀어나온 돌출부와 내부구조에서 열에 의한 손상이 발견되었다. 그들은 다른 공급업체인 암페렉스의 배터리로 가동되는 휴대폰들에서는 어떤 돌출부도 발견하지 못했다.

"그것은 최종적인 대답이 아니었다"[80]라고 「월스트리트 저널」이 보도했다. 하지만 고객들이 불평하고 통신업체들이 해답을 요구하는 상황에서 고 사장은 그들이 최종 결론을 내릴 수 있을 만큼 정보가 충분하다고 판단했다. 그들은 비난의 화살을 결함이 있는 부품을 생산한 삼성의 배터리 공급업체들에게 돌렸고, 전면적인 리콜을 촉구했다.

갤럭시 노트 7이 출시된 지 2주일 후인 9월 2일에 고 사장은 우울한 얼굴로 기자회견을 하기 위해서 카메라 플래시 세례가 쏟아지는 회의실에 들어섰다. 그는 고개를 깊이 숙이며 인사했다. 한국식 사과의 표현이었다.

"우리는 고객의 안전을 최우선으로 여기기 때문에……." 그가 말했다. "우리는 갤럭시 노트 7의 판매를 중단하고 모든 고객들에게 기존의 제품을 구매한 시기와 상관없이 새로운 대체품 휴대폰을 제공하기로 결정했습니다."[81]

삼성 제국의 찬란한 빛이던 갤럭시 노트 7은 이제 삼성 제국 최악의 재앙이 되었다. 시장에 공급된 250만 개의 갤럭시 노트 7 가운데 삼성은 삼성 SDI의 배터리를 사용하는 약 100만 개에 대해 리콜을 실시할 예정이었다.[82] 하지만 결과적으로 모든 고객들이 삼성의 결론에 만족하지는 않았다. 삼성은 중국과 다른 지역들에서 사용되는 암페렉스의 배터리가 장착된 휴대폰은 안전하다고 「월스트리트 저널」에 말했다. 그런데 중국의 고객들도 휴대폰에 불이 붙었다고 호소했다. 삼성은 실험검사 자료를 인용하면서, 그런 보고들은 허위 사실이라고 일축했다.[83]

이런 어중간한 미봉책은 사람들을 의아하게 만들었다. "이것은 전혀 리콜이 아니었다. 왜냐하면 삼성이 CPSC를 배제했기 때문이다."[84] 「기즈모도」의 매트 노박 Matt Novak이 비판했다.

"CPSC의 지침이 없으면 연방항공국(FAA) 같은 다른 기관들은 쓸모없었다."[85]고 그가 지적했다. "나는 FAA에 전화를 걸어 여전히 기내에서 그 휴대폰의 사용이 허용되는지 문의했다. 아직까지 적절한 리콜이 실행되지 않았기 때문에 FAA는 그 폭발하는 스마트폰을 기내에서 사용할 수 없다고 단언하지 못했다."

연방정부도 동의했다.

"제 생각에⋯⋯." CPSC의 엘리엇 케이Elliot Kaye 위원장이 한 기자회견에서 경고했다. "최고의 리콜 방법이 스스로 해결하는 것이라고 생각하는 회사라면, 단지 휴대폰만이 문제가 아닙니다."[86]

삼성이 CPSC와 협조를 시작하기까지 꼬박 일주일이 걸렸고, 9월 9일이 되어서야 공조를 한다고 발표했다.[87] 여전히 공식적인 리콜은 실행되지 않았고, 휴대폰 발화 사고는 계속 보고되었다.

플로리다의 한 남성은 충전 중이던 갤럭시 노트 7으로 인해 지프 그랜드 체로키에 불이 났다.[88] 화재는 대시보드에서 시작되었는데, 빠르게 고(高)가연성 소재인 에어백으로 번지더니 마침내 엔진과 연료통까지 옮겨 붙어서, 그의 자동차를 마치 할리우드 영화에 나오는 프로펠러처럼 보이는 비틀린 커다란 고철 덩어리로 만들었다.

한국의 매스컴 보도는 상대적으로 관대했다. 나는 삼성을 찬양하는 뉴스 기사를 열 개 정도 읽었다. 그중 하나는 한국 최대의 신문사인 「조선일보」로, "리콜의 성사를 이끌어낸 커뮤니케이션의 힘"에 경탄했다.[89]

2016년 12월 5일, 나는 한국의 제품안전위원회인 국가기술표준원 (KATS)에서 유출된 여섯 장의 문서를 입수했다. 열 명의 전문가로 구성된 자문위원회는 소비자들을 위한 몇 가지 권고 사항을 제외하면 조심스럽게 삼성의 공식적인 입장에 힘을 실어주었다.

"삼성이 보유한 정보를 검토해보면 별도의 실험을 할 필요가 없다"[90]고 위원회는 단언했다.

"삼성에서 수거한 A 회사(삼성 SDI)의 배터리는 결함 요소를 포함하고 있지만, B 회사(암페렉스)의 배터리는 '안전하다'고 판단된다." 위원회의 요구에 따라 삼성은 한국에서의 리콜 계획 중 일부를 수정하는 데 동의했다. 하지만 위원회의 외부 자문위원 여섯 명(그중 일부는 대학교수로 추정된다)조차 삼성의 결정은 제품의 위험성을 제거하기에 충분하다고 동조했다.

"그들은 시간을 벌고 있습니다."[91] 겸손한 엔지니어이자 한국전자부품연구원 차세대전지연구 센터장이었던 박철완은 그렇게 추측했다. 그는 서울의 한 외진 동네에 있는 시끄러운 커피숍에서 나와 내 조수인 맥스를 만났다. "그들은 상황이 어떻게 돌아가는지 모릅니다. 그들은 시험 기관도 아니죠. 그들은 의사결정 단체입니다."

그는 전지 연구원에서부터 정부의 위원회와 전지산업협회를 거친 오랜 경력에서 축적된 경험을 토대로 말하고 있었다. 그는 한국 최초로 리튬이온 휴대폰 배터리를 개발한 연구진 중 한 명이었다.

1990년대 초에 명문 서울대학교에서 박사과정을 공부하던 그는 일본과 미국의 논문을 수천 편이나 복사해서 모았다. "너무 많아서 영어와 일본어로 회화 공부하는 것은 잊고, 오직 배터리만 공부했죠." 그가 농담처럼 말했다. 과연 그가 얻은 교훈은 무엇이었을까? 배터리와 화재, 그 여파 간에 상관관계를 확정하기란 어렵다는 것이었다. 그것은 아주 힘들게 등산을 하다가 바닥에 발부터 떨어진 후 실제로는 두개골이 손상되었음에도 다리가 부러졌다고 생각하는 것과 비슷하다.

"2007년에 저는 한 중장비 운전자의 사망 사고를 조사하고 있었습니다."[92] 그가 기억을 더듬으며 말했다. 중장비 운전자의 사체는 어느 겨울 아침에 한 건설 현장에서 발견되었는데, 셔츠 주머니에 검게 탄 접이식 휴대폰이 들어 있었고, 옷과 피부는 불에 타 있었다.[93] "언론은 폭발하는 배터리 스토리에 주목하며, 휴대폰 리튬 이온 배터리의 폭발로 인한 최초의 사망 사건이라는 것을 강조했습니다."

하지만 실상은 그날 늦게 밝혀졌다. 다른 중장비 운전자가 실수로 그의 가슴을 중장비 부품으로 내리쳤다고 고백했다.[94] 가해 운전자도 모르는 사이에 철제 부품은 피해 운전자의 셔츠 주머니에 있던 휴대폰에 충격을 주었고, 가해 운전자가 현장을 떠난 후에 결국 배터리가 폭발한 것이었다. 물론 피해 운전자도 사망하고 난 이후였다.

박철완은 리튬 이온 배터리 엔지니어링이라는 불확실한 세계에서 경력을 쌓아왔다. 그는 정치적인 가십이 아닌 재료과학을 다루었다.

한국의 CNN에 해당하는 언론사의 인터뷰 요청에 못 이겨 「조선일보」의 기술 잡지인 「IT 조선」에 유명한 칼럼[95]을 연재하던 그는 순식간에 한국에서 삼성의 가장 큰 반대 목소리이자 비평가가 되었다. 삼성 공화국이라고도 불리는 나라에서 그리 편한 입장은 아니었다.

"한국의 많은 배터리 전문가들은 위험을 무릅쓰고…… 삼성에 맞서지 않습니다." 그가 맥스와 내게 설명했다. "그들의 커리어가 삼성에 달려 있기 때문이죠."[96]

그런데 그가 내게 이렇게 말했다. "사람들은 배터리에 대해 그렇게 쉽게 비난해선 안 됩니다!" 이것은 자칫 그의 신뢰성과 경력에 타격을 입히기 쉬운 이례적인 주장이었다. 그는 작은 쇼핑백에 담길 정도의 갤럭시 노트 7을 여러 개 입수하여 집에서 화재의 상황들을 재연할 심산이었다. 그래서 인터넷으로 유튜브 영상들을 자세히 살펴보며 피해자들의 증언을 꼼꼼히 검토했다. 그들의 스토리는 피해 상황이 차근차근 설명되어 있었기 때문에 화재의 원인에 대한 단서들로 가득했다. 다만 공개된 자료들이 워낙 부족했던 탓에 정확한 원인에 대해 결론을 내리기가 어려웠다. 스마트폰은 믿을 수 없을 만큼 복잡하므로 이론상 수백, 수천만 개의 휴대폰으로 전문 실험실에서 실험을 해야 정확한 화재 원인을 알 수 있다. 하지만 그는 삼성의 성급한 결론에 이의를 제기해야 할 이유가 있었다.

그의 견해에 따르면, 고 사장의 실수는 한 가지 요소만 탓한다는 것이었다.

"큰 실수입니다." 박철완이 우리에게 말했다. 그는 회로를 이루는 수백 개의 부분들, 온갖 부품들, 설계 방식, 심지어 소프트웨어 코드의 '상호작용'이 어딘가에서 오작동을 일으켜 휴대폰을 불타게 할 수 있다고 믿었다. 그는 이런 가설을 자신의 칼럼에 게재했고, 우리와 마주 앉은 테이블에서 자세히 설명했다.

"이건 지금까지 삼성에서 만든 것들 중 가장 복잡한 휴대폰입니다. 이런 폭발들의 원인을 한 가지 요소 탓으로만 돌릴 수는 없습니다." 그가 말했다. "애플을 따라잡기 위한 추격전에서 삼성이 갤럭시 노트 7에 제어할 수 없을 정도가 될 때까지 무리하게 많은 기능을 넣은 것처럼 보입니다."

삼성의 주장에는 그의 눈에 띄었던 몇 가지 모순이 있었는데, 그중 하나는 특히 두드러졌다.

"대체로 배터리에 단락이 일어나면 그것은 짧은 폭발, 즉 아주 짧고 강렬한 발화입니다." 그가 설명했다. "이건 훨씬 더 긴 과정이었습니다." 그 휴대폰은 발화되어 화면을 변색시킬 정도로 오래 타기 전까지 약 30초 동안 가열되었다.

"기자들이……." 그가 말을 이었다. "제게 전화를 걸어 삼성에서 그들에게 제 의견을 기사에 쓰지 말 것을 요구했다고 말했습니다." 하지만 막후에서 타워에 있는 사람들은 귀를 기울이기 시작했다.

"우리도 박철완 교수를 주시하고 있습니다. 그의 최근 주장 중 일부는 매우 설득력이 있었습니다."[97] 이수형이라는 이름의 촉망받는 미래전략실 직원이 또 다른 삼성의 중역에게 보내는 문자메시지에 이렇게 적었다. 이 문자메시지는 박철완에게도 전송되었다.

그는 업계의 동료에게서 받은 또 다른 문자메시지를 보여주었다. "오늘 우리 집에서 만난 지인에게 들은 바로는 (삼성 SDI에서) 희생양을 찾느라 분주하다고…… 품질관리 팀마저 당신에게 조언을 구하라고 제안했다는데, 확실히 (윗선에서) 무시하고 있는 중이라네요."[98] 분명히 회사의 사활이 걸려 있는 중요한 사안인데, 아무도 책임을 지려 하지 않았다.

미국 CPSC의 위원장 엘리엇 케이는 삼성에서 무대책으로 일관한 실망스러운 2주간의 시간이 지나자, 마침내 단호한 태도를 보이며 개입하게 되었다. 그는 9월 15일, 한 기자회견에서 이렇게 언급했다. "이제 행동해야 할 시간입니다."[99]

연방정부가 승인한 공식 교환 프로그램에 대한 정식 허가가 떨어졌다. 스트레스가 심했던 삼성의 중역들은 안전한 대체품을 생산하기 위해 서둘렀다. 하지만 그런 성급함이 다시금 그들의 발목을 잡았다. 그들은 '안전한' 갤럭시 노트 7을 켄터키에서 대피 소동까지 일으켰던 사우스웨스트 항공 여객기의 승객, 학교에서 거의 불을 낼 뻔했던 여학생, 집에서 연기를 흡입해 구토하고 병원에 입원했던 남성에게 발송했다.

"저는 삼성이 문제를 해결하지 못했다는 것을 압니다."[100] 후일 배터리 전문가 박철완이 내게 말했다. "삼성의 기업문화는 너무 경직되어 있습니다. 이것은 수십 년 동안 부족한 기본기로 빠르게 추격만 해왔던 결과입니다." 삼성의 무난한 성공을 이끌었던 두 가지 요소인 신속함과 민첩함이 이제 심각한 약점이 되었다.

이것은 삼성의 황태자이자 제국의 후계자이며 한국 최고의 권력자 중 한 명인 이재용 부회장의 생존이 걸린 문제나 다름없었다.

미국을 횡단하면서 이 부회장은 삼성의 '타워'와 고 사장의 특별대책반으로부터 실시간 보고를 받았다. 하지만 그는 출장을 가거나 해외 CEO들과 미팅을 하면서 많은 시간을 회사 외부에서 보냈다. 미국의 이동통신업체들과 의견을 나누는 동안 이 부회장은 그들로부터 지쳤다는 명확한 메시지를 받았다. 버라이즌의 CEO 로웰 매캐덤^{Lowell McAdam}과 다른 사람들은 이 부회장에게 갤럭시 노트 7을 아예 시장에서 퇴출시키라고 요구했다.

"그 중역들은 이 부회장에게 그 스마트폰이 점점 더 판매하기 어려워지고 있다고 말했다"[101]고 「월스트리트 저널」이 보도했다.

갤럭시 노트 7의 퇴출 결정은 결국 삼성이 아닌 고객 지향적인 통신업체들로부터 나왔다. 이 부회장은 고 사장에게 전화를 걸어 갤럭시 노트 7을 완전히 중단하라고 지시했다.

고 사장은 그날 늦게 모든 직원들에게 메모를 전송하면서, 이것이 "여태껏 우리가 겪었던 일들 중 가장 어려운 난관이다"[102]라고 언급했다.

이것은 두 번째 리콜이나 속죄의 기회가 아니었다. 삼성은 갤럭시 노트 7으로 신뢰를 크게 잃었다. 만약 삼성이 갤럭시 노트 7을 계속 생산한다면 아무도 그 제품을 신뢰하지 않을 것이다. 삼성이라는 이름에 자칫 영구적인 피해를 입힐 수도 있었다.

"이씨 가문에서 말하면, 이의를 제기하지 못했습니다."[103] 수십 명의 중역들이 내게 말했다. "(이재용은) 신이나 마찬가지입니다."

이 부회장의 개입은 갤럭시 노트 7의 운명을 결정했다. 한때 회사 자부심의 상징이었던 갤럭시 노트 7은 불꽃처럼 활활 타버리고 말았다.

하지만 그때도 그들은 전혀 알지 못했다. 삼성 제국 자체가 흔들리고 있었다는 것을. 4개월 후인 2017년 2월 16일에 시청자들은 TV에서 충격적인 헤드라인과 함께 삼성의 황태자이자 명백한 후계자인 이재용이 한국의 대통령에게 수천만 달러의 뇌물을 제공한 혐의로 구속되는 장면을 보았다.[104] 그는 구치소에 수감된 채 재판을 기다릴 터였다.

삼성이 위기에 처할 때마다 직원들과 중역들은 이재용의 부친인 이건희 회장에게 도움을 요청했다. 그들은 회장의 말을 암기했고, 회장의 연설을 경청했다. 그는 위기 속에서 성공했다. 그는 삼성의 직원들에게 미래의 가능성을 상상하고, 투쟁심을 기르고, 한계를 극복하고, 세계에 도전하라고 독려했다.

하지만 이번에는 어디서도 회장의 모습이 보이지 않았다. 실제로 그의 목소리를 공개 석상에서 들어본 사람은 2년 넘게 아무도 없었다. 그는 2014년 5월에 심장마비로 쓰러졌고, 한 병원의 입원실로 자취를 감추었다.[105] 일각에서는 최악의 상황을 우려했다. 이번에 회장은 삼성을 구하지 못할 것 같았다. 이 회장이 죽었다는 소문이 돌았다.

2장

제국의 그늘

나는 2013년 가을, 처음으로 대구를 방문했다. 한국의 남동부에 위치한 이 도시는 일찍 해가 지며 밤이 길고 쌀쌀했는데, 나는 주로 그 시간에 시내를 돌아다녔다. 자동차들과 사람들로 시끌벅적했지만 쓸쓸한 공허함이 드리워진 곳이었다. 나는 삼성의 초창기를 취재하기 위해 이곳을 찾았다. 하지만 그것은 쉽지 않은 일이었다.

"이병철 씨의 생가가 어디 있나요?" 내가 관광 지도의 표시점을 가리키며 택시 기사에게 물었다.

힘들게 배운 내 상당한 한국어 실력에도 불구하고, 택시 기사는 어깨를 으쓱하며 그냥 출발했다.

대구는 일제 강점기 당시 교역 중심지로, 초창기 철도시설과 연계된 지역의 이점을 활용해 부유한 상인들과 사업가들이 식민지 지배자들의 위세를 등에 업고 초기의 부를 축적했다. 나는 삼성 창업주의 생가에 대해 보이는 무관심한 반응에 깜짝 놀랐다.

나는 매서운 바람을 맞아가며 허름한 공장 지대를 적어도 한 시간 동안 돌아다녔다.

"저는 이병철 씨의 생가를 찾고 있어요." 나는 무작정 지나가는 사람을 붙잡고 정확한 주소 없이 대략적인 위치만 표시된 지도를 가리키며 말했다. 그 집은 내 GPS에도 표시되지 않았다. 아무도 내가 무슨 말을 하는지 모르는 것 같았다.

"이병철? 삼성?"

여러 사람이 어깨를 으쓱하며 지나갔다.

이윽고 내게 행운이 찾아왔다.

"아, 삼성의 창업주 이병철 씨 말이군요! 그런데 당신은 외국인이네요. 왜 삼성에 관심을 갖는 거죠?" 파마머리를 한 촌스러운 아줌마가 내게 영어로 되물었다. 그녀는 자신을 한 지방대학의 교수라고 소개했다.

"글로벌 기업이잖아요." 내가 설명했다. "요즘에는 관심이 더 많아지고 있고요."

"근본은 한국 기업이에요." 그녀가 강조했다. "글로벌 기업이 아니고요." 그녀는 무심한 시선으로 내게 거리 쪽을 가리켰다. "바로 저기예요." 그녀가 낡은 저층 아파트 단지 사이에 있어 눈에 잘 띄지 않는 둥근 나무 지붕의 한옥으로 나를 안내하며 말했다. "어머니가 그를 알고 있었죠."

대문은 잠겨 있고, 집 안에는 아무도 없었다.

"우리 한국인들은 삼성을 생각할 때 미래를 생각한다는 걸 이해해야 해요." 그녀가 말했다. "우리는 역사에 대해 생각하지 않아요. 과거는 부끄럽거든요. 당신도 알게 되겠지만, 그래서 역사가 여기 대구에 묻혀 있는 거예요."

그녀는 손을 흔들어 택시를 세웠다. "택시 기사에게 당신을 최초의 삼성 회사가 있던 장소로 데려가달라고 말해줄게요. 우리는 삼성상회라고 부르죠. 처음에는 채소를 팔았어요. 지금은 스마트폰을 만들고 있지만요."

나는 택시에 올라 잠시 회색빛의 쓸쓸한 고층 빌딩들 사이를 지나갔다. 이윽고 해질 녘에 삼성의 성지에 도착했다. 초창기 삼성 무역상을 축소해 만든 목재 모형물이 보잘것없는 길모퉁이 근처에서 은은한 조명을 받으며 모습을 드러내고 있었다. 원조 삼성상회의 판잣집 같은 건물은 위험시설물로 간주되어 1997년에 철거되었다.

나는 이 회사의 작은 성지에 마련된 기념 현판들을 읽었다.

"사람은 누구나 자기가 과연 무엇을 위해 살아가고 있는지를 잘 알고 있을 때 가장 행복한 것이 아닌가 생각한다." 한 현판에 이병철 회장의 격언이 새겨져 있었다. 이병철 회장은 1987년에 세상을 떠났다. "나의 갈 길이 사업보국(事業報國)에 있다는 신념에 흔들림이 없다."

1936년에 이병철은 어떤 깨달음을 얻었다.

"그날도 골패 노름을 하다가 밤늦게야 집으로 돌아왔다. 밝은 달빛이 창 너머로 방 안에 스며들고 있었다. 그때 나이 26세, 이미 세 아이의 아버지가 되어 있었다. 달빛을 안고 평화롭게 잠든 아이들의 모습을 바라보는 순간, 문득 악몽에서 깨어난 듯한 심정이 되었다."[1] 그는 자신의 회고록에 이렇게 적었다. "나는 시간을 허비했다. 인생의 목표를 정해야 할 시기였다."

이병철은 어렵고 암울한 일본 식민지에서 살았다. '대동아공영'의 기치를 앞세워 아시아를 통합하려던 일본군은 아시아 전역에서 위세를 떨치고 있었다. 세계는 장차 수백만 명의 목숨을 앗아갈 제2차 세계대전이라는 지옥의 문턱에 들어서고 있었다. 그는 금전적이자 애국적인 이유에서 사업을 시작했는데, 그것은 일본인 지배자들과의 거래도 불사한다는 의미였다.

"조선인은 단결심이 없다. 그러므로 공동사업 같은 것은 바랄 수 없다. 당시 일본인들은 우리를 이렇게 멸시하고 있었다. 동업하기로 한 이면에는 물론 자금 사정 탓도 있었지만, 그러한 멸시를 보기 좋게 꺾어보겠다는 오기도 있었다"[2]라고 그는 회고록에 적었다.

소박한 시골 마을인 의령에서 태어난 이병철은 상류층 교육을 받았다. 그는 장차 많은 한국의 지도자들을 배출하게 되는 도쿄의 명문 와세다 대학교에서 경제학을 공부했다. 하지만 1년 만에 병으로 대학을 중퇴해야 했고, 엉망이 된 고국의 집으로 돌아왔다. 얼마 후 한국인들은 일본 황제를 숭배하는 신사에 강제로 참배하게 되었다. 한국인들은 공개적으로 일본어를 쓰도록 강요당했다. 한국의 남자들과 여자들은 배에 실려 일본군을 위한 노동자와 위안부로 보내지고 있었다.

1937년에 파산한 미곡 거래상이 강제로 폐업을 당하자, 이병철은 1년 동안 중국과 한국을 돌아다니며 시장에 대해 연구했다.[3] 이 시기에 그는 신선 청과물 시장에 틈이 있다는 것을 알아차렸다. 1938년 3월에 그는 2013년 10월의 그 쌀쌀한 가을날에 내가 서 있던 바로 그곳에 청과물과 건어물을 파는 상점을 열었다.[4] 회사의 직원은 열아홉 명이었는데, 그들은 시골에서 신선한 청과물을 사들여와 배에 실어 중국과 만주(그 당시 전쟁 준비를 위한 일본의 산업기지였고, 현재 중국의 북동부에 해당하는 지역)에 내다 팔았다.

그는 자신의 가게를 '세 개의 별 상점'이라는 의미인 '삼성상회'라고 명명했다.

"삼성의 '삼(三)'은 큰 것, 많은 것, 강한 것을 나타내는 것으로, 우리 민족이 가장 좋아하는 숫자다. '성(星)'은 밝고 높고 영원히 깨끗이 빛나는 것을 뜻한다. 크고 강력하고 영원하라. 재출발하는 사업에 이러한 소원을 담아 나 스스로 이 상호를 택했다. 지금 생각해봐도 의욕에 넘치는 상호였다"[5]라고 그가 회고록에 적었다.

1년 후, 그는 일본인이 설립한 맥주 회사인 조선양조를 사들이며 사업을 확장했다. 훗날 그는 이 회사를 상당한 금액에 팔았다.

매우 유사한 이름과 초창기 '세 개의 다이아몬드' 로고를 감안하면, 아마도 이병철은 일본의 자동차 회사인 미쓰비시(三菱, 세 개의 다이아몬드를 뜻함)의 성공을 눈여겨보고 있었는지 모른다.[6] 장수, 강함, 거대함은 이병철이 가장 동경했던 일본 '자이바쓰(財閥)' 집단의 특징이었다.

'자이바쓰'는 전 세계에서 가장 크고 강력한 회사들로, 족벌 왕조에 의해 경영되는 이 산업 및 금융 대기업들은 불과 50년 만에 일본을 변방 국가에서 강대국으로 변모시켰다.[7] '자이바쓰' 중 하나인 미쓰비시는 제 2차 세계대전 기간에 비(非)일본계 아시아인들을 100만 명이나 고용했던 세계 최대의 사기업이었다. 막대한 부와 국가적인 위상으로 추앙을 받던 '자이바쓰'는 그들이 지닌 권력으로 비난도 받았다.[8] 그들은 정치인들을 회사로 영입하고 국가정책의 방향을 설정하면서 제2차 세계대전에서 막대한 수익을 거두었다.

이병철의 세계는 1945년 8월, 미국의 폭격기들이 히로시마와 나가사키에 핵폭탄 2개를 투하해 한때 막강했던 일본 제국 — 일본의 산업과 인구는 수개월에 걸친 연합군의 무차별 폭격으로 이미 초토화되었다 — 이 항복하면서 완전히 뒤바뀌었다. 맥아더 장군은 도쿄에 입성해 임시 총독이 되면서 패망한 왕국을 통치하고 '자이바쓰'를 해체하려고 했다. 맥아더는 미국식 자본주의와 민주주의의 새로운 질서를 수립하고자 했던 것이다.

"만약 이런 집중된 경제력이 해체되어 평화롭게 재분배되지 않는다면…… 의심할 여지 없이 재벌의 척결은 결국 폭력적인 혁명이라는 유혈 사태를 통해 이루어질 것입니다."[9] 그는 한 하원의원에게 보내는 편지에 이렇게 적었다.

일본이 항복하고 엿새 후에 미국의 점령군은 일왕의 식민지 포기를 시행하기 위해 한국에 진입했다. 지역의 거물이던 이병철은 새로운 미군 정부와도 관계를 맺기 시작했다. 그는 부친에게 상속받은 유산과 청과물 상회 및 맥주 회사로 벌어들인 상당한 재산을 사용해 지역의 대학과 신문사를 사들였다. 그는 미군의 한국인 관리자들을 자신이 결성한 새로운 실업가들의 모임인 '을유회'(乙酉會, 한국의 독립을 지칭하는 애국적인 이름)에

초빙했다.

"해방의 환희를 지역사회 발전을 위해 승화시켜보자는 마음으로 우리는 매주 한 번씩 만나 사업의 자세나 국가 · 사회의 장래를 진지하게 논의하곤 했다."[10]고 그는 회고했다.

1947년에 그는 한국의 수도 서울로 거처를 옮겼고, 전국적인 사업을 구축하기 시작했다.[11] 1950년 2월에는 패전의 상처가 아직 채 가시지 않은 도쿄를 방문했는데, 그곳에서 그는 이발을 하는 도중에 깨달음을 얻었다.

"패전으로 완전히 좌절되어 있어야 할 일본인인데, 참으로 담담하게 대를 이은 외길을 살아가고 있다. 그 투철한 직업의식에 놀랐다."[12]고 그는 기록했다.

이병철은 일본인들의 회복력에 감탄했다. 이미 군대에서 훈련받고 폭격에 부서진 사무실에서 악착같이 일하던 새로운 기업가 세대가 향후 수십 년 동안 그들에게 세계적인 성공을 가져다줄 새로운 기술을 실험하고 있었다. 소니, 도요타, 혼다가 그들이었다. 이 새로운 기업들은 '케이레쓰(系列)'라고 불렸고, 가족이 아닌 개인은행을 위주로 한 회사들 간의 주주 공동체에 의해 경영되면서 일본의 사업 전통에 마침표를 찍었다. 그들이 '케이레쓰' 기업 구조를 수용하기로 결정했던 이유는 미군 정부가 재벌을 해체하는 과정에서 기업의 소유를 금지했기 때문이었다.

한국은 기업의 소유를 금지하는 자체적인 규율을 따랐다.[13] 하지만 기업의 총수들은 하향식 가족경영의 재벌 방식을 고수하기로 결심했다. 따라서 그들은 일본의 새로운 계열형 기업들과 유사한 순환출자 방식을 수용했고, 그런 순환출자금을 자선기부금과 사업 제국 내의 합병을 통해 자녀들에게 양도할 수 있는 허점을 찾아냈다.

두 달 동안 50곳이 넘는 일본의 공장들과 사업장들을 둘러본 후 한국으로 돌아온 이병철은 충격적인 소식을 접했다.

1950년 6월 25일, 북한의 공산군이 38선을 넘어 한국을 남침한 것이었다.

"'사업은 어떻게 되며, 그보다도 생명은…….' 정오를 지나면서 저녁까지 줄을 이어 병사들을 가득 태운 트럭들이 북쪽을 향해 서울 시가를 쉴 새 없이 달려갔다. 시민들은 연도에서 승리와 무운을 빌면서 이들에게 박수를 보내고 있었다"[14]라고 그는 회고했다.

가족과 함께 밤을 꼬박 지새운 후에 이병철은 천둥이 치는 듯한 소리를 들었다. 그는 집 밖을 내다보다 포탑에 북한 깃발이 꽂힌 낯선 탱크한 대를 보았다. 곧바로 그는 적군이 서울에 진입했음을 깨달았다.

나흘 후, 공산당 간부들이 그의 자산을 조사하고 사상을 시험하겠다고 요구하며 대문을 두드렸다.[15] 자본주의자들은 미국인들과 일본인들에게 협조한 죄로 고발되었다. 그들은 공공 광장에 마련된 '인민재판장'으로 끌려갔고, 그곳에서 총살 부대에 의해 처형당했다.[16] 북한군 병사들과 지역의 기회주의자들은 삼성의 창고를 부수고 들어가 회사의 물품을 약탈했다.

2주일이 지나고 이병철은 한 공산당 지휘관이 미국산 신형 쉐보레 자동차를 타고 다니는 모습을 보았다. "자세히 보니 나의 자동차였다"라고 그가 회고했다. "그때의 나의 분한 마음은 이루 다 말로 표현할 길이 없었다."[17]

1950년 9월, 유엔군이 도착해 서울을 수복했다. 석 달 후에 이병철은 삼성의 남은 자산을 팔고 그 돈으로 트럭 다섯 대를 사서 직원들과 그 가족들을 태우고 피난을 가기로 결심했다. 공산당 군대가 재차 서울로 진격했기 때문이었다.

"나는 사원과 그 가족을 빽빽이 싣고…… 엄동의 서울을 뒤로했다."[18]

그들은 남쪽으로 향하는 대규모 피난민 대열에 합류했다. 그는 자기 가족의 고향인 대구로 가는 중이었다.

북한군은 100만 명에 달하는 중공군의 지원에 힘입어 서울을 재탈환했다. 이병철은 한국 최남단의 항구도시인 부산으로 피신했다. 그 당시 한국에 남은 최후의 보루였다.

회사를 재건하는 과정에서 이병철은 생존 수단으로 사람들의 마음을 읽는 법을 배웠다. 그는 일본 기업의 관행을 모방한 인재 중심의 방식을 수립했다. 전쟁 중에 유능한 인재들을 구하기는 쉽지 않았다. 경영 능력은 한국의 중요한 자산이 되었다.

"(일본인들은) 한결같이 의리를 존중하고 소아(小我)보다는 대아(大我)를, 사(私)보다는 공(公)을 늘 염두에 두고 있었다. 일본인의 단결력이나 근면성실도 그러한 대의를 소중히 하는 애국적인 마음가짐에서 비롯되는 것일 것이다"[19]라고 그가 적었다.

이병철은 평생의 충성을 중요시했기 때문에 새 직원들을 고용할 때마다 신중하고 조심스러운 방식으로 선발해야 한다고 믿었다. 그는 거의 모든 직원들의 면접에 직접 참관했고,[20] 임기 동안 약 10만 명을 면접한 것[21]으로 알려졌다. 그는 지원자들의 인성을 파악하기 위해 그들의 눈, 코, 입, 귀, 얼굴의 구조를 분석해줄 전문 관상가까지 고용했다.[22]

"사람을 채용할 때는 신중을 기하라. 그리고 일단 채용했으면 대담하게 일을 맡겨라"[23]라고 그는 강조했다.

그의 철학은 일본 '자이바쓰'의 철학과 유사했다. 재벌 가문이 비전을 설정하면 중역들은 세세한 부분까지는 관리하지 않으면서 직원들이 비전을 수행하도록 이끄는 방식이었다.

미국의 기업들은 기술 전문가들을 영입해 보상을 약속하며 단기적인 프로젝트를 맡기는 방식을 선호했던 반면, 삼성은 많은 동아시아의 기업들과 마찬가지로 평생 충성할 다재다능한 인재들을 육성하는 데 집착했다. 그 결과 단기적 직원들이 아닌 소위 '삼성맨들'이 탄생했는데, 미래의 관리자들은 막강한 인사부에 의해 몇 년마다 보직을 이동하며 새로운 업무를 수행했다. 회사는 가족이었고, 가족은 회사였다.

'삼성맨'은 한국에서 유능하고 열심히 일하는 남편으로 인정받았다.[24]

"삼성은 당신을 최고로 대우합니다. 따라서 당신은 최고입니다."[25] 회사의 모토는 과감한 단언으로 기업의 자부심을 주입했다.

일본인들의 사례를 보고 배웠던 이병철은 강력한 인사부를 조직했고, 삼성그룹의 계열사들 사이에서 특별한 지위를 부여했다.

"인사부는 사실상 선도적인 부서이고, 선도적인 직무를 하는 곳입니다."[26] 삼성의 한 고위직 인사 담당 중역이 내게 말했다. "인사부의 역할은 서구의 기업들과 큰 차이가 있습니다." 산업시대 이전부터 동아시아와 삼성에서 인사부와 비슷한 부서의 역할은 "황제들을 도와서 신하들을 선별하고 평가하고 임명하는 것뿐만 아니라, 신참자들에게 한국의 이상을 교육하고 고취시키는 일도 했었습니다."

"사람들은 삼성에서 성공하려면 '눈치'가 중요하다고들 말합니다."[27] 전 제품 담당 책임자로 2010년에 교육을 받았던 스콧 승규 윤이 말했다. '눈치'는 아무 말 없어도 다른 사람들의 기분을 파악하는 한국식 기술이다. 더 솔직하고 대화를 좋아하는 미국의 기업문화와 달리 이병철은 삼성을 소통 자체가 드물고 단순한 기업으로 만들었다. 직원들은 상사의 기분을 떠봐야 했다. 성공을 하려면 '눈치'가 빨라야 했기 때문이다.

한국전쟁은 1953년에 정전협정과 함께 중단되었다. 비록 전투는 끝났지만 양측 모두 평화조약에 서명하지 않았기 때문에, 이 전쟁은 결코 공식적으로 끝난 것이 아니다. 3만 6,000명이 넘는 미군 장병들과 500만 명의 한국인들이 목숨을 잃었던 한국전쟁은 베트남전쟁과 더불어 20세기의 가장 처참한 내전 중 하나로 간주된다.[28]

그 당시 서구는 한국을 전도유망한 국가로 여기지 않았다. 한국의 GDP는 수단과 비슷한 수준이었다.[29] 한국 정부가 경제계획을 수립하려고 시도했을 때 국제통화기금(IMF)은 한국의 생각이 터무니없다고 조롱했다. 한국에는 사실상 천연자원이 전혀 없었다. 한국의 공산당 사촌인 북한은 풍부한 천연자원으로 훨씬 상황이 좋았고, 취약한 남한을 정복할 기회만 호시탐탐 노리고 있었다.

한국인들을 향한 우월감에 젖은 고정관념은 특히 일본에서 만연해 있었다. 그곳에서 해방을 맞은 한국의 강제 노역자들은 시민권을 거부당했다.

"한국인들은······ 전 세계에서 가장 잔인하고 냉혹한 사람들이야."[30] 이언 플래밍Ian Fleming의 소설에서 제임스 본드의 적수인 골드핑거가 중절모로 대리석상을 절단할 수 있는 한국인 심복 오드잡을 고용한 이유에 대해 설명하면서 이렇게 말한다(이 대사는 영화에서 채택되지 않았다).

이병철은 정치적인 수완을 발휘해 갑작스러운 전후 호황에 편승하면서 첫 번째 자산을 모았다.[31] 그는 한국의 초대 대통령인 이승만과 정치적인 관계를 맺었고, 정부로부터 아주 중요하지만 취득이 어려운 외환 수납인 면허를 받았다. 그 결과 양모 같은 원자재를 수입해 의류 등 완제품을 생산하는, 수입대체산업으로 불리는 경제성장 모델을 채택할 수 있었다.

1950년대에 사람들은 삼성과 현대 같은 가족 제국을 표현하기 위해 '재벌'이라는 단어를 사용하기 시작했다.[32] 이 재벌이라는 단어에 해당하는 한자는 제2차 세계대전 때까지 일본 산업계를 지배했던, 가족 대기업을 의미하는 일본어 단어 '자이바쓰'를 표기하는 한자와 똑같다.

재산이 증가하자 이병철은 1953년에 제당 공장을 세웠고, 이듬해에는 일본과 서독의 도움을 받아 방모 공장을 건설했다.[33] 그는 사업 수익으로 은행(1957), 보험회사, 백화점, 그리고 1398년에 설립된 성균관대학교의 주식을 매입했다. 1950년대 말에 그는 한국 최고의 부자라는 평판을 얻었다. 하지만 동시에 한국 부패의 상징이기도 했다.[34]

사람들은 그를 '황금 손'을 가진 남자[35] 혹은 그의 고급스러운 모직 코트를 보며 '순모 선생'[36]이라고 불렀다. 회사에 대한 온갖 노골적인 비난에도 불구하고, 삼성의 사업 프로젝트들은 전후 재건의 상징이었다. 그것들은 절실한 도움이 필요한 시기에 전 국민의 사기를 끌어올렸다.

나는 1968년부터 한국에 거주해온 뉴저지 출신의 거칠고 말 많은 남성인 톰 케이시^{Tom Casey}를 만났다. 그는 미군 기지 근처에서 미군 병사들과 지역의 상류층 인사들 및 유명인들이 즐겨 찾는 '스포츠맨스 클럽'이라는 떠들썩한 술집을 운영했다. 한때 그는 해외에 주둔하는 미군 병사들을 상대로 도박장을 운영하는 것에 대해 불편해하던 미국 상원의원들의 분노를 샀을 정도로 악명이 높았다. 그는 내게 헨리 조와 만날 수 있는 자리를 주선해주었다.

헨리는 이병철 회장의 외손자이자 화학 회사인 한솔의 명예회장이었다.[37] 그는 삼성 제국의 자손들 중 한 명으로, 젊은 시절에는 원조 삼성 제국에서 분리된 5개의 계열사 중 하나로 지금도 존재하는 화학 회사를 경영했다. 그와의 만남이 성사되기까지는 몇 개월이 걸렸다. 처음에 내 요청은 단호하게 거절당했다. 그의 측근들은 시기가 적절하지도 않고 언론인과 대화하는 것이 현명한 처사도 아니라고 생각했다.

"그 일가 사람들은 서로를 보호하죠."[38] 톰이 내게 말했다. 하지만 나는 포기하지 않았고, 마침내 헨리가 만남에 동의했다.

나는 5성급 호텔의 중국식 딤섬 요릿집에서 헨리를 처음 만났다. 우리는 서울의 전경이 내려다보이는 그랜드 하얏트 호텔에서 두 번째로 만났다. 그곳들은 주로 '재벌'인 거물들이 식사하는 장소였다. 헨리는 우리의 첫 만남에 두 명의 비서를 대동했는데, 아마도 내 질문을 모니터하려는 의도인 듯했다.

두 번의 만남에서 그는 '가훈'으로 불리는 가문 최고의 덕목이 자신에게 가장 중요하다는 것을 강조했다.[39]

"그게 뭔지 아십니까?" 그가 자기 가문의 신조에 대해 물었다.

나는 잘 모른다고 대답했다.

"첫째, 사업으로 나라에 봉사하자. 둘째, 사람과 재능이 우선이다. 셋째, 합리를 추구하자."

그는 두 차례의 만남에서 대화를 나누는 동안 자기 가문의 세 가지 덕목에 대해 이야기했다. 그리고 그는 삼성의 문화를 독보적으로 만든 근간인 미세한 부분까지 심혈을 기울이는 노력이 바로 자신의 외할아버지로부터 비롯된 것이라고 설명했다.

"제가 외할아버지로부터 배운 좋은 습관 중 하나는 메모를 하는 것입니다." 헨리가 내게 말했다. "저는 메모를 합니다. 아주 세세한 부분까지 말이죠."

"혹시 직원들에게도 메모를 하라고 말씀하십니까?" 내가 물었다.

"그러지는 않습니다. 그들은 자신이 무엇을 하는지, 무엇을 생각하는지, 어떻게 생각하는지 스스로 깨달아야 합니다. 그들은 직접 보고 배웁니다." 이런 방법으로 자신들의 비전을 계열사들에 전파하면서 일상적인 업무는 '삼성맨들'에게 맡기는 가문의 방식에 대해 그는 이렇게 설명했다.

세밀함, 정확성, 꼼꼼한 기록은 이병철의 특징이기도 했다.

"식사를 할 때면 외할아버지는 냅킨을 반으로 찢어서 나머지 절반은 나중에 쓰려고 남겨뒀습니다."[40] 헨리가 내게 말했다. 많은 한국 기업의 회장들과 마찬가지로 그도 쓰레기를 줄이도록 독려했는데, 한국은 상대적으로 천연자원이 부족했기 때문에 이것은 매우 중요한 덕목이었다. 삼성에서 이루어진 회의들과 결정들은 지나칠 만큼 철저하게 정리되고 기록되었다. 직원들은 회의 때마다 여백부터 글자 수, 분량에 이르기까지 믿기지 않을 만큼 구체적인 기준에 따라 보고서를 작성해야 했다.

이병철의 얼굴은 종종 돌처럼 굳어 있었다고 헨리가 내게 말했다. 그는 좀처럼 웃거나 감정을 드러내지 않았다. 그리고 단어들도 아주 신중하게 선택했다.

"그분은 정말 냉정했어요."[41] 그가 내게 말했다. "어린 시절에 제가 외할아버지 댁에 간 적이 있었는데, 눈조차 깜빡이지 않으셨습니다."

이병철은 골프[42]와 서예를 무척 좋아했다.[43] 거의 사색적인 그의 사업철학에도 영향을 미친 취미 활동이었다.

"그러면 그분과 정치계의 관계는요?" 내가 물었다.

"정치와 관련해서는……." 그는 정부에 있던 이병철의 막강한 조력자들에 대해 말했다. "항상 그들과 너무 멀리하지도, 너무 가까이하지도 않았습니다."[44]

"이병철 회장은 아침 9시 정각에 서울 사무실에 도착해 중역들과의 길고 힘든 실무 회의를 준비한다." 「타임」지가 보도했다. "매주 두 번 그는 일상에서 벗어나 골프를 친다. 그는 오후 5시면 도자기와 공작이 있는 자신의 왕궁으로 돌아온다. 대체로 그는 혼자 식사를 하며, 그 후에는 재산을 증식하기 위한 새로운 방법을 구상한다. 서울의 화려함을 좋아하는 그의 아내(박두을)와 여덟 명의 자식, 스무 명의 손주들은 한국 최고의 부자와 따로 살고 있다."[45]

이병철은 서울에서 남쪽으로 한 시간 정도 떨어진 용인에 위치한, 공작 떼가 돌아다니는 호화로운 대저택에서 살았고, 많은 시간을 일본에서 미용사 출신의 두 번째 부인인 구라타 미치코와 보냈다.[46] 그녀와의 사이에 아들과 딸을 하나씩 두었다.

하지만 이 거물은 어두운 면을 지니고 있었다. 대니얼 리[Daniel Lee]라는 이름의 통상 관료가 (한국) 정부에 삼성의 제당사업에 배당되는 미국의 원조금을 중단해야 한다고 건의했을 때 — 그는 미국의 원조금이 부유층을 위한 사치품인 설탕이 아닌 비료나 밀을 구매하는 데 사용되는 것이 더 바람직하다고 생각했다 — 갑자기 그의 동료가 사소한 부정을 저지른 혐의로 고발당해 수감되었다. 대니얼은 이렇게 적었다. "평론가들은 우리를 호랑이 무서운 줄 모르는 하룻강아지들이라고 불렀다."[47]

삼성 공화국은 좋은 면과 나쁜 면에서 모두 부상하고 있었다. 헨리 조가 말했다. "그들은 (왕가의 일원인) 저도 신처럼 모셨죠."[48]

3장

왕조의 부상

"제 생각에 그들(삼성)은 확실히 과거의 행태를 답습하고 있습니다.["] 주
주총회에서 삼성 측과 몸싸움을 벌였던 기업 지배구조 전문 변호사 이
지수가 헨리와의 인터뷰를 마치고 나온 나와 커피를 마시며 말했다. 그
는 내게 한국인들이 종종 하는 비유를 들려주었다.

"조선왕조의 첫 번째 왕인 태조를 보면, 그는 여덟 명의 아들을 두
었습니다. 그런데 다섯째 아들과 막내아들 간에 싸움이 일어났습니다.
다섯째 아들은 나중에 조선왕조의 세 번째 왕이 되죠. 하지만 그는 막
내아들을 세자로 책봉하려는 아버지의 결정에 불복하고 싸워야 했습
니다."

이윽고 그는 북한과도 비교했다. 2011년 12월 아버지가 사망한 후에
권력을 장악한 독재자 김정은은 숙청을 단행했다. 그는 먼저 막강한 실

력자인 고모부의 처형을 지시했다. 그 후에는 그의 이복형이 말레이시아에서 비행기에 탑승하려던 중에 화학전에서 사용되는 치명적인 신경작용제인 VX로 암살당했다.

삼성 내부의 왕권 다툼은 삼성의 강력한 왕들이 또 다른 귀족적인 동맹 수단을 사용하면서 확대되기 시작했다. 바로 결혼이었다.

이병철은 다섯 명의 딸과 세 명의 아들을 두었고, 그들은 거의 모두 1950년대와 1960년대에 유력한 가문들의 자손과 결혼했다.[2] 첫째 아들은 보험회사 중역이자 도지사의 딸과 결혼했고, 둘째 아들은 일본인 사업가의 딸과 결혼했다. 셋째 아들이자 미래의 회장인 이건희는 정부 관료 홍진기의 딸인 홍라희와 결혼했다.

이건희와 홍진기 딸의 결혼으로 두 가문 간의 혈맹관계가 확립되었다. 그들은 수십 년 동안 서로를 신뢰했고, 그 관계는 삼성에 정부의 주요 인사들과 접촉할 수 있는 연줄을 제공해주었다.

홍진기는 시와 글에 애정을 가진 흥미로운 법조인이었다.[3] 1965년에 이병철은 삼성의 신문사인 「중앙일보」를 설립했고,[4] 홍진기에게 경영을 맡겼다. 일본의 일간지를 모방한 「중앙일보」는 한국의 3대 신문사 중 하나가 되었다.[5] 이 신문은 뉴스를 보도하기 위한 목적 외에도 기업의 목소리를 대변하기 위한 의도로 발간되었다.

삼성에게 「중앙일보」는 정치적인 공격으로부터 회사를 방어하기 위한 하나의 수단이었다. 이병철은 「타임」지와의 인터뷰에서 이렇게 말했다. "매스컴은 부패한 정치를 막을 수 있는 최고의 수단이다."[6]

회사 신문사의 대표로서 홍진기는 이병철에게 강한 영향력을 행사했다.

"외할아버지는 그분에게 많이 의존했어요."[7] 헨리 조가 말했다.

"어떻게 말씀입니까?"

"외할아버지 곁에 있으면서……." 헨리가 말했다. "국내 정치와 세계 정세에 대한 많은 흥미로운 정보를 알려주는 겁니다."

다시 말해서, 홍진기는 삼성의 왕실 책사 역할을 담당했던 것이다.

1961년 5월 16일 새벽 어스름 녘, 서울 시민들은 또다시 탱크가 거리를 지나가는 소리에 잠에서 깼다.

"우리는 나라를 구하기 위해 정부에 맞서 들고일어날 것이다."[8] 박정희 장군이 쿠데타를 앞두고 휘하의 병사들에게 선언했다. "우리는 피 한 방울 흘리지 않고 우리의 목표를 달성할 수 있다. 우리 모두 이 혁명군에 참여해 나라를 구하자!"

"그날…… 아침 7시경……." 이병철이 회고했다. 그 당시 그는 일본에 있었다. "모처럼 이른 아침 골프를 즐기려고 호텔 현관에서 차에 올랐더니, 일본인 구와바라 운전기사가 말했다. '한국에서 군사혁명이 일어났다는 뉴스를 들으셨습니까?'"[9]

삼성의 창업주이자 한국 부정 축재로 여겨졌던 이병철은 심문을 받을 사람 명단에 포함되어 있었다. 이윽고 한국의 정부 요원 두 명이 그가 투숙하던 일본 호텔에 나타났다. 그들은 그에게 한국으로 돌아오라는 강압적인 내용의 메모를 남기고 떠났다.

결국 이병철은 비행기 편으로 귀국했다. 한국의 "칠흑 같은 밤하늘에는 구성진 여름비가 억수같이 쏟아지고 있을 뿐, 지상은 너무도 고요했다."[10] 한 젊은 남성이 그를 지프차에 태웠다.

그는 호텔 스위트룸에서 하룻밤을 보낸 후에 — 그는 다른 사업가 동료들처럼 투옥되지 않은 것을 다행이라고 생각했다 — 국가재건최고회의에 출두했다. 이병철은 어떤 운명이 자신을 기다리고 있는지 알지 못했다.

"비서실을 거쳐 안내된…… 넓은 방에 들어서자, 군인 몇 사람과 함께 강직한 인상의 검은 안경을 쓴 사람이 저쪽에서 걸어왔다. 검은 안경의 박정희 부의장을 금방 알아볼 수 있었다."[11] 그는 한국의 새로운 독재자이자 쿠데타의 지휘관이었다.

"그 방 안은 무겁고 팽팽한 긴장감으로 가득했다"고 이병철은 회고했다.

단호한 표정에 항상 정장이나 야전복을 입고 조종사용 선글라스를 쓴 박정희 장군은 키가 작고 왜소한 체격이었다. 평생 군인으로 살아오면서 젊은 시절에 잠시 공산주의에 관심을 가졌던 그에게 어느 누구도 의문을 제기하지 못했다.

"어떤 이야기를 해도 좋으니 기탄없이 말해달라."[12] 군대의 장군 계급도 유지하던 박정희 부의장이 이병철에게 말했다.

이병철은 자신의 입장을 변호하며 관용을 베풀어줄 것을 호소했다.

"국민들은 이 방안을 받아들이지 않을 거요." 박 대통령이 쏘아붙였다.

독재자는 엄청난 거래를 염두에 두고 있었다. 그는 삼성이 화이트칼라 범죄자에 의해 운영되고 있다고 믿었다. 하지만 삼성으로부터 국가에 도움이 되는 것을 박탈한다면 수감은 무의미했다. 대신 이병철은 자신의 은행 세 곳의 지분을 상당 부분 국가에 양도하고 부득이 440만 달러를 세금 체납분과 벌금으로 납부해야 했다.[13] 또 삼성은 부유하고 강력한 새 국가를 건설하는 장군의 계획에 완전히 협조하게 될 터였다. 만약 이병철이 협조를 거부한다면 감방이 기다리고 있었다.

농부의 아들이었던 박 대통령은 자유로운 사상가였다.[14] 서구의 식견을 비웃던 그는 시장을 폐쇄하고 군령을 시행했으며, 기업들에게 자신의 법령을 따르도록 강요했다. 그의 세계관은 상당 부분 일본 제국군으로부터 받은 훈련을 통해 형성되었다.[15] 일본 전시 산업의 중심지인 만주에 주둔했던 그는 매일 아침 히틀러의 사진에 경례를 하면서 다른 생도들을 놀라게 했고,[16] 일본 '자이바쓰' 집단의 무제한적인 부상과 국익을 해치는 그들의 지나친 허영을 지켜보았다.

"그들의 낡고 시대에 뒤처진 사업 방식은 발전을 촉진하는 역할을 거의 못 하오. 그들은 온갖 수단을 동원해 돈을 끌어모으고 그 재산을 가족 안에만 모아두지."[17] 언젠가 박 대통령이 한국의 재벌에 대해 언급했다. "이런 행태는 기업들의 건전한 발전에도 걸림돌이 될 거요."

그가 1965년의 한 연설에서 말했다. "오늘의 우리에게 절실히 요청되는 일은 미국의 번영을 부러워하기에 앞서, 일본의 경제적 팽창을 두려워하기 전에, 그것을 가능하게 했던 원동력으로서 그들의 정신적 자세를 본받는 일이며, 그들이 얼마나 근면하게 일하고 얼마나 굳세게 역경을 이겨내고 있는가를 배우고 익히는 일인 것입니다."[18]

그의 감독하에 한국은 전쟁 전후의 일본식 경제 모델을 부분적으로 유지하는 한편,[19] 더 훈련되고 더 군대화되며 더 국가의 통제를 받아가면서 맹렬한 속도로 대량의 제품을 수출하는 데 주력했다. 다시 말해, 일본의 기적은 한국에서 극단적으로 재현될 것이었다.

박정희 장군은 이것을 실현할 수 있는 강력한 도구와 수단을 가지고 있었다. 그는 한국인들에게 '민족'이라고 불리는 순수하고 순결한 혈통에서 그들의 힘이 비롯된다는 믿음을 불러일으켰다.[20] 그런데 이 민족이라는 발상은 20세기 초반에 일본인 지배자들에 의해 처음 도입된 것이었다.

박정희 정권은 삼성과 현대를 비롯한 재벌들이 소유한 개인은행을 몰수했고,[21] 향후에도 그들이 은행의 소유권을 갖지 못하도록 금지했다. 그 은행들은 기업가들에게 너무 많은 경제력을 부여했고, 불필요한 경제 거품과 뒷거래를 유발했다. 박 대통령은 기업가들에게 생산과 제조에 전념해서 자신의 총애를 받도록 강요했다. 국가 주도형 합작기업들은 자본과 기술을 집중해 한국이 철강, 조선, 석유화학에서 앞서나갈 수 있는 발판이 되었다. 그의 정권은 무리한 수출 할당량을 설정했고,[22] 기업들이 서로 경쟁하도록 유도했다. 만약 어떤 기업이 뒤처지면 정부의 대출이 중단되고, 그 재벌은 무너질 수밖에 없었다.

무엇보다도 쏟아져 들어오는 엄청난 외화의 배분 문제가 있었다.[23] 미국이 한국의 미군 기지에 기부한 후원금과 한국군을 베트남전쟁에 파병하는 조건으로 지급한 엄청난 지원금뿐만 아니라, 외교관계 회복의 대가로 일본에서 제공한 총 8억 달러의 배상금[24]이 산업을 촉진하기 위한 도로, 항만, 기반 시설을 건설하는 자금으로 투입되었다.

제철 회사 포스코의 회장은 1968년 6월에 직원들 앞에서 이렇게 말했다. "우리 선조들의 피의 대가인 대일 청구권 자금으로 짓는 제철소요,

실패하면 역사와 국민 앞에서 씻을 수 없는 죄를 짓는 것입니다."[25]

현대의 창업주 정주영은 훨씬 더 노골적이었다. 그는 회사의 엄격한 재정 목표를 달성하지 못하면 재떨이를 집어던지고, 고위 임원들의 따귀를 때리기까지 했다.[26]

이병철은 전국경제인연합회의 초대 회장으로 추대되었는데,[27] 이 원로 경영자들의 단체는 그들의 목표를 정권의 정책과 조율하고 고압적인 개입으로부터 재벌 집단을 보호하기 위해 결성되었다.

이 로비 단체를 통해 박정희 대통령은 삼성에 국가 발전의 초석이자 정권 정당성의 증표인 비료 공장을 건설하도록 촉구했다.

"정부가 적극 뒷받침을 할 테니 비료 공장을 지어달라"[28]고 박 대통령이 이병철에게 말했다.

1966년, 수년에 걸쳐 일본으로부터 필요한 자본을 확보해 18개월 동안 공사를 진행한 끝에, 마침내 이병철은 새로운 공장을 가동하기 시작했다.

"지난주 해안 도시 울산에서 구한국과 신한국이 상징적인 대면을 하게 되었다."[29] 「타임」지가 보도했다. "주위에 퍼져 있는 봄 안개는 처음으로 암모니아 연기와 뒤섞였고, 전통적인 옷차림을 한 농부들이 말쑥한 서구식 양복을 입은 사업가들 및 정부 공무원들과 나란히 서 있었다. 그들은 세계 최대 규모인 연간 33만 톤의 비료 생산 능력을 갖춘 한국비료공업주식회사의 새로운 요소비료 공장의 개장식에 참여하기 위해 모였다."

하지만 공장이 건설되는 동안 비료 생산을 위해 한국에 수입된 화합물들이 사카린 제조 공장으로 팔려나갔고, 그 과정에서 4만 달러의 부당

이익이 발생했다.

이 사건은 엄청난 스캔들을 불러일으켰다. 부정부패는 경제발전을 위한 국가의 노력을 좀먹는 해악으로 간주되었기 때문이다.

"이 사카린이나 처먹어라!"[30] 한 야당 국회의원이 국회 바닥에 인분을 뿌리며 소리쳤고, 이 소란으로 그날의 일정은 중단되었다.

이병철의 차남이자 삼성의 관리자인 이창희가 이 화합물 거래에 대한 책임을 졌다.[31] 그는 부정부패 혐의로 5년 형을 선고받았다. 이병철은 사퇴하라는 압력을 받았고, 아들에 대한 선처를 호소하며 비료 공장의 지분 51퍼센트를 정부에 양도했다.

한국의 전통에 따라 그는 장남 이맹희를 삼성의 회장으로 임명했다.

하지만 헨리 조의 말에 따르면, 그 아들은 문제가 많았다.[32]

그는 폭력적이고 무절제하며, 기업을 이끌어갈 적임자가 아니라는 소문에 시달렸다. 훗날 이맹희는 한국의 한 기자에게 자신이 존경받던 왕실 책사 홍진기를 사무실로 호출해 자기 앞에 무릎을 꿇게 하는 엄청난 굴욕을 주었다고 고백했다.[33] 아들의 비정상적인 경영 방식에 불만을 품은 이병철은 삼성으로 복귀했고, 결국 아들에게 사퇴하도록 지시했다.

이창희는 감옥에서 출소했을 때, 아버지에게 따뜻한 환대를 받으리라고 기대했다.

"하지만 외할아버지는 그분에게 회사의 경영을 맡기지 않으셨습니다. 그분은 아주 뛰어난 기업가였죠."[34] 헨리 조가 내게 말했다. "하지만 외할아버지의 말씀에 따르면, 그분은 자잘한 것들에 너무 집착하고 (생각하는) 그릇이 작다고 하셨습니다."

결국 이창희는 박 대통령에게 자신의 아버지가 소유한 부동산과 다른 자산들을 낱낱이 밝히는 익명의 투서를 보냈고,[35] 그로 인해 부자지간에 심각한 분열이 일어났다. 이 사건 이후 이 회장의 차남은 세간의 관심에서 멀어졌고, 1991년에 백혈병으로 세상을 떠났다.

1968년에 이병철은 공식적으로 삼성 회장직에 복귀했다. 그는 결국 막내아들 이건희에게 회사를 물려주기로 결심했다.

"장차 건희가 삼성을 이끌게 될 게다."[36] 장남 이맹희의 말에 따르면, 그는 1976년 9월에 가족에게 이렇게 말했다.

"아버지의 말을 듣고 난 후에 느꼈던 그 갑작스러운 충격을 나는 도저히 잊을 수가 없다."[37] 이맹희가 그의 회고록에서 밝혔다. "그 당시에 이미 아버지와 나 사이에 갈등이 있었지만, 여전히 나는 언젠가 아버지가 삼성의 경영권을 내게 물려줄 거라고 믿고 있었다."

패배감과 좌절감에 빠져들던 이맹희는 훗날 한적한 어촌 마을에서 사실상 유배 생활을 했다. 지역의 어부들은 그를 '회장님'이라는 별명으로 불렀다. 유전적인 신경성 질환의 합병증으로 다리를 조금 절뚝거리며 걷던 그는,[38] 만나는 사람들에게 자신의 아버지가 모든 재정적인 지원을 끊었다고 말했다. 한때는 버스요금조차 낼 수 없을 지경으로 전락했다.

몰락한 왕자는 점점 더 강박증이 심해졌고, 폭력적이며 정신병을 앓는다는 소문에 시달렸다.

"사실 나는 골프채를 휘두르며 미친 듯이 쫓아오는 아버지를 피해 도망쳐야 했던 사람이오."[39] 이맹희가 자신을 찾아온 한 기자에게 말했다.

그는 자신을 정신병원에 입원시키거나 납치하려고 하는 삼성 사람들에게 미행을 당한다고 확신했다.[40]

한국의 한 비공식 전기작가는 18세기 조선왕조의 불화로 인한 역사적인 비극을 떠올리며 그를 '삼성의 사도세자'[41]라고 불렀다. 27세의 왕실 후계자인 사도세자는 정신병을 앓는다는 이유로 아버지의 어명에 따라 뒤주에 갇히는 형벌을 받았고, 1762년에 그 안에서 굶어죽고 말았다.

비료 사업이 심대한 타격을 받으면서 이병철은 삼성을 훨씬 더 위험 부담이 크고, 훨씬 더 빠른 속도로 발전하는 분야인 전자산업으로 이끌었다. 노다지가 있는 벼랑 끝에 선 한국은 글로벌 시장에서 그런 신데렐라 스토리는 불가능하다고 믿었던 서구 비평가들이 이구동성으로 비판하는데도 전혀 흔들리지 않았다.

4장

삼성맨들의 행군

1974년 어느 날, 삼성의 CEO 강진구는 캘리포니아의 사업가 조지프 서더스^{Joseph Sudduth}에게서 걸려온 전화를 받았다.[1] 그는 강 사장에게 자신이 한국의 한 사업가와 설립한 합작회사인 한국반도체의 재정적인 어려움에 대해 토로했다.

미국의 국무부는 파산을 우려하며 한국반도체의 불안한 재정 상황을 면밀히 주시하고 있었다. 이런 방식의 프로젝트들은 미국 정부에서 대출을 허용했기 때문이었다. 그것들은 침체된 한국 경제를 촉진하는 수단으로서 미국과 한국 두 나라의 국익에 도움이 된다고 여겨졌다. OPEC의 석유파동이 지속되는 상황에서 미국과 한국은 확실히 석유 같은 천연자원이 아닌, 고도로 숙련된 노동자에 의존하는 새로운 부가가치 산업을 육성해야 할 필요가 있었다.[2] 반도체는 유망한 선택지였다. 그것은 달로 발사된 우주왕복선 아폴로와 베트남전쟁에 배치된 레이저 유도미사일을 뒷받침하는 필수적인 기술이었다.

강 사장은 좋은 기회라고 판단했다. "나는 반도체 없는 전자 회사는 엔진 없는 자동차나 마찬가지라고 생각하고 있었다"[3]라고 그가 적었다. 이병철의 승인과 더불어 삼성은 서더스가 보유한 그 회사의 지분 절반을 매입했다.

삼성의 관리자들은 그 인수에 대해 경고했다.[4] 칩셋은 생산 비용이 높았고, 지극히 위험부담이 컸다. 불안정하기로 악명 높았던 반도체산업은 막대한 투자를 필요로 했고, 투자금의 회수에 수년이 걸렸으며, 정신없는 가격변동에도 적절히 대처해야 했다. 반도체 사업에서 성공하려면 원대한 비전과 장기적인 목표가 필요했다.

이 분야의 선두 업체들, 특히 일본 기업들은 정부의 장기적인 지원에 힘입어 인텔, 페어차일드 반도체와 경쟁하거나, 심지어 앞서가는 탁월한 능력을 발휘했다. 삼성은 시장에서 한참 뒤처진 후발 업체에 불과했다.

"이름만 반도체지 트랜지스터나 만드는 수준이었다."[5] 후일 이병철의 셋째 아들 이건희가 회고했다. 그것은 계산기와 컴퓨터에 사용되는 기본 부품이었지만, 그 자체로는 거의 부가가치가 없었다.

삼성의 중역들은 사업의 건전성을 파악하려고 방문한 미국의 사절단을 안심시키기 위해 개입했다. 그리고 사절단은 설득당했다. "모든 것들이 잘 조직되어 있고, 통제되고 있는 것으로 보인다."[6] 그들 중 한 명이 워싱턴에 보고했다.

한국반도체의 적자가 누적됨에 따라 나머지 파트너가 자신의 지분을 매각하겠다고 제안했다. 칩셋의 장기적인 중요성을 확신했던 이건희는 개인 재산까지 일부 투자하여 그 지분을 매입했다.[7]

불안한 새 합작회사는 삼성반도체로 이름이 변경되었다.

하지만 새로운 출발을 위한 시기가 좋지 않았다. 2년 후인 1979년, 박정희 정권의 중앙정보부장이 저녁 식사 중에 심각한 논쟁을 벌인 끝에 독재자를 총으로 쏴죽이는 사건이 발생했다. 이후의 혼란한 시국에서 한국 군대는 1980년 5월에 광주에서 민주화 시위를 하던 수백 명의 시민들을 학살했다. 이윽고 잔인무도한 장군인 전두환이 부정한 선거에서 승리했고, 이병철의 방송국인 TBC를 강탈했다.[8]

이병철은 정치적인 혼란 속에서 삼성을 되살리기 위한 방안을 모색했다. 현대의 창업주인 정주영은 중공업의 보루로서 새 정부의 총애를 받았고, 조지워싱턴 대학교로부터 명예박사 학위도 받았다. 그를 넘어서고 싶어 했던 이병철은 한국의 한 정치인을 통해 로비를 시도했고, 보스턴 대학교로부터 명예박사 학위를 받는 데 성공했다.[9]

1982년에 명예박사 학위를 받기 위해 미국을 방문했을 때 이병철은 IBM, GE, HP의 반도체 어셈블리 라인을 둘러보았다. 그들의 창의력은 그를 감탄하게 만들었고, 동시에 냉혹한 현실은 그의 마음을 아프게 했다.

"우리가 너무 늦었구나."[10] 그가 아들에게 말했다.

이병철은 반도체를 포기하려고 했다. 하지만 반도체 생산을 시작한 현대가 점점 더 압박해오는 상황에서[11] 그는 삼성도 반격해야 한다고 생각했다. 보스턴에서 돌아오는 비행기 안에서 아들은 아버지에게 반도체

가 해결책이라고 계속 설득했다.[12]

오랜 고민 끝에 이병철은 아들의 말을 수긍했다.

1983년 2월, 도쿄의 오쿠라호텔 스위트룸에서 아침 일찍 일어난 이병철은 자신의 오른팔인 홍진기에게 전화를 걸었다. 그는 홍진기에게 「중앙일보」에 '도쿄 선언'이라는 발표문을 게재하라고 말했다.

"우리나라는 인구가 많고 좁은 국토의 4분의 3이 산지로 덮여 있는데다 석유, 우라늄 같은 천연자원 역시 거의 없는 형편이다. 다행히 우리에게는 교육 수준이 높고 근면하며 성실한 인적 자원이 풍부해 그동안 이 인적 자원을 이용한 저가품의 대량 수출 정책으로 고도성장을 해왔다. 그러나 세계 각국의 장기적인 불황과 보호무역주의의 강화로 인해 수출에 의한 국력 신장도 이제는 한계에 이르게 되었다."[13]

그가 선언했다. "우리는 우리 민족 특유의 강인한 정신력과 창조력을 바탕으로 반도체 사업을 추진하고자 한다."

회장의 강력한 주장으로 삼성은 관리자들에게 수차례에 걸쳐 심신 단련 훈련을 실시했다.

"내가 이름을 부르는 사람들은 행군에 참가하게 될 거야."[14] 어느 날 아침, 한 관리자가 사무실 직원들에게 말했다.

어느 날 밤, 김남윤은 숯불구이를 먹으며 내게 그 행군에 대해 말하는 동안 얼굴이 상기되었다.

반도체 엔지니어인 그는 그날 밤 다른 100명의 직원과 함께 삼성 에

버랜드 근처에서 행군을 시작해 이튿날까지 밤을 새우며 용인 주변의 산들—64킬로미터의 거리—을 오르내렸다.

그 행군은 계산기에 사용되던 초창기 반도체인 64K D램 칩셋의 개발에 매진하게 될 팀의 정신력을 시험하기 위해 기획된 것이었다.

"한겨울이었어요." 그가 말했다. 한국에서 가장 힘든 부대의 보병 출신인 김남윤은 산기슭에서 대열에 맞춰 줄을 섰다.

그들이 차디찬 1월의 밤을 헤치고 행군하는 동안 부대 지휘관은 여러 차례 그들을 기습하며 그 자리에서 임무와 과제를 풀라고 지시했다.

"살아 있는 생물을 찾아서 가져와라." 지휘관이 엔지니어들에게 말했다. 하지만 온통 낙엽뿐인 황량한 산속에서 동물을 찾는 것은 거의 불가능했다.

사람들은 그 지역을 샅샅이 뒤졌지만 결국 빈손으로 돌아왔다. 김남윤과 그의 팀원들은 도시락 통을 열고 흔한 반찬인 마른 멸치 한 마리를 집어 들었다. 그들은 멸치를 물이 담긴 컵에 넣고 지휘관에게 건넸다.

"이건 조금 전 우리가 처음 잡았을 때는 살아 있었습니다." 그들이 지휘관에게 말했다.

분명히 그들은 창의적인 해결책을 찾아냈고, 그것이 바로 이 시험의 핵심이었다.

"좋아, 통과!" 지휘관이 웃으며 말했다.

해가 뜨자 지친 부대원들은 산에서 내려와 삼성의 새로운 어셈블리 라인으로 걸어갔다. 행군 참가자들은 모두 종이에 각오를 적고 사인했다.

"삼성이 하는 일이라면 성공할 것이다." 김남윤은 서약서에 자신의 이름을 적었다.

오전 7시, 엔지니어들은 정시에 출근해서 샤워를 하고 깨끗한 옷으로 갈아입었다. 전날 밤 한숨도 못 잤던 그들은 그날 밤 11시까지 근무했다.

"우리는 그날을 여느 근무일처럼 여겼어요." 그가 말했다.

그것은 역사적인 순간이었다. 삼성은 1983년에 최초의 반도체 제조 공장에 이름을 붙였다.[15] 회사는 그 공장을 불과 6개월 만에 건설했는데, 산업표준은 3년이었다. "삼성 공장의 방문객들은 기흥의 거칠고 비좁은 거리를 헤치고 가야 한다. 종종 경운기를 운전하는 농부들이 수백만 달러어치의 수출용 반도체를 실은 트럭들과 자리 경쟁을 벌이면 차가 꽉 막히기도 한다"[16]라고 이곳을 먼저 방문했던 기자인 마크 클리퍼드**Mark Clifford**가 적었다. 그곳은 그다지 볼품도 없었다.

무엇이 그들을 그토록 서두르게 했을까?

"파산한다는 생각이었습니다."[17] 삼성전자의 전 CEO이자 당시 그 제조 공장의 관리자였던 이윤우가 말했다.

삼성의 엔지니어들은 기술교육을 받기 위해 아이다호에 위치한 칩 제조업체인 마이크론**Micron**에 제한적으로 접근이 허용되었다.[18] 마이크론은 재정적인 곤란을 겪었고, 유료로 기술을 사용하는 것을 허용했다. 하지만 미국 엔지니어들은 한국 엔지니어들이 컴퓨터를 만지거나 일부 민감한 방들에 들어가지 못하도록 금지했다. 따라서 한국 엔지니어들은 두 눈을 크게 뜨고 다니면서 자신들이 본 도표들을 암기했다. 그들은 매일 밤 호텔로 돌아와 엄청나게 복잡한 반도체 차트들을 오직 기억에만 의존해 조합하면서 그 도표들을 재구성했다.

또한 그들은 지금은 파산한 일본과 대만의 합작회사인 PSC의 일본 중역들에게 도자기를 선물했다. 삼성이 PSC의 부품들과 그 당시 일본이 거의 독점하던 칩셋 제조 설비를 구입할 수 있게 해준 대가였다.

"일본 경험이 많은 내가 나서서 반도체 공장과 일본을 오가며 기술 확보에 매달렸다"고 그 무렵 부회장으로 승진한 이건희가 회고록에서 밝혔다. "거의 매주 일본으로 가서 반도체 기술자를 만나 그들로부터 조금이라도 도움될 만한 것을 배우려고 했다. 지금 와서 얘기지만 그때 일본 기술자를 그 회사 몰래 토요일에 데려와서 우리 기술자들에게 밤새워 기술을 가르치게 하고, 일요일에 보낸 적도 많았다."[19]

"일본인들은 우리에게 없는 꼼꼼함을 보여줬습니다. 그것은 문화적인 차이였죠"[20]라고 김남윤이 말했다.

이병철은 삼성이 끝없이 적자를 감당할 수 없다는 것을 알고 있었다.

반도체는 제조 비용이 높았고, 정부의 지원은 무제한 보장되지 않았다. 한편, 일본의 기업들은 시장에서 칩셋을 덤핑 판매하며 삼성에 손실을 초래했다.

이병철은 삼성의 다른 사업들에서 거둔 수익으로 한동안 반도체 프로젝트를 지원했다. 이것은 시장에서 공개적으로 거래되는 미국의 기업들에서는 불가능한 일이었는데, 미국의 상장기업들은 단기 수익에 집중해야 하기 때문이었다. 이제 70대에 접어든 데다 폐암 진단까지 받은 이병철은 점점 더 조급함을 느꼈다.

"외할아버지는 자신이 죽고 나면 삼성이 곧 무너질 거라고 예견하셨습니다"[21]라고 헨리 조가 내게 말했다.

1987년 12월, 한국의 대통령 전두환이 잇따른 대규모 시위에 견디지 못하고 권좌에서 물러나면서 최초의 민주적인 선거가 실시되는 계기가 마련되었다. 1988년 서울올림픽의 개막을 몇 달 앞두고 있었고, 경제가 활성화되면서 온 나라가 애국적인 열정으로 들끓었다. 이 열정이 삼성의 위상을 세계에 드높일 수 있는 발판이 되기를 모두 희망했다.

그 당시, 창사 50주년을 기념하기 위해 제작된 삼성의 한 광고는 두 명의 어린이가 태양계 사진을 쳐다보는 모습을 보여주었다.[22] 화면 속의 행성들은 퍼스널컴퓨터, 반도체, DNA 이중나선, 인공위성으로 바뀌었다.

"우리 '민족'과 함께한 50년……." 광고는 한민족의 애국심을 고취하는 단어를 사용해 호소했다.

삼성의 성공은 판매, 운영, 경제정책, 수익에 관련된 영역이 아니었다. 그것은 애국심과 정신의 스토리였다. 삼성은 한국인들이 느끼는 감정, 정서, 소속감을 활용했다. 삼성은 자신보다 훌륭한 존재, 자신보다 큰 존재의 일부가 되고자 하는 인간의 욕구를 이해했다. 삼성은 한국인들에게 미래의 영광을 약속했다.

그 광고에서 삼성은 회사의 사명을 공표했다. "인간의 시대를 지향하는 선도적인 기업이 되겠습니다."

5장

유생과 히피

1979년, 훗날 빌 클린턴Bill Clinton 대통령의 조언자가 되는 아이라 매거자이너Ira Magaziner는 영국 정부의 컨설턴트 자격으로 삼성의 흑백 TV가 더 큰 시장에서 발휘할 수 있는 잠재력을 파악하기 위해 삼성의 수원 캠퍼스를 방문했다. 그는 별다른 인상을 받지 못했다.

"콘크리트 맨바닥에서 사람들이 제품을 운반대에 실어 손으로 밀고 다니는 삼성의 연구실을 보고 나는 낡아빠진 고등학교 교실을 떠올렸다."[1]라고 매거자이너가 기록했다. 그는 최근에 미국의 한 대학교를 졸업한 젊은 수석 엔지니어를 만났다.

"나는 그에게 삼성의 컬러 TV 전략에 대해 물으며 회사가 그냥 해외에서 부품을 수입해 국내에서 조립하려는 계획을 갖고 있는 듯하다고 말했다. 그는 전혀 그렇지 않다고 대답했다. 그들은 모든 것들, 심지어 컬러 수상관까지 직접 만들 예정이라고 했다. 이미 최고의 해외 모델들을 파악하고 기술지원에 관한 계약도 체결했다고 그가 말했다." 그 엔지니어는 조만간 삼성이 전 세계에 텔레비전을 수출할 것이라고 예측했다.

"나는 믿지 않았다." 매거자이너가 적었다. 아마도 10년, 혹은 15년 후에나 가능한 이야기일 테지. 삼성은 기술력에서 미국과 영국에 수 세대나 뒤진 채 시작했으니.

"하지만 그곳에서 이루어지는 작업은 상당한 흥미를 불러일으켰다"고 그가 적었다. "그들은 RCA, GE, 히타치 등 세계의 유력한 기업들의 컬러 TV를 모아놓고 그것들을 활용해 자사의 모델을 설계하고 있었다."

매거자이너는 5년 후에 GE의 컨설턴트 자격으로 다시 한국을 방문했다. 그리고 한국인들이 예전에 장담했던 모든 것들을 실현해낸 모습을 보고 깜짝 놀랐다. 그들은 코닝Corning과의 합작투자를 통해 수상관부터 화면 유리까지 삼성 TV의 핵심 부품들을 생산하고 있었다.

그 공장은 "내가 보았던 미국의 어떤 TV 제조 공장 못지않게 자동화 시설이 잘 갖춰져 있었다"[2]고 그가 적었다. 공장 곳곳을 둘러본 후에 그는 이 작은 기적의 밑바탕이 되는 사고방식을 이해하기 시작했다.

전자레인지에 일련번호를 붙이던 한 여성은 자신의 업무를 단련과 수양을 위한 훈련으로 여긴다고 말했다.

"그들은 이것을 매시간 똑같이 반복되는 단순한 작업이라고 인정하지만, 아무도 일과가 따분하다고 생각하지 않는다." 그가 그곳에서 지켜보았던 근로자들에 대해 평가했다. 한 여성은 감독관이 지나간 후에도 자신의 업무를 재확인했다.

"제 마음과 영혼을 이 제품 안에 담습니다." 그녀가 말했다.

사람들은 기술의 미래가 서양이 아닌 동양에 있다는 것을 깨닫고 있었다. 보잘것없던 한국은 이미 글로벌 시장에 조금씩 다가가고 있었다. 최초의 PC는 1981년 미국에서 출시되었다. 이윽고 초기 휴대폰과 음향 재생기의 열풍이 불면서 순식간에 일본의 기업들이 시장을 장악했고, 이후에는 한국의 기업들이 그 자리를 차지했다.[3] 1995년에 이르자 미국의 TV 제조업체는 단 한 곳도 남아 있지 않았다.

1983년 11월, 28세의 스티브 잡스가 한국에 도착했다. 많은 공장 굴뚝들과 삼성 유니폼을 입고 배지를 단 공장 근로자들, 그리고 회장에게 깍듯이 인사하는 직원들이 그를 맞이했다.

잡스는 낭만이나 모험을 기대하며 한국을 방문하지 않았다. 그런 목적으로는 이미 일본과 인도를 여행했었다. 그는 과감하고 시대를 앞선 계획을 세우고 있었다. 바로 태블릿 컴퓨터를 제작하는 것이었다. 그의 벤처기업인 애플컴퓨터에서 아이패드를 출시하기 27년 전이었다.

"스티브는 미래가 모바일의 시대라는 것을 알고 있었죠.[4] 그는 다이나북Dynabook을 만들고자 했어요." 그 당시 잡스와 동행했고, 이후에도 여러 차례 삼성을 방문했던 동료인 제이 엘리엇Jay Elliot이 말했다. "그는 메모리와 디스플레이를 공급해줄 제조업체가 필요했어요."

회의론자들은 제록스에서 고안한 다이나북 태블릿 콘셉트를 현실과 동떨어진 허무맹랑한 아이디어라고 폄하했다. 그것은 영화 〈2001: 스페이스 오디세이〉에 나온 한 소품과 흡사했다. 그런 제품은 비용이 너무 많이 소요되어 출시하기 힘들고, 수요도 너무 적어 틈새시장에 그칠 것이라고 여겨졌다. 10년 전에 제록스의 PARC 연구소는 '전 연령대의 어린이들을 위한 PC'[5] 원형 모델을 개발했지만, 당시의 기술력이 너무 원시적인 수준이었던 탓에 실제로 제작하지는 못했다.

하지만 잡스는 그 정도로 단념하지 않았다.[6] 그는 미래의 PC와 전화기는 휴대성을 갖춰야 한다고 믿었다.[7] 만약 애플이 부단한 노력으로 그 영역에 도달하지 못한다면, 이미 PC 분야에서 애플을 몰아내기 위해 맹공격을 퍼붓고 있던 초거대 기술 기업인 IBM이 그를 집어삼킬 터였다. 과연 그는 어디에서 필요한 부품들을 얻을 수 있을까?

잡스는 일본을 여행했고, 그곳에서 소니의 창업주 모리타 아키오(盛田昭夫)를 만났다. 그는 소니의 경영 방식과 매끈한 디자인 기풍을 적용하기 위해 노력했다. 한편, 엘리엇에 따르면 잡스는 일본의 이웃인 한국의 경우 대부분의 산업이 어설프고 낙후되어 있지만 장래성이 보이기 시작한다고 느꼈다.

잡스는 지저분한 산업 중심지 서울에 도착했다.[8] 엄숙한 태도로 인사하는 삼성 직원들이 그를 맞이해주었다. 잡스에게 그 당시 삼성은 GE에 납품하는 싸구려 전자레인지를 제조하는 무명의 가족기업에 불과했다. 삼성은 스스로 삼성전자라고 불렀지만, 서양인들 사이에서 이 회사는 '삼석'(Sam-suck, suck이라는 단어는 '수준 이하' 또는 '후진' 등의 뜻을 가지고 있다_옮긴이)이라는 별명으로 통했다.

잡스가 삼성 사옥 안으로 들어갔을 때, 이병철이 직접 나와 그를 맞이했다. 그를 커다란 고급 의자들과 한국식 전통 비품들이 구비된 웅장한 회의실로 안내한 이병철은 자신의 과감한 계획을 공개했다. 그는 당시에 미국과 일본의 경쟁업체들보다 한 세대 뒤처져 있던 삼성전자를 세계 최대의 컴퓨터칩 공급업체로 자리 잡게 할 생각이었다. PC 혁명이 진행되던 상황에서 이 회장은 삼성이 그 혁명의 엔진이자 혁명의 운전자가 되어 국가와 회사에 국제적인 위상과 막대한 수익을 가져다주기를 기대했다.

이병철은 시간이 계속 흘러가고 있으며 자신이 삼성의 활로를 확보해야 한다는 것을 알고 있었다. 잡스는 메모리칩이 필요했다. 삼성은 이제 겨우 메모리칩 제조의 초기 단계로 진입했을 뿐이었다. 그럼에도 불구하고 이 단계에서부터 삼성은 애플에 디스플레이 일부와 애플 PC에 필요한 부품들을 공급하기 시작했다.[9] 서예와 관상술을 좋아하는 연로한 유생(儒生)인 이병철은 말 많고 활달하며 이따금 불쾌한 언행을 일삼는 캘리포니아 출신의 젊은이와 잘 어울렸다.

"스티브는 자랑하기를 좋아했어요. 또 말이 엄청 많기도 했고요. 좀처럼 말을 멈추지 않았죠."[10] 엘리엇이 말했다.

잡스는 이듬해 출시될 예정인 자신의 발명품 매킨토시에 대해 끊임없이 이야기했다. 이병철은 자신이 삼성에 대해 구상하고 있는 몇 가지 아이디어를 내놓았다.

"그거 좋을 것 같네요!" 엘리엇에 따르면, 잡스가 한 가지 아이디어를 듣고 소리쳤다. 그다음에는 "아뇨, 그건 안 될 것 같아요!"라는 말이 뒤따랐다.

한국에서 28세의 젊은이가 나이 든 어른, 특히 나라를 대표하는 기업의 회장에게 마구 재깔이는 행동은 엄청난 모욕으로 간주되며 누구라도 혹독한 대가를 치를 것이라고 생각할 터였다. 하지만 이병철은 잡스의 총명함을 인식하고 그의 결례를 전혀 문제 삼지 않았다.

"그게 스티브입니다. 그는 모든 사람들에게 다가가 두 팔을 벌려 껴안고, 손을 흔들고, 손가락으로 가리키고, 자기 생각을 이야기하죠." 엘리엇이 회상했다. "제가 나중에 그에게 '자네 지금 수백만 달러짜리 아이디어를 공짜로 줬어!'라고 말했어요. 그는 전혀 신경 쓰지도 않았죠."

잡스가 떠난 후에 삼성의 창업주는 특유의 근엄하고 부드러운 말투로 신중하게 고른 몇 개의 단어를 사용해 비서들에게 단언했다. "잡스는 IBM과 맞설 수 있는 인물이네."[11]

2년 후, 잡스는 CEO 존 스컬리^{John Sculley}와의 권력투쟁에서 패배하고 애플의 이사회에서 해고되었다. 초기 형태의 태블릿은 적어도 한동안은 역사의 휴지통 속에 버려졌고, 애플과 삼성의 제휴에 관한 계획은 모두 무산되었다.

그로부터 20년이 훨씬 지난 후에 부품 공급업체 삼성과 컴퓨터 제조회사 애플은 큰 전쟁을 벌이게 되었다.

2010년 8월 4일, 애플의 중역들로 구성된 방문단이 서울의 화려한 강남에 위치한 삼성 사옥에 도착했다. 그 빌딩은 몇 년 전, 소위 서울의 베벌리힐스라고 불리는 지역에서 개관했다. 서울 전역에서 공장의 굴뚝들은 푸른빛의 고층 유리 건물들로 바뀌었고, 첨단기술 제품들이 어디에나 전시되어 있었다. 한 해 전 봄에 삼성은 갤럭시 S를 출시했는데, 일부 미디어에서는 그것을 '아이폰 킬러'[12]라고 명명했다.

애플의 잡스는 크게 격노했다. 그는 유사한 아이콘 구성부터 디자인, 심지어 포장에 이르기까지 삼성이 아이폰을 도용했다고 믿었다.

부사장 안승호 박사가 이끄는 삼성의 중역들은 회의실에서 애플의 중역들과 마주했다. 애플의 변호사 칩 루턴Chip Lutton이 '스마트폰에서 삼성의 애플 특허 사용'[13]이라는 제목으로 프레젠테이션을 시작했다.

그가 프레젠테이션을 마쳤을 때 삼성의 중역들은 침묵했다.

"갤럭시는 아이폰을 모방했습니다." 루턴이 말했다.

"모방했다는 말이 무슨 뜻입니까?" 안 부사장이 물었다.

"제가 말한 그대로입니다." 루턴이 주장했다. "당신들은 아이폰을 모방했습니다. 그 유사성은 우연히 일치할 가능성을 완전히 뛰어넘습니다."

"어떻게 함부로 우리를 그런 식으로 비난할 수 있습니까?" 안 부사장이 반박했다. "우리는 오랜 기간 휴대폰을 만들어왔습니다. 우리는 자체적인 특허들을 보유하고 있는데, 아마 애플도 그중 일부를 침해하고 있을 겁니다." 이 만남은 역사상 가장 큰 금액의 가장 광범위한 기업 분쟁 소송의 서막으로 기록되었다.

6장

다섯 번째 기수

두 달 후에 나는 「패스트 컴퍼니」의 한 편집자로부터 걸려온 전화를 받았다. 그는 기삿거리를 찾고 있었다. "우리가 삼성에 관한 큰 기사를 쓰게 될 것 같아요." 그가 말했다. "수원 캠퍼스에 초대를 받았는데요. 관심이 있나요?"

20년 전의 잡스와 마찬가지로 나도 쌀쌀한 가을날에 검은색 회사 차량에서 내렸고, 비슷하게 정장을 차려입고 인사하는 중역들에게 접대를 받았다. 나는 한국 기업들의 관행을 무시하고 나보다 훨씬 연상의 중역들에게 날카로운 질문을 던지기 시작했다. 우리는 비슷한 종류의 한국 음식을 먹고 기술 산업의 미래와 그에 따른 삼성의 역할에 대해 열정적인 토론을 나누었다. 성공적인 아이디어를 추종하면서 그런 아이디어를 추구하고, 배우고, 적용하기 위해 노력하는 이 회사의 전반적인 특성은 변하지 않았다.

그 당시 실리콘밸리의 '4대 기수'는 아마존, 애플, 구글, 페이스북이었다. 그들은 월등한 기술력으로 다른 모든 기업들을 압도했다. 2013년에 「테크크런치TechCrunch」의 M. G. 시글러Siegler는 다섯 번째 기수가 등장했다고 단언했다. 바로 삼성이었다.

"삼성이 매출의 관점에서 애플보다 규모가 더 크기 때문만이 아니라, 삼성의 매출이 다른 세 '기수'의 매출을 합한 것보다 거의 두 배나 많기 때문이다(2012년 삼성의 매출 1,900억 달러 vs 아마존, 구글, 페이스북의 매출 1,000억 달러). 그리고 수익이 거의, 혹은 전혀 없는 아마존, 페이스북과 달리 삼성은 엄청난 수익을 거두고 있다"[1]라고 그는 적었다.

반도체 칩셋에 대한 이병철의 무모한 듯했던 도전은 결국 올바른 선택으로 판명되었다. 불과 20년 전까지 기술 세계에서 조롱의 대상이었던 삼성은 갑자기 혜성처럼 등장해 전 세계 모든 유형의 고급 전자기기들뿐만 아니라 그 부품들의 설계자로 활약하기 시작했다. 회사에서 아이슬란드의 전체 경제 규모보다 더 많은 비용을 마케팅에 투입했기 때문에[2] 삼성의 로고는 뉴욕의 타임스 스퀘어에서부터 여러 올림픽 경기, 온갖 TV 프로그램, 전 세계의 수많은 휴대폰들에 이르기까지 어디서나 접할 수 있었다.

머지않아 삼성은 전 세계 스마트폰 3대 중 1대를 공급하게 될 터였다.[3]

삼성 본사에 들어가는 것은 요새에 들어가는 것과 같다. 내부의 성지에 접근할 수 있는 사람은 극소수에 불과하다. 회사의 최고위직 인사들은 공개적인 노출을 기피하며 대체로 트위터 계정도 사용하지 않는다. 하지만 삼성을 취재하면서 나는 회사의 중역들과 어느 정도 신뢰를 쌓을 수 있었고, 매끈하고 번쩍거리는 빌딩 사무실을 출입할 수 있었으며, 과학자들과 엔지니어들이 대부분의 소비자들로서는 그저 상상밖에 할 수 없는 아이디어들을 실험하는 연구소들을 둘러볼 수 있었다. 젊은 디자이너들은 내게 그들이 작업하고 있는 스마트폰과 TV 콘셉트들에 대해 말했는데, 내 생각에는 도저히 몇 년 안에 출시될 수 있으리라고 믿기 어려운 것들이었다. 하지만 그것들은 실제로 출시되었다. 나는 회사에서 스타라고 선전하는 선지자들과 공상가들을 만났다.

그런데 삼성에는 뭔가 다른 면이 있었다. 삼성의 직원들은 그들의 성과를 자랑할 때면 포천 100대 기술 기업으로는 흔치 않은 태도를 보였다.

"창업주는 새로운 세상을 창조한다는 비전을 마음에 품고 있었습니다. 우리는 창업주의 꿈과 비전을 향해 나아갑니다."[4] 삼성의 극비 연구소인 삼성종합기술원(SAIT)의 길영준 부사장이 강조했다. 우리는 그 당시로선 한참 먼 미래의 아이디어인 폴더블 스마트폰에 관한 대화를 나누었는데, 거의 9년 만인 2019년 2월에 그런 제품이 실물로 공개되었다.

"그는 또 하나의 기적을 만들고 싶어 했습니다."[5] 인사 담당자 고든 김이 이병철의 아들, 이건희 회장의 자서전을 넘기면서 내게 말했다. "그는 350시간의 연설을 했습니다. 어떻게 350시간 동안이나 말할 수 있었을까요? 도무지 믿기지가 않습니다." 놀랍게도 직원들은 그의 역사적인 연설들이 실행되었던 날짜를 정확히 기억했다.

내가 인터뷰를 요청하는 중대한 실수를 저질렀을 때, 나는 이미 삼성 측에서 어디서든 내가 오너 일가에 접근하는 것을 원하지 않는다는 것을 깨달았다.

나는 삼성의 홍보 대행사인 웨버 샌드윅Weber Shandwick의 직원으로부터 즉시 그것은 '불가능할 것'이라는 대답을 들었다.[6] "이것은 당신이 상상도 못 할 만큼 많은 민감한 사안들이 걸린 문제입니다." 하지만 애초에 나의 방문을 제안했던 것도 삼성이 아니었던가.

그런데 삼성에 관한 취재를 거듭할수록 이건희 회장에 관한 이야기들은 놀라움의 연속이었다.

이 회장이 삼성의 한 제조 공장을 방문했을 때, 직원들은 주차된 차들이 보기 흉하니 공장 뒤쪽에 주차하라는 지시를 받았다.[7] 주차장의 모습이 회장의 눈에 거슬렸던 것이 분명했다. 화장실에는 구강청결제가 비치되어 직원들이 점심시간에 먹은 김치 냄새를 풍기지 않도록 했다. 직원들은 회장이 공장에 도착하면 창문 아래로 내려다보지 말라는 경고를 받았다. 도로에는 보안 요원들이 줄지어 대기했고, 회장의 리무진이 멈추자 길게 말린 빨간색 카펫을 바닥에 굴려 깔았다.

"한 직원은 이 회장 가족이 방문할 예정인 시내의 모든 레스토랑을 사전 답사하는 임무를 맡았습니다."[8] 한 전직 직원이 내게 말했다. "그는 그곳들의 음식과 와인에 대한 보고서를 작성했습니다."

2004년 8월, 이 회장과 그의 가족이 독일을 여행하며 베를린의 5성급 호텔인 아들론에서 일주일 동안 숙박했을 때, 삼성은 호텔의 4층과 5층 전체를 예약했고, 회장의 모든 움직임을 주시하며 편안한 휴식을 제공하기 위해 회의실 한 곳을 '상황실'로 조성했다.[9]

삼성의 충신들, 특히 나이 든 세대가 회장과 그의 가족에 대해 이야기하는 방식, 그들이 회장을 추앙하고 자신들을 거의 군대식으로 운영되는 조직 내 정예부대로 조직화하는 방식은 내게 이상하게도 북한의 군대와 같은 문화를 떠올리게 했다. 나는 거의 10년 동안 한국을 오가며 북한을 방문하고, 북한에 관한 기사들을 작성했다.

삼성의 전통적인 문화와 북한의 전체주의적 독재 간에 이상한 유사성이 느껴지는 것은 결코 우연이 아니다. 한국학자 B. R. 마이어스^{Myers}는 서로 같은 혈통을 지닌다는 남한과 북한의 믿음에 관한 글[10]을 썼는데, 그런 믿음은 오늘날 남북한의 정치, 사회의 특징을 규정하고 있다. 그는 한국인들이 북한과는 국경을 초월해 한민족이라는 강한 동질감을 느낀다고 주장한다.[11] 그것은 그들이 정부의 민주주의 체제에 대해 느끼는 것보다 훨씬 더 강한 동질감이다.

그의 견해에 따르면, 그 결과 북한은 세계에서 가장 민족주의적인 국가이며, "두 번째로 민족주의적인 국가는 한국이다.[12] 한국은 완전히 개방적이고 완전히 네트워크 친화적이지만, 여전히 외부 세계에 대한 강박적인 시각에 사로잡혀 있다."

예를 들면, 나는 매년 개최되는 삼성 서머 페스티벌에 참가한 삼성의 한 신입사원이 유출한 영상을 보았다. 다양한 운동경기와 매스게임이 펼쳐지는 그 행사에서 신입사원들은 한데 모여 개인별 플래카드를 이용해 여러 가지 이미지를 만드는데, 이것은 주로 공산주의와 전체주의 정권에서 행해지는 의식이었다. 나는 신입사원들이 주먹을 쥔 모양과 '승리'라는 단어의 대형을 이루는 모습을 보았다.[13] 그것은 전쟁의 상징으로, 나는 사진들 속에서 그런 대형을 이루던 북한 인민들의 모습을 본 적이 있었다.

그 영상에서 신입사원들은 페가수스 모양의 대형을 이루기도 했다. 나는 그 장면에서 깜짝 놀랐다. 그것은 천리마와 흡사했다.

몇 달 전 내가 북한을 여행했을 때, 내 전담 안내원이었던 미스터 한은 한국 문화에서 페가수스, 혹은 천리마의 중요성에 대해 알려주었다. 그것은 학생들과 군인들을 독려하기 위해 사용되는 속도와 성실한 노력의 상징으로, 그들은 종종 대규모 국가 건설 사업들에서 아파트, 학교, 병원을 짓는 건설 현장에 노동자로 동원되며, 두 가지 역할을 수행했다.

"천리마 같은 속도로 진격하라!" 미스터 한이 내게 말했다. 우리가 청진의 기차역 밖으로 걸어 나오는 동안 그는 북한의 여러 선전 문구를 암송했다.

북한의 기준에서도 경찰이 많은 도시인 청진은 중국과 러시아의 국경과 인접한 곳이었다. 미스터 한은 도시를 내려다보는 산을 올려다보며 거기에 펼쳐진 선전 문구를 번역해보라고 했다. 그것은 '한마음으로 단결해서'로 시작되었다.

나는 삼성의 신입사원 행사를 담은 영상을 보다가 신입사원들의 대형 앞쪽에서 소름끼칠 만큼 유사한 슬로건을 보았다. '하나가 된 우리.'

"우리의 투지를 느낄 수 있습니까?" 내가 북한을 방문했던 기간에 미스터 한이 내게 물었다.

"여러분의 투지는 어디 있습니까?" 삼성의 중역들은 일상적으로 직원들에게 이렇게 물으면서 그들에게 열심히, 빠르게 일하도록 요구했다.

나는 북한의 독재자 김정일이 사망한 날인 2011년 12월 17일을 결코 잊지 못할 것이다. 나는 런던에 머무르고 있었고, 곧 서울로 돌아갈 예정이었다. 북한의 뉴스는 검은색 리무진에 실린 김정일의 시신이 마지막으로 방부 처리되어 안치될 장소로 옮겨지는 동안, 그 모습을 보는 북한 주민들이 오열하며 울부짖는 영상으로 채워지고 있었다. 훗날 나는 그의 묘소를 방문했는데, 그의 시신은 투명한 유리관 안에 누워 있었고, 실내는 시신의 보존을 위해 음산한 붉은빛 조명을 유지했다.

물론 삼성의 직원들은 회장이 죽었을 때 눈물을 흘리며 주저앉지는 않았다. 적어도 내가 아는 바로는 그렇다. 하지만 삼성도 가문 안에서 리더십이 다음 세대로 옮겨가는 동안 유사한 문화적 과정을 거치고 있었다.

"한국인들은 삼성의 배후에 있는 가문에 대한 이야기에는 언제나 흥미를 느끼는 듯하다. 비밀에 둘러싸인 그 가문의 내부 상황은 많은 부분에서 한국의 또 다른 유명한 가문과 유사하다. 바로 북한을 통치하는 김씨 가문이다"[14]라고 「뉴욕 타임스New York Times」가 보도했다.

이건희 회장과 북한의 김정은은 모두 선친의 셋째 아들이지만 통치자의 자리를 물려받았다. 이건희의 큰형과 김정은의 이복형은 사실상 왕조에서 축출되고 소외되어 불행해졌다.

"이 비교는 매우 적절하다."[15] 시카고 대학교의 유명한 한국사학자이자 역사학과 학과장인 브루스 커밍스Bruce Cumings가 말했다. "가족 이외에는 좀처럼 신뢰하지 않는 것이 기본적인 한국인의 특성이며, 그것은 삼성 가문도 마찬가지다"라고 그가 덧붙였다.

남한과 북한은 전혀 다른 나라이지만, 이 두 나라는 일본 군국주의자들과 중국 유교의 영향을 받은 역사와 문화를 공유할 뿐만 아니라, 같은 혈통을 지니고 있다. 북한과 삼성의 공통적인 유산은 다섯 가지 관습을 통해 드러난다. 가족 왕조에 대한 절대적인 숭배, 그들의 힘이 민족적 혈통에서 비롯된다는 믿음, 군대식 의식과 절차 및 구호의 보급, 국수주의적인 집착과 외부인들에 대한 불신, 그리고 현명하다고 여겨지는 가부장적인 황제 같은 지도자에 대한 숭배 등.

이를 설명하려면, 간단한 사고실험을 해보라. 미국의 남북전쟁에서 남군이 승리하고 연방에서 탈퇴했다고 가정하자. 미합중국(북부의 주들)과 새로 조직된 남부연합은 모두 공동의 유산, 역사, 혈연을 유지했을 것이다. 두 진영은 모두 근본적으로 '아메리카'의 정체성을 이어갔을 것이다. 오늘날 남한과 북한의 현실도 마찬가지다.

이와 유사한 문화적 관행의 또 다른 사례를 들어보자. 2010년에 어떤 영상이 유출되었다고 한 삼성 직원이 내게 귀띔해주었다. 영상 속에는 구호가 적힌 점수판 앞에 삼성 신입사원들이 대형을 이루어 서 있었다. 프랑스 머스킷총병의 군복처럼 화려한 흑백의 로코코식 의상을 차려입은 한 치어리더는 투쟁의 구호를 외쳤다. "피 끓는 젊은이들이여, 여름을 정복하라!"

'삼성의 자부심'이라는 문구가 새겨진 깃발이 근처 소나무들과 한여름의 무성한 풀밭 가운데 있는 언덕 위로 높이 솟아 있었다. 파란색 의상과 노란색 스카프의 물결 속에서 들판에 모여 있던 신입사원들은 사다리꼴 형태로 민첩하게 대형을 이루었다. 고참 직원들은 치어리더 뒤편의 측면 라인에서 지켜보고 있었고, 그들의 사내 부서는 옷 색깔로 구분되었다.

"승리의 투지! 멋진 텔레커뮤니케이션 C팀!"[16] 치어리더가 소리쳤다. 그녀는 높이 솟아올라 손목에 러플 장식이 달린 오른팔을 쭉 뻗으며 집게손가락을 튕겼다.

"시작!"

그날의 신입사원들은 삼성 서머 페스티벌로 불리는 하계 수련회에서 이 실리콘 성의 문으로 들어가는 가장 신참 직원들이었다. 그들은 2주일이 넘게 삼성맨의 작위를 받기 위한 준비를 해왔다. 훈련소 생활을 하고, 행군을 완주하고, 수면 박탈의 고통을 견디면서 그들은 서로 협동하고 가족처럼 대하는 법을 배웠다.[17]

그날은 네 개의 부서가 경쟁을 펼쳤는데, 각 부서는 팀워크를 다지는 활동을 위해 서로 구별되는 고유한 유니폼을 착용했다. 그것은 재미를 위한 활동이었다. 하지만 회사의 주요한 인사들이 지켜보고 있었다.

트럼펫 소리가 경기장의 스피커들을 통해 요란하게 울려 퍼졌고, 뒤이어 기타 코드를 연주하는 소리와 애국적인 구호를 외치는 신입사원들의 함성이 터져 나왔다.[18] 인간 LED 스크린처럼 보이는 안무를 선보이던 그들은 색깔을 입힌 플래카드를 일제히 들어 올리며 붉은색의 물결을 만들었다. 소수의 집단이 플래카드를 노란색 면이 보이도록 뒤집어 디지털시계 화면의 이미지를 연출했고 05, 04, 03, 02, 01, 00으로 카운트다운을 실행했다. 그들은 풀밭에 주저앉아 플래카드를 일제히 파란색 면이 보이도록 뒤집은 후에 슈퍼볼 하프타임 쇼처럼 일사불란한 동작으로 재빨리 일어섰다. 그들은 축구선수가 질주하다 공을 걷어차는 동작과 뒤이은 '골'이라는 단어를 애니메이션처럼 연속적으로 표현했다. 이윽고 그 축구선수는 승리의 기쁨에 뛰어올랐다.

그다음에 신입사원들은 DMB(디지털 멀티미디어 브로드캐스팅)라는 단어를 만들었다. 세계 최초로 휴대폰을 통한 TV 시청 서비스를 실현한 이 기술은 한국에서 개발되어 한 해 전에 시작되었으며, 한국에서 이루어낸 수많은 발명 중 하나였다.

삼성의 신입사원들이 자부심을 가질 만한 이유가 있었다. 그들의 나라, 정확히는 그들의 회사에서 그것을 발명했기 때문이다. 신입사원들은 대형을 깨뜨리고 바깥쪽으로 달려가 직사각형을 이루면서 발아래에 있는 가방을 집어 들어 삼성의 색깔인 파란색과 흰색을 사용해 바둑판같은 무늬를 만들었다. 이윽고 승리를 의미하는 영어 단어 'victory'가 한 번에 한 글자씩 차례로 만들어졌다.

이제 신입사원들은 숫자 10,000,000을 만들었는데, 그것은 삼성에서 성공의 기준으로 설정한 휴대폰 판매량의 목표치였다. 그해 삼성이 출시한 단순한 모양의 소형 슬라이드형 휴대폰 D500은 엄청난 대박을 터뜨렸다. 신입사원들은 그 휴대폰 모양을 구성하고, 곧바로 영어 단어 'champ'를 만들었다. 뒤이어 그들은 디지털시계와 영어 단어 'hero'를 만들고 난 후, 또 다른 휴대폰과 함께 영어 단어 'star'를 만들어 보았다.

"그건 놀라우면서도 무섭고 섬뜩했어요."[19] 한 직원이 말했다. 그녀의 상사는 이 행사의 진행 과정에 관여했다. 그녀와 다른 많은 직원들은 이 단체 공연을 북한의 매스게임과 비교했다.

삼성과 북한을 비교하는 말을 들었던 삼성의 한 홍보 담당 중역은 어
느 날 밤 함께 숯불구이를 먹으며 내게 말했다. "그건 너무 지나칩니다.
우리는 기업입니다. 우리를 북한과 비교하지 마세요. 우리를 애플, IBM,
HP와 비교해주세요. 네, 우리는 폐쇄적입니다."[20] 그가 인정했다. "하지
만 애플도 마찬가지죠. 삼성맨은 그저 고정관념일 뿐입니다." 그가 말했
다. "그건 제가 알고 있는 우리 회사의 모습이 아닙니다."

삼성은 내부에서조차 공공연히 이런 비교가 이루어지고 있다고 해
도 언론인들이 삼성과 북한을 비교하는 것을 극도로 싫어한다. 삼성
직원들은 내게 애플에서도 나름 스티브 잡스를 숭배한다고 말한다. 삼
성이 숭배적인 성향을 지닌 유일한 전자제품 제조 회사가 아니라는 것
이다.

하지만 삼성의 논리는 일종의 주의 분산 작전이었다. 주제에서 벗어
나 다른 곳으로 관심을 돌리는 것이다.

삼성과 다른 기업들의 유사성을 살펴보아도 북한과 한국, 그리고 나
아가 일본과 중국의 공통적인 문화와 유산을 무시하기는 어렵다. 결국
한국의 재벌은 보다 기업가적이고 주주 중심적인 미국의 기업들과는 거
의 공통점이 없는 것이 사실이다.

심지어 미국의 대기업들조차 오늘날 한국의 기업들과 같은 특권을
누리지는 못한다. 한국 10대 재벌 그룹의 가족 총수들 중 절반 이상이 유
죄 판결을 받은 범죄자들이다. 그들은 모두 대통령에게 사면을 받았는

데, 아예 수감조차 되지 않은 경우도 있었다.[21] 그들 중 삼성의 회장 이건희를 포함한 세 명은 두 차례나 사면을 받았다. 2015년 1월부터 2016년 2월까지[22] 삼성 이사회의 사외이사들은 한 명이 불참했던 두 차례를 제외하면 회사에서 제안한 모든 안건들을 만장일치로 승인했다. 그들은 독립적으로 활동하면서 기업 지배구조를 감시하는 역할을 맡은 사람들이었음에도 불구하고 말이다.

카네기와 록펠러 가문의 후계자들이 엄청난 재력과 지위로 인해 추앙을 받는다는 이유로 「뉴욕 타임스」가 존경심에서 그들을 다룬 기사에 대해 자체 검열을 한다고 상상해보라. 백악관에서 샘 월턴Sam Walton이나 레이 크록Ray Kroc의 후계자들이 감옥에서 월마트나 맥도날드를 경영하는 동안에 그들을 사면한다고 상상해보라. 베테랑 언론인들이 대통령의 직무와 사업가의 업무 간에 이해관계의 상충을 일으키는 도널드 트럼프Donald Trump를 보고도 외면한다고 상상해보라.

삼성과 이씨 가문의 과도한 특권 때문에 한국인들은 내게 삼성이 대마불사(大馬不死)의 존재가 되었다고 말한다.

하지만 서울대학교 경제학과 박상인 교수는 그 '대마불사'라는 표현을 다른 관점에서 바라본다. 한국 경제의 지속적인 성공은 삼성그룹 전체가 아닌 삼성그룹 내의 한 '기업'에 달려 있다는 것이다.

내가 실행했던 모의실험에 따르면, 삼성전자의 주식이 70퍼센트까지 하락하면 삼성의 보험사들과 삼성물산은 파산하게 될 것이다. 이것은 불가피한 연쇄작용이다. 만약 삼성생명과 삼성화재가 파산하면 한국의 보험업계 전체가 위기에 빠지게 된다. 만약 삼성그룹과 모든 협력 업체들(정확한 수는 대중에게 알려져 있지 않다)의 직원들이 실직하면, 한국의 실업률은 7.1퍼센트까지 상승할 것으로 예상된다(현재 한국의 실업률은 3.5퍼센트이다).[23]

만약 삼성그룹이 파산하면, 대주주인 국민연금은 약 19조 원(약 167억 달러)의 손실을 입게 된다고 주장한다. 그러면 법인세는 약 4조 원(약 35억 달러) 감소하게 된다. "만약 삼성그룹 전체가 파산하고 오직 삼성에만 의존하는 수많은 협력 업체들까지 연이어 파산한다면 한국의 대형 은행들은 지급불능 위기에 처하게 될 겁니다."

충격적인 결론이다. 한국 사람들은 이것을 '삼성 리스크'라고 부른다. 그리고 많은 사람들이 이것을 긴박한 사안이라고 여긴다.

사실 삼성은 실리콘밸리의 어떤 기업하고도 유사점이 없다. 더불어 실리콘밸리의 반체제적이고 반문화적인 기원을 지니고 있지도 않다. 스티브 잡스처럼 마리화나를 피우던 대학교 중퇴자도 없고, 대학 기숙사 웹사이트에서 여학생의 외모 순위를 매기던 마크 저커버그[Mark Zuckerberg]처럼 짓궂은 사람도 없다. 소니의 모리타 아키오처럼 제2차 세계대전에서 살아남아 폭탄에 부서진 백화점에서 공동으로 회사를 창업해 눈부신 성공을 일궈냈던 열정적인 엔지니어도 없다.

서울에서 많은 인터뷰를 해왔던 나는 종종 의심과 불신, 심지어 두려움을 나타내는 사람들을 만나기도 했다. 몇몇 한국인들은 내게 삼성에 관한 책을 쓰면 불이익을 당할 수도 있다고 했다.

나는 그런 우려를 근거 없는 음모론으로 치부했다. 하지만 그들은 내게 삼성이 한국인들의 마음속에 얼마나 많은 공포심을 불어넣었는지 보여주었다.

한국에서 나는 어디를 가더라도 '삼성 공화국'과 그 흔적에서 벗어날 수 없었다.

"당신은 삼성을 비난할 생각입니까?"[24] 삼성에서 오래 근무하다 퇴직한 한 직원이 함께 점심 식사를 하면서 내게 물었다.

"삼성은 제가 잡지 기사를 쓸 때 협조해주었습니다." 내가 그에게 말했다. "제게 공식적인 만남을 허용해주었죠. 하지만 저는 독자적이고 신뢰할 수 있는 취재를 할 것입니다. 삼성은 이 프로젝트에 대해 아무런 영향력도 행사할 수 없습니다."

하지만 삼성은 내가 책을 쓰려고 한다는 것을 알지 못했다.

만약에 이 사실을 삼성이 알게 되면 "중요한 인물들은……." 내가 설명했다. "무슨 말을 해야 할지 훈련을 받고 나올 것이고, 정보원들은 침묵을 지킬 것이며, 비공식적인 경로를 통해 힘겹게 성사된 만남도 수포로 돌아갈 것입니다."

하지만 책의 출간을 언제까지 비밀로 할 수는 없었다. 2015년 9월에 나는 잠에서 깨어나 삼성의 홍보 담당 직원들 중 한 명인 '남기영'이 보낸 이메일을 확인했다. 그는 예전에 내게 많은 인터뷰 자리를 마련해준 직원이었다.

"우리는 당신이 취재를 위해 언론사들을 접촉한 것을 알고 있습니다. 불쾌하거나 놀라지 않으셨기를 바랍니다"[25]라고 그가 적었다.

내가 비공식적 인터뷰 요청을 한 전직 삼성 직원이 그에게 전달했던 것이다. 이제 삼성에서 내 의도를 알았기 때문에 우리는 만나서 커피를 마시기로 약속했다. 향후에 모든 문제를 원만히 해결하고자 한다는 의사 표현이었다. 이후의 만남에서 또 다른 홍보 담당 중역은 내게 이 책에 대해 삼성의 협조를 요청하는 제안은 단호히 거절하겠다고 말했다.[26]

　그럼에도 나는 잡지 기사 취재, 회사의 공식적인 경로, 나만의 비공식적인 정보망을 통해 400명 이상의 전현직 삼성 직원과 경영진, 정치인, 사업가, 국회의원, 언론인, 사회운동가, 분석가들뿐만 아니라 창업주 가문의 일원까지 한 명 한 명 일일이 만나서 인터뷰를 실행했다. 인터뷰는 서울, 일본, 중국, 뉴욕, 뉴저지, 텍사스, 캘리포니아에서 이루어졌다. 몇몇 사람들은 이름이 밝혀지는 것을 두려워했다. 또 다른 사람들은 기록으로 남기는 것을 원하지 않았다. 나는 그들의 요구를 존중했다. 고맙게도 많은 사람들이 아무 이득 없이 자칫 자신의 커리어가 위험해질 수 있다는 것을 알면서도 나를 돕겠다고 제안했다.

7장

자손

이병철은 평생을 무교로 살아왔다. 하지만 이제 죽음을 앞둔 78세의 나이에 그는 가깝게 지냈던 한 가톨릭 신부에게 존재에 관한 질문을 던졌다. "신이 인간을 사랑했다면, 왜 고통과 불행과 죽음을 주었을까요?"[1] 그는 1987년 11월 19일 오후 5시 5분에 자택에서 폐암으로 사망했다.[2]

그가 사망하고 25분이 지난 후에 삼성의 37개 계열사 사장들이 삼성그룹 본사에 모였다.[3] 그들은 만장일치로 이병철의 셋째 아들인 45세의 이건희를 차기 회장으로 선출했다.[4] 그는 1976년에 이미 이병철에게 후계자로 지명되었다.

신임 회장은 삼성의 왕관 보석으로 꼽히는 핵심 회사인 삼성전자를 통치했다. 삼성 제국의 나머지는 네 개의 왕국으로 분할되었다. 삼성의 식품 회사인 제일제당(CJ)은 이병철의 첫째 아들인 56세의 이맹희에게 돌아갔다. VHS 테이프 제조 회사인 새한은 둘째 아들인 54세의 이창희에게 돌아갔다. 제지 및 화학 회사인 전주(현 한솔)는 이병철의 첫째 딸인 58세의 이인희가 물려받았다. 백화점 체인인 신세계는 막내딸인 44세의 이명희가 차지했다.

이 다섯 개의 기업은 한국인들의 삶 거의 모든 부분에 영향을 미쳤다. 실제로 한국 경제의 상당 부분이 삼성과 이병철 일가에 집중되어 있었다.

왕가의 전통에 따라 가족 내 잠재적인 경쟁자들의 추방은 이병철의 사후에 진행되기 시작했다.[5] 가족의 구성원들은 이건희 회장의 영토에서 모두 물러났다.

나와 만났던 헨리 조는 오랫동안 이건희 회장과 가깝게 지내왔다. 그는 젊은 후계자가 와세다 대학교 경제학과 학부생으로 일본에서 유학하는 동안 함께 지냈다. 이건희가 회장에 선출된 후에 그는 이 회장의 형들과 삼성의 안양 코스에서 골프를 치고 있었는데, 클럽의 관리자가 그들에게 다가왔다.

"여러분은 더 이상 회원이 아닙니다." 클럽 관리자가 그들에게 말했다. 그들은 그곳에서 나가달라는 요청을 받았다. 헨리와 회장이 절친한 사이라는 사실은 전혀 중요하지 않았다.

바로 그렇게 헨리는 자신이 쫓겨났다는 것을 알게 되었다.

유산을 둘러싸고 자신이 손해를 보았다고 분노한 자손들 때문에 가족 내부의 음모에 관한 스토리들이 불거졌다. 1995년에 비디오카메라 한 대가 이건희 회장 저택의 지붕에 설치되자,[6] 많은 사람들은 인근에 있는 이 회장과 소원해진 형의 가족이 사는 집을 감시하기 위해서라고 생각했다. 거의 20년 후인 2012년에는 그 형의 회사인 제일제당에서 삼성물산의 한 직원이 이 회장의 조카를 미행하는 영상을 가지고 있다고 경찰에 신고했다.[7] 이 사건은 이 회장과 소원해진 형이 삼성 제국에서 정당한 자기 몫을 되찾겠다며 이 회장을 상대로 유산 소송을 제기한 후에 일어났다. 삼성의 직원 네 명이 기소되었고, 유죄판결 없이 벌금형이 선고되었다. 삼성은 이에 대한 혐의를 부인했다.

이병철이 사망한 지 12일 만에 신임 회장은 회사의 공식 석상에 처음으로 모습을 드러냈다. 그는 '제2의 창업'[8]이라는 슬로건을 내세워 연설을 하고 많은 직원들 앞에서 회사의 깃발을 흔들었다.

"저는 젊은 야망과 진취적인 정신으로 제2의 창업을 실행하고자 합니다"[9]라고 그가 선언했다. 그는 효심의 실천으로 자신의 집에 "선친의 유지를 존경하고 따른다"는 의미의 혼성어인 '승지원(承志園)'[10]이라는 이름을 붙였다.

하지만 삼성의 고위 중역들은 그에게 거의 관심을 갖지 않는 듯했다. 그들은 20년 전에 그의 형이 사실상 유배를 당했던 사건을 떠올리며 그를 '황제의 아들'[11], '운 좋은 후계자' 정도로 여겼다. 그 사건을 계기로 그가 부상했기 때문이었다.

실제로 젊은 회장은 아직 검증되지 않은 총수였다.

"나는 막막하기만 했다"라고 훗날 그가 1997년에 출간된 『이건희 에세이』에서 밝혔다. "1979년에 부회장이 된 이후 경영에 부분적으로 관여해왔지만, 그때는 '선친'이라는 든든한 울타리가 있었다."[12]

이병철이 사망하고 석 달 후인 1988년 2월에 삼성은 전자산업에서 회사 최대의 성공작을 내놓았다. 바로 4메가비트 D램이었다. 이것은 5년에 걸친 노력 끝에 얻어낸 결과였다. 여전히 삼성은 일본의 경쟁업체들보다 6개월 정도 뒤처져 있었지만,[13] 1983년에 처음 칩셋을 제조하기 시작했을 때만 해도 한 세대나 뒤떨어져 있었고, 그 격차를 따라잡을 수 있다고 생각한 사람들은 거의 없었다. 삼성은 굉장히 빠른 행보로 거의 격차를 좁힌 것이었다.

삼성의 중역들은 첫 번째 반도체를 어셈블리 라인에서 가져다가 이병철의 무덤 위에 올려놓았다. 초대 회장에 대한 감사와 존경의 표시였다.[14]

"제 별명은 조용한 사람입니다."[15] 삼성의 신임 회장이 고백했다. "집에서 저는 재미없는 사람으로 통합니다." 그는 애초에 영화감독이 되거나 영화제작사를 운영하고 싶어 했다.[16]

이 회장은 대부분의 시간을 집에서 보내는 은둔자 기질이 있었다.[17] 집에서 그는 사색을 하며 지냈다. 그는 삼성 중역들에게 걸려온 전화를 받지 않았고, 그의 침실에는 잔뜩 쌓인 비디오테이프들로 어질러져 있었다. 영화에 대한 그의 관심은 어릴 적에 수년간 일본에서 외로운 아이로 자라면서 열정으로 발전했다. 학교에서는 친구도 거의 없었고, 주말이면 몰래 영화관에 가거나 혼자 방 안에 처박혀 하루에 여덟 편씩 영화를 보곤 했다. 그가 가장 좋아하는 장르는 야생 다큐멘터리였고, 아카데미 수상작인 〈벤허〉도 무척 좋아했다. 그는 라디오와 텔레비전을 비롯해 다른 전자기기들의 작동 원리를 더 잘 이해하기 위해 그것들을 직접 분해하기도 했다.

"그분은 한 가지 일을 수시간, 수일, 수년 동안 파고듭니다."[18] 과거에 이 회장의 측근이었던 황영기가 자신의 사무실에서 차를 마시며 내게 말했다. 은행가였던 그는 이 회장에게 재무에 대해 조언하고, 이 회장의 재임 기간에 여러 문서를 영어로 번역해주곤 했다.

이화여자대학교의 이어령 교수는 이건희 회장을 '호모 픽토르'(Homo pictor, 도구의 제작자, 뛰어난 장인을 의미하는 호모 파베르의 반대되는 의미다)나 '인간 예술가'[19]라고 불렀다. 이 회장과 개인적 친분이 있던 그는 이 회장을 추상적인 사상가이자 다소 어줍고 생각이 많지만 한국 문화에 대한 폭넓은 식견을 갖춘 사람이라고 표현했다. 어떤 자리에서든 그는 아이디어가 넘치는 사람이었다.

"한담 속에서도 나는 늘 이건희 회장의 21세기 문명에 대한 날카로운 통찰력과 한국 문화에 대한 확고한 인식에 대해 찬탄을 하지 않을 수 없었다"[20]고 이 교수가 『이건희 에세이』에 적었다.

"이건희 회장은…… 활달해 보이지 않았다."[21] 한국의 소설가 박경리도 같은 책에서 이 회장과의 만남에 대해 적었다. "그는 능란하고 세련돼 있지도 않았다. 그러나 섬세하고, 치밀하고, 스스러워하는 듯한 그 점 때문에 독특했다. 창조적 감성, 그것을 느끼게 했던 것이다."

학구적 개인주의자인 이 회장은 말하기를 좋아하는 현대의 많은 CEO들과 달리 거의 말을 하지 않았고, 간혹 완전한 문장조차 구사하지 않았다.[22] 그는 사람들과 어울리기보다 개들과 보내는 시간을 좋아하는 듯했다. 그는 대규모의 가족 견사에서 200마리 이상의 강아지들을 길렀

고, 최초로 한국의 국견인 진돗개를 순종 번식한 공을 인정받았다.[23]

"한국으로 귀국해 중학교에 진학했다"[24]고 이 회장이 어린 시절을 회고했다. "당시에는 반일(反日) 분위기가 팽배해 일본에서 갓 돌아온 나로서는 학교생활에 적응하기가 쉽지 않았다. 그러다 보니 개를 더욱 가까이하게 되었고, 그 이후로 지금까지 항상 애견을 길러왔다."

하지만 가끔씩 자극도 필요했다. 그는 시간이 날 때면 차를 몰고 삼성의 개인 경주로를 질주했다. 그의 애마는 포르쉐 911이었다. 이런 취미는 세간의 이목을 끈 충돌 사고로 이어지기도 했다.[25]

"시속 200마일로 질주하면 자신의 목숨이 위험해질 수 있다."[26] 그가 1994년에 「비즈니스 위크Business Week」와의 인터뷰에서 말했다. "그러면 완전히 집중하게 되고 대부분의 스트레스가 해소된다."

"정말 흥미로운 분이었어요."[27] 그의 조카이자 한때 친구처럼 지냈던 헨리 조가 말했다. 그러고 나서 덧붙였다. "그분은 제가 아는 사람들 중에서 가장 게으른 사람이었습니다."

이 광적이고 예측하기 힘든 성품을 지닌 회장에게는 더 어두운 면이 있었다. 헨리의 말에 따르면, 그는 '가혹'할 수도 있었다.

"아침에 그분이 샤워를 마치고 나오면 오렌지주스가 테이블 위에 준비되어 있기 마련이었습니다. 그분은 쳐다보지도 않고 오렌지주스 잔을 잡기 위해 오른손을 뻗습니다." 헨리는 이 회장이 아침의 나른함을 떨쳐내기라도 하는 듯 눈을 손으로 가리는 동작을 흉내 내며 말했다.

"내 오렌지주스 어디에 있어?" 자기가 손을 뻗은 정확한 위치에 주스가 없으면 그는 큰 소리로 비서들을 꾸짖곤 했다는 것이다.

그의 독특한 성품을 보여주는 또 다른 사례가 있다. 헨리가 말했다. "그분은 운전기사에게 하얏트 호텔에서 출발해 브레이크를 딱 다섯 번만 밟고 운전하라고 지시했습니다."

이 회장이 직접 에세이에 적은 일화도 있었다. "몇 년 전 나는 삼성 본관 28층에 있는 내 사무실에서 아래층의 직원들 사무실까지 걸으면서 이동 시간을 재보고 가장 빠른 코스가 어디인지 찾아본 적이 있었다. 또 어떻게 하면 더 편리하게 쓸 수 있을까 하는 생각에서 서랍에 달린 손잡이의 위치를 옮겨보기도 하고 가구 배치를 바꿔보기도 했다."[28]

한국인들은 이런 괴팍한 젊은 재벌의 이미지를 그리 달가워하지 않았다. 그가 의사 처방 없이 구입할 수 없는 약물에 중독되었다거나 — 이를 증명할 만한 증거는 없었다 — 1970년대 후반에 한 엘리베이터 안내원과 밀회를 즐기다가 아이까지 두었다는 소문들이 떠돌았다. 그는 로스앤젤레스에 정부를 두고 있고 혼외 자식이 수십 명에 달한다는 소문에 시달렸다. 모두 그가 지닌 권력의 위력과, 그를 둘러싼 미스터리가 만들어내는 이야기들이었다.

이 회장은 미디어에서 이런 소문들을 부인했다.[29] 칭기즈칸에 버금가는 무려 95명에 달하는 자식을 두었다는 소문에 대해 그는 아내와의 사이에서 넷째 아이를 낳은 후 정관수술을 받았기 때문에 그런 일은 불가능하다고 해명했다.[30]

"그분은 약물에 의존했습니다"[31]라고 헨리가 내게 말했다. 그는 1980년대에 이 회장이 자동차 사고를 당한 후 수술을 받았다고 말했다. "그분이 너무 심하게 다쳐서 데메롤을 투약해야 했습니다. 그 약에 의존하게 된 겁니다." 데메롤은 아편 성분이 있는 강력한 진통제였다.

헨리는 1981년부터 1994년까지 삼성 고려병원(현 강북삼성병원)에서 이사장으로 재임했다. 그는 한국 정부에서 병원에 보관된 데메롤을 삼성 회장에게 공급했다는 의혹에 대해 수사했다고 말했다. 비록 정부에서 고소하지 않았지만 헨리는 그 의혹이 사실이라고 했다. "그것은 명백한 불법이었지만, 우리는 공급할 수밖에 없었죠."

삼성 회장에 관한 이런 의혹은 한국인들에게 익숙했다. 검찰 출신으로 삼성에서 근무했던 김용철은 2010년에 출간한 그의 회고록 『삼성을 생각한다』에서 마약 밀매 조직을 결성했던 한 마약상에 관한 이상한 사건에 대해 적었는데,[32] 그 마약상은 이 회장의 약물 공급처가 되려는 목적으로 조직을 결성했다고 했다.

그리고 매춘부들에 얽힌 이야기가 있다.

대중에게 공개된 영상에서, 이 회장은 창문 차단막이 쳐진 실내에서 허름한 흰색 티셔츠를 입고 리클라이너 의자에 앉아 바로 옆에 DVD를 잔뜩 쌓아둔 채 TV 화면을 바라보며 성적 서비스를 해주었던 네 명의 여성에게 돈을 건네고 있다.[33] 그 여성들 중 한 명은 자신의 핸드백에 숨겨둔 카메라를 통해 그를 몰래 촬영했다. 2018년 4월, 세 사람은 미디어에 유출되기 전에 이 영상을 가지고 삼성에 협박을 시도한 혐의로 기소되었다.[34] 그들은 각각 3년에서 4년의 징역형을 선고받았다.

이 스토리를 밝혀낸 언론인들 중 한 명은 인터넷 탐사 사이트인 「뉴스타파」에서 근무했다. 그가 내게 말했다. "저는 이 회장이 신적인 존재라는 얘기를 늘 들어왔습니다."[35] 유출된 영상을 처음 본 순간의 감정을 떠올리면서 그가 말을 이었다. "그런데 우리는 그의 지극히 인간적인 모습을 고스란히 보게 된 것입니다. 이것이 진실이라니. 이게 황제의 모습이라니. 정말 환상이 산산조각으로 깨지는 느낌이었죠."

이건희 회장이 삼성전자의 지배권을 장악하기까지 오랜 시간이 걸렸지만, 그는 점차 위기에서 수완을 발휘하기 시작했다.

"그분은 거의 1년 반 동안 사무실에 출근하지 않았습니다."[36] 그의 측근인 황영기가 말했다. 하지만 1990년에는 조금 더 자주 모습을 드러내기 시작했다.

"혹시 여러분은……." 그가 자신의 주장을 밝히기 위해 여러 중역에게 물었다. "초밥 하나에 몇 개의 밥알이 들어가는지 아십니까?"[37]

그들은 전혀 몰랐다.

"250개입니다." 그가 말했다. 초밥 명인은 밥이 담긴 그릇에 손을 넣으면 "열 번 중에 거의 여덟 번"은 정확히 250개의 밥알을 집어낸다고 이 회장이 설명했다.

이 회장은 반복을 통한 숙달을 추구하는 일본의 장인인 '쇼쿠닌(職人)'의 숙련된 기술을 언급하면서, 중역들에게 그런 방식으로 생각하라고 강조했다.

"같은 영화를 열 번 보는 것을 여러분은 불가능하다고 생각합니다." 그가 중역들에게 말했다. "나는 그게 흥미로운 것 같습니다. 그 영화를 처음 보면 여러분은 스토리를 알고 남자가 됐든 여자가 됐든 주연배우를 알게 됩니다. 두 번째 보면 여러분은 단역배우들과 조연배우들, 아마

서너 명의 조연배우들의 연기가 보일 겁니다. 그리고 세 번째 보면 주위의 배경이 보입니다. 거리의 자동차들, 뒤편의 건물 등 다른 면들이 보일 겁니다."

하지만 열 번을 보아도 감독의 의도를 파악하기는 어렵다고 이 회장은 설명했다. 그 영화를 진정으로 이해하고 싶어 하는 관람객이라면, 바로 그것이 궁극적인 목표가 되어야 한다는 것이었다.

"뭔가를 말할 때마다 그분은 항상 메시지를 담습니다." 황영기가 말했다.

1989년에 베를린 장벽이 무너지고, 1991년에는 냉전이 종식되었다. 이 회장은 자택에 칩거하면서 삼성이 세계적으로 시작되는 호황을 따라가지 못하고 있음을 깨달았다.

"이런 상황인데도 삼성 내부는 전혀 긴장감이 없었다"[38]라고 이 회장이 적었다. 회사는 자기 분야에서 세계 최고라는 착각에서 벗어나지 못하고 있었다.

이 회장은 그것이 불길한 징조임을 알고 있었다. 삼성이 회장의 생각을 담아 출간하는 소책자의 내용에 따르면,[39] 한 세기 전에 한국의 지도자들은 고립된 봉건 왕국에서 잔뜩 웅크린 채로 외국인들의 진입을 때로는 처형까지 해가면서 저지하려고 하다가 결국 군함들에 의해 힘없이 강제로 개항했고, 이후 일본에 합병되어 반세기 동안 식민지로 전락했다.

이 회장은 세계가 그 시절로 되돌아가고 있다고 확신했다. 국경이 개방되고 무역이 증가하고 있었지만, 여전히 고립된 반도에 갇혀 있는 한국은 다시금 외국인들의 침략에 취약한 상황이었다. 이번에는 IBM, 마이크로소프트, 모토로라, 소니 같은 글로벌 기업들의 공격이었다.

그는 삼성이 한국에서 최고의 기업일지는 모르지만, 세계적인 기준에서 보면 아직 미진하다는 것을 알고 있었다.

"1992년 여름부터 겨울까지 나는 불면증에 시달렸다"[40]고 이 회장이 적었다. "이대로 가다가는 사업 한두 개를 잃는 것이 아니라 삼성 전체가 사그라들 것 같은 절박한 심정이었다. 그때는 하루 네 시간 넘게 자본 적이 없다. 불고기를 3인분은 먹어야 직성이 풀리는 대식가인 내가 식욕이 떨어져서 하루 한 끼를 간신히 먹을 정도였다. 그해에 체중이 10킬로그램 이상 줄었다."

마침내 그는 은둔 생활을 마치고 나왔다.

8장

위대한 회장님!

1993년 2월, 이건희 회장은 로스앤젤레스의 센추리 플라자 호텔에서 중역들을 소집해 회의를 열었다.

"우리 제품이 미국 시장에서 얼마나 쓸모없는지 직접 와서 보세요."[1] 그가 중역들에게 말했다. 이 회장은 중역들을 이끌고 인근 백화점으로 갔다. 그곳에서 그들은 일본과 미국의 TV들이 진열대에 눈높이로 전시되어 있는 반면, 삼성의 제품들은 진열대 아래쪽에서 먼지만 쌓여가고 있는 모습을 보았다.

이 회장은 이런 제품들은 삼성의 이름을 붙일 자격이 없다고 소리쳤다. "하지만 그들은 듣지 않았다."[2] 후일 그가 「비즈니스 위크」에서 말했다.

회사의 상황에 대해 전혀 보고하지 않던 중역들을 정신 차리게 하고 싶었던 그는 삼성 사내 방송국의 기자들을 호출해 한국의 한 공장에 몰래카메라를 설치하도록 지시했다. 그는 나중에 직원들의 영상을 지켜보았다.

삼성의 사업이 곤경에 처했다는 사실은 이 회장에게 전혀 비밀이 아니었다. 하지만 상황이 얼마나 심각한지는 알지 못했다. 그는 외부의 평가를 원했다. 삼성의 사내 기자들이 회사의 사업 방식에 대한 조사에 착수하자, 이 회장은 믿음직한 스승이자 강력한 경쟁자였던 일본인들에게 조언과 지도를 요청했다. 그해 6월 4일에 그는 일본을 방문했고, 그의 부친이 자주 머물던 오쿠라 호텔 스위트룸으로 일본인 조언자들을 초대했다.

일본인 사절단을 이끌던 인물은 말투가 부드러운 산업디자이너 후쿠다 다미오(福田民郎)였는데, 그는 지난 3년 동안 오사카의 한 사무실에서 삼성을 돕고 있었다. 이것은 그와 이 회장의 첫 만남이었다.

"오늘 밤 여러분은 삼성전자에 대해 어떻게 느끼는지 제게 솔직하게 말해주셔야 합니다"[3]라고 이 회장이 요청했다.

"회장님은 몇몇 날카로운 질문을 던졌고, 일본의 디자이너들은 모든 질문에 열정적으로 대답했습니다."[4] 후쿠다가 「중앙일보」와의 인터뷰에서 말했다. "우리는 밤새도록 대화를 나누었습니다."

이때까지도 삼성의 관리자들은 후쿠다의 조언을 무시하고 있었다. 모든 부서들은 서로 담을 쌓고 가장 기본적인 정보도 공유하지 않았다. 기준은 신통치 않았다. 전자레인지와 휴대폰 같은 전자제품의 부품들은 부실하게 조립되었고, 품질관리는 처참한 수준이었다. 삼성전자 연구개발센터의 한 값비싼 실험 장비[5]는 단지 전기 콘센트가 고장났다는 이유로 며칠 동안 가동되지 않았다.

일본인 사절단은 이 회장과 새벽 5시까지 대화를 나누다가[6] 자신들이 삼성전자의 사무실과 공장을 시찰한 후 작성한 보고서를 남겨두고 떠났다. 이 회장은 그 보고서를 서류 가방에 넣으면서 아침 비행기로 프랑크푸르트로 떠날 채비를 했다.

삼성의 공식 기록에는 이 회장의 독일행이 자동차와 관련된 것이라는 언급이 없지만, 그는 독일 자동차 회사들의 대표들과 만날 예정이었다. 자동차 산업 진출에 관심이 있었던 그는 거의 알려지지 않은 선친의 비전을 실행하기 위해 그들에게 무엇이든 배우고자 하는 마음이 간절했다.

"자동차는 이건희 회장의 독일 방문에서 가장 중요한 부분이었습니다."[7] 그의 측근인 황영기가 인정했다.

하지만 비행기 안에서 이 회장은 서류 가방을 열고 일본인 조언자들이 작성한 보고서를 꺼내 읽었다.

후쿠다의 조언에 따르면, 삼성의 디자이너들은 전통적으로 회사를 운영해온 엔지니어들에게 '지시'를 받기보다 그들과 '협업'할 수 있는 더 강력한 권한이 필요했다.

그는 한 제품의 진정한 아름다움은 내면에 있다고 강조했다. "외부의 모양은 중요합니다."[8] 그가 보고서에 적었다. "하지만 내부 디자인도 중요합니다." 디자인이란 "단순히 제품의 형태나 색상을 개발하는 것이 아니라, 제품의 편의성에 대한 연구에서 시작해 부가가치를 증대해서 새로운 유형의 사용자 생활방식을 창조하는 문화적 활동을 만들거나 유도하는 겁니다." 다시 말해 디자인은 물건을 예쁘게 만드는 작업이 아니라, 물건을 제대로 기능하게 만드는 작업이라는 것이다.

보고서를 읽을수록 이 회장은 점점 더 화가 치밀었다. 삼성의 경영진은 후쿠다의 매우 중요한 조언을 무시하고 있었다. 그는 비행기 뒤편에 있던 다섯 명의 최측근 임원을 호출했다.

"왜 이런 상황이 일어나고 있는 겁니까?"[9] 이 회장은 그들에게 수차례 질문을 거듭했다. 그는 보고서를 중역들에게 건넨 후, 그것을 읽고 독일에 내리기 전까지 질문에 대답하라고 지시했다.

하지만 삼성 직원들의 교육, 사고방식, 태도가 부족하기 때문이라는, 중역들이 쥐어짜낸 '애매한' 결론은 이 회장을 만족시키지 못했다.

프랑크푸르트의 호텔방에서 이 회장은 사내 조사단이 제출한 몰래카메라 영상을 보았다.

그는 영상을 보고 경악했다.[10] 식기세척기의 문은 너무 형편없이 제조되어 문을 닫을 때마다 틀에 긁히기 일쑤였다. 엔지니어들은 불량을 줄이기 위해 어셈블리 라인 공정을 재조정하지 않고 만능칼로 튀어나온 플라스틱을 깎아내는 식의 신속한 처리를 선택했다. 어떻게 상황이 이 지경에 이르게 되었는가?

이 회장은 서울에 있는 삼성의 중역들에게 전화를 걸어 한 시간 동안 호되게 꾸짖었다. 그는 자신의 통화 내용을 녹음해 임원진에 배포하라고 지시했다.

"도대체 지금까지 뭘 하고 있었던 겁니까?" 그가 중역들에게 호통을 쳤다. "제가 품질관리를 거듭 강조했는데도 여러분은 거의 변한 게 없군요. 지금부터는 제가 직접 맡도록 하겠습니다."

삼성은 그 뒤로 수년 동안 사내에서 이 회장의 목소리를 재생하면서[11]

모든 삼성 직원의 임무를 끊임없이 상기시켰다.

분노한 회장이 다음으로 내린 지시[12]는 서울에 근무하는 200명의 중역들에게 긴급 경영 연수를 위해 당장 프랑크푸르트로 날아오라는 것이었다.

2016년 4월 29일, 나는 이 회장이 머물렀던 켐핀스키 호텔 프랑크푸르트 그라벤브루흐의 귀빈실 312호를 방문했다. 그 방은 웅장한 복층 구조로 삼성 TV가 설치되어 있었고, 근처의 연못이 내려다보였다. 지난 수년 동안 이곳은 삼성의 성지나 다름없는 장소가 되었다. 삼성 회장이 이호텔을 선택한 이유가 있었다. 프랑크푸르트는 산업도시로 유명했고, 켐핀스키 호텔은 조용한 분위기로 유명했기 때문이다. 인근에 숲과 신선한 공기로 가득 찬 그곳은 자기성찰을 위한 좋은 안식처였다.

"삼성은 몇 해 전에 여기로 영상 팀을 파견해 다큐멘터리를 촬영했습니다." 호텔 가이드가 내게 말했다. 나중에 들은 소식이지만, 삼성의 중역들은 성지순례를 위해 종종 이곳을 찾는다고 했다.

우리는 바이에른 사람들의 사냥용 오두막 같은 분위기로 장식한 로비를 거쳐 아래층으로 내려갔다. 우리 가이드는 삼성의 혁신이 일어났던 곳으로 알려진 장소의 문을 열었다. 바로 주회의실이었다.

내가 방문했을 때는 호텔에서 개보수를 진행하고 있었기 때문에 예전의 모습이 그대로 보존되어 있지 않았다. 하지만 나는 경외감을 느끼며 회의실에 서 있었다. 이곳이 바로 삼성의 급격한 경영 혁신을 촉발한 연설이 이루어진 장소였다. 하이테크의 세계를 재정립하는 계기가 마련되는 순간이었다.

1993년 6월 7일 아침[13]에 소집된 삼성의 중역들은 똑같이 흰색 셔츠에 푸른색 혹은 검은색 양복을 입은 채 자리마다 노트북이 놓인 테이블 주위에 앉았다. 회의실 정면에는 한국의 전통에 따라 분홍색 꽃들로 장식된 화분이 놓인 발표자의 테이블이 준비되어 있었다. 그 뒤로는 베네치아의 운하들과 주민들을 묘사한 호화로운 유화가 걸려 있었다.

그날 아침, 이 회장이 회의실로 들어오자 삼성의 중역들은 자리에서 일어나 박수를 쳤다. 회의실에는 무거운 긴장감이 흐르고 있었다.

황영기의 말에 따르면, 그 당시 이 회장은 하루에 두세 시간 이상 잠을 자지 못했다.[14] 그는 자리에 앉아 마이크를 조정한 후, 어떤 원고나 서론도 없이 여덟 시간 동안 중역들에게 분노를 쏟아냈다. 삼성은 단 한 번도 연설의 녹취록 전체를 공개한 적이 없다. 하지만 목격자들과의 인터뷰, 비디오 영상, 언론의 보도, 회사의 공식 문서를 통해 나는 핵심적인 내용들을 조합할 수 있었다.

"이 위기에 대해 생각하면 저는 등에 식은땀이 흐르는 것을 느낍니다."[15] 이 회장이 말했다. 사내 소책자인 『삼성 신경영』에 실린 내용이었다. "우리는 생사의 여부가 갈리는 벼랑 끝에 서 있습니다. 냉전은 종식되었지만 더 치열한 경제 전쟁이 시작되었습니다. 이 새로운 전쟁에서 한 국가의 화력은 기술 수준에 의해 결정될 것입니다."[16] 그가 경고했다. "삼성의 많은 사람들은 이 기술 전쟁이 얼마나 냉혹하고 잔인할지 깨닫지 못하고 있습니다."

이 회장은 품질을 개선해 결점을 줄이기로 결심했는데, 소니를 비롯한 일본의 다른 경쟁업체들이 정통한 전략이었다. "삼성에서 우리는 세 가지 신조를 지켜야 합니다. 불량제품은 우리의 적이고, 모든 악의 근원이며, 만약 우리가 불량제품을 세 번 만든다면 자진해서 퇴사해야 합니다."[17]

그 후 3일 동안 하루 여덟 시간에서 열 시간 가까이 그는 화장실 가는 시간마저 아까워하며, 자신의 새로운 철학과 전략을 설명하는 것에만 몰두했다. 중역들에게는 요기를 하도록 점심 도시락과 샌드위치가 주어졌다.

"마누라와 자식을 빼고 모두 바꾸십시오."[18] 이 회장이 말했다. 이 말은 그의 좌우명이 되었다. 삼성은 그의 철학을 '끊임없는 위기'[19]라고 명명했다.

이른바 '프랑크푸르트 선언'은 사훈의 일부가 되었고, 이는 10년 전 부친의 '도쿄 선언'을 떠올리게 했다.

그 연설은 "나를 포함해 누구도 전혀 예상치 못했다"[20]고 이 회장의 측근인 황영기가 말했다. "그것은 꽤 오랜 기간 준비한 메시지였습니다. 그분은 그것에 대해 수년 동안 생각해왔던 것입니다."

하지만 모든 사람들이 그동안 어줍은 후계자였다가 갑자기 카리스마가 폭발한 회장에게 설득된 것은 아니었다. 몇몇 사람들은 개별적으로 전혀 잘못한 것이 없음에도 자신들까지 싸잡혀 질책당하고 있다고 생각했다. 오중환이라는 이름의 중역은 이 회장이 '욕설과 비속어'[21]를 써가며 중역들을 질책했다고 말했다.

3일째 되던 날, 이 회장은 중역들과 식사를 하면서 지난 3일에 대해 어떻게 생각하는지 물었다.

"죄송합니다만, 회장님. 생산량도 중요합니다."[22] 한 중역이 말했다.

"저는 질과 양은 동전의 양면과 같다고 생각합니다."

이 회장은 손에 쥐고 있던 숟가락을 테이블 위에 집어던지고는 자리를 박차고 나가버렸다.

확실히 프랑크푸르트에서의 연설만으로 회사의 분위기를 쇄신하고 기업문화를 바꾸기는 힘들었다. 이후 3개월 동안 이 회장은 런던, 오사카, 도쿄를 순회하면서 48차례에 걸쳐 총 350시간의 강연을 실시했다. 그 강연 중 일부는 무려 16시간 동안 이어졌다.

"두 주가 지난 후부터 우리는 호텔 측의 항의에도 불구하고 속옷을 직접 빨아서 호텔 베란다에 널기 시작했습니다."[23] 이 회장의 비서실장으로 그 순회강연을 수행했던 현명관이 말했다.

"어떻게 그분이 그렇게 했는지 저도 모르겠습니다."[24] 그의 조카인 헨리가 말했다.

마침내 그의 연설은 8,500쪽 분량의 녹취록으로 작성되었다.[25] 회사는 이 회장의 연설을 '신경영 선언'이라고 부르기 시작했다.

9장

삼성교(三星敎)

이 회장은 한국에서 소위 '황제 경영'이라고 불리는 거의 종교에 가까운 기업문화를 구축하고 있었다. 하지만 한 가지 문제가 있었다.

"그 당시에 그것은 아주 체계적인 메시지가 아니었습니다"[1]라고 황영기가 말했다. 이 회장은 그에게 자신의 철학을 회사 전체에 전파하는 역할을 맡겼다. "그분은 자신의 마음에 담아두고 있었던 것들을 거침없이 쏟아냈죠."

그는 회장실에서 조직한 팀과 함께 회장의 철학에 관한 책을 기획하는 임무를 수행했다. 10만 명에 달하는 삼성 관리자들과 직원들이 회장의 메시지를 이해할 수 있도록 만화책, 영화, 소책자로도 제작했다.

삼성은 모든 신입사원들에게 『변화는 나부터 시작된다: 삼성의 신경영』[2]이라는 제목의 책자와 다른 여러 가지 교육 자료를 배포하기 시작했다.

"어찌 보면 마오쩌둥 주석의 어록인 붉은 소책자 같은 것이었습니다."[3] 세일즈 및 마케팅 담당 부사장이었던 피터 스카르진스키Peter Skarzynski가 농담조로 말했다. "하지만 그것은 이 회장의 어록인 푸른 소책자였습니다."

삼성의 중역들은 회장의 어록을 읽었는데, 일부는 그 내용을 벽에 걸어두기도 했다.

- 인재를 육성하지 않는 것은 일종의 죄악이다.(1989년 2월)
- 천재는 10만 명 중 한 명이다. 우리에게 필요한 천재를 한국에서만 채울 수 없으니 우리의 시야를 해외로 확장해야 한다.(1993년 6월)
- 미래에는 한 사람이 수천 명이 넘는 사람들을 먹여 살리게 될 것이다.(1993년 6월)

나는 이런 내부 문서들과 과거의 뉴스 기사들을 검토하면서 이 회장의 철학을 규정하는 듯한 다섯 가지 항목을 추려냈다.

1. 냉혹하고 잔인한 적자생존의 기술업계에서 생존하려면 건전한 집착을 가지고 자기만족을 경멸하라.
2. 끊임없는 위기의식을 가지고 위기 속에서 기회를 찾아야 한다.
3. 품질관리와 폐기물 절감이 중요하다.
4. 강력한 인력의 근간은 인재, 재능, 그리고 교육이다.

5. 내향적이고 단기적이며 관료적인 기업문화보다 유연하고 장기적이며 글로벌 마인드의 기업문화를 구축하는 것이 시급하다.

1994년에 삼성경제연구소(SERI)는 『나부터 변하자: 만화로 보는 삼성의 신경영 이야기』라는 제목의 만화를 출간했다. 이 만화는 한국의 유명한 만화가 이원복이 그린 작품이었다. 만화에서 이 회장은 삼성의 중역들에게 거만하고 옹졸하며 예의가 없다고 꾸짖었다. 또 다른 편에서는 술에 취한 한 삼성맨이 국수 사발에 얼굴을 파묻고 "여기는 우리나라야"[4]라고 소리치는데, 바로 앞에 있던 외국의 사업가가 와인을 마시며 그를 "미개인"이라고 부르는 장면이 묘사되었다.

"경제적으로 다른 나라들에 종속되는 국가가 된다는 것은 얼마나 비참한 일인가"라고 만화에서 언급했다. 이 말은 미국, 일본, 러시아, 중국의 악당들이 유순하고 학구적인 한국의 관료를 집단으로 공격하는 장면과 함께 등장했다.

"적을 알고 나를 알면 백전백승이다." 만화는 삼성 직원들에게 적절한 전략을 세우고 다가올 전투에 협력하라고 조언했다. 회장은 그들이 성공을 거두려면 정부, 국민, 기업의 삼위일체가 필요하다고 선언했다. 기업이 선두에 서고, 하나의 대의명분하에 모두 단결해야 한다는 것이다.

만화는 "나와 내 조국, 한국 사람들, 내 자식들, 내 후손들이 성공하려면, 우리는 앞으로 새롭게 도약해야 한다"고 주장했다.

1993년에 삼성 직원들은 수개월 동안 매일 아침 30분씩 사내 방송국에서 내보내는 회장의 설교 영상을 시청했다.[5] 이 회장은 직원들에게 사기를 끌어올리고 과거를 되돌아보라고 종용했다.

이 회장은 직원들의 삶의 질을 개선하기 위해 매일 밤늦게까지 야근하지 않도록 업무 시간을 오전 7시부터 오후 4시로 명시하는 정책을 시행했다. 물론 그것은 실제 업무 시간이 '오전 7시부터 오후 10시에 더 가깝다는 것'[6]을 의미하는 것임을 나는 엔지니어 김남윤에게 익히 들어서 알고 있었다.

1995년에 이 회장은 가족과 친구들에게 새해 선물로 삼성의 검은색 휴대폰을 나눠주었다. 하지만 그는 기기의 오류 때문에 그것들 중 몇 개를 돌려받았다는 사실을 알고 당황했다. 실제로 그해 삼성의 휴대폰은 거의 여덟 개 중 한 개꼴로 결함이 있었다. 회장의 원대한 선언이 효과를 거두지 못한 것이 분명했다.

그해 3월, 이 회장은 직원들에게 한국 남부에 위치한 공업도시인 구미의 휴대폰 공장 근처에 대규모 모닥불을 준비하라고 지시했다.[7] 그것은 일종의 정화 의식이었다.

이 회장은 공장 근로자들과 엔지니어들을 메마른 잿빛 산으로 둘러싸인 마당에 집합시킨 후, 밀집대형으로 서도록 지시했다. 그들은 모두 '품질 우선'이라고 쓴 머리띠를 두르고 있었다. 마당에는 '품질은 내 자부심'이라고 적힌 현수막이 걸려 있었다. 그들 앞에는 휴대폰들과 팩스 기기들을 비롯해 형편없다고 간주된 여러 종류의 물건이 산더미처럼 쌓여 있었다. 총 14만 개가 넘는 물품들로 시가 5,000만 달러에 달했다.

앞쪽에 서 있던 몇몇 직원들이 마이크 앞으로 걸어와 오른손을 들고 품질관리를 엄격히 실행하겠다는 선언서를 읽었다.[8] 이 회장과 이사회

임원들은 근처에 있는 의자에 앉아 직원들의 선언을 듣고 있었다.

사전에 약속된 신호에 따라 아홉 명의 직원들이 금속과 플라스틱 사이를 헤집고 들어가 휴대폰들과 다른 제품들을 망치로 내리쳐 부순 후에 잔해를 집어던져 한쪽에 쌓았다.

이윽고 그들은 "잔해 더미에 그물을 씌우고, 그 위에 석유를 뿌렸다."[9] 인사 담당자 고든 김이 내게 말했다. 그리고 그들은 불을 붙였다. 모두 녹아내리고 불타버린 후에 불도저 한 대가 나타나 바닥에 남은 잔해를 치웠다.

"만약 여러분이 이것들처럼 품질이 형편없는 제품을 계속 만든다면, 내가 다시 찾아와 지금과 똑같이 할 것입니다"[10]라고 이 회장이 많은 직원들 앞에서 선언했다.

휴대폰을 디자인하고 제작했던 직원들 중 일부는 눈물을 흘렸다. 그것은 "마치 자기 자식들이 죽는 것 같은 기분이었을 겁니다."[11] 재무 담당 중역이었던 S.J. 김이 내게 말했다. 더욱이 삼성의 '황제' 앞에서 그런 모욕을 당하는 것은 결국 체면을 잃는 것이었다.

이 회장은 사내에서 글로벌 마인드를 갖춘 리더의 이미지를 전파했지만, 막후에서는 한국 왕조의 전통을 이어갔다. 그는 결국 자신의 장남이자 외아들로, 말쑥하고 말 잘하는 하버드 비즈니스 스쿨 박사 학위 후보자인 이재용에게 삼성 제국 전체를 물려주고 싶다는 의사를 확실하게 밝혔다.

삼성의 승계계획에 부분적으로 관여했던 전 재무 담당 중역 S.J. 김은 내게 일부 고위직 임원들[12]이 법적 허점과 현금 선물, 그리고 전환사채, 신주인수권부사채 같은 금융 수단을 활용해 민감한 상속 과정을 풀어낼 계획을 수립하는 작업에 관여했다고 말했다.

"그것은 승계계획을 위한 완벽한 수단이었습니다."[13] 기업 지배구조 전문 변호사 이지수가 내게 말했다. 그 계획은 이 회장이 자녀들에게 선물로 돈을 주었던 1995년 초에 시작되었는데,[14] 그 돈으로 그들은 상장되지 않은 삼성 지주회사들의 주식을 거의 헐값에 매입했다.

그 회사들은 몇 개월 후에 상장되었고, 주가는 공개시장에서 폭등했다. 후계자들은 엄청난 금액에 주식을 매각했고, 막대한 수익으로 삼성 에버랜드 주식을 매입했다. 이 승계계획은 회장의 자녀들에게 최소한의 금융 지분으로 삼성의 순환출자 구조를 지배할 수 있는 수단을 효과적으로 제공하면서 에버랜드를 사실상 삼성 제국의 지주회사로 확정했다.

"우리는 이 거래에 문제가 많다는 것을 알고 있습니다."[15] 기업 지배구조 활동가 집단과 함께 그 거래에 이의를 제기했던 조승현 변호사가 말했다. 하지만 그는 법정에서 전세를 뒤집는 데 실패했다. "이것은 무슨 수를 써서라도 가족이 권력을 유지하려는 의도입니다."

한국의 법원은 나중에 삼성의 두 중역이 에버랜드의 경영권을 행사할 수 있는 주식 지분을 시장가격 이하로 이재용에게 불법적으로 매각했다고 판결했다.[16] 그 두 중역은 유죄 선고를 받고도 수감되지 않았다. 삼성의 중역들은 회장에게 잘 보이려고 부단히 애를 쓰며 이씨 가문에 지극히 충성했다.

"그들은 아주 작정하고 기를 쓰며 '제 잘못입니다'라고 말했습니다."[17] S.J.

김이 말을 이었다. "사람들은 회장을 대신해 감옥에 가려고 줄을 섰죠."

정말 의아한 부분은 주주들이 삼성의 승계계획을 지지했다는 사실이었다. 그들은 자신들의 즉각적인 이익에 역행하며 비상장 주식을 시장가격에 매입할 권리를 포기함으로써,[18] 결국 이 회장 일가가 인수하도록 내버려두었다.

한편, 이 회장은 성공을 갈망하며 삼성 글로벌 확장의 다음 단계를 시작했다.

"1993년 6월 7일에 독일의 프랑크푸르트에서 회의를 소집했다"[19]라고 이 회장이 회고했다. "이 역사적인 날은 삼성의 진화에서 일대 전환점으로 오래도록 기억될 것이다. 우리 앞으로도 오랫동안 이날을 함께 기념하자."

10장

서쪽으로 가라, 젊은 후계자여

이건희 회장은 세계에 삼성을 대표할 사절이 필요했다. 그는 사랑하는 조카 미키 리(한국명 이미경)에게 삼성의 미국 수석대표를 맡겼다.

미키는 미적 감각과 원만한 대인관계, 여유 있는 태도를 지니고 있어 뉴욕과 할리우드에서 삼성을 대표할 만한 이상적인 후보자로 여겨졌다. 키가 작고 활기 넘치는 30대로 영화와 미술에 재능을 지닌 그녀는 퀸시 존스^{Quincy Jones}와 스티븐 스필버그^{Steven Spielberg} 같은 유명인들과 어울리는 것을 즐겼다. 그녀는 자기 자신을 대놓고 홍보하는 할리우드의 사업 문화에 잘 적응하지 못하는, 말쑥한 흰색 셔츠 차림의 전형적인 삼성맨(혹은 삼성우먼)과는 전혀 거리가 멀었다.

"그녀는 한국 남자들처럼 명령을 내리고 사람들이 거기에 따라주기를 기대하지 않았습니다."1 그녀의 고등학교 영어 선생이 「뉴욕 타임스」

와의 인터뷰에서 말했다. "무엇이든 창의적인 것을 하려면 부드러운 손길을 지녀야 합니다."

미키에게 삼성을 대표하는 일은 애국적인 임무나 다름없었다. 자신이 대학원 수업을 받던 하버드 대학교에서 한국어 조교를 하던 시절에 그녀는 한국의 초라한 국제적인 입지 때문에 학생들이 한국어 강의를 무시하는 모습을 지켜볼 수밖에 없었다. 반면에 일본어는 세련된 언어로, 중국어는 실용적인 언어로 여겨졌다.

"한국 문화를 홍보하려는 내 평생의 집착은 그때 시작되었습니다."[2] 그녀가 「블룸버그 마케츠Bloomberg Markets」와의 인터뷰에서 말했다.

미키는 삼성의 브랜드와 그 존재를 미국 소비자들의 마음에 새기는 데 도움이 될 수 있는 마케터를 찾고자 했다. 그녀의 가족은 이 회장의 또 다른 일본인 조언자인 패션 사업가 토미오 타키를 고용했다.[3]

"토미오는 제가 광고 작업을 하던 도나 카란에 있었습니다."[4] 광고 전문가 피터 아넬Peter Arnell이 로마 인근의 무성한 수풀과 초록빛 장식 정원이 돋보이는 경치 좋은 그의 빌라에서 내게 말했다. "그런데 토미오가 제게 삼성과 작업을 해보라고 권유했죠. 미키와 저는 좋은 친구가 되었습니다."

아넬은 기발한 아이디어와 과장된 행동으로 유명한 매디슨 애비뉴의 까다로운 광고 회사 중역으로, 특히 도나 카란의 DKNY를 아주 성공적인 브랜드로 만들었다. 그는 상당한 영향력을 지녔고 독특한 경력을 보유했다. 비교적 가난한 환경에서 성장한 그는 매디슨 애비뉴의 대열에 합류하기 전까지 소규모 광고 회사를 전전하며 일했다.

그는 140킬로그램에 육박하는 육중한 몸에도 불구하고 마사 스튜어트Martha Stewart부터 셀린 디온Celine Dion에 이르기까지 유명 인사들의 연락처가 담긴 롤로덱스 파일을 들고 바쁘게 뛰어다니며 여러 미팅에 참석했다. 이따금 그는 테니스복 차림으로[5] 우주선 모형과 스타워즈 장난감이 가득한 자신의 사무실에 나타나 숨도 돌리지 않고 미팅에 참석하기도 했다.

"저는 모든 광고 작업을 직접 했습니다."[6] 그가 말했다. "모든 콘셉트를 직접 구상했고 사진도 직접 찍었습니다."

패션 촬영에서 그는 변함없이 인기 있는 소재인 잘 가꿔진 인간의 몸매를 표현한 흑백사진으로 주목을 받았다.

우리의 대화에서 아넬은 다소 말이 많지만 사려 깊고 지혜로운 인상을 주었다. 하지만 나는 그의 많은 동료들에게서 그가 매력적인 모습을 보이다가도 느닷없이 분노를 터뜨리며 돌변한다는 말을 들었다. 2007년에 「거커Gawker」는 그를 뉴욕의 최악의 상사[7] 중 한 명으로 지목했다. 「뉴스위크Newsweek」는 그가 의뢰인들 앞에서 직원들에게 팔굽혀펴기를 시켰다[8]고 보도했다.

"하지만 그의 편을 들자면, 따분한 재력가들과 유명인들, 권력가들의 비위를 맞추는 척하지 않을 때면 그는 신랄하게 권위를 비판하고 창조적인 파괴에서 무정부주의적인 기쁨을 느낀다"[9]고 한 독자가 「거커」에 제보했다.

삼성의 전 세일즈 및 마케팅 담당 부사장 피터 스카르진스키는 이렇게 회상했다. "그의 아이디어가 모두 좋은 것은 아니었지만 굉장히 많은 아이디어를 가지고 있었습니다.”[10] 예전에 그는 펩시의 푸른색과 붉은색 원형 로고를 모나리자와 파르테논 신전, 힌두교에 연계했던 한 문서로 펩시에 100만 달러를 청구한 적이 있었다. “우주는 $f(x)=e^x$ 방식으로 기하급수적으로 확장된다.”[11] 아넬 그룹의 보고서는 빛의 속도를 펩시 로고에 포함된 우주의 초월성에 연계하려는 의도로 주장했다. “펩시의 궤도는 기하급수적으로 차원을 만든다.”

“제 생각에 오늘날 전자산업은 점점 더 패션산업과 비슷해지고 있습니다.”[12] 아넬이 1996년 「애드위크Adweek」와의 인터뷰에서 삼성에 대한 초창기 자신의 창조적인 사고(思考)를 언급하며 말했다. 20년이 훨씬 지난 후에 내게 말하면서 그는 자신의 그런 통찰력을 자랑스러워했다. “기술 업계에서 미적 감각이 중요하게 여겨지기 전이었고, 애플이 아이맥을 출시하기 전이었습니다. 이런 식의 사고는 아직 새로운 것이었고, 이 회장은 그런 시대가 도래하리라는 것을 예견하고 있었습니다. 모토로라가 휴대폰 영역을 지배하고, 소니가 텔레비전 영역을 장악했기 때문에 우리는 전자레인지로 미국 시장에 진출하기로 결정했습니다.”[13]

하지만 이 계획은 마케팅과 관련된 문제에 봉착했다. 전자레인지로 조리한 음식은 암이나 다른 질병을 유발하는 요인이라는 소문이 떠돌았기 때문이었다.

“신통치 않은 마케팅 회의를 끝마친 어느 날 밤, 저는 너무 우울한 기분이 들었습니다. 택시를 타고 집에 오면서 우연히 기사를 쳐다봤는데, 젊은 러시아 이주민이더군요. 제가 찾던 완벽한 모델이었습니다.” 아넬은 그를 자신의 스튜디오로 초대했고, 테스트 촬영을 위해 셔츠를 벗기고 포즈를 취하도록 했다. "아마 그 친구는 제가 자기를 꾀려 한다고 생각했을 겁니다." 아넬이 농담조로 말했다.

그는 열아홉 살인 기사에게 삼성 전자레인지를 주며 팔 밑에 끼라고 지시하고, 제품과 모델의 빨래판 같은 복근을 같이 찍기 시작했다.

암실에서 흑백사진들을 현상하면서 아넬은 곧바로 성공을 예감했다. 그는 자신이 새로 발굴한 모델을 '전자레인지맨'이라고 불렀고, 완벽한 몸매의 택시 기사를 내세운 잡지와 TV 광고, 광고판을 제작했다.

'지극히 건강한'[14]이라는 강렬한 문구가 잡지 광고에 적혀 있었다. "전자레인지에서 조리된 채소들에는 다른 어떤 형태로 조리된 것들보다 더 많은 비타민이 남아 있어요."

"그것은 확실히 뛰어난 광고였습니다."[15] 삼성 신사업개발부의 전 수석부사장 토머스 리Thomas Rhee가 말했다. "당시에 우리는 새로운 변화를 감지하고 있었습니다." 그것은 단순히 소비자들에게 제품의 하드웨어 특징을 설명하기보다 점점 더 제품을 단순하고 깔끔하고 심미적인 방식으로 포장하려는 추세였다. 삼성은 미국인들과 그들의 일상적인 요구에 부응하고 있었다.

하지만 삼성에 대한 아넬의 비전을 험담하는 사람들도 있었다.

"사람들은 이게 이상하다고 말했죠."[16] 토머스 리가 말했다. 한 가지 문제는 삼성의 제품들이 여전히 기본 품질이 떨어진다는 것이었다.[17] 럭셔리와 '프리미엄'을 부르짖는 마케팅 캠페인은 자칫 실망한 소비자들을 만들어낼 위험의 소지가 있었다.

"한마디로 말하죠."[18] 몇 년 후, 회사의 광고대행사를 평가하는 과정에서 삼성의 한 관계자가 「애드버타이징 에이지Advertising Age」와의 인터뷰에서 말했다. "6년 전에 우리가 (미국 전자제품 시장에서) 낮은 시장점유율을 보였는데, 6년 후인 지금도 달라진 것이 전혀 없이 여전히 똑같은 시장 점유율을 보이고 있습니다."

영화광이던 이 회장은 할리우드에 투자하려는 마음을 갖고 있었다. 소니는 이미 6년 전인 1989년에 많은 사람들이 주목하던 중요한 인수 전쟁에서 컬럼비아 영화사를 34억 달러에 매입하면서 그런 계획을 실행에 옮겼다.[19] 1995년과 1996년에 스티븐 스필버그, 제프리 카첸버그Jeffrey Katzenberg, 데이비드 게펜David Geffen은 파트너를 이루어[20] 드림웍스라는 신생 기업을 설립했지만 투자자들을 구하는 데 어려움을 겪었다. 세 사람에게는 9억 달러의 투자금이 필요했다. 그들은 두세 명의 투자자들이 공동출자 형식으로 자금을 마련하기를 기대했다.

미키 리는 로스앤젤레스의 한 변호사로부터 스필버그가 투자자를 찾고 있다는 말을 들었다.[21] 스필버그의 앰블린 엔터테인먼트와 미팅을 가진 후에 그녀는 드림웍스가 효과적이고 재미있는 사업이 되리라고 확신했다. 그녀는 삼촌인 이건희 회장에게 투자하도록 설득했다.

1996년 어느 날 밤, 드림웍스 트리오는 이 회장과 12명이 넘는 다른 삼성 손님들을 베벌리힐스에 위치한 스필버그의 집으로 초대해 저녁을 대접했다. 칠레산 농어와 화이트와인으로 식사를 하는 동안 삼성의 중역들은 세부적인 오퍼 조건을 제시했다. 그들은 9억 달러 전액을 투자할 계획이었는데, 그것은 드림웍스에서 한 명의 후원자에게 요구하던 금액을 훨씬 상회하는 액수였다. 하지만 스필버그는 삼성의 제안을 듣고 뭔가 석연치 않은 기분이 들었다.

"두 시간 반 동안의 만남에서 '반도체'라는 단어가 스무 번은 나왔을 겁니다."[22] 스필버그가 「타임」지와의 인터뷰에서 말했다. "'저렇게 반도체에 집착하면서 영화산업을 어떻게 안다는 거지?'라고 혼자 생각했죠."

그의 파트너인 데이비드 게펜도 맞장구쳤다.

"저는 그들에게 계속 말했어요. '오직 돈을 버는 것에만 관심이 있었다면 우리도 반도체 공장을 지었을 겁니다'라고요."[23]

그럼에도 불구하고 삼성은 자신들이 유일한 외부 투자자로 합류하면서 드림웍스 영화에 대한 전반적인 권한을 가져야 한다고 요구했다. 한국에서는 그런 계약이 통상적이었다.

결국 삼성은 대화를 중단했다. 한 중역의 말에 따르면, 드림웍스 측이 "너무 많은 자유를 요구하면서 충분한 책임을 지지 않으려고 한다"[24]는 느낌을 받았기 때문이다. 게다가 스필버그도 더 이상 계약을 추진하지 않았다. 대신 드림웍스의 창업주들은 마이크로소프트의 공동 창업주인 폴 앨런Paul Allen을 찾아갔고, 그에게서 7억 달러의 투자를 받았다.[25]

삼성도 1990년에 흥행작 〈귀여운 여인〉을 만들었던 제작사인 뉴 리젠시New Regency에 훨씬 적은 금액인 6,000만 달러를 투자했다.[26] 이 회장 자신도 삼성 영상사업단이라는 단명한 영화사를 설립했다.[27]

한편, 삼성의 중역들은 캘리포니아에서 또 다른 기회를 포착했다. 1994년 적자를 고시한 후에 AST 리서치의 주가가 27퍼센트 폭락했던 것이다.[28]

AST는 전형적인 캘리포니아의 성공 스토리였다. 한때 미국에서 3위의 PC 제조업체였던 AST는 1980년에 세 명의 이주민이 자신들의 집을 담보로 5만 달러를 대출해 차고에서 설립한 회사였다.[29] 이 회사는 하이엔드 혹은 고급 컴퓨팅에 중점을 두었다. 민첩하고 자유분방한 AST는 '개척 시대 서부' 문화가 두드러지는 얼바인 캠퍼스를 운영했는데, 그런 문화를 바탕으로 최신 기술에서 시장의 패권자인 IBM을 앞설 수 있었다.

"그들이 보유한 최고의 기술은 스크루드라이버(나사돌리개 정도의 수준 낮은 기술이라는 뜻_옮긴이)라지."[30] AST의 직원들은 저렴한 경쟁업체들에 대해 이런 농담을 주고받았다.

하지만 시간이 지날수록 PC 시장이 불안정해지면서 수익률이 떨어졌다. 그리고 메모리칩의 안정적인 공급을 확보하는 데도 어려움을 겪었다. 그것은 회사의 최신 고성능 PC를 출시하는 일정에 심각한 지연이 발생한다는 것을 의미했다. 1994년에 이르러서는 적자가 회사의 재무구조를 무너뜨리고 있었다.

AST는 자본이 간절히 필요했고, 삼성의 중역들은 양측이 상생할 수 있는 제안을 가지고 뛰어들었다. 삼성은 고전을 거듭하는 PC 제조업체에 필요한 자원을 주입해 일부 지분을 확보하면서 AST를 삼성의 고도로 효율적인 공급 체인으로 끌어들이고, 자사의 하드웨어를 판매할 회사와 함께 지명도 있는 브랜드명과 유통망을 얻으려는 구상이었다.

이 계약은 AST에 '핵심 부품의 확실한 공급'[31]을 보장해준다고 AST의 회장 사피 큐레셰이Safi Qureshey가 「로스앤젤레스 타임스Los Angeles Times」와의 인터뷰에서 말했다.

하지만 AST에 오래 근무했던 직원들은 그 계약을 반가워하지 않았다. 그들은 삼성이 그들의 반항적인 문화를 박탈하고 그저 평범한 관료적인 회사로 바꿔놓을 것이라고 걱정했다. 상사에게 반박할 수 있는 자유로운 분위기는 사라지게 될 터였다.

"저의 가장 큰 걱정은 고위 경영진과의 관계였습니다. 그들이 한국에서 하던 방식 그대로 하지 않을까 걱정이었죠."[32] 글로벌 제품 마케팅 담당 부사장 댄 셰퍼드Dan Sheppard가 말했다. 삼성의 사무실을 방문했던 그는 여러 명의 직원이 정확히 22분 간격으로 함께 들어오고, 함께 식사를 하고, 함께 나가는 모습을 보고 상당히 충격을 받았다.

삼성의 중역들은 인수협상을 진행하는 과정에서 AST의 중역들을 안심시키기 위해 노력했다.

"우리는 가만히 뒤로 물러나 여러분이 제 실력을 발휘하도록 놔둬야 한다는 것을 알고 있습니다." 셰퍼드의 말에 따르면, 삼성 측의 테이블에 앉은 한 중역이 말했다.

1995년 4월에 계약의 첫 단계가 실행되었다.[33] 삼성은 회사의 절반에 조금 못 미치는 지분을 3억 7,700만 달러에 매입했다. 하지만 수석 책임자인 김순택은 「로스앤젤레스 타임스」와의 인터뷰에서 삼성은 49퍼센트의 지분을 확보했으나 다른 주주들과도 협상해야 하기 때문에 곧바로 장기적인 비전을 실행하기 어려울 것임을 느꼈다고 말했다. 이것은 문화 충돌의 초기 징후였다.

"상장기업들은 단기적인 성과에 의해 좌우되는데, 그것은 삼성이 AST를 인수한 이유가 아닙니다."[34] 나중에 그가 말했다. 그의 말에 따르면, 삼성은 대규모 PC 제조업체를 만들려는 장기적인 계획을 세우고 들어왔다.

1996년에 삼성의 주요한 수익원인 D램 시장이 붕괴되면서 재무구조가 악화되었다. 그럼에도 불구하고 삼성은 AST의 완전한 인수를 추진하면서 이듬해에 4억 6,900만 달러를 추가로 투자했다.[35]

삼성은 AST를 적자에서 벗어나게 하기 위해 많은 전략을 시도하면서 회사에 점점 더 강한 지배력을 행사했다.

"바로 그 시기에 우리가 가장 우려했던 부분이 현실이 되었습니다"[36]라고 셰퍼드가 말했다.

더 많은 삼성 직원들이 캘리포니아 사무실로 들어와 팀 미팅에 참석하고, 메모를 적고, 본사에 보낼 보고서를 작성하기 시작했다. 삼성은 이 직원들을 파견단원이라고 불렀다. 그들의 역할은 문화와 언어의 장벽을 완화해 AST의 경영 문화를 한국의 모체와 더 가깝게 연결하는 것이었다.

"당신은 왜 이렇게 하지 않습니까?"[37] 그들은 다양한 PC와 노트북 디자인에 대해 질문하기 시작했다. "우리는 이 아이디어가 좋습니다. 우리는 저 아이디어가 싫습니다."

삼성의 엔지니어들은 더 많은 기능을 추가한 부피가 큰 디자인을 고집해서 AST 직원들을 당황스럽게 만들기도 했다. 그것은 삼성이 공개적으로 내세우는 비용 절감 정책에 역행하는 처사였다.

"이 LCD를 미니 타워 전면에 부착하세요." AST의 한 관리자가 삼성의 지시에 따라 팀원들에게 말했다. "그러면 CD에서 음악이 재생되는 모습을 볼 수 있어요."

"미니 타워는 책상 아래로 들어갈 텐데요." 그 미팅에 참석했던 셰퍼드의 말에 따르면, 한 직원이 상사에게 말했다. "데스크톱에 있는 것이 아니니 어차피 사람들에게 보이지도 않아요. 그리고 그러려면 5달러의 비용을 들여야 하는데, 그건 제품으로 출시되면 약 20달러가 늘어난다는 의미잖아요. 아무도 원하지 않는 기능에다 말이죠. 우리는 그렇게 하지 않을 거예요."

그 상사는 두 달 후에 삼성의 추가 지시를 전달하기 위해 팀원을 소집했다.

"LCD를 컴퓨터에 부착하세요."

전선이 형성되고 있었고, 적개심이 불타기 시작했다.

AST의 재정이 더 심하게 적자에 빠져들자, 고위직 중역들은 회의실로 불려가[38] 사직을 권유받았다.

"다음은 누구 차례일까요?"[39] 그들은 서로 농담을 주고받았다.

6년 동안 적자가 지속되고,[40] 4년 동안 세 명의 CEO가 바뀌며, 광범위한 정리해고가 이루어진 끝에, 1997년 12월 삼성은 6,500명에 달하던 직원을 1,900명까지 감축하며 AST의 규모를 줄였다. 불길한 징조를 감지한 삼성의 한국 직원들조차[41] HP 같은 회사들로 이탈했다.

"아주 유능한 직원들은 기회를 엿보다가 결국 회사를 떠났습니다"라고 셰퍼드가 말했다.

결과적으로 삼성은 21억 달러 규모의 제조업체에 10억 달러를 쏟아붓다가 1999년에 AST를 폐쇄하기로 결정하고,[42] 상호와 특허를 패커드 벨Packard Bell에 매각했다.[43]

이 회장의 원대한 야망은 위험성이 큰 대규모 지출 때문에 휘청거리고 있었다. 삼성의 경영 방식, 국제적인 입지, 신용등급(무디스는 Baa2 등급을 부여했다)[44]은 여전히 너무 뒤처져 있었고, 회사가 꿈꾸던 글로벌 확장과도 부합하지 않았다.

결국 사내의 디자이너들을 통해 제품의 품질을 개선하는 데 집중하는 것만이 삼성이 성장할 수 있는 유일한 방법인 듯했다. 그리고 이 회장과 미키 리는 벌써 다른 아이디어를 구상하고 있었다.

11장

디자인 탐구

고든 브루스^{Gordon Bruce}는 전화기를 들었다. 그의 상사이자 대학 총장인 데이비드 브라운^{David Brown}이 걸어온 것이었다. "삼성에 대해 들어본 적이 있나?"[1]

"네!" 브루스가 웃으며 말했다. "형편없는 제품을 만드는 회사죠?"

"그들이 다음 주에 여기로 온다는데…… 뭘 원하는지 전혀 모르겠군."

테가 얇은 안경을 쓴 철학적이고 내성적인 남자, 브루스는 대기업들과 디자인 회사들이 선호하는 인재를 배출하는 학교로 유명한 패서디나 아트센터 디자인 대학의 부총장이었다. 그는 아시아의 기업들을 상대하는 학교의 핵심 인물로, 그의 업무에는 일본 캠퍼스를 설립하는 일도 포함되었다.

그런데 '삼성'이라고? 삼성은 싸구려 후발 주자로 알려져 있었다. '메이드 인 코리아' 문구는 국제적인 조롱거리였다.

"저는 그들의 요청이 다소 의아했습니다. 저는 어쩌면 그들이 기업 교육을 원하는 것인지도 모른다고 생각했죠." 브루스가 내게 말했다.

고든 브루스는 디자인 장인이자 유명한 바우하우스 디자인학파[2]의 후예였는데, 특유의 단순함으로 미술과 공예와 기술을 결합한 이 독일 학파는 많은 사람들, 그중에서도 특히 스티브 잡스와 조니 아이브[Jony Ive]에게 상당한 영향을 미쳤다. 브루스는 여러 해 동안 IBM의 유명한 왓슨 센터를 디자인했고, 지멘스[Siemens]와 모빌 오일[Mobil Oil]을 위해 세련된 제품들과 건물들을 디자인했다.

일주일 후에 그는 건물 밖에 리무진 네 대가 들어오는 것을 보았다. 그가 회상했다. "열일곱 명의 중역과 디자이너들이 내렸습니다. 제가 일일이 다 세어봤죠."[3]

직원들은 첩보요원들처럼 철저하게 복종하며 일사불란하게 움직였다. 선두에서 그들을 이끌던 여자는 미키 리였다. 매디슨 애비뉴의 거물 광고기획자인 피터 아넬도 그녀와 동행했다.

브루스는 아트센터의 아시아 전문가들로 이루어진 팀을 대동하고 나갔다. 그의 옆에는 제임스 미호[James Miho]가 있었는데, 어린 시절에 그는 제2차 세계대전 중에 미국의 임시 수용소에 억류된 적이 있었고, 한국전쟁에서 탱크 지휘관으로 복무하기도 했었다. 그는 크라이슬러와 제록스에서 컨설턴트로 엄청난 경력을 쌓았다.

그 자리에는 총장인 데이비드 브라운도 참석했다. 마케팅 및 홍보 담당 중역 출신인 그는 아트센터의 일본 프로젝트를 주도했다. 190센티미터가 넘는 장신이라 그의 머리는 한국인 손님들 위로 우뚝 솟아 있었다.

"우리는 미키에게 학교를 둘러보도록 했습니다." 브루스가 말했다. "미팅은 화기애애한 분위기였습니다."

그들은 작은 시내에 놓인 다리 구조물을 건너며 유리판들과, 드라마틱한 선들과, 사선 무늬의 강철 기둥들이 어우러진 금세기 중반의 예술적인 건축물을 보았다. 그들이 여기저기 둘러보며 걷는 동안 미키는 삼성의 계획에 대해 이야기했다. 이 회장은 삼성의 최고 장인들이 고유의 기업 정체성을 구축할 수 있는 사내 디자인 스쿨을 설립하고 싶어 했다. 삼성은 자동차디자인과 산업디자인의 커리큘럼으로 유명한⁴ 패서디나 아트센터가 이상적인 파트너라고 생각했다.

"이건희 회장님은 올림픽 경기장을 대관해 '삼성의 날'을 개최하려고 하십니다."⁵ 그녀가 설명했다. "회장님은 여러분이 손님으로 참석해주기를 바라시죠."

"나는 우리 센터를 돈으로 살 수는 없다고 강조하고 싶었습니다."⁶ 브라운이 회상했다. "무엇보다도 우리는 엄연한 교육기관이며 고용되어 일하는 컨설팅 단체가 아니라는 점을 말하고 싶었습니다. 삼성은 우리에게 더 원대한 목표를 제시해야 했죠."

"삼성의 디자이너들은 달라져야 합니다."⁷ 미키가 힘주어 말했다. "우리는 그들이 다르게 생각하기를 원합니다."

"다른 것만으로는 부족합니다." 고든 브루스가 반박했다. "뛰어나야 합니다."

그 프로젝트는 애초에 가망이 없는 계획처럼 보였지만, 아트센터의 트리오는 미키가 떠난 후에 다시 모였다.

"제가 그걸 괜찮은 아이디어라고 생각한 이유는 이 회장이 출간한 소책자 때문이었습니다."[8] 브라운이 프랑크푸르트 선언을 언급하며 말했다. "그 책에는 어이없는 내용들도 있었지만, 이 회장은 도쿄에서 공부한 경험도 있었고, 일본이 수출 강국으로 부상한 것과 그 과정에서 디자인이 차지한 역할에 대해 아주 심도 깊게 이해하고 있었습니다."

브라운과 브루스는 과연 삼성이 비슷한 성과를 거둘 수 있을지 제임스 미호에게 의견을 물었다. 그는 삼성 디자이너들의 가능성이 충분하다고 느꼈다.

"아시아에서는 형태가 전부입니다."[9] 그가 두 사람에게 말했다.

"우리는 삼성에 교육기관을 설립하기로 합의했지만, 그저 단기적인 컨설턴트 역할만 맡기로 했습니다." 브루스가 말했다. 그것은 삼성디자인연구원Innovative Design Lab of Samsung 혹은 IDS라고 명명되었고, 1995년에 개원할 예정이었다. "하지만 먼저 우리는 몇 가지 실태조사를 실시하고 삼성의 문제점을 진단해야 했습니다. 그래야만 우리가 한국 디자이너들이 영감을 찾도록 도울 수 있을 테니까요."

그들의 임무는 생각했던 것보다 훨씬 어려웠다.

여러 대의 리무진이 김포국제공항에서 고든 브루스, 제임스 미호, 데이비드 브라운을 태우고 실태조사에 나섰고, 이후 전국 투어를 시작하기 위해 헬리콥터 이착륙장에 도착했다. 미키 리, 피터 아넬, 그리고 여러 통역이 그곳에서 합류했다.

"이게 우리가 탈 헬기입니까?"[10] 브루스가 물었다.

사장들이나 고위 인사들에게나 어울릴 법한 웅장한 헬리콥터가 그들의 머리 위 구름 속에서 나타났다.

삼성의 VIP 헬리콥터가 착륙했고, 그들이 탑승했다.

"저는 비디오카메라를 꺼내서 촬영하기 시작했습니다." 브루스가 말했다.

브루스는 한국이 변화의 소용돌이 속에서 국가적인 자각이 움트기 시작했다는 것을 알 수 있었다. 헬리콥터는 구불구불한 산들과 가을의 울긋불긋한 강변 위를 날았다. 전통적인 형태의 무덤들과 조용한 농촌 마을들이 공장들과 군부대들에게 침범을 당하고 있었다.

헬리콥터에서 내린 후에 그들은 차량을 타기도 하고 걷기도 하면서 전국을 둘러보았다. 브루스, 미호, 브라운은 미적 영감을 얻기 위해 재래시장들과 시골 마을들을 걸어다녔다. 그들은 불교 사찰에 들어가 커다란 석탑을 받치고 있는 거북이 석상을 보며 그 의미를 메모하기도 했다. 장수의 상징인 거북이는 고대에 등껍질의 모양과 형태로 점괘를 보는 데 사용되었다. 브루스는 재래시장들을 돌아다니며 현대적인 응용이 가능한 전통 옷감들을 보았다.

"가장 마음에 들었던 것은 주머니들을 꿰매 이어 붙인 '보자기'라는 옷감이었습니다." 브루스가 나중에 말했다. "그것은 경제성, 품질, 사용자 친화성, 친환경성까지 모든 디자인 원칙을 갖추고 있었습니다."

그의 열정은 삼성 측 안내자들의 무관심에 직면했다.

"그건 그저 한국 물건일 뿐입니다." 그들 중 한 명이 시큰둥하게 말했다.

브루스는 삼성의 디자인 관계자들을 만났을 때 이내 그들의 사고방식을 파악했다.

"경영진은 우리에게 소니가 훌륭하다고 말합니다."[11] 또 다른 미국 디자이너가 들은 말이었다. "따라서 우리가 성공하려면 소니처럼 해야 합니다."

삼성은 자사의 디자이너들을 믿지 않았기 때문에 삼성의 디자인실은 포르셰 디자인 같은 해외의 스튜디오들에서 타사의 스타일을 들여오고 있었다. 그 결과 자사의 고유한 스타일을 개발하지 못해[12] 휴대폰은 모토로라와 비슷했고, TV 리모컨은 소니와 흡사했으며, 자동차는 닛산의 모델과 닮았다. 이런 방식은 제품군 전반에 걸쳐 삼성의 정체성을 분산시키면서 소비자들을 혼란스럽게 만들었다.

"저는 서울에서도 똑같은 현상을 보았습니다. 마치 한국이 역경을 극복했다는 것을 보여주기 위해 건설된 도시 같았죠."[13] 브루스가 내게 말했다. "서울은 회백색 건물로 가득해서 건축적으로는 소련 느낌이 나는 매력 없는 도시였습니다. 급속도로 현대화를 추진하는 과정에서 서울의 고유한 유산과 정체성이 희생되고 있었습니다."

전통 목조 가옥들과 일제 강점기의 빅토리아식 건물들 같은 오래된 귀중한 건축물들[14]이 점점 더 파괴되면서 기업들의 주택 개발 사업이 진행되고 있었다. 서울의 신흥 중산층이 서구 잡지에 등장하는 모델처럼 동그란 눈과 조각 같은 코를 추구하기[15] 시작하면서 도시 자체가 루이비통 매장들과 성형수술 클리닉들이 즐비한 사치의 섬이 되고 있었다.

브루스의 견해에 따르면, 삼성에 정체성이 부족하기도 했지만 어쩌면 삼성의 정체성 위기는 국가적인 차원의 위기일 수 있었다.

그들이 전국 투어를 하던 중에 헬리콥터가 제주도에 위치한 삼성의 신라호텔에 착륙했다. 신혼여행 숙박지로 유명한 그곳에서 컨설턴트들은 새로운 디자인연구소에 대한 계획을 구상하기 시작했다.

"우리가 호텔에 착륙했을 때 파파라치들이 몰려들었습니다."[16] 브루스가 내게 말했다. "그들은 미키가 우리 세 사람과 함께 있는 사진을 찍고 싶어 했습니다. 아주 난리가 났죠. 이 회장은 우리가 그곳에 머무는 동안 「중앙일보」에 디자인의 중요성에 관한 기사를 기고했습니다."

전날 밤에 삼성이 소련의 전 서기장 고르바초프^{Mikhail Gorbachëv}를 접대했던 호텔의 특별실에서 식사를 하면서 피터 아넬과 고든 브루스는 친분을 쌓게 되었다. 그들은 삼성의 제품과 브랜드를 구축하기 위한 두 가지 장기적인 전략에 대해 협업해달라는 요청을 받았다.

그들의 관계는 표면적으로 돈독한 듯했지만, 마케터와 제품디자이너 간의 갈등은 결속을 약화시켰다.

산업디자이너인 브루스는 제품의 미와 품질로 소비자들의 마음을 얻으려는 삼성의 필요성에 집중했다. 반면에 마케터인 아넬은 삼성의 모든 제품군을 아우르는 일관된 이미지를 창출해 소비자들을 끌어들이는 데 집중했다.

"삼성은 소비자들의 기대치를 뛰어넘어야 합니다." 브루스가 한 미팅에서 단호하게 말했다.

"방금 브루스가 했던 말 들었습니까? 소비자들의 기대치를 뛰어넘으세요!" 아넬이 테이블 앞에서 소리치며 분위기를 띄우는 치어리더처럼 행동했다.

브루스는 심기가 불편해졌다. 그는 아넬이 업무상의 공로를 가로채고 자신의 제품 포트폴리오를 광고에 활용하려 한다고 느꼈다.

"얼마 후에 저는 그와 협업하는 것을 거부했습니다." 브루스가 내게 말했다. 그는 아넬의 위압적인 성격에 진저리를 쳤다.

아넬은 당시의 일들에 대해 다르게 기억했다. 그는 아트센터의 디자이너들을 '영웅들'이라고 불렀다.[17]

어느 날, 투어 버스 안에서 미키 리의 핫라인이 울렸다.

"회장님이세요!"[18] 그녀가 깜짝 놀라며 소리쳤다.

그녀는 가만히 귀 기울여 듣다가 전화를 끊은 후에 미국인 손님들을 바라보았다.

"우리를 부르셨어요." 그녀가 말했다. "여러분은 서울에 있는 회장님 댁을 방문하게 될 겁니다."

서울로 돌아온 그들은 안내원이 모는 차를 타고 저택들이 늘어선 비탈을 올라가, 번잡한 시내의 전경이 내려다보이는 언덕 꼭대기의 조용한 이 회장의 저택에 도착했다. 보안 요원들이 대문을 열었다.

"우리는 곧바로 이 회장의 아주아주 세련된 취향에 깜짝 놀랐습니다." 브루스가 내게 말했다. "그가 한국에서 가진 소유물들은 미국의 대부호들이 지닌 호화로운 대저택과 황금으로 장식한 욕실과는 전혀 달랐습니다."

이것은 예상과 완전히 달랐다. 이 회장은 화려하지 않으면서 아름다움과 부유함을 절제해 섬세하게 표현할 줄 알았다. 모든 미닫이문들과 목재 비품들, 가구들은 세심하게 선택되어 정확하게 있어야 할 자리에 놓여 있는 듯했다. 이 회장은 많은 생각과 시간을 들여 자신의 집을 꾸민 것이 분명했다. 브루스와 미호는 그가 좋은 디자인의 원칙을 알고 있다고 생각했다.

그들은 한국의 유명한 예술가 백남준이 수십 대의 텔레비전을 높이 쌓아 설치한 조형물인 회장의 기술 기념비 옆을 지나가 거실에 있던 이 회장 부부와 그의 측근들과 대면했다.

그들은 무겁고 경건한 침묵이 흐르는 것을 느꼈다. 담배 연기가 거실 전체로 흩어지고 있었다. 이 회장은 차분히 앉아 그들을 쳐다보았다. 비디오카메라가 그날의 모임을 촬영하고 있었고, 그 내용은 다음 날 아침 삼성 제국 전체에 방송될 예정이었다.

"저는 여러분이 세 가지 일을 해주기를 바랍니다." 이 회장이 설명했다. "첫째, 우리 디자이너들의 창의성을 이끌어내 주세요. 둘째, 그들에게 세계적인 안목을 키워주세요. 마지막으로 저는 3퍼센트의 수익을 기대합니다."

브루스는 마지막 요구를 확실히 이해할 수 없었지만, 이 회장이 기대치를 너무 낮게 설정했다고 생각했다.

"우리는 이 회장이 '가이아쓰'를 행사하려 한다는 것을 깨달았습니다." 브루스가 내게 말했다. "그것은 일본어로 대대적인 변화를 일으키는 외압(外壓)을 의미합니다."

브루스와 미호는 다음 일정으로 삼성의 디자인경영센터를 시찰하면서 직접 목격한 것들을 기록하고, 삼성이 지닌 최고의 장점과 최악의 단점을 보고서로 작성했다. 그들은 거의 즉시 반발에 부딪쳤다.

"그곳은 저희를 물어뜯으려는 상어들로 득실거렸습니다."[19] 브루스가 말했다.

"당신이 한국에 대해 뭘 압니까?"[20] 삼성의 한 중역이 브루스와 미호에게 물었다. 삼성의 팀장들은 일본계라는 이유로 특히 미호에게 적대적이었다.

"저는 압록강까지 진군했던 경험이 있습니다." 미호가 반박했다. 그는 한국인 중역들에게 자신이 한국전쟁에 미군의 탱크 지휘관으로 참전해 총에 맞아 부상을 당했다는 사실을 상기시켰다. 그의 형은 공산당의 침략으로부터 한국을 지키다가 전장에서 부상을 당해 목숨까지 잃었다.[21]

삼성의 중역들은 그 얘기를 듣고 조용해졌다. '일본인이 한국을 위해 싸웠다고?' 두 사람은 자신들을 대하는 삼성 관계자들의 태도가 조금 누그러졌음을 느낄 수 있었다. 하지만 그들은 여전히 앞길이 험난하다는 것을 알고 있었다.

"저는 미호를 바라보는 그들의 시선에 충격을 받았습니다."[22] 후일 브루스가 말했다.

1995년 2월 15일,[23] 브루스는 자신의 평가와 제안을 담은 보고서를 이 회장에게 전달했다. 하지만 즉시 반발이 일어났다.

"보고서에 적은 부서장들에 대한 초기 제안은 거부당했습니다." 그가 내게 말했다.

이 회장은 그들에게 사람들은 쉽게 변하지 않는다고 말했다. 그리고 그의 말이 맞았다. 브루스와 미호는 한국을 떠날 예정이었지만, 미키는 그들에게 좀 더 머물면서 이 회장의 비전을 실행할 수 있도록 도와달라고 요청했다.

"미키는 미호와 내가 현재 건설 중인 새 디자인 스쿨의 소장을 맡아야 한다고 강조했습니다."[24] 브루스가 말했다. "그곳은 삼성디자인연구원(IDS)으로 불릴 예정이었습니다."

처음에 그들은 거절했다. 그것은 언어조차 통하지 않는 머나먼 타국에서 전문 교육기관을 운영해야 한다는 의미였다.

"우리는 신중하게 고민했습니다. 그리고 삼성이 영향력 있는 기업이라는 것을 깨달았습니다." 브루스가 말했다. "만약 우리가 인내심을 갖는다면 우리는 삼성이 엄청난 파문을 일으킬 수 있다는 것을 알고 있었습니다."

결국 두 사람은 미키를 찾아가 IDS의 운영을 부탁한 그녀의 제안을 수락했다.

브루스는 개원을 몇 달 앞두고 아직 공사가 진행 중인 건물 안의 새 사무실에 들어가[25] 창밖으로 펼쳐진 시내의 전경을 바라보았다. 하늘은 회색빛이 감도는 노란색으로 몹시 탁했는데, 해마다 몽골 사막에서 불어오는 이 먼지바람을 한국인들은 '황사'라고 불렀다.

그는 쿠빌라이 칸의 대규모 군단과 함께 초원을 달리며 남쪽으로는 아시아 전역으로 진군한 데 이어, 서쪽으로는 동유럽까지 진격하면서 이미 알려진 세계를 재정립하는 공상에 빠져들었다. 공상은 디자이너의 영감이었다.

기계들이 부수고 긁어대는 소리에 그는 정신을 차리고 현실로 돌아왔다. 한 건설노동자가 철판을 댄 벽면에 래커 스프레이를 뿌리고 있었다. 자극적이고 메스꺼운 냄새가 실내에 퍼져나갔다. 그 냄새는 결국 직원들이 숨을 쉬며 들이마셨고, 고가의 컴퓨터 장비들 위에서 맴돌았다.

이건 삼성의 방식이야, 브루스가 생각했다. 빠르게 움직이고 지름길로 가지.

그의 임무는 삼성에 적합한 디자인 원칙들을 가르치는 것이었다. 하지만 삼성이 IDS의 개원을 준비하는 동안 혼돈과 혼란, 그리고 막바지 공사가 그의 생각을 방해하고 있었다. 이곳은 결코 사색에 잠기거나, 고독을 느끼거나, 창의적인 상상을 펼칠 수 있을 만한 장소가 아니었다.

브루스는 서울에 있는 자신의 아파트에서 일하기로 결정했다. 그는 삼성에 최선을 다해 노력하겠다고 약속했지만, 디자인 수업을 준비하면서 삼성을 개혁하는 일은 그의 예상보다 훨씬 더 어려우리라는 것을 깨달았다.

고든 브루스는 내게 사내에서 한국 최고 디자이너들 중 한 명으로 꼽히는 테드 신을 소개해주었다. 테드는 브루스와 미호가 디자인연구원을 시작했을 때 손목시계 디자인 콘셉트를 그린 수백 장의 종이 무더기를 들고서 그들을 찾아왔다. 1990년대 중반에 삼성은 아날로그 시계를 제조했지만, 거의 중동 시장을 겨냥한 것이었다.

"그들은 연구원에 지원한 모든 디자이너들의 면접을 보았습니다."[26] 테드가 내게 말했다. 회사의 디자이너 700명 중 합격 통지서를 받은 사람은 열두 명뿐이었다. "제가 그 열두 명 중 한 명입니다."

1995년 9월 1일,[27] 새로 완공된 IDS에서 강의가 시작되었다. 브루스는 강의실로 들어가 자신을 소개하고 커리큘럼을 공개했다. 두 번째 날에 그는 바나나 한 개를 꺼내 들었다.

"자연은 최고의 디자이너입니다."[28] 그가 설명했다. "바나나는 여러분의 주머니에 쏙 들어갑니다. 바나나는 고유한 위생 포장을 갖추고 있습니다. 또 바나나는 생물분해성을 지니고 있습니다. 그리고 그 색깔은 과일이 익은 시기를 나타냅니다. 이건 직관적입니다. 저는 여러분이 이렇게 먹지 않는다는 걸 알고 있습니다!" 그가 바나나를 옥수수처럼 먹는 시늉을 하면서 농담을 던졌다. "이 껍질은 알맹이를 보호합니다. 그건 위생의 기능입니다." 그는 껍질을 벗기고 한 입 베어 물었다. "칼륨이 들어있죠! 아주 맛있죠! 쉽게 생산하죠! 바나나는 세계 최대의 시장을 지니고 있습니다. 모두가 바나나를 사랑합니다! 이제 여러분이 이와 똑같은 원칙들을 사용하는 제품을 디자인할 수 있다고 상상하십시오."

강의실 전체가 당혹감이 어린 침묵으로 뒤덮였다.

"그러니까 우리에게 휴대폰을 바나나 같은 형태로 디자인하라는 말씀이시죠?" 한 학생이 물었다.

브루스와 미호가 학기말 강의 평가를 받았을 때,[29] 삼성 디자이너들은 그들에게 한국인 강사들보다 낮은 점수를 주면서 두 미국인 강사가 학생들에게 무엇을 해야 할지 말해주지 않았다고 불평했다. 그들은 한국의 교육체계에서 가르치는 기계적인 암기와 하향식 지도 방식에 익숙해져 있었다.

해결책은 학생들을 강의실에서 벗어나도록 하는 것이었다. 브루스와 미호가 고민 끝에 결론을 내렸다. 상사들의 굴레를 벗겨주고, 전 세계를 여행하도록 해주어야만 삼성의 디자이너들은 영감을 찾을 수 있을 터였다.

이 회장도 그 아이디어가 마음에 들었다. 그는 삼성의 디자인 수강생들에게 매년 9주 동안 해외 연수를 실시하는 글로벌 디자인 워크숍 커리큘럼을 승인했다.[30] 그 기간에 학생들은 유럽이나 미국, 혹은 다른 아시아 국가들로 떠나서 브루스와 미호에게 다양한 문화와 사람들, 도구들에 대해 교육을 받았다.

"무엇보다도 휴대폰은 단순한 전자기기가 아니라 그것을 만들어낸 사회를 반영하는 인공물입니다."[31] 브루스가 학생들에게 말했다.

한 번에 몇 주 동안[32] 브루스와 미호는 삼성의 디자이너들을 이끌고 해외로 나가서 스미스소니언 박물관에 전시된 애플 최초의 컴퓨터, 일본의 옛 수도인 교토의 우아한 사원들, 프랑스 부르봉 왕조의 궁전들, 세계적인 수준의 아우토반을 갖춘 독일의 자동차를 직접 보도록 했다.

"메르세데스 벤츠는 고유한 디자인으로 성공했습니다."[33] 브루스가 학생들에게 말했던 기억을 떠올렸다. "하지만 메르세데스 벤츠는 어려운 시기를 겪었습니다. 그들은 제2차 세계대전으로 폐허가 되었고, 동독과 서독으로 분단되었습니다."

무슨 메시지일까? 만약 독일인들이 이만큼 발전할 수 있었다면, 마찬가지로 전쟁의 폐허와 국가 분단의 시련을 겪었던 한국인 직원들도 삼성에서 그만큼 할 수 있으리라는 것이었다.

어쩌면 브루스의 가장 획기적인 투어는 타지마할이었을 것이다.

"저는 신발을 벗고 주위의 웅장한 광경을 바라보았습니다. 물론 사진과 TV 영상으로 수없이 봤던 곳이었습니다. 하지만 현장에서 직접 보니 느낌이 완전히 달랐습니다. 완벽한 몰입 교육이었죠."

테드 신은 사진으로 느낄 수 없는 것들이 있다는 사실을 깨달았다. 가령 냄새가 그런 것들에 해당되었다. 그는 '그곳은 심한 악취가 진동했다'고 생각했다. "저는 말로 표현할 수 없는 뭔가를 배웠습니다."[34] 테드가 그동안 몸에 배어 있던 한국의 기계적인 암기 습관을 버리겠다고 말했다. "그것은 암기로 배울 수 있는 것이 아니었습니다."

브루스는 학생들에게 햇빛은 시간의 흐름에 따라 타지마할의 둥근 돔과 대리석 첨탑들에 다르게 반사되어 비추며, 이렇게 내리쬐는 햇살은 신의 존재를 나타내는 상징이라고 설명해주었다. 자연에 대한 모방은 타지마할을 축조한 무굴인의 목표들 중 하나였다. 그들에게는 대리석이 부족했으므로 쓸데없는 낭비를 줄이고 정밀하게 조각하는 작업이 대단히 중요했다. 그것은 자원이 부족한 한국인들의 상황과 비슷한 스토리였다.

타지마할은 오직 새로운 환경에 대한 경험을 통해서만 고안할 수 있는 신제품 아이디어의 영감이 되었다. 한 학생은 내게 자신이 타지마할 내부를 비디오카메라로 촬영했지만, 평평한 2차원 화면에 모든 것을 담아낼 수 없다는 사실을 깨달았다고 말했다.[35] 그래서 그는 삼성의 사무실로 돌아와 카메라의 정면뿐만 아니라 주위의 모든 앵글을 포착할 수 있는 다섯 개의 렌즈가 달린 캠코더를 디자인했다. 그는 회사에서 수여하는 모든 디자인상을 휩쓸었다.

"그런데 우리 자신들을 위한 제품을 디자인해 보면 어떨까요?"[36] 그들이 서울로 돌아왔을 때 강의실에 있던 한 사람이 제안했다. "우리가 작업하는 워크스테이션이 어떤 형태면 좋을까요?"

그것은 그 강의의 중요한 전환점이 되었다. 수강생들은 여태껏 다른 사람들을 위한 제품들을 디자인해왔다. 이제 그들은 최후의 시험을 통과해야 했다. 바로 자신들이 만족할 만한 제품을 디자인하는 것이었다.

며칠 동안 램프와 책상과 의자의 배치를 고민하며 수없이 많은 스케치를 거듭한 끝에 테드는 강의실 앞으로 걸어가 브루스에게 조심스럽게 자신의 도면을 제출했다. 그는 브루스가 삼성의 상사들처럼 반응할지 모른다는 마음에 불안했다. 그들은 다른 사람들과 협의하지 않고 자신들이 선호하는 아이디어를 선정하곤 했다.

브루스는 도면들을 훑어보다가 테드를 쳐다보았다.

"뭐가 마음에 드나요?" 브루스가 그에게 물었다.

테드는 아무 말도 하지 못했다. '뭐가 마음에 드냐고?'

"나는 아무 말도 못 했어요." 그가 회상했다. "제 의견이 중요할 거라고 생각해본 적이 없어서요."

결국 그는 어려운 선택을 했다.

"왼쪽은 스케치와 간단한 모델 제작을 위한 작업 공간이었습니다."[37] 그가 기억을 더듬으며 말했다. "오른쪽은 컴퓨터를 놓을 공간이 있는데, 서랍식 키보드 선반을 마련했습니다. 중앙의 공간은 스케치 같은 자료를 걸어둘 자리와 연구 작업을 진행할 수 있는 보드가 있었습니다. 모든 것들은 손을 뻗으면 닿는 거리에 배치하며 인체공학적으로 디자인했습니다."

오늘날에는 많은 작업 공간들이 이런 식의 배치를 적용하고 있지만, 그 당시에는 완전히 획기적인 형태였다.

12장

디자인 혁명

"다가올 21세기는 문화의 시대가 될 것입니다."[1] 삼성 회장이 1996년도 신년사에서 선언했다. "지적 자산이 회사의 가치를 좌우하게 될 시대입니다. 더 이상 기업은 제품을 판매하지 않을 것입니다. 대신 기업들은 회사의 철학과 문화를 판매해야 합니다." 그는 더 나아가 1996년을 '디자인 혁명의 해'로 선포했다. 4개월 전에 고든 브루스는 삼성에서 첫 번째 디자인 강의를 시작했다.

1990년대 중반 '디지털 융합'의 위력[2]은 컴퓨터를 텔레비전으로, 휴대폰을 음악 재생기로, 음악 재생기를 구닥다리 폐물로 만들면서 실리콘밸리의 대기업들을 평준화시키고 있었다. 그동안 하드웨어 판매를 통해 성장해왔던 소니와 IBM 같은 기술 대기업들은 삼성과 같은 출발선으로 밀려나게 되었다. 이제 모든 기기들은 디자인, 소프트웨어, 콘텐츠, 사용자 경험과 연계되었다.

이 회장의 선언으로 삼성은 떠들썩해졌다. 회장의 메시지를 전파하는 임무를 맡은 조직인 삼성경제연구소는 그의 견해를 담은, '디자인 스크랩북'[3]이라고 불리는 소책자를 출간했다. 그 책을 통해 '확실히 전달하고자 하는 메시지는 무엇일까?' 삼성은 미니멀리즘과 세련미의 정체성을 구축하려고 한다는 것이었다. 그가 밝힌 벤치마킹 대상에는 소니 워크맨, 코카콜라 병, 브라운 커피메이커, 시드니 오페라하우스, 미니애폴리스 동물원의 표지판 체계(「타임」지가 선정한 1981년 최고의 디자인 중 하나), 애플의 초기 랩톱컴퓨터인 파워북이 있었다.

삼성은 애플과 애플의 직관적인 단순함에 대해 철저하게 연구했다. 이 회장의 디자인 스크랩북에 언급된 내용에 따르면, 파워북은 박스형의 커다란 컴퓨터 부품이 주류를 이루던 시대에 휴대성을 위해 기능을 희생해야 했다. 그 당시 사람들은 디자인이 아닌 하드웨어 기능을 보고 PC를 구입했다. 애플의 디자이너들은 상당한 비판을 무릅쓰며 내장형 플로피디스크를 없애고 트랙볼 마우스를 설치했다. 그것은 새로운 영역이었다. 결국 2,500달러의 가격에도 불구하고 불필요한 장비를 제거한 파워북은 성공을 거두었다.

"애플컴퓨터는 그들의 목표가 '소형 컴퓨터'를 디자인하는 것이 아니라는 사실을 깨달았다"[4]고 소책자에서 주장했다. 애플은 파워북을 디자인하는 과정에서 "그 제품의 휴대성과 가치에 대해 많은 것을 배웠다." 이것은 많은 기능을 갖춘 기기를 선호하는 삼성의 성향과 상충되었다.

삼성은 다른 기업들을 연구하면서 자사에 대해 더 많이 알아가고 있었다. 역설적으로 디자인연구원에 있던 미국인들이 한국의 디자인 기풍에 가까워지고 있었다.

고든 브루스는 삼성의 디자인 슬로건인 '세련되고 유연하게'가 만족스럽지 않았다. 삼성의 제품들은 고도로 논리적이고 반직관적이었다. 디자이너들은 만물이 동시에 지닌 일치성과 이중성을 나타내는 음양의 개념, 흑과 백, 동과 서, 하늘과 땅의 병렬에 대해 깊이 생각하기 시작했다.

브루스는 IBM의 디자이너였던 톰 하디^{Tom Hardy}를 고용하도록 삼성을 설득했다.[5] 사교적이고 호감이 가는 조지아 출신의 남부 사람인 그는 외모도 어니스트 헤밍웨이^{Ernest Hemingway}를 닮았다.

도(道)는 중국의 상징이었기에, 삼성은 한국의 뿌리를 파고들어야 했다.

"저는 '태극'을 사용하기로 결정했습니다."[6] 하디가 내게 말했다. '최고의 궁극'을 의미하는 '태극'은 태극 문양의 한국식 변형으로, 한국의 국기에는 푸른색과 붉은색이 나선형으로 얽힌 둥근 원 문양으로 그려져 있다. 그 문양은 태극기의 중앙에 위치하고 봄, 여름, 가을, 겨울 같은 4행을 상징하며 팔괘(八卦)에 사용되는 네 개의 삼선(三線) 문양에 둘러싸여 있다.

"저는 그것이 사람들에게 상당한 반향을 일으킬 수 있는 문양이고, 우리가 전달하고자 하는 의미를 사람들이 쉽게 이해할 수 있기 때문에 삼성의 디자이너들도 아주 좋아할 것이라고 생각했습니다." 하디가 말했다. "모든 삼성 제품들은 이성과 감성을 모두 아우르는 조화로운 철학을 담고 있어야 합니다. 그것은 효과적이어야 하고, 보기에도 좋아야 합니다. 그리고 사람들에게 반향을 불러일으켜야 합니다."

하디는 삼성의 새로운 디자인 슬로건에도 많은 관심을 기울이며 '이성과 감성의 조화'[7]라는 문구를 고안해냈다.

그는 이성과 감성이 기술 세계의 '태극'에 해당된다고 생각했다.

그 슬로건은 채택되었다. 그것은 삼성의 정체성을 고스란히 반영했기 때문이다. 회사는 소비재 부문을 강화하면서, 한편으로 품질이 개선된 칩, 스크린, 부품들을 대량으로 생산하는 양방향 전략을 구사했다.

이성과 감성, 제품과 브랜드, 전통과 현대, 제왕적인 회장과 자유분방한 기술 세계. 삼성은 이중성의 제국이 되면서 사내의 여러 다른 지사와 직원들과 제품들에서 상반되는 요소들 간의 통일성을 찾기 위해 끊임없이 노력했다. 반면에 실리콘밸리의 기업들은 한정된 제품군에 집중하면서 이런 치열한 내부의 갈등을 피했다.

삼성의 디자인실은 제품의 세계화를 추구하면서 1994년에 신설된 캘리포니아의 팰로앨토 사무실에 디자이너들을 파견하고 있었고, 2000년에 런던, 2004년에 상하이, 2005년에 밀라노, 2008년에 뉴델리에 디자인센터를 개설했다.[8]

캘리포니아 북부에 위치한 삼성디자인아메리카의 디자이너들은 '태극' 디자인을 파악하기 위해 지각도라는 기법을 사용하기 시작했다. 회사 전체에서 사용되는 새로운 로고는 '단순함'과 '복잡함'이 대치되는 한 축이 있었고, '감성'과 '이성'이라는 단어로 이루어지는 또 다른 축이 있었다.[9]

디자이너들은 애플을 '단순함/감성' 사분면에 놓았고, 하드웨어 제조업체인 소니는 '복잡함/이성' 사분면에 두었다.

복잡하고 이성적이며 각진 모양의 제품군을 지닌 삼성은 소니에 더 가까웠다.

하지만 그 사분면에 위치하는 것은 바람직하지 않았다. 삼성이 제품의 차별화를 이루어내지 못한 채 소니와 치열한 경쟁을 펼쳐야 했기 때문이었다. 따라서 디자이너들은 소니와 애플의 중간 지대를 공략하기로 결정했다. 그러면 그들은 부드럽고 굴곡진 애플의 디자인에 살짝 더 가까워지면서, 회사는 시장에서 최고의 기회를 창출하게 될 것이라고 느꼈다.

그 작업은 이 회장의 비전을 실현하는 데 필요한 촉진제였다. 한 학생은 삼성 최초의 '스마트 홈' 콘셉트를 개발하면서[10] 삼성의 모든 가전제품, 세탁기, 전화기, 컴퓨터를 개념적인 생태계 안으로 통합했다. 그는 이 회장으로부터 직접 디자인상을 수상했다.

후일 초기 갤럭시 스마트폰을 디자인했던 이민혁은 새로운 지식을 활용해 삼성에 외부 안테나가 없는 폴더형 휴대폰을 제조하도록 설득했다.[11] 그 제품은 노르웨이의 한 신문사가 외형과 느낌을 메르세데스 벤츠 자동차에 비교하면서 '벤츠폰'으로 불렸다. 무려 1,000만 대가 판매된 벤츠폰은 그 당시 최고의 인기 상품이었다.

1990년대 후반에 고든 브루스의 강의를 수료한 테드 신은 사내의 엘리트 그룹에서 휴대폰 디자이너로 근무하며, 미래지향적인 콘셉트를 개발하는 업무를 수행했다.

"저는 이걸 아이-폰$^{i-Phone}$이라고 불렀습니다."[12] 그가 말했다. "인포메이션 폰이죠."

"휴대폰은 매사의 중심인 컴퓨터가 되어가고 있습니다." 그가 말했다.

"제가 제안했던 사항은 컬러 스크린을 통해 사용자가 인터넷에 접속하고, 메시지를 전송하고, 펜으로 글을 쓰고, 누구와도 소통할 수 있도록 하는 것이었습니다."

그 당시로서는 획기적이었던 아이-폰은 키보드를 갖추었고, 진보된 소프트웨어와 하드웨어를 적용해 화면이 더 크고 더 뚜렷해지면서 사용자들이 더 쉽게 인터넷 검색을 하고 서로 문자를 전송할 수 있도록 했다.

그가 자신의 콘셉트를 관리자들에게 제시했을 때, 그의 상사는 "전화로 사람들과 대화할 수 있는데, 왜 굳이 문자를 전송해야 하지?"라고 말했다. 그 프로젝트는 조기에 중단되었고, 테드는 사표를 제출했다.

"자네는 퇴사할 수 없네." 상사가 그에게 말했다. "우리는 자네한테 수백만 달러를 투자했어."

하지만 그는 회사를 떠났다. 그리고 마침내 덴버의 메트로폴리탄 주립대학교 디자인학과 교수가 되면서, 그는 자신의 디자인 철학을 자유롭게 펼칠 수 있는 기회를 얻었다.

실제로 평생을 직장에 헌신한 삼성의 관리자들은 회사에서 고용하고 교육시킨 자유로운 사고를 지닌 신세대를 달갑게 여기지 않았다.

"미호와 저는 회사의 문화를 바꾸고 있다는 이유로 점점 더 미움을 받았습니다"[13]라고 고든 브루스가 말했다.

두 사람이 IDS에서 계속 강의를 하는 동안, 미키 리는 그들의 디자인 프로젝트에 영향을 미치는 심상치 않은 행보를 보였다.

삼성과 스티븐 스필버그의 계약이 결렬된 후에 미키는 삼성 가문의 내부 경쟁자인 식품 재벌 CJ그룹의 지분으로 드림웍스에 3억 달러를 투자했다.[14] 그녀는 이 투자를 통해 CJ를 한국의 주요 영화제작사로 변모시켰다. 직원들은 드림웍스의 영화제작자들에게 교육을 받았고, CJ는 한국 내에서 스필버그의 영화들을 배급했다.

CJ의 식품 사업은 영화 사업과 거리가 멀었지만, 이것은 한국의 재벌이 종종 시도하는 문어발식 확장이었다. 그들은 총수 일가에서 관심을 갖거나 이익을 창출할 수 있다고 여겨지는 사업은 영역을 불문하고 진출했다.

CJ는 여전히 복잡한 순환출자 구조를 통해 범삼성그룹에 연계되어 있었다. 하지만 삼성과 CJ는 수차례에 걸친 주식 맞교환과 거래를 통해 거의 분리가 완료되고 있었다.[15] 따라서 미키 리를 비롯한 이맹희 일가(이건희 회장과 소원해진 삼성 가문의 첫째 형)는 이 회장의 승인 없이 더 자유롭게 행동할 수 있게 되면서 상속 절차도 마무리했다. 현재 CJ는 완전히 독립한 상태이다.

미키의 드림웍스 계약은 "이 회장의 따귀를 후려친 것이나 마찬가지였다"[16]고 고든 브루스는 말했다. "우리와 이 회장의 관계는 IDS의 구상에서 우리 사이의 연결고리였던 미키가 사라지면서 사실상 끝나고 말았다."

홀로서기를 한 미키는 한국 문화를 세계에 전파하겠다는 꿈을 실현하고 있었다. 그녀는 새로 설립한 프로덕션인 CJ엔터테인먼트에서 2000년에 한국 최초의 메가 블록버스터 중 하나인 영화 〈공동경비구역 JSA〉를 배급하면서 엄청난 성공을 거두었다. 남북한 병사들이 비무장지대(DMZ)에서 몰래 우정을 쌓아가는 스토리를 다룬 그 영화는 남북분단의 비극에 대한 사회적인 비평이었고, 한국인들로부터 많은 공감을 이끌어냈다.

미키가 영화계에서 거둔 성공은 한국의 음악, 영화, 음식이 전 세계적으로 인기를 끄는 추세에 부응해 한류로 알려진 문화 부흥을 일으키는 데 일조했다. 그녀는 다시 삼성 제국에 돌아가지 않았다. 고전을 거듭하던 삼성 제국의 영화사인 삼성영상사업단은 설립된 지 3년 6개월 만인 1999년 1월에 문을 닫아야 했다.[17]

IDS에서는 삼성 최고위 경영자들의 계속되는 무관심[18]과 중간관리자들을 필두로 한 관료 체제의 커지는 반발로 인해, 결국 브루스와 미호가 1998년 9월에 회사를 떠나고 말았다. 하지만 그들의 유산은 꾸준히 삼성 디자인의 기조를 규정했다. 회사는 디자이너들을 세계 전역으로 보내며 텔레비전과 스마트폰에 대한 영감을 찾도록 하는 정책을 지속했다.

2001년에 IDS는 삼성의 또 다른 기관인 삼성디자인교육원(SADI)과 합병되었다.

"저는 이것을 스파르타식 창조성이라고 부릅니다."[19] SADI의 제품디자인 학과장인 리치 박이 2010년의 한 공식 회사 방문에서 내게 말했다. "기차가 들어올 때는 선로에 머물러 있지 말고 빨리 벗어나는 것이 상책이죠."

이 회장이 1990년대 중반에 미국인 손님들에게 진보적인 모습을 보이는 동안, 그와 다른 여덟 명의 기업가는 1980년대에 전직 대통령인 노태우에게 건넸던 자금에 관한 수사를 받게 되었다.[20]

검찰은 자신들이 "한국의 정경유착 관행을 종식시키기 위해 노력하고 있다"고 발표했다.

이 회장은 검찰에 소환되어 열 시간 동안 조사를 받았다. 그는 노태우 대통령에게 약 1,050만 달러를 전적으로 '기부'했다고 주장했다.

하지만 검찰은 삼성의 자금이 국고로 들어가는 과정에서 이 회장의 부친이 사업 확장에 필요한 정부의 허가를 받은 듯하다[21]는 점에 주목했다.

"예전에는 모든 일들이 그런 식으로 이루어졌습니다."[22] 이 회장의 조카인 헨리 조가 내게 말했다.

검찰의 수사가 진행되면서 공식 기소가 뒤따랐다.

"삼성그룹의 회장 이건희(53세)로부터 노태우 대통령은 아홉 차례에 걸쳐 250억 원(3,260만 달러)을 건네받았다."[23] 이것은 이 회장이 주장했던 1,050만 달러의 세 배가 넘는 액수였다.

1996년 1월 29일에 이 회장은 변호사들과 비서들을 대동하고 법원에 모습을 드러냈다.[24] 많은 기자들과 카메라맨들이 그를 뒤따르며 큰 소리로 온갖 질문을 쏟아냈다.

법정 안에는 기소된 기업가들과 고위 공무원들이 판사 앞에 앉아 있었다.

"왜 당신은 대통령에게 그런 거액의 돈을 건넸습니까?" 검사가 증인으로 나온 이 회장에게 물었다.

이 회장이 대답했다. "제3공화국(1963년부터 1972년까지 이어진 박정희 독재 통치 기간) 때부터 관례 비슷하게 돈을 주어 왔습니다. 일반적으로 그 돈을 정치자금이라고 불렀습니다. 일 년에 한두 번은 으레껏 청와대에 정치자금을 냈습니다. 기업을 하는 저희에게 그것은 당연하고 관례같이 생각이 됐습니다."[25]

검사가 질문했다. "당신은 그런 돈을 아무런 이해관계 없이 그냥 줄수 있습니까? 혹시 상용차 사업을 추진하는 삼성의 편의를 봐달라는 묵시적인 요구가 없었습니까?"

"그 목적은 회사가 정치권력에 괴롭힘을 당하지 않거나 정부의 개입으로 불공정한 손실을 입지 않는 것인데…… 삼성은 제3공화국 이래로 그런 권력남용의 최대 희생양이었습니다. 우리는 이런 것들을 일종의 세금으로 생각해왔습니다."

이제 판사가 이 회장에게 몇 가지 질문을 할 시간이었다.

"왜 자금을 건네기 전에 돈세탁을 했습니까?"

"만약 세탁이 되지 않으면 그 돈을 받지 않았기 때문에 그것은 상호 편의를 위한 것이었습니다."

"일반 시민들의 관점에서 보면, 그것은 엄청난 액수의 돈입니다. 그것을 영수증조차 없이 건넸습니까?"

"제3공화국 시절에 청와대에서 부르면 그것은 그들이 돈을 요구한다는 의미였습니다. 제5공화국 시절에 그들은 영수증을 주었습니다. 제6공화국 시절에 그것은 암묵적인 이해를 통해 이루어졌습니다."

변호인들의 변론 시간이 되었을 때, 한 변호사가 이례적인 변론으로 변호를 마쳤다.

"이 재판이 열리는 유일한 이유는 김영삼 대통령이 정치자금 받기를 거부했기 때문입니다. 만약 그러지 않았다면 이 재판은 아예 열리지도 않았을 겁니다."

그 발언과 함께 심리는 종료되었다.

이후 판사는 이 회장의 뇌물죄를 인정하며 징역 2년 형을 선고했다.[26] 하지만 그는 장황한 이유를 들며 이 회장에게 감형을 판결했다.

"재벌 그룹인 삼성그룹의 회장으로서 오랜 기간의 기업 활동을 통하여 국내에서의 생산 능력 증대 및 국외 수출 증대에 기여한 바가 적지 아니한 점, 나라의 체육·문화·예술의 진흥을 위해서도 크게 기여하고 있는 점, 자신의 잘못을 깊이 뉘우치고 있는 점, 이 사건을 계기로 건전한 기업경영 활동을 강화·확산할 것을 다짐하고 있는 점, 초범인 점 등의 정상을 참작한다."[27]

이 회장은 법정을 빠져나갔고, 자유인의 신분으로 수행 기사가 운전하는 차를 타고 떠났다.

하지만 한국의 재계는 그 판결에 어이가 없다는 반응을 보였다.

"이 판결은 충격적이다."[28] 이 회장의 부친이 초대 회장을 맡았던 로비 단체인 전경련의 대변인이 「로스앤젤레스 타임스」와의 인터뷰에서 말했다. "이것은 해외에서 한국의 사업 활동에 지대한 영향을 미칠 것이다. 더불어 재계의 사기도 떨어뜨릴 것이다."

1997년 10월, 한국의 김영삼 대통령은 이 회장과 유죄를 선고받은 다른 기업가들을 사면했다.

법무장관은 「한국경제신문」에 "그들의 수감이 자칫 그들의 사업 활동을 제한하고 해외에서 그들의 신용에 부정적인 영향을 미칠 수 있다는 판단에서"[29] 그들에게 사면을 내렸다고 말했다.

"외삼촌은 정말 운이 좋았습니다."[30] 이 회장의 조카인 헨리 조가 내게 말했다. "그분은 감옥에 가지 않았습니다. 많은 사람들이 감옥에 갔는

데 말이죠."

이 회장이 1997년 여름 자신의 사면을 기다리는 동안, 타워에 있던 그의 측근들 중 한 명인 N.S. 리는 삼성 본사의 28층에서 긴장이 감도는 침묵을 감지했다.

"우리는 뭔가 잘못되었다는 것을 느꼈습니다."[31] N.S. 리가 서울 중심가의 한 커피숍에서 내게 말했다.

아시아 전역의 주식시세와 뉴스 기사는 불길한 조짐을 나타냈다.

'태국의 도박: 경제 부활을 위한 통화절하'[32]라는 기사가 1997년 7월에 「뉴욕 타임스」의 헤드라인을 장식했다.

악성 환투기와 고위험 고부채 경제정책은 아시아 전역에서 재정의 붕괴를 초래했다. 태국부터 인도네시아까지 차례로 통화가 곤두박질쳤고,[33] 농부들과 노동자들의 예금을 휴지 조각으로 만들었다. 인도네시아의 학생들은 폭동을 일으켜 오랜 독재자 수하르토Suharto를 권좌에서 끌어내렸다. 주식시장이 역사상 하루 최대 하락폭을 기록하게 되자 당황한 미국의 관계자들은 뉴욕 증권거래소의 거래를 중지시키기에 이르렀고, 그 여파가 일본, 브라질, 러시아로 퍼져나갔다.

이른바 '아시아 금융위기'에도 불구하고, 이 회장은 삼성이 자동차 제조사가 되어야 한다고 완강하게 주장했다.

"나는 자동차 산업에 대해 누구보다 많이 공부했고…… 자동차 사업을 잘못 시작했다는 세간의 우려도 있으나, 1998년 3월에 출시될 삼성 자동차의 품질과 서비스 수준이 이런 오해와 우려를 불식시켜줄 것이다."[34]

삼성그룹은 자동차 사업과 다른 공격적인 확장들로 인해 상당한 부채를 지고 있었다. 그 이자 비용만으로도[35] 삼성전자가 1996년에 거둔 18억 달러라는 엄청난 영업이익을 잠식하고 있었는데, 그 금액을 차감하면 순이익은 2억 200만 달러로 급감했다.

1998년 3월에 한국의 기업들이 채무로 파산하는 동안, 삼성의 첫 자동차는 남부의 항구도시 부산에 30억 달러를 들여 설립한 어셈블리 라인에서 생산되고 있었다.

삼성의 직원들은 앞다퉈 고용주가 만든 자동차를 구입했다. 그럼으로써 그들은 회사를 구했는데, 그해 삼성자동차가 판매한 4만 5,000대의 자동차 중 대부분이[36] 이런 식으로 거둔 실적이었기 때문이다. 이는 8만 대를 생산할 수 있는 시설로는 아주 미미한 실적이었다.[37] 더욱이 삼성은 차량 한 대당 6,000달러의 손실을 내고 있었다.[38] 이듬해 자동차 판매량은 7,000대에도 못 미치는 수준으로 급락했다.[39]

너무도 참담한 순간이었다. 이 회장은 삼성의 총수로 취임한 이후 가장 심하게 체면을 구기고 말았다. 삼성자동차는 채권자 보호 절차에 들어갔고, 이후 르노자동차에 헐값에 매각되면서[40] 르노삼성자동차가 탄생하게 되었다. 삼성의 이름이 유지되었던 이유는 회사가 일부 지분을 보유했기 때문이다.

삼성은 한국에 전례가 없던 긴급 재무 조치를 실행했다.

"이 회사 전체가 무너질 수도 있다고 생각했습니다."[41] 후일 삼성전자의 CEO인 윤종용이 「포천Fortune」과의 인터뷰에서 말했다. "정말 절체절명의 위기였습니다."

한국인들은 사상 최대 규모인 550억 달러의 구제금융[42]을 승인했던 국제통화기금에 막대한 금액을 상환해야 하는 정부를 돕기 위해 자발적으로 금반지와 패물[43]을 기부했다. 삼성전자는 전체 직원의 3분의 1에 해당하는 약 3만 명의 직원들을 해고했고,[44] 고위 경영진의 절반을 교체했으며, 전용 제트기 한 대와 반도체 부문 전체를 포함해 20억 달러 규모의 비핵심 사업들을 매각했다. 고위 경영자들은 10퍼센트의 연봉 삭감을 받아들였다.[45]

"직원들은 더 이상 유치원 수업료 지원 같은 특전을 기대할 수 없었다"[46]고 「포천」이 보도했다. "본사에서는 자동온도조절기가 아주 낮게 설정되어 중역들은 내복을 입었다."

충성스러운 삼성 직원들에게 행해진 가장 충격적인 조치에 한국인들은 평생직장의 기대를 포기하면서[47] 거의 효심에 가까운 회사에 대한 충성심을 버렸다.

이 회장은 위기에 대해 설교해왔지만, 그때까지는 설득력이 없었다. 삼성의 관료주의를 혁파한 이 회장의 제국은 민첩한 기업으로 빠르게 거듭나며 휴대폰, 텔레비전, LCD 디스플레이, 휴대폰 리튬 이온 배터리, NAND 플래시 메모리 같은 중요한 사업들에 집중할 태세를 갖추었다. 특히 NAND 플래시 메모리 투자는 훗날 아이팟의 탄생을 이끌었다.

"이렇게 생각해보세요."[48] 이 회장의 측근인 황영기가 내게 말했다. "1993년의 프랑크푸르트 선언은 이 회장이 자신의 비전을 제시했던 시기였죠. 그런데 아시아 금융위기는 그에게 그 비전을 실행할 수 있는 기회였습니다."

13장

촌뜨기 상사

몹시 다급해하는 듯한 한국인 중역 세 명이 1998년 1월, 텍사스의 리처드슨에 위치한 피터 스카르진스키의 사무실에 나타났다. "당신이 올해 계획했던 매출액을 두 배로 올리는 데 필요한 게 뭡니까?" 한 사람이 물었다. "우리는 당신이 여섯 배로 늘려주기를 원합니다."

AT&T와 루슨트 테크놀로지 출신의 사교적이고 말하기 좋아하는 중견 간부로, 한때 CIA의 이동통신 산업 담당 런던 업무보고 팀에서도 근무했던 피터는 1년 전에 삼성전자 북미통신법인의 세일즈 및 마케팅 담당 부사장으로 삼성에 합류했다.

큰 키에 항상 웃는 얼굴의 빨간 머리 남성인 스카르진스키는 댈러스에서 함께 스시와 사케를 먹으며 내게 말했다. "기본적으로 저는 미국의 휴대폰 사업을 운영했습니다."

리처드슨 최초의 삼성 직원들은 새로 입주한 6층 빌딩에 인근에서 가장 큰 로고를 높이 걸었다. 삼성은 처음에 직원이 고작 일곱 명에 불과했음에도 그 빌딩의 4개 층을 임대했다.[2] 이 회장은 스카르진스키에게 전권을 주면서 뉴욕의 피터 아넬을 비롯하여 다른 사람들과 협업해 미국인들이 삼성 휴대폰을 들고 다니게 해달라고 요청했다. 타이밍이 정말 완벽했는데, 단지 경제위기 때문만은 아니었다. 1996년에 한국 정부는 코드분할다중접속(CDMA) 무선 기지국 네트워크의 건설을 완료했고(그때까지 미국의 이동통신 업체들은 다른 네트워크를 사용했다),[3] 이 탁월한 정부 정책으로 삼성은 즉시 CDMA 휴대폰의 선발 주자로 나서게 되었다.

스프린트는 CDMA 네트워크를 활용한 미국 최초의 이동통신 업체가 될 예정이었다.[4]

"마침 저렴한 아시아 기업을 찾고 있는데, 당신들이 제격인 것 같군요."[5] 스프린트의 한 중역이 스카르진스키에게 말했다. 그는 가장 저가의 삼성 휴대폰 170만 대를 판매하는 조건으로 6억 달러 계약을 체결했다.[6]

아시아의 외환위기 전에 삼성은 미국에서 휴대폰을 판매하기를 주저했다. 어차피 보호를 받는 한국 시장에서 훨씬 높은 마진으로 휴대폰을 판매할 수 있었기 때문이다.

하지만 외환위기가 일어났고, 스카르진스키는 이런 말을 들었다. "당신은 회사에서 가장 중요한 인물입니다. 왜냐하면 당신은 미국 달러를 벌어들일 수 있고, 우리는 그게 필요하기 때문입니다."

계획은 무엇이었을까? 전직 공장 관리자 출신으로 고속 승진을 거듭하며 조만간 삼성 무선사업부의 CEO가 될 이기태가 텍사스로 찾아가거나, 간혹 스카르진스키가 한국으로 들어오면 두 사람은 함께 이동통신 업체와 계약을 성사시킬 방법을 구상했다.

그들의 전략은 간단했다. 일단 수단과 방법을 가리지 않고 이동통신 업체들의 비위를 맞추고, 술대접 등을 통해 호감을 산다. 그리고 삼성 제품의 품질을 향상시켜 그들에게 좋은 인상을 준다. 새로운 디자인의 제품을 출시하고, 그들에게 상당한 마케팅 비용을 제공한다. 삼성 휴대폰을 단지 저렴한 제품이 아니라 이동통신 업체에서 제공하는 최고의 가치를 지닌 제품으로 자리를 잡도록 한다.

"당시 제 판단으로는……." 스카르진스키가 말했다. "제가 접촉할 수 있는 고객 회사가 열 곳이었습니다. 우리는 그 열 군데의 고객 회사 CEO 들을 만나고 다녔죠."

그 당시 이동통신 회사들은 휴대폰 산업의 문지기이자 휴대폰의 판매와 홍보가 이루어지는 경로였다.

피터 스카르진스키와 이기태는 금세 삼성의 전용 제트기에서 친해졌다. 어느 날, 텍사스에서 서울로 오는 장거리 비행 중 피터가 영화를 보기 위해 헤드폰을 쓰려던 순간, 비행기 뒤편에서 소란이 벌어졌다.

"거기 있던 모든 사람이 비행기 뒤편에서 이기태가 고함치는 소리를 들을 수 있었을 겁니다." 그가 내게 말했다.

거의 세 시간 동안 이기태는 열 명 정도의 직원들에게 심한 욕설까지 내뱉어가며 고함지르고 야단을 쳤다. 직원들이 무엇을 잘못했을까? 이기태의 입장에서 그들은 열심히 일하지 않았다. "더 열심히 일하고 더 빨리 하란 말이야." 그가 그들에게 소리쳤다.

'내가 저들 중 한 명이 아니라서 정말 다행이다'라고 스카르진스키는 생각했다.

그들이 서울 김포국제공항에 내렸을 때 이기태는 공항라운지에 직원들을 집합시켰다. 그곳에서도 그는 줄담배를 피우며 계속 성질을 부렸다. 그는 회사에서 준비한 점심을 먹는 시간에도 멈추지 않았다. 직원들은 테이블 앞에서 고개를 푹 숙인 채 음식에는 감히 손도 대지 못했다.

어떻게 해야 할지 몰랐던 스카르진스키는 다른 외국인 동료 한 명과 함께 음식을 먹기 시작했다. 아무도 신경을 쓰지 않는 듯했다.

"수백 달러짜리 음식이었는데, 우리 두 사람을 제외하곤 아무도 먹지 못했습니다." 그가 내게 말했다. "왜냐하면 우리는 한국어를 알아듣지 못했기 때문이죠."

그들이 다시 비행기에 타기 위해 준비하는 동안 이기태가 수석부사장을 노려보았다.

"당신이 업무를 완수했다고 생각하면 이 전용 제트기에 타도록 하세요."

수석부사장은 결국 탑승하지 않았다.

"아, 우리가 당신에게 민항기 티켓을 사줄 수도 있습니다." 누군가가 그에게 말했다.

후일 피터와 다른 200명의 중역은 삼성의 연례 글로벌 중역 회의에 참석하기 위해 한국에 입국했다. 그런 고위직까지 승진한 최초의 외국인인 스카르진스키는 그 회의실에서 말도 통하지 않고 문화의 차이도 이해하지 못하는 유일한 서구인이었다.

그는 '글로벌 중역 회의'가 공산당의 자아비판 시간과 비슷하다는 것을 전혀 알지 못했다. 그는 통역사 옆에 앉았는데, 통역사는 그의 귀에 통역한 내용을 속삭이며 상황을 설명했다. 통역사는 그에게 회의실에 있는 모든 사람들은 직위와 실적 순으로 앉아 있다고 알려주었다. 최고위 글로벌 중역들은 보다 큰 테이블이 있는 맨 앞줄에 앉아 있었고, 그 뒤로 국가별 중역들이 앉아 있었다. 약 40줄 뒤로 거의 출입구 근처에는 가장 실적이 저조한 지사장들이 앉아 있었다.

"저는 일곱 번째인가 여덟 번째 줄이었습니다." 스카르진스키가 그 당시처럼 안도하며 말했다.

최고재무책임자(CFO)가 꽃다발과 태극기로 화려하게 장식된 단상 위로 올라왔다. 그는 회장과 긴밀한 관계인 막강한 재무부서의 중역이었다.

"저는 여러분에게 할 말을 전혀 준비하지 않았습니다. 그래서 말입니다. 무엇이든 궁금한 사항이 있으면 제게 질문해주십시오."

회의실에는 침묵이 흘렀다.

"사람들의 숨소리가 들렸습니다." 피터가 말했다. "누군가 기침을 참으려는 소리도 들렸습니다. 모두가 고개를 숙이고 있었습니다. 그런 상황이 3분 동안 이어졌습니다. 그 3분 동안 무거운 침묵뿐이었습니다."

마침내 CFO가 침묵을 깨뜨렸다. "여러분이 제게 질문할 사항이 없다면, 제가 여러분에게 몇 가지 질문을 하겠습니다."

그가 한 중역을 지목했다. 그 중역은 잔뜩 겁을 먹은 채 자리에서 일어났다.

"이 회의실에 있는 동료들에게 당신이 그 재료를 모두 구매하기로 결정했던 이유에 대해 말씀해주시겠습니까? 당신이 그걸 판매할 수 없었기 때문에 가격을 인하해야 했던 것 아닙니까?" CFO가 말했다. "모든 분들에게 당신의 전략과 이것에 대한 당신의 생각을 말씀해주십시오."

그 중역은 너무 겁에 질려 아무 말도 못 하고 고개를 숙였다.

"모든 동료분들에게 사과드립니다."

"이후 10분에서 15분 동안 CFO는 그 중역이 했던 모든 일들을 나열하면서 그것이 얼마나 형편없었고, 회사에 얼마나 손실을 입혔는지 공개했습니다"라고 스카르진스키가 말했다.

그 중역은 조롱과 망신을 당하고 완전히 체면을 구긴 채 자리에 앉았다. 이윽고 CFO가 다른 중역을 지목했다. 그도 유사한 자아비판 과정을 거쳤다.

"그 회의는 두 시간 동안 계속되었는데, 가장 고통스러웠던 시간이었습니다"라고 스카르진스키가 말했다. 다행히 그는 지목되지 않았다.

하지만 직원들에게 호통치고 망신을 주는 방식은 삼성의 입장에서 나름 효과적이었다. 그것은 직원들에게 실패와 망신에 대한 두려움을 각인시켰다.

미국 이동통신 업체들과의 미팅에서 이기태는 자신이 휴대폰 개발자들과 함께 거둔 성과를 과시할 수 있는 기회를 얻었다.

이기태와 스카르진스키는 1999년 캔자스시티에서 스프린트의 관계자들과 저녁 식사를 하며 삼성 제품에 대해 홍보했다. 이기태는 품질관리 시연부터 시작했다. 그는 스프린트의 중역들에게 삼성의 최신 폴더형 휴대폰을 들어 보였다. 그러고는 휴대폰을 두들기고 잡아당기고, 접이식 폴더를 이리저리 마구 비틀었다. 하지만 휴대폰은 멀쩡했다. 그는 휴대폰을 바닥에 떨어뜨리고 발로 짓밟기까지 했다. 그런 다음 휴대폰을 집어 들고 전화를 걸었다. 무난하게 통화가 되었다. 이윽고 그는 테이블 앞에 있던 스프린트의 엔지니어를 향해 돌아섰다.

"당신의 휴대폰을 잠시 빌릴 수 있을까요?" 그가 엔지니어의 휴대폰을 향해 손을 내밀며 물었다.

이기태는 그 엔지니어의 접이식 폴더를 열고 구부리더니, 살짝 손을 비틀어 결국 부러뜨리고는 다시 주인에게 돌려주었다.

"당신의 모토로라 휴대폰도 좀 볼 수 있을까요?"

"이것도 부수려고 그러는 건 아니겠죠?"

이기태는 그 휴대폰을 손에 쥐고 얼굴 높이까지 들어 올렸다. 테이블 주위로 긴장이 감돌았다.

"모토로라, 여기서 꺼져버려!" 그가 휴대폰을 향해 한국식 억양으로 소리쳤다. 그 휴대폰은 무사히 주인의 손으로 돌아갔다.

이기태는 스프린트에서 순식간에 인기인이 되었다. 그와 스프린트의 관계는 곧 브로맨스에 가까워졌다. 삼성은 스프린트의 CEO 론 르메이Ron LeMay와 스프린트 PCS의 COO 렌 라우어Len Lauer에게 공장 시찰을 제안하며 한국으로 초청했다. 신라호텔에서 아침 식사를 한 후에 그들은 스카르진스키와 만나 리무진 석 대의 수행을 받으며 출발했다. "우리가 비상등을 켜고 주행하면 호위를 맡은 경찰이 러시아워에도 다리와 도로를 빠르게 지나갈 수 있도록 교통 통제를 해주었습니다"라고 스카르진스키가 말했다.

그들은 강변에 위치한 헬리콥터 이착륙장에 도착했고, 회사의 헬리콥터에 탑승해 구미의 휴대폰 공장으로 향했다. 헬리콥터에서 내렸을 때, 그들은 환호하는 공장 직원들과 한복을 입고 커다란 꽃다발을 내미는 여성들에게 환영을 받았다. 모든 공장 단지들에는 '첫째도 스프린트, 둘째도 스프린트, 셋째도 스프린트'라고 적힌 커다란 현수막이 걸려 있었다.

"우리는 헬리콥터를 타고 다시 돌아가서 리무진에 올랐는데, 5시 러시아워에 딱 걸렸죠." 스카르진스키가 말했다. "끔찍하더군요. 뉴욕시보다 더 하던데요." 그런데 그때 경찰 호위대가 다시금 고위 인사들을 수행하기 위해 나타났다.

"이거 정말 나라를 좌지우지하는 고객을 둔 덕분에 굉장한 경험을 하는군요." 스프린트의 한 중역이 말했다. "시내를 한 번 더 돌아보면 어떨까요?"

그들의 밤은 훨씬 더 굉장했다. 한국어로 근심 없는 즐거움을 의미하는 '흥'으로 가득했다. 삼성맨들은 외국인 중역들의 방문 기간 내내 기막힌 음주가무와 엄청난 환락을 제공하며, 그들을 극진히 대접했다. 전통 타악기의 장단에 맞춘 국립국악단의 춤 공연을 관람한 후, 한국 최고의 요리사들이 만든 저녁 식사를 마치고 끝없이 '소주'를 마시고 나면, 회사가 내온 거대한 케이크를 CEO가 칼로 잘랐다. 삼성 직원들은 오랜 기간 숙성된 수백 달러짜리 위스키를 개봉해 작은 잔들에 따른 후, 싸구려 맥주를 채운 컵 안으로 빠뜨리며 외국인 손님들을 깜짝 놀라게 했다. 삼성만의 특별한 건배를 하기 위해 제조한 이 술을 삼성 직원들은 '폭탄주'라고 불렀다.

"동료들이여, 우리는 굉장한 하루를 보냈습니다." 삼성의 한 관리자가 소리쳤다. "이 협업은 환상적이었고, 이로써 우리는 시장점유율 1위를 달성하게 될 겁니다. 2000년에 우리는 모토로라를 제칠 겁니다. 제가 '삼성 1등'이라고 외치면 여러분은 '2000, 2000, 2000'이라고 외치십시오!" 모든 사람들이 삼성의 고귀한 전통에 따라 잔을 들고 술을 마셨다. 그 테이블에 있던 50명 전원이 고용주를 찬양하며 마지막 잔을 들고 나서 술자리를 끝마쳤다.

삼성은 미국의 여러 이동통신 업체와 계약을 체결하면서 점점 더 많은 주문을 받고 있었다. 1999년에 삼성의 주가는 위기로 인해 초래되었던 헐값에서 233퍼센트나 상승하며 주당 227달러를 기록했다. 전략은 성공적이었다. 삼성은 수출을 통해 재정위기에서 벗어나고 있었다.

하지만 삼성의 휴대폰은 여전히 기존 제품을 흉내 낸 모방품이었다. 스카르진스키는 여전히 스프린트의 가장 중요한 욕구를 충족시켜야 했다. 그것은 스프린트의 중역들에게 브랜드를 구축할 만한 파워가 있는 수익성이 높은 제품을 제공하는 것이었다. 결국 그는 삼성을 방문해 제품디자이너들과 대화를 나누었다. 그들은 그에게 SCH-3500이라고 불리는 신형 휴대폰을 소개했다. 그것은 당대 최고의 인기 상품이던 모토로라 스타텍에서 영감을 받아 제작된 조개 모양의 폴더형 휴대폰이었다. 하지만 SCH-3500은 손가락으로 밀어 올리는 독특한 굴곡 형태의 이어폰이 화면에 부착되어 있었다.

"저게 뭔가요?" 스카르진스키가 감탄했다. "저걸 반드시 가져가야겠습니다."

SCH-3500은 그 당시 폴더형 휴대폰에 세련된 감각을 추가했다. 하지만 엔지니어들은 그 제품이 한국에서 실패했다고 설명했다. 스카르진스키는 미국에서 시장성이 있을지도 모른다고 생각했다. 그는 시제품을 미국으로 가져가 스프린트의 관계자들에게 보여주었다.

"이거 훌륭한데요. 우리는 여러분과 독점계약을 하고 싶습니다." 스프린트의 한 중역이 감각적인 디자인에 감탄하며 스카르진스키에게 말했다.

그들은 삼성으로부터 약 300만 대의 SCH-3500을 구매한다는 계약서에 서명했다. 그 당시로서는 엄청난 양의 주문이었다.

"우리는 대대적인 출시를 예상하고 만전을 기했습니다. 스프린트와의 협업을 통한 대규모 판촉도 계획하고 있었지요"라고 스카르진스키가 말했다.

하지만 삼성이 이 휴대폰을 유럽에서 출시했을 때, 한국과 마찬가지로 결과는 처참한 실패로 돌아갔다.

그것은 좋은 징조가 아니었다. 삼성의 엔지니어들은 스카르진스키에게 이렇게 보고했다. "공장에서 이 제품을 선적하지 않기로 결정했습니다. 이 제품은 실패했고, 추가 생산을 하면 재고만 쌓아두게 될 텐데, 그럴 수는 없습니다."

그는 충격에 빠졌다. 미국 출시까지 불과 2주일을 앞두고 있었고, 그는 스프린트에서 걸려오는 전화로 정신이 없었다.

마침내 스카르진스키는 한국행 비행기에 몸을 실었다.

"이게 전부 우리가 조사한 자료입니다." 그가 어셈블리 라인 관리자들에게 다급하게 프레젠테이션을 하며 말했다. 자료에 따르면, 미국의 소비자들은 그 색다른 디자인을 좋아했다. "스프린트와의 계약을 취소하면 여러분은 정말 위험한 상황에 처하게 됩니다. 저를 믿어주세요." 스카르진스키가 간절히 호소했다.

결국 삼성 본사는 그의 주문을 뒷받침하는 자료에 근거해 아직 불확실한 스프린트와의 새로운 관계를 유지하는 편이 더 낫다고 결정했다. 스카르진스키는 주문했던 휴대폰 물량을 받았고, 출시 일정은 계획대로 진행되었다.[7]

"SCH-3500은 스프린트 초기의 대표 제품이 되었습니다"[8]라고 스카르진스키가 말했다. "그것은 대단한 제품이었고, 600만 대 이상 판매되었습니다. 대체로 휴대폰은 1년 정도 생산되지만, 이 제품은 거의 2년이나 지속되었습니다."

그리고 삼성의 텍사스 사무실에는 다른 이동통신 업체들로부터 더 많은 문의 전화가 걸려오기 시작했다.

이기태와 스카르진스키는 뉴욕시에 위치한 버라이즌의 본사를 방문했다. 두 사람은 그들로부터 더 많은 주문을 받아내기를 기대했다. 하지만 버라이즌은 한국에서 삼성의 경쟁업체인 LG와 오랫동안 협력관계를 이어왔다.

이기태가 삼성의 최신 모델들에 대해 논의할 준비를 하는 동안, 버라이즌의 중역들 중 한 명이 명함을 내밀었다. 이기태는 그 명함을 거절하면서 현장에 있던 모든 사람들을 깜짝 놀라게 했다.

"당신은 LG를 구매하잖아."[9] 그가 얼굴을 찌푸리면서 말했다. 그는 명함을 버라이즌 중역에게 다시 던졌다.

"그 일로 우리는 한동안 꽤 많이 고생했습니다"라고 스카르진스키가 말했다. "그냥 '아, 이기태 씨, 만나서 반가웠습니다. 이제 그 주문은 취소합니다' 같은 분위기였죠."

삼성의 한국인 중역들, 특히 미국을 처음 방문하는 중역들을 관리하는 것은 스카르진스키에게 생존의 문제가 되었다. 자칫 삼성이 고객들이나 언론 앞에서 망신을 당하지 않도록 그들에게 세심한 주의를 기울여야 했다. 어느 날, 미국의 이동통신 회사 중역들과 한바탕 흥겨운 술자리를 가진 후에 그에게 한 영업부 직원이 넌지시 알려주었다. 방문 중인 한국 중역들이 호텔에 투숙하고 있는 삼성 바이어에게 전해달라며 현금이 잔뜩 든 가방을 프런트에 맡겼다는 것이었다. 어쩌면 그것은 전날의 과음 때문에 저지른 실수일 수도 있고, 이동통신 업체의 호의를 바라며 건네는 뇌물일 수도 있었다. 스카르진스키는 후자일 가능성이 크다고 생각했다. 한국에서는 사업 파트너와 술을 마시는 동안 진짜 비즈니스가 이루어진다.[10] 음주가무를 즐기며 관계를 돈독히 한 후 협력 업체에 현금과 다른 선물을 제공하는 것은 통상적인 관행이다. 스카르진스키의 말에 따르면, 삼성의 중역들은 매춘과 뇌물보다 골프와 술 접대를 선호했다. 물론 가끔 실수를 하는 적도 있지만.

그 바이어는 가방을 확인한 후, 삼성에 전화를 걸어 현금을 회사로 돌려보냈다. 스카르진스키는 황급히 그의 상사인 김정한의 사무실로 달려갔다. 그는 김정한이 아주 강직한 사람이라는 것을 알고 있었다.

"우리가 이 모든 상황을 멈출 수 없다는 걸 알고 있습니다."[11] 스카르진스키가 그에게 말했다. "하지만 제발 부탁드립니다. 이건 정말 망신스러운 일입니다."

삼성은 아직 싱귤러와 거래를 못 하고 있었다. 2000년에 설립된 이 신규 이동통신 업체는 삼성의 중요한 공략 대상이었다. 스카르진스키는 이기태와 함께 싱귤러의 무례한 CEO인 스탠 시그먼Stan Sigman과 만날 기회를 잡으려고 무진 애를 썼다. 마침내 싱귤러는 그들과의 미팅에 응했다.

스카르진스키와 이기태는 애틀랜타에 위치한 싱귤러 본사에 도착했다. 미팅은 금요일 오후 4시로 예정되어 있었는데, 이것은 삼성의 낮은 입지를 보여주는 징후였다. 모든 사람들이 주말을 기대하며 퇴근할 준비를 하기 때문에 영업을 위한 홍보에는 최악의 시간이었다.

이기태와 이례적으로 많은, 열 명이 넘는 삼성의 중역들이 로비에서 기다리고 있었다. 한국의 기준으로 볼 때 그의 직급에 걸맞은 규모의 참모진이었다. 스카르진스키는 시곗바늘이 4시를 가리키는 것을 보았지만, 아직 시그먼은 모습을 보이지 않았다. 한국의 사업 관행에 따르면, 매우 모욕적인 처사였다. 기다림은 무려 30분 동안 이어졌다.

스카르진스키는 이 상황을 이기태가 '엄청난 모욕'으로 여길 것이라고 걱정하면서, 시그먼의 비서에게 최소한 이기태만큼은 로비가 아닌 다른 장소에서 머물도록 해달라고 요청했다.

"올라오십시오. 미팅이 많이 늦어졌네요"라고 비서가 말했다.

불행하게도 또 다른 문제가 생기고 말았다. 이기태와 일행이 다 들어가기에는 회의실이 너무 비좁았던 것이다. 결국 이기태는 그들 중 세 사람을 지목했다. 그곳에서 그들은 다시 30분을 기다렸다.

마침내 시그먼이 들어왔다. 스카르진스키의 묘사에 따르면, 그는 뚱뚱한 체형에 거만하게 행동하는 텍사스 출신의 '촌뜨기'였다. 그에게서 호의적인 느낌은 전혀 찾아볼 수 없었다. 스카르진스키는 이기태를 대신해 서둘러 홍보를 시작했지만, 시그먼이 말을 자르고 나섰다.

"나는 절대 판매업체를 만나지 않습니다. 당신이 내게 특별하거나 흥미로운 제안을 하지 않는 한 내가 다른 판매업체와 거래할 이유는 없습니다."

통역사가 시그먼의 반응을 한국의 중역들에게 통역하는 사이에 영어를 알아듣는 이기태가 시그먼의 눈을 똑바로 쳐다보았다.

"시그먼 씨, 저는 당신이 마음에 듭니다. 바로 본론으로 들어가시는군요."

결과적으로 두 사람은 잘 어울렸다.

"좋습니다, 이기태 씨. 당신의 제안을 들어봅시다."

'진상끼리 잘 만났구나'라고 스카르진스키는 생각했다.

하지만 그날의 미팅에서 주요한 계약은 성사되지 않았고, 싱귤러는 이후 수년 동안 까다로운 회사로 남았다. 삼성의 돌파구는 한참 후인 2005년 허리케인 카트리나가 루이지애나를 휩쓸고 지나가며 폐허로 만들었을 때 찾아왔다.

"시그먼 씨가 피해 복구 기금을 마련하고 있는데, 그는 누구라도 참여해주기를 바라고 있습니다." 싱귤러의 한 중역이 삼성의 중역들에게 말했다. "모두가 약 5만 달러씩 기부하고 있습니다."

"우리는 50만 달러 정도 예산이 있습니다." 스카르진스키가 그의 상사에게 말했다. "그 돈을 시그먼에게 전달하고 카트리나 피해자들을 위한 기금으로 기부하시죠."

다른 휴대폰 제조사들보다 열 배나 많은 액수에 스카르진스키는 자칫 그 성금이 조건부 거래처럼 보일 수도 있다고 우려했다. 확실히 그런 오해를 받을 만한 상황이었다. 성금이 아무런 대가를 바라지 않는 성의 표시임을 알리고 싶었던 그는 싱귤러의 관계자에게 제안했다. "우리는 귀사에서 우리가 이런 금액을 전달했다는 사실을 외부에 알리지 않았으면 좋겠습니다. 그렇게만 해주시면 됩니다."

이 전략은 성공했다. 싱귤러는 자사의 3G 사업에 동력이 될 수 있는 제조사를 필요로 했고, 삼성은 블랙잭폰으로 그 사업에 참여한 첫 번째 회사가 되었다. 그 제품은 블랙베리와 경쟁하기 위해 제작된 초창기 스마트폰이었다.

그런데 '블랙잭'이라는 이름이 블랙베리와 너무 비슷했다. 블랙베리의 제조사인 리서치 인 모션(RIM)은 소송을 제기했다. 결국 삼성은 소송에서 합의했고,[12] 제품명을 '잭'으로 변경했다.[13]

하지만 중요한 사실은 삼성이 싱귤러의 3G 사업에서 주요한 공급업체가 된 것이었다.

14장

소니 전쟁

피터 스카르진스키, 이기태, 피터 아넬은 삼성으로부터 미국 활동에 대한 엄청난 재량을 부여받고, 자신들의 의지대로 아주 자유롭게 움직일 수 있었다. 그런 상황은 1999년 삼성전자에서 한국계 미국인 에릭 킴을 마케팅 총괄 부사장으로 고용할 때까지 이어졌고, 이후에 그는 글로벌 마케팅 총괄 책임자가 되었다.

그때까지 삼성은 단 한 번도 외부인을 본사에, 더구나 그런 고위직 인사로 영입한 적이 없었다. 그 이전에 중역들은 평생 삼성의 직원으로 승진해온 한국인이어야 했다. 에릭 킴은 400명의 삼성 직원 앞에서 인사말을 하기 위해 단상에 올랐다. 그를 고용한 CEO 윤종용은 그에 대한 반발이 있을 것을 감지하고, 그에 앞서 가장 삼성스러운 메시지로 그를 소개했다.

이 사람 건드리면 "다 죽을 줄 알아."[1]

에릭 킴의 첫 등장은 그다지 성공적이지 않았다. 수십 년 동안 해외에서 살아온 한국인인 그는 동료들이 나름 자신을 받아들이려 한다고 느꼈지만, 긴밀한 유대 관계로 조직된 이 회사에서 진정한 '한국인'으로 여겨지지 않았다. 더욱이 그는 다른 사람들이 기대했던 것만큼 한국어를 유창하게 구사하지도 못했다. 삼성의 한 부사장은 그를 '김치 먹는 미국인'[2]이라고 불렀다.

"거기서 한국계 미국인으로 지내는 게 힘들었습니까?" 내가 캘리포니아의 버클리에서 함께 딤섬을 먹으며 에릭 킴에게 물었다. 현재 그는 은퇴하고 그곳에서 지내고 있었다.

"저는 한국인입니다"[3]라고 그가 부드러운 말투로 단호히 말했다. 그는 동료들과 언론이 자신을 바라보는 시각에 동의하지 않았다. "저는 한국에서 태어났습니다. 그리고 열두 살 때 아주 가난한 이민자 신분으로 캘리포니아에 정착했죠. 제 한국어 실력은 열두 살 어린이 수준 이상으로 늘지 않았습니다."

"마케터로서는 특이한 경력을 지녔는데, 그것에 대해 어떻게 생각하십니까?" 내가 물었다.

"제 첫 직업은 엔지니어였습니다." 그가 내게 말했다. 그는 UCLA에서 공학을 전공해 학사 학위를 받았다. 그의 예전 동료들은 칭찬이든 조롱이든 간에 이런 말을 반복했다. "에릭은 엔지니어입니다."[4] 한편, 그는 캘리포니아의 하비 머드 칼리지와 하버드 비즈니스 스쿨에서 물리학과 경영학 학위도 받았다.

삼성에 합류하기 전에 그는 사람들의 신용 이력에 관한 데이터를 처리하는 기업인 던 앤드 브래드스트리트 코퍼레이션Dun & Bradstreet Corporation의 최고기술경영자(CTO), 비즈니스 인텔리전스 기업인 파일럿 소프트웨어Pilot Software의 CEO로 재직했다.[5]

"삼성의 CEO는 제게 전체 브랜드를 하나의 우산 안으로 통합해주기를 원했습니다."[6] 에릭이 말했다. "삼성의 브랜드는 산개(散開)되어 있었습니다. 각 지사들은 자체적으로 업무를 진행했죠. 글로벌 기업이 되고자 한다면, 본사에서 이런 업무를 지시해야 했습니다."

삼성은 자사의 메시지를 효과적으로 알리기 위한 하나의 거대한 마케팅 대포가 필요했다. 당시 삼성 브랜드는 최우선적인 목표, 방향, 비전 없이 작은 BB총으로 두서없이 메시지를 뿌려대고 있었다. 삼성은 55개 광고 회사와 계약을 맺고 있었다.[7] 미국 지사들은 각각 2,000만 달러에 불과한 광고 계정 세 개를 보유하고 있었다.

"에릭은 새롭게 시작하기를 원했습니다"[8]라고 신사업개발부 부사장 토머스 리가 말했다.

에릭 킴과 새로운 마케팅 부서는 회사 전체를 시찰하기 시작했고, 삼성의 최고위 경영자들에게 글로벌 마케팅의 가치에 대해 설명했다.[9]

"마케팅은 그냥 일종의 판매촉진 활동으로 간주되었습니다." 그가 말했다. "제 업무는 사고방식을 바꾸는 것이었습니다." 그는 마케팅을 자신의 통제하에 통합하려는 과정에서, 임원실에서부터 제조 공장에 이르기까지 많은 반발에 부딪쳤다. 특히 제품 개발자들과 재무 담당자들의 반발이 매우 거셌다.

"이기태는 그를 몹시 싫어했습니다"[10]라고 스카르진스키가 말했다. "그는 누군가 자신의 영역을 침범하는 것을 원하지 않았습니다." 하지만 단지 이기태뿐만 아니라 많은 공장 관리자들도 반발하고 나섰다. 그들은 맨손으로 공장을 가동하며 그들의 회사를 성장시켰다. 그들에게 에릭 킴은 삼성이 겪어왔던 시련을 전혀 모르는 부잣집 출신의 호사가였고, 그들이 힘겹게 벌어들인 수익을 그가 마케팅에 잔뜩 쏟아부을 준비를 하고 있다고 믿었다.

"그가 최고급 레스토랑에서만 식사를 하고 싶어 한다는 소문이 파다했죠." 스카르진스키가 말했다.

"더 크고 더 좋은 신제품들을 꾸준히 생산하는 것을 대신할 수 있는 것은 아무것도 없습니다."[11] 후일 삼성의 한 라인 관리자가 그에게 말했다. "R&D에 지출하는 돈은 언제나 광고에 지출하는 돈보다 더 나은 투자입니다."

에릭 킴은 쉽게 단념하지 않았다. 그는 자신의 글로벌 마케팅 운영실(GMO)에서 관리하는 10억 달러의 글로벌 마케팅 예산과 4억 달러의 광고예산을 통합했고(상당한 금액이지만 그가 광고해야 할 모든 제품들과 부서들을 고려하면 아주 엄청난 금액은 아니었다), 광고대행 업체에 대한 평가를 지시했다. 더불어 '현재' 매출의 비율에 따라 마케팅 예산을 설정하는 관행을 중단하고 '잠재적인 매출'에 따라 마케팅 예산을 설정하기 시작했다. 이 방식은 그동안 현재에만 매달려 일하던 직원들에게 장기적인 관점에서 생각하도록 독려했다.

그다음에 그는 삼성의 모든 제품을 아우르는 마케팅의 정체성을 확립해야 했다.

"제품은 저절로 판매되지 않습니다."[12] 그가 내게 말했다.

그는 피터 아넬에게 도움을 요청했다.

"우리는 사무실에서 아이디어 회의를 하고 나서 저녁 식사를 했습니다."[13] 에릭 킴의 마케터인 토머스 리가 말했다. "이따금 아넬이 '오, 좋은 아이디어가 생각났어요!'라고 말하며 레스토랑의 냅킨에 대충 끼적이곤 했습니다." 그는 에릭과 아넬이 새로운 밀레니엄을 앞두고 참신함, 기대감, 통합성, 낙관적인 감각을 담은 슬로건을 원했다고 말했다.

'디지털'은 그 시대를 대표하는 유행어였다. 아넬은 냅킨 위에 여러 변형된 단어를 끼적거렸다. 그는 디지털이란 단어에 'L'을 추가했다. 그 결과는? 바로 DigitAll이었다.

"많은 아이디어들이 냅킨 뒷면에서 시작됐죠." 토머스 리가 회상했다.

에릭 킴은 만족했다. 그는 새로운 광고 캠페인을 시작했고, 그것은 향후 수년 동안 지속되었다. 'DigitAll: Everyone's Invited'(국내에서는 '삼성의 디지털 세상으로 여러분을 초대합니다'라고 슬로건을 걸었다_옮긴이).

아넬은 그 뒤 얼마 지나지 않아 삼성과 결별했다. 삼성은 한 컨설턴트가 농담조로 '소프트 포르노'[14]라고 말했던 아넬의 광고 이미지를 떨쳐낼 방안을 찾고 있었다. 한 TV 광고에서 거의 알몸인 여성이 고혹적인 전자기타 연주에 맞추어 텔레비전 화면 속의 조각 같은 남성 모델을 애무하고 있다.[15]

"내 TV를 사랑해요, 삼성이에요." 그녀가 관능적으로 포옹하며 말했다.

에릭 킴의 DigitAll 광고 캠페인은 1999년 11월 10일에 시작되면서 아넬의 이전 광고들을 완전히 밀어내고 삼성의 새로운 사명을 대대적으로 선전했다.[16] 바로 세계적인 차원으로 디지털 홈과 개인용 모바일 멀티미디어를 통합하는 것이었다.

많은 관심을 모으며 「애드버타이징 에이지」와 「애드위크」의 헤드라인을 장식했던 에릭 킴의 2000년 광고대행 업체 평가는 아넬에게 삼성과의 인연의 끝을 의미했다.

"아넬은 에릭을 거의 한 시간이나 기다리게 했습니다. 아넬은 차가 막힌다고 핑계를 댔습니다."[17] 토머스 리가 기억을 더듬었다. "에릭은 정말 화가 잔뜩 났지요."

결국 두 사람은 각자의 길을 걷게 되었다. 에릭 킴은 흩어져 있던 삼성의 많은 광고를 사내로 가져와서 삼성의 광고대행사인 제일기획에 맡겼다.

그런데 이런 브랜드 광고에는 더 심오한 의도가 내재되어 있었다. 막후에서 삼성의 중역들은 소니에 대한 벤치마킹을 시도하고 있었다. 하지만 아무도 그것을 공개적으로 드러내며 일본의 경쟁업체를 자극하고 싶지 않았다. 당시에 소니는 플레이스테이션과 워크맨 CD플레이어의 생산을 위해 삼성에서 대량으로 부품을 구매하고 있었기 때문이다.

하지만 2001년 4월, 에릭 킴은 「포브스Forbes」의 하이디 브라운Heidi Brown과의 인터뷰에서 처음 공개적으로 경쟁을 인정했다.

"우리는 소니를 이기고 싶습니다."[18] 그가 기자에게 말했다. "소니는 가장 강력한 브랜드 인지도를 가지고 있습니다. 우리는 2005년까지 소니보다 더 강해지기를 원합니다."

「포브스」의 기사는 일본에서 많은 언론의 헤드라인을 장식했고, 일본의 독자들은 아주 흥미로운 반응을 나타냈다. 무엇보다 한국은 오랫동안 일본과 불편한 역사를 이어왔고, 그 당시 지금의 애플이나 다름없던 소니를 삼성이 넘어설 수 있다고 믿은 사람은 거의 없었다.

한편, 삼성의 중역들은 에릭 킴의 실수에 기겁했다. 소니는 삼성의 고객이었으며, 단순한 경쟁업체가 아니었다. 어떻게 에릭 킴은 일개 외부인 주제에 그렇게 노골적이고 공개적으로 제휴업체를 도발할 수 있단 말인가? 결국 그는 징계를 받았다.[19] "그 기사 때문에 나는 거의 해고될 뻔했죠."[20] 그가 내게 말했다. "하지만 그 일을 계기로 직원들이 결집했습니다!"

이것은 납품을 하면서 동시에 경쟁도 해야 하는 소니, 애플, 모토로라 같은 회사들과의 관계에서 삼성의 중역들이 계속 당면할 딜레마였다.

"혹시 그 내용은 공개하지 않아 주실 수 있습니까?" 예전에 녹음기를 꺼내놓은 채 진행한 공식 인터뷰가 끝난 후, 삼성의 한 PR 책임자가 요청했다. 마침 인터뷰 중이던 전략 담당 부사장이, 삼성이 HP와 노키아에 부품을 공급하면서 그 두 고객 업체 겸 경쟁업체와 '묘한 상황'[21]에 처했던 과정에 대해 말하기 시작했을 때였다. 나는 그 부분을 취재 내용에 포함시키지 않았는데, 당시에는 그다지 흥미롭다고 생각하지 않았기 때문이었다.

하지만 소니 측에서 삼성이 바짝 추격해온다고 느낀다면, 삼성과의 공급계약을 파기하고 자칫 삼성의 메모리칩 사업에 타격을 입힐 수도 있었다. 메모리칩은 삼성 제국의 젖줄이었던 만큼 삼성의 세계화 야망은 최후를 맞이할 수도 있었다.

임원실에서는 다른 우려들이 제기되었다. "단지 「비즈니스 위크」 순위에서 소니를 이기기 위해 광고와 홍보에 너무 많은 돈을 쓰지 맙시다."[22] 한 어셈블리 라인 관리자가 나중에 에릭 킴에게 말했다. "브랜드는 나름의 속도로 자연스럽게 소비자의 신뢰를 얻을 겁니다. 당신이 억지로 만들 수는 없습니다."

두 달 후, 소니의 CEO 이데이 노부유키(出井伸之)는 「월스트리트 저널」과의 인터뷰를 통해 일본인의 입장에서 삼성을 얕잡아보는 그의 시각을 드러냈다.

"제품디자인과 제품기획을 그들은 우리에게 배우고 있습니다. 그래서 소니는 그들에게 아주 좋은 표적입니다."[23] 하지만 그는 거만하게 덧붙였다. "여전히 우리는 삼성을 근본적으로 부품 회사라고 믿고 있습니다."

그리고 소니는 토비 맥과이어[Toby Maguire] 주연의 신작 영화 〈스파이더맨〉에서 PPL의 형태로 에릭 킴을 크게 자극하며 보복했다.

"옛날 옛적에……."[24] 나중에 판사가 영화에 등장하는 가상의 타임스 스퀘어 로고 사용과 관련된 소송에서 낭만적인 판결문을 작성했다. "뉴욕의 타임스 스퀘어에서 열린 '세계 화합 축제'에 수천 명의 인파가 모였는데, 그들은 제트엔진을 보유한 그린 고블린에게 치명적인 공격을 당했지만 때맞춰 나타난 스파이더맨이 결국 그를 물리칩니다."

그린 고블린이 작은 초록색 수류탄 같은 장치들을 무고한 시민들의 행렬을 향해 마구 던졌을 때, 피터 파커의 연인 메리 제인 왓슨은 악당에게 잡혀 발코니에서 꼼짝도 못 하고 있었다.

"스파이더맨이다!"[25] 한 사람이 소리쳤다.

뉴욕의 콘크리트 정글 사이로 거미줄을 날리던 슈퍼히어로는 몸을 급강하해 위험에 빠진 아이를 구하고, 다시 거미줄을 날려 이동해 불빛을 번쩍이며 높이 솟아 있는 상징적인 기업 광고판인 투 타임스 스퀘어 건물 앞에 우뚝 섰다. 〈스파이더맨〉은 이 장면이 담긴 채 2002년 5월에 전국의 극장가를 강타할 예정이었다.

삼성의 직원들은 영화의 예고편을 보면서 상징적인 투 타임스 스퀘어 빌딩에 엉뚱한 로고가 있음을 감지했다. 당연히 그 자리에 있어야 할 삼성의 로고는 어디로 가고 「유에스에이 투데이USA Today」의 로고가 있는 것이었다.

"저는…… 굉장히 화가 났습니다."[26] 에릭 킴이 내게 말했다. "이것은 아주 노골적으로 삼성을 모욕하는 처사였고, 우리가 이 상황을 그냥 넘어가면 안 되겠다는 기분이 들었습니다."

실제 타임스 스퀘어에서 삼성은 그 높은 자리의 광고판을 차지하기 위해 엄청난 돈을 지출하고 있었다. 삼성의 파란색 타원형 로고는 맨 위에서 두 번째 자리에 위치했다. 〈스파이더맨〉을 제작한 컬럼비아 영화사는 소유주인 소니를 위해 명백하게 부정행위를 저지르고 있는 것이었다.

삼성의 법무 팀은 소니 픽처스의 경쟁사로 영화에서 역시 광고판에 로고가 삭제되었던 NBC와, 권리침해를 당했다고 느꼈던 타임스 스퀘어의 부동산 소유주들이 포함된 고소인단에 합류하며 소송에 참여할 준비

를 했다.[27]

하지만 법정으로 가기 전에 삼성의 중역들은 부품 공급업체로서의
영향력을 행사해 소니에게 로고를 원상태로 복구하도록 요청했다.

"결국 소니는 삼성에서 소니를 필요로 하는 만큼 소니도 부품업체로서
삼성을 필요로 했습니다."[28] 이런 소송에 익숙한 한 변호사가 내게 말했다.

삼성의 합의 결정은 의심할 여지 없이 올바른 판단이었다. 다른 고소
인들에 대해 판사는 언론의 자유에 근거해 소니에게 유리한 판결을 내
렸다.[29] 〈스파이더맨〉은 가상의 영화였기 때문에 영화사는 실제 타임스
스퀘어를 영화의 설정에 맞게 변경할 자유가 있다는 것이었다.

"그들은 타임스 스퀘어에서 우리를 제거하려고 했습니다.[30] 하지만
삼성은 여전히 살아남았습니다." 디지털미디어 부문 사장인 진대제가
맨해튼의 한 파티에서 자랑스레 말했다.

에릭 킴은 삼성 내에서 영웅이 되었다.

2002년에 워너 브러더스는 어떤 제안을 들고 에릭 킴에게 접근했다.
그들은 획기적인 영화 〈매트릭스〉의 후속편을 기획하고 있었는데, 영화
제작자들이 작품의 주인공인 네오, 트리니티, 모피어스가 사용할 초록
색과 검은색의 미래형 휴대폰을 제작해줄 만한 업체를 물색하고 있다는
것이었다.

표면적으로 〈매트릭스 리로디드〉는 특별한 PPL을 실행할 수 있는 기
회처럼 보였다. 이 공상과학영화는 엄청난 대중문화 흥행성과 열광적인
팬들을 가지고 있었다. 노키아는 1999년에 개봉된 〈매트릭스〉에서 자사

의 제품을 선보임으로써 PPL에 성공했다. 이 핀란드의 휴대폰 제조 회사는 영화의 주인공인 네오가 사용하는 단순하고 세련된 디자인의 휴대폰을 제작했다. 영화에서 키아누 리브스[Keanu Reeves]가 연기하는 네오는 모피어스로부터 스미스 요원과 경찰들이 사무실에서 그를 찾고 있다고 경고하는 갑작스러운 전화를 받는다.[31] 그 노키아 휴대폰은 상당한 인기를 끌었다. 현재까지도 〈매트릭스〉의 팬들은 이베이에서 이 노키아 휴대폰의 유사품을 거래하고 있다.

2002년 라스베이거스 국제 가전제품 박람회(CES)에서 에릭 킴과 그의 마케팅 팀은 약 20명의 중역들로 구성된 워너 브러더스의 사절단과 식사를 했다.

삼성 측의 일부 직원들은 회의적인 태도를 보였다.

"저는 곧바로 어떻게 상황이 돌아가는지 파악했습니다."[32] 에릭 킴의 부하이자 삼성의 북미 최고마케팅책임자(CMO)인 피터 위드폴드[Peter Weedfald]가 뉴저지에 위치한 그의 새로운 직장 근처에서 함께 점심을 먹으며 내게 말했다. "워너 브러더스가 엄청난 기회의 냄새를 맡은 거죠. 그들이 보낸 고위 중역들은 굶주린 늑대들처럼 웃음을 날리며 삼성의 글로벌 CMO를 조여오고 있었습니다."

에릭 킴은 위드폴드를 곁으로 불렀다.

"〈매트릭스〉 영화에 삼성 제품 PPL이 들어갑니다!"[33] 에릭 킴이 테이블에서 흥분하며 말했다. 그 대가로 삼성은 휴대폰 광고에서 영화 〈매트릭스〉의 장면과 자료를 사용할 수 있었다.

자신을 '커다란 망치'라고 소개한 위드폴드는 쉽사리 설득할 수 있는 부류의 사람이 아니었다. "브랜드는 무지한 사람들의 도피처야"[34]라고 말하기도 했던 그는 모든 마케팅의 핵심은 브랜드가 아닌 제품이라고 믿었다.

위드폴드는 에릭 킴에게 삼성이 먼저 워너 브러더스에 돈을 제공할 필요가 없다고 속삭였다. 그냥 삼성의 기존 마케팅 경로를 활용해서 영화를 홍보하기만 하면 된다고 조언했다.

놀랍게도 에릭 킴은 화를 내면서 위드폴드에게 제자리로 돌아가라고 말했다.[35]

위드폴드, 이기태, 피터 스카르진스키는 에릭 킴과 함께 다음 워너 브러더스와의 미팅에 참석했고, 그 자리에서 네오가 사용할 새 휴대폰의 외형, 느낌, 제작에 대해 논의했다.

"누구라도 쓸데없는 소리와 형식적인 절차로 시간만 잡아먹고 있다는 것과, 에릭이 어떻게든 계약을 하고 싶어 안달한다는 걸 금방 알 수 있었습니다"[36]라고 스카르진스키가 내게 말했다.

영화제작자인 조엘 실버Joel Silver는 엄격하고 독선적이었는데, 한 광고회사 중역의 말에 따르면 "즉흥적인 통보로 사람들을 압박하는 것으로 악명이 높았다."[37] 워너 브러더스 역시 비밀이 많고 협업하기 어려웠는데, 오직 삼성 광고대행사의 대표자 한 명에게만, 그것도 보안 요원들이 감시하는 방 안에서 대본을 읽도록 제한했다. 삼성은 그 계약에서 별다른 영향력을 행사하지 못하는 듯했다.

이기태는 브랜드 마케팅의 부담이 자신의 제품부에도 영향을 미치는 것이 못마땅했다.[38] 위드폴드와 이기태는 이동통신 업체와의 관계를 지켜내야 했다. 삼성의 엔지니어 파트가 할리우드 영화제작사의 지시를 받아 휴대폰을 제작할 수는 없는 노릇이었다. 스프린트를 비롯해 다른 이동통신 업체들과의 계약에는 이런 프로젝트들에 대해 검토하고 승인하는 절차가 의무 조항으로 포함되어 있었다.

미팅에서 에릭 킴의 모습을 본 스카르진스키는 그를 '풋내기'라고 여겼다.

"그는 제품에 대해…… 전혀 이해하지 못했습니다. 그는 아무것도 몰랐어요." 스카르진스키는 워너 브러더스를 위한 삼성의 제품디자인에 대해 프레젠테이션을 실시하는 동안, 워너 브러더스의 중역들이 지루해한다는 것을 알아챘다. 그는 이것이 그들에게 최우선 순위가 아니라는 인상을 받았다.

워너 브러더스는 삼성의 기존 디자인을 활용하자는 이기태의 제안에 동조했다. 그는 형광 초록색 디자인에 독특한 스프링 장치로 된 이어폰이 딸깍 소리를 내며 튕겨 올라 화면이 나타나는 디자인을 택했다.

"제 귀에는 권총을 장전하는 소리처럼 들렸습니다."[39] 스카르진스키가 말했다. "정말 너무 듣기 싫었죠."

2003년 5월, 에릭 킴과 그의 마케터들은 워너 브러더스의 시사회를 흥분하며 관람했다. 네오의 여자 동료인 트리니티가 모는 차가 엄청난 굉음과 함께 주차장 건물을 빠져나오면서 공중으로 날아올랐다가 바닥에 착지하며 오른쪽으로 방향을 바꿨다. 이 위험한 탈출 과정에서 조수석에 앉아 있던 모피어스가 그의 삼성 휴대폰을 꺼내 들었다.

"오퍼레이터." 모선(母船)의 오퍼레이터인 링크가 대답했다.

"우리를 여기서 나가게 해줘, 링크." 모피어스가 지시했다.

삼성의 PPL은 총 여덟 번 등장했는데,[40] 간혹 1초도 안 되는 찰나의 순간인 경우도 있었고, 때로는 수 초 동안 이어지기도 했다. 에릭 킴의 마케터들은 승리를 축하했고, 한국의 언론은 열광했으며, 삼성은 이 PPL을 공식 연혁에 기록했다. 에릭 킴은 〈매트릭스 리로디드〉의 장면들과 캐릭터들을 활용한 광고를 제작하기 시작했다.

"그건 대성공이었습니다."[41] 그가 내게 말했다. "브랜드의 통합성과 인지도를 한층 더 높였습니다."

비록 PPL 자체가 모든 상황을 뒤엎지는 못했지만, 삼성은 싸구려 짝퉁 제조업체라는 대중의 인식에서 벗어나 글로벌 다국적기업으로 거듭나기 시작했다.

에릭 킴은 2003년 8월, 「비즈니스 위크」를 읽다가 삼성이 세계 100대 브랜드 중 상위권으로 도약하고 있음을 알았다. 삼성은 그 순위에 오른 유일한 한국 기업이었다. 삼성은 브랜드 가치를 108억 달러로 평가받으며 34위였던 전년도 순위보다 훨씬 높아진 25위에 자리했다.[42]

삼성은 두 해 연속 20위권에 머무른 소니를 빠른 속도로 따라잡고 있었다. 에릭 킴이 처음 삼성에 합류했던 1999년에는 아예 그 순위에 오르지도 못했었다.

한편, 소니는 여러 이유로 곤경에 처해 있었다.

싱가포르 국립대학교 경영학과 장세진 교수의 견해에 따르면, 1999년 탁월한 비전을 지닌 소니의 공동 창업주 모리타 아키오가 사망한 지 4년

만에 일본의 회사들은 자기만족과 NIH 증후군(Not Invented Here, 자기 회사
가 만들지 않는 제품을 무시하고 배척하는 거만한 태도_옮긴이)의 재앙에 빠져들고 있었다.[43]
나이 든 직원들은 20~30년 전에 개발한 구시대의 기술들을 고수했으며,
자신들이 거둔 성공에 너무 안주했던 나머지 '창조적인 파괴'를 단행하
고, 새롭게 다시 시작하려는 시도를 하지 않았다.

　이것은 삼성의 이건희 회장이 강조한 '끊임없는 위기론'을 반영하고
있었다. 2003년에 소니의 안도 구니타케(安藤國威) 사장은 "삼성에서 매
주 실행하는 업무에 대한 보고를 하도록" 요구했다.[44] 소니의 CEO 이데
이 노부유키는 회사의 매출과 수익이 급감하면서 부득이 직원들을 해고
하고 공장들을 폐쇄할 수밖에 없는 상황을 인정했다.[45]

　쇠퇴의 혼란에 빠진 소니는 텔레비전에 필요한 LCD의 공급이 불안
정했고, 자사의 제품들에 필요한 모든 부품을 생산할 수 없었다. 삼성의
중역들은 이런 약점을 이용했다. 그들은 소니에 접근해 LCD를 제조하
는 합작회사를 설립하자고 제안했다.[46] 그 제안은 소니와 삼성 모두에 안
정적인 공급을 보장하면서, 삼성에게는 소니의 뛰어난 운영 방식을 배울
수 있는 기회가 되기도 했다.

　2003년 10월, 소니의 CEO 이데이 노부유키는 10년 전이라면 생각조
차 못 했을 조치를 발표했다. 그는 소니가 삼성과 공동으로 S-LCD라는
이름의 합작회사를 설립한다고 선언했다. 공장은 이듬해 한국에 세워졌
고, 삼성이 회사의 대주주가 되었다. 소니의 엔지니어들은 새로운 공장
을 방문할 때마다 삼성에서 만든 하드웨어의 품질에 대해 지속적으로
의구심을 제기했다. 하지만 삼성은 갑자기 우위를 점유했다.

2004년에 「비즈니스 위크」는 소니의 CEO 이데이 노부유키를 그해 최악의 경영자들 중 한 명으로 선정했다.[47] 이것은 5년 전과 비교하면 정말 충격적인 추락이었는데, 당시에 그 잡지는 그를 최고의 경영자들 중 한 명으로 선정한 바 있었다.[48]

이제 삼성은 그저 소니 브랜드에 쐐기를 박기만 하면 끝이었다.

15장

보르도

이제 건강이 좋지 않던 삼성의 이 회장은 소니에 대한 최후의 공격을 위해 20년 넘게 삼성의 가장 충직한 기사로 활약해온 떠오르는 신성(新星) 최지성을 불러들였다. 한국전쟁 중에 가난한 집에서 태어난 최지성은 국가 공무원의 넷째 아들이었다. 그의 말에 따르면, 그는 1977년에 '먹고살기 위해' 삼성에 입사했다.[1] 그것은 자신의 능력을 입증할 수 있는 기회였다. 실제로 그는 빠르게 두각을 나타냈다.

1980년대에 반도체 해외 영업사원으로 승진한 최지성은 공장 엔지니어들로 가득한 회사에서 전설적인 인물이 되었다.

"비기술자 출신이라는 약점을 극복하기 위해 그는 VLSI(대규모 수직통합) 제조 공정에 관한 1,000쪽 분량의 책을 읽고 암기했습니다."[2] 비즈니스 컨설턴트 E.Y. 김이 적었다. "그가 첫해에 거둔 100만 달러의 판매 실적은 기록적인 수치였습니다."

"저는 종종 제 미국 TV 사업에서 그가 보여준 세부 사항에 대한 이해력과 암기력에 깊은 감명을 받곤 했습니다."[3] 전 TV 마케팅 수석부사장인 제임스 산두스키[James Sanduski]가 말했다. "그는 모든 것을 알고 있는 것 같았습니다."

2004년에 이 회장은 TV 마케터로 꾸준히 승진해왔던 그를 수석 디자인 책임자로 임명했다. 소니와 정면 대결을 펼치기 위해 디자인되는 신제품 TV 개발을 총괄하는 이례적인 직책이었다. 하지만 최지성은 막후 실세이자 킹메이커로 황태자의 섭정이기도 했다. 이 회장은 건강이 쇠약해지면서 삼성 제국을 외아들인 이재용에게 물려줄 준비를 했다. 최지성은 이재용에게 사업 운영과 기술 개발에 대해 조언할 임무를 맡았다.[4]

이재용 주변의 인사들은 그에게 거의 절대적으로 복종했다. 모든 일은 그가 좋은 인상을 주고 큰 실수 없이 회장의 자리에 오르도록 하는 데 초점이 맞춰져 있었다.

"회의실의 모든 사람들이 자리에서 일어나 그가 좌석을 향해 걸어가는 동안 박수를 치며 고개 숙여 인사했습니다."[5] 피터 스카르진스키가 내게 말했다.

"그는 회장의 아들이었고, 언젠가 우리의 상사가 될 사람이었습니다."

열정적인 학구파였던 이재용은 좀처럼 직접적이고 구체적인 발언을 하지 않았다.[6] 그 대신 신중하게 단어를 선택했고, 많은 질문을 던졌다.

"그는 사내에서 신 같은 존재였습니다."[7] 전직 콘텐츠 및 서비스 담당 수석부사장 대런 츄이[Daren Tsui]가 말했다. 그는 이재용과 네 차례 만난 적이 있었다. "아무리 사소할지라도 그가 하는 것들은 모두 분석되었고, 기본적으로 곧장 지시가 내려와 전달되었습니다." 「포천」은 2015년 초 그가 삼성의 TV 마케팅에 대해 가볍게 지적했을 때, "30년 경력의 베테랑인 부사장이자 전략마케팅 책임자인 박광기는 그의 지적에 너무 충격을 받아 즉시 사직을 결심했다고 전해진다"고 보도했다.[8]

말쑥한 외모에 내성적인 성격의 이재용은 소니와 합작한 새로운 텔레비전 디스플레이 회사의 이사로 등록되어 있었다. 그는 품위 있게 말했으며, 공개 석상에는 거의 한결같이 보수적인 정장 차림에 테가 얇은 안경을 쓰고 나타났다. "그는 그야말로 회사의 경영을 맡기고 싶은 그런 부류의 사람입니다."[9] 피터 위드폴드가 말했다. 그는 뉴욕에서 미래의 회장에게 여러 차례 프레젠테이션을 한 적이 있었다. "그는 콜린 파월Colin Powell이나 루디 줄리아니Rudy Giuliani 같은 막강한 사람들 앞에서도 침착한 태도를 보였습니다. 굉장히 인상적이었죠."

삼성 미디어솔루션센터의 전 수석부사장 강태진은 이재용에 대해 이렇게 말했다. "저는 이재용 부회장이 외향적이기보다 내성적인 성격이라는 인상을 받았습니다……. 하지만 훈련과 교육을 통해 그가 리더십 자질을 발휘할 수 있다고 생각합니다."[10]

"그는 훌륭합니다."[11] 삼성의 또 다른 한국인 모바일 직원이 내게 말했다. "하지만 그의 부친과 같은 카리스마는 없습니다."

이것은 내가 만났던 열 명 정도의 한국인들이 반복적으로 말했던 내용이었다.

일본인과 미국인 선생들의 지도를 받으며 성장했던 이재용은 운동신경이 뛰어났고, 말을 잘 탔으며, 여러 나라의 언어를 구사했다. 그는 한국의 하버드 대학으로 여겨지는 서울대학교에서 동양사학을 전공하며 삼성의 오너 일가가 선호하던 예술과 문학의 기틀을 다졌다.[12] 이후 일본 게이오 대학교에서 유학하며 MBA 학위를 받았고, 일본의 기업 역사와 사업 관행에 대해 공부했다. 그곳에서 그는 일본의 통화인 엔화에 주목해 1980년대 호황으로 가치가 급등했던 엔화의 역할과 이후에 일어난 일본의 쇠퇴에 관한 논문을 썼다.[13]

1995년에 그는 하버드 비즈니스 스쿨에서 박사과정을 시작했고, 그곳에서 이베이와 아마존의 닷컴 세계에 관심을 가지게 되었다. 3년 후 포장 식품 기업인 대상그룹 창업주의 손녀와 결혼하면서(훗날 두 사람은 이혼했다),[14] 그는 본격적인 사업 경험을 쌓기 위해 박사과정을 마치지 않고 하버드를 떠났다.[15]

"그는 삼성그룹의 어떤 사업에서도 일상적인 운영에 관여하지 않았습니다."[16] 이 회장의 측근으로 여러 출장에서 이재용과 동행했던 N.S. 리가 내게 말했다. "하지만 그는 유망한 신사업 영역에 투자하고 싶어 했습니다."

이재용은 삼성의 황태자이자 미래의 수장으로서 필요한 인품, 호감도, 호기심 같은 자질을 두루 갖추고 있었다. 하지만 단 한 가지 부족한 요건이 있었다. 그는 자신의 능력을 증명할 뚜렷한 실적을 거둔 적이 없었다.

"이재용은 하루라도 빨리 경영에 참가하고 싶어 했다."[17] 삼성 법무팀의 변호사였던 김용철이 그의 회고록인 『삼성을 생각한다』에 적었다.

"그 열망의 결과가 바로 'e-삼성'이었다." 2000년 5월에 이재용은 e-삼성이라는 이름으로 10개 이상의 신규 벤처기업으로 이루어진 그룹의 대주주가 되었다.[18] 여기에는 온라인 금융 서비스 정보수집 업체와 네트워크 보안 업체를 비롯해 밀레니엄의 전환기에 유행했던 다수의 닷컴 기업들이 포함되어 있었다.

"삼성식 경영과 벤처사업은 실패가 예정된 결합이었다. 실제로 그랬다"[19]고 김용철이 적었다.

"e-삼성은 황태자의 획기적인 데뷔가 될 예정이었다." 그가 책에 적었다. "나는 전혀 납득할 수 없었다……. 그들은 이재용의 이름 때문에 성공할 것이라고 말하면서, 마치 큰 호의라도 베풀 듯이 내게 투자를 제안했다. 나는 별로 내키지 않았지만 그들은 아주 유망하다면서 내게 2,000만 원(당시 환율로 약 1만 7,000달러)을 투자하라고 권유했고 나는 그리했다."

김 변호사의 말에 따르면, 이재용은 e-삼성과 관련된 많은 미팅들에 참석하지 않았고, 업무를 마치면 중역들에게 수시로 바비큐와 술을 제공했다.

2000년에 닷컴 열풍은 완전히 사그라졌다. 한국에서도 비슷한 상황이 전개되고 있었다. 주주들은 e-삼성이 미래가 암울한 상황에서도 삼성의 다른 계열사로부터 수백만 달러의 투자를 받는 식으로 이씨 가문의 부당한 특혜를 받고 있다고 비난했다.[20] 이윽고 e-삼성은 재정이 부실해지며 2,040만 달러의 손실을 기록했고, 마침내 운영을 중단했다.[21]

하지만 삼성 제국의 비호를 받던 이재용은 자신의 돈을 투자했음에도 그 손실로 인한 피해를 입지 않았다. 삼성은 9개 계열사에 폭락한 e-삼성의 주식을 매입하도록 지시하면서 이재용의 손실을 대부분 벌충했는데,[22] 이 일로 회사는 정부의 조사를 받게 되었다. 메릴린치는 e-삼성의 주가가 과도하게 부풀려졌다고 주장했다.[23]

"나는 구조본 법무 팀 소속 두 변호사를 조사 현장에 파견했다. 관련 자료를 폐기하기 위해서였다. 이런 시도는 성공해서, 공정위는 결국 무혐의 결론을 내렸다"[24]고 김용철이 적었다.

김 변호사는 자신이 직접 대응 문건을 사용해 직원들에게 증거를 파괴하고 공정거래위원회의 조사로부터 회사의 수장들을 보호하라고 지시했던 방법, 즉 일명 '공정거래위원회 검문' 작전에 대해 설명했다.

"공정위 조사관이 영장을 갖고 올 수는 없다. 하지만 증표는 갖고 있어야 한다. 그러니까 일단 증표를 확인하면서 시간을 끌어라. 그 사이에 컴퓨터에 있는 자료를 다운받아 숨겨둔 뒤, 컴퓨터 속 자료는 지워라. 시간이 부족하면, 자료를 지우는 게 우선이다"[25]라고 그가 직원들에게 말했다.

여러 해 동안 한국의 공정거래위원회는 삼성그룹의 계열사들을 조사하면서 증거인멸, 조사관 출입 방해, 공무집행 방해 혐의로 여섯 차례 벌금을 부과했다.[26]

1999년에 삼성자동차의 처참한 대실패에 이어 e-삼성까지 실패하면서 회사의 분위기는 몹시 침울했다.

"자동차도 망하고, 벤처도 망하는구나"라는 말이 나왔다.[27]

소액주주들은 이런 실패는 이재용이 능력에 비해 과분한 직위에 있음을 보여주는 것이라고 불평했다. 그 이후 이재용은 대중의 눈에 덜 띄게 몸을 낮추었고, 회사의 참모들에 의해 철저하게 관리되었다. 그는 최지성과 다른 중역들에게 받는 경영 수업과, 애플을 비롯해 삼성의 부품을 원하는 다른 기업들과의 교섭자 역할에 집중했다.

"그가 어떤 사람인지, 무슨 일을 하는지 알고 있는 사람들은 오직 그의 '조언자들'뿐이었습니다."[28] 삼성전자 무선단말기 부문의 전무였던 박상근이 기억을 더듬으며 말했다.

롤스로이스의 지사장 앨런 플럼Alan Plumb은 밀레니엄 서울 힐튼호텔의 시즌스 레스토랑에서 한국의 파트너로 일하는 롤스로이스 고문이자 상당한 인맥을 자랑하는 법무법인 김앤장의 변호사인 현홍주와 점심 식사를 하고 있었다. 그런데 가까이에서 이재용이 그의 어머니와 식사하는 것을 보았다. 현홍주는 플럼에게 자신이 이재용의 조언자이며 "국제적으로 대인관계를 맺는 요령을 가르쳤다"고 말했다. 이윽고 그가 이재용에게 그들의 테이블로 와달라고 손짓했다. "미스터 현이 우리를 소개했습니다. 그는 이재용에게 제가 삼성의 큰 고객이라면서 저를 알아두어야 한다고 말했습니다."[29]

롤스로이스는 최근에 삼성과 계약을 체결했다. 삼성이 에어버스 A830에 사용되는 신형 제트엔진인 롤스로이스 트렌트 900의 부품을 공급하기로 약정한 것이었다.[30]

"이재용은 삼성이 더 이상 자동차를 생산하지 않는다면서 무슨 말인지 모르겠다고 말했습니다"[31]라고 플럼이 기억을 되짚으며 말했다. 그는 삼성에서 롤스로이스에 납품하는 에어버스 A830 엔진의 핵심 부품을 생산한다는 말을 듣고도 여전히 어리둥절한 표정을 지었다. 그는 자신의 가문에서 운영하는 제트엔진 제조업체인 삼성테크윈에 대해 모른다고 말하면서, 사천에 위치한 공장에도 가본 적이 없다고 덧붙였다.

"그는 자신의 부친이 롤스로이스가 아닌 벤틀리를 소유하고 있다고 했습니다." 플럼이 말했다. 어색하고 민망한 순간이었다. 결국 두 사람은 그들의 공급 관계에 대해 아무 대화도 나누지 못한 채 서로 작별 인사를 건넸다.

"그것이 저와 이재용의 유일한 교류였습니다." 플럼이 내게 말했다. "저는 아무래도 그가 그룹을 경영하기에 적합하지 않은 인물이라는 인상을 받았습니다. 언젠가 자신이 운영하게 될 사업에 대한 기본 지식도 없었기 때문입니다."

2004년에 이재용은 삼성에 근무하던 한 일본인 엔지니어에게 VHS 테이프와 DVD를 모두 재생하는 제품이 왜 잘 팔리느냐고 물었다.[32] 그는 사람들이 여전히 비디오테이프로 영화를 본다는 사실을 모르는 듯했다. 이 모든 것들은 삼성 후계자에 대한 교육의 중요성을 부각시켰다.

"이재용 부회장이 디자인 회의에 많이 들어왔습니다."[33] 삼성의 한 TV 디자이너가 내게 말했다. "그는 디자인 자체와 디자인에 대해 배우는 것에 관심이 많았지만, 디자인에 관한 중요한 결정은 최지성이 내렸습니다."

"PC와 TV 중에서 어떤 기기가 멀티미디어의 중심이 될 것 같습니까? 우리는 TV가 승리할 것이라고 생각합니다."[34] 삼성의 비주얼디스플레이

제품기획 책임자 김개연이 2010년 11월에 내게 말했다. 무선사업부의 중역들은 반발하며 내게 휴대폰이 기술의 중심이라고 주장했다.

"그것은 재미난 경쟁 관계가 되었습니다."[35] 삼성의 북미 모바일 마케팅 부문 CMO였던 빌 오글Bill Ogle이 말했다. 삼성에서 TV 부문과 모바일 부문 간의 경쟁은 누가 수원에 더 높은 빌딩을 세우는지를 두고 벌이는 힘겨루기로 이어졌다.

"TV 부문에서 그들의 빌딩에 4층을 더 추가했습니다." 오글이 말했다. "뒤이어 모바일 부문에서 5층을 더 추가했죠. 그러자 TV 부문이 3층을 더 올렸고…… 마침내 삼성전자의 최고위 임원 중 한 명이 개입하며 '그만해!'라고 말했습니다."

삼성의 북미 CMO인 피터 위드폴드는 뉴저지의 체리힐에 거주하며, 피아노 연주를 즐기고 텔레비전 시청을 좋아했다. 어느 날 저녁, 그는 서울의 한 레스토랑에서 스타인웨이 그랜드 피아노 앞에 앉아 한국인 중역들을 위해 연주하고 있었다. 연주를 마친 후 있었던 일에 대해 나중에 그가 말했다. "우리는 피아노의 검정 흑단목과 흰 흑단목을 보면서 그것이 얼마나 아름다운지, 그리고 색상의 관점에서 그 당시의 TV들이 얼마나 단조로운지 생각하기 시작했습니다."[36]

만약 TV가 집 안 한구석에 놔두는 볼품없는 시커먼 상자가 아닌 그랜드 피아노나 벽에 걸린 그림처럼 아름다운 가구처럼 디자인될 수 있다면 어떨까? 최지성으로부터 지시가 내려지자 디자이너 강윤제와 그의 디자인 팀은 서울의 가구점들과 전시장들을 찾아다니면서 기능보다 외형을 보며 가구를 구입하는 사람들과 대화를 나누었다. 그것은 때마침 한국에서 확산되기 시작하던 사고방식이었다. 수많은 논의를 거친 끝에 그들은 두께가 얇고 광택이 나는 텔레비전 디자인을 채택했다.

그들이 디자인 콘셉트를 최지성에게 제출했을 때, 그는 감탄하며 소리쳤다. "마치 와인 잔을 보는 것 같아!"[37] 그는 이 프로젝트에 '보르도'라는 코드명을 부여했다.

삼성은 이 TV를 제작하기 위해 최고의 엔지니어와 디자이너 11명을 선발해 개발 팀을 구성했다.[38] 각 부문의 책임자들은 비밀 유지 서약서에 서명하고, 1급 비밀인 보르도 프로젝트가 완료될 때까지 연구실에서 나오지 않기로 맹세했다.

보르도 개발 팀은 CEO 윤종용이 설립한 삼성전자 창의력 발전소Value Innovation Program(VIP) 센터에서 밤낮없이 맹렬히 작업에 몰두했다. 이 시설은 휴일 없이 24시간 내내 운영되며, 38개의 침실과 주방, 체육시설, 화장실, 당구장을 갖추고 있었다. 삼성의 제품개발자들에게 이곳은 특전사 임무를 위한 훈련소나 다름없었다.

디자이너들과 엔지니어들로 구성된 개발 팀은 날마다 치열한 논쟁을 벌였다. 엔지니어들은 더 많은 하드웨어 기능을 갖춘 더 크고 두꺼운 TV를 추구했던 반면, 디자이너들은 더 얇고 세련된 디자인에 중점을 두었다. 양측은 각각의 아이디어와 디자인을 최지성에게 제출했다.

"디자인은 밀라노의 디자이너들이 한 것처럼 보이는데, 엔지니어링은 중국의 엔지니어들이 한 것 같군요."[39] 그가 이메일로 통보했다.

결국 최종 디자인은 회장의 요구에 따라 과다한 기능을 배제한, 미니

멀리즘에 충실한 작품으로 완성되었다. 2006년 4월, 보르도 TV는 비교적 작은 26인치의 크기임에도 1,300달러의 가격으로 출시되었다. 디자이너 강윤제는 아직 시장이 준비되어 있지 않다고 우려했다.[40] 하지만 이 혁신적인 TV는 불티나게 팔려나갔고, 결국 300만 대가 넘는 판매고를 달성했다.[41]

"판매의 비결은 아주 명확합니다. 바로 얇고 세련된 디자인입니다."[42] 삼성전자 전략마케팅 부문의 부사장 신상흥이 기자회견장에서 기자들에게 말했다. 신제품 TV가 엄청난 성공을 거두면서 2006년에 삼성은 소니를 제치고 LCD TV 제조업체 1위에 등극했다.[43]

삼성의 제품들이 두각을 나타내면서 비록 제품 개발에서 뚜렷한 역할을 하지 않았음에도 이재용의 위상이 올라가기 시작했다.[44] 그는 이제 삼성전자의 최고고객책임자(CCO)였는데, 그를 위해 특별히 마련된 이 직위는 그에게 세계 전역을 다니며 삼성 공급업체들의 중역들과 만나 납품 계약을 체결할 수 있는 권한과 함께, 그에 따른 더 막중한 책임을 부여했다.

2005년에 소니의 CEO 이데이 노부유키가 사퇴했다. 그 결과 침체에 빠진 일본인들은 전혀 뜻밖의 조치를 단행했다. 그들이 서구인을 도쿄 본사로 불러들여 회사의 경영을 맡긴 것이었다. 바로 전직 CBS 중역 출신의 영국계 미국인 하워드 스트링어Howard Stringer였다.[45]

스트링어는 내부의 반발과 언어장벽에 부딪쳤지만, 재임 기간 내내 소니를 다시 일으켜 세우기 위해 많은 노력을 기울였다. 회사는 2009년부터 2015년까지 거의 매년 적자에 시달렸다.[46] 2011년에 소니는 삼성이 주도하던 디스플레이 합작회사에서 철수했고,[47] 스트링어는 망가진 회사를 회생시키지 못하고 2012년 CEO의 자리에서 물러났다.[48] 한때 세계 최고의 제품이었던 소니 워크맨은 아이폰의 등장으로 시장에서 자취를 감추었다. 소니 에릭슨 휴대폰은 인기를 끌지 못했고, 소니 트리니트론 TV는 시장에서 외면당했다. 한때 세계에서 가장 혁신적인 전자 회사이자 일본의 기적이었던 소니는 초라하기 짝이 없는 신세로 전락했다.

"대기업을 운영하는 것은 묘지를 관리하는 것과 비슷합니다. 당신의 발아래에 수많은 사람들이 있지만(묘지에 누워 있는 죽은 사람들처럼_옮긴이) 당신의 말을 듣는 사람은 아무도 없습니다."[49] 후일 스트링어가 언급했다. "소니가 약간 그런 식이었습니다."

16장

불편한 동맹

2005년 삼성의 반도체 및 메모리 부문 사장이던 황창규는 두 명의 동료 중역과 함께 스티브 잡스의 집이 있는 팰로앨토로 향했다.

"나는 애플의 생사가 걸린 문제의 해결책을 주머니 깊숙이 숨겨두고 그를 만났다"라고 황 사장이 적었다.[1]

미팅이 진행되던 중에 그는 NAND 플래시 메모리를 꺼내 테이블 위에 올려놓았다. "제 히든카드입니다."

그의 전략은 무엇이었을까? 플래시 메모리는 전통적인 하드디스크에 비해 훨씬 더 가볍고 효율적인 저장장치였다. 그리고 삼성은 확실한 공급을 보장할 수 있는 극소수의 업체들 중 하나였다. 하지만 잡스가 애플에 대한 그의 비전을 화이트보드에 적어 내려갔을 때, 황 사장은 결코 협상이 쉽지 않으리라는 것을 알았다.

"당시에 그는 MP3 플레이어와 아이팟으로 엄청난 대성공을 거두었습니다. 하지만 그는 전력 소모가 크고 충격에 취약한 하드디스크의 단점에 대해 걱정했습니다."

부산 출신의 황 사장은 MIT에서 공학박사 학위를 받았고, 스탠퍼드에서 박사후 과정을 마쳤다.[2] 반도체에 대한 그의 열정은 30년 전 전설적인 인텔의 공동 창업주 앤디 그로브Andy Grove의 저서 『물리학과 반도체기기의 기술Physics and Technology of Semiconductor Devices』을 읽으면서 불붙기 시작했다.[3]

삼성의 부상(浮上)을 이끈 원동력이었던 D램 반도체 시장이 붕괴되고 3년이 지난 1999년, 이건희 회장은 NAND 플래시 메모리에 투자할 계획을 세우고 있었다. 그 당시 전무였던 황창규는 회장에게 말했다. "그냥 제게 맡겨주십시오."[4]

2002년에 황 사장은 1965년 인텔의 공동 창업주 고든 무어Gordon Moore의 이름을 따서 만든 용어인 '무어의 법칙'에 경의를 표하며 '황의 법칙'[5]이라고 불리는 새로운 시스템을 창출했다. 무어는, 반도체는 2년마다 전산 처리능력이 두 배로 증가하면서 미래의 경제를 산출하고 촉진하는 데 필요한 모든 사업 모델의 비용이 절감될 것이라고 예측했다.

'황의 법칙'은 '무어의 법칙'에 삼성식 스테로이드를 투여한 듯한 버전이었다. 황 사장은 메모리 밀도가 해마다 두 배로 증가할 것이라고 예측했다. 삼성의 엔지니어들은 황의 법칙을 적용해 업계에서 전례 없는 속도의 혁신을 이루며 그 예측을 실현해냈다. 2004년에 삼성의 플래시 메모리는 애플의 요구를 충족시킬 수 있을 만큼 급속도로 발전했다. 황 사장은 이제 괴팍하고 까다로운 잡스의 마음을 설득해야 했다.

"이게 바로 제가 원했던 겁니다."[6] 잡스가 삼성의 플래시 메모리에 대해 말했다. 그는 삼성을 애플 아이팟의 플래시 메모리 독점 공급업체로 채택하는 계약에 합의했다.

"이것은 미국 반도체 시장에서 우리가 우위를 점유하는 시초로 기록되는 순간이었다"[7]라고 황 사장이 적었다. 더불어 삼성은 마침내 스마트폰 시장으로 진출할 수 있는 발판도 마련했다. 이제 그들은 공급업체에서 경쟁업체로 도약하게 되었다.

하지만 이 새롭고 불안한 관계에 곧 분쟁의 징후가 나타나기 시작했다. 삼성의 중역들은 이미 호텔과 골프장에서 경쟁업체들과 이른바 '글래스 미팅', '그린 미팅', '크리스털 미팅'이라고 불리는 모임을 가지며, 애플과 다른 업체들에 납품하는 LCD와 D램의 가격을 담합하고 있었다. 그러던 중에 삼성의 중역들은 암호명 '뉴요커'라는 막강한 고객이 자신들의 비리에 대해 알고 있다는 소문을 들었다. 뉴요커는 바로 애플이었다.[8] "삼성은 2006년에 법무부에 독점금지 위반 자진신고를 하면서 다른 공모자들을 배신했다." 커트 아이켄월드Kurt Eichenwald가 「배니티페어Vanity Fair」의 기사에 썼다.[9] "하지만 그 조치는 삼성이 감당해야 할 고통을 크게 줄이지는 못했다. 회사는 여전히 주(州) 검사장들과 LCD 직접 구매자들이 제기한 소송을 해결하기 위해 수억 달러를 지불해야 했다."[10]

그해 9월, 스티브 잡스와의 미팅에 참석했던 삼성의 중역들 중 한 명인 미국 메모리 마케팅 담당 부사장 톰 퀸Tom Quinn이 죄를 인정하고 D램의 가격담합에 가담한 혐의로 징역 8개월에 합의했다.[11] 그의 뒤를 이어 다른 다섯 명의 삼성 중역도 죄를 인정하고 선처를 호소했다.[12]

그럼에도 애플은 삼성을 공급업체로 유지했다. 그 관계는 워낙 중요했기 때문에 애플도 쉽게 단절하지 못했다. 그것은 결과적으로 현명한 선택이었다. 아이폰의 출시를 앞두고 삼성은 애플을 재앙으로부터 구했기 때문이다.

2006년 2월, 애플의 아이폰과 아이팟 엔지니어링 부사장인 데이비드 터프먼David Tupman은 최초의 아이폰 출시까지 1년밖에 남지 않았다는 것을 깨달았다.[13] 하지만 그는 아직 메인 프로세서를 준비하지 못했고, 직접 개발할 시간조차 없었다. 다행히 애플의 하드웨어 엔지니어들은 이미 아이팟에 필요한 칩을 삼성으로부터 확보했다. 아이팟 개발 팀의 책임자들 중 한 명인 토니 퍼델Tony Fadell은 삼성 황창규 사장의 개발 팀에 아이폰의 사양에 맞는 칩을 생산할 수 있는지 물었다.

황 사장의 직원들은 충분히 생산할 수 있었다. 현재 케이블 박스에 사용되는 칩을 변경하면 가능했다. 애플은 삼성에 불가능한 마감 시한을 제시했다. 5개월 이내에 아이폰에 사용할 칩을 개발하라는 것이었다. 애플은 삼성에 그 칩의 용도에 대해 알려주지 않았다.

황 사장은 엔지니어들을 쿠퍼티노로 파견해 애플의 엔지니어들 옆에서 작업하도록 했다. 삼성은 제조 실험실에서 작업하는 것만큼 빠른 속도로 칩을 제조했다.[14] "보통 레이어별로 며칠씩 걸리는데, 20~30개의 실리콘 레이어를 만들어야 합니다." 터프먼이 말했다. "보통 시제품을 얻기까지 수개월이 걸립니다. 그런데 그들이 이걸 약 6주 만에 해낸 겁니다. 정말 말도 안 되죠."

아이폰의 반도체칩(신경중추)이 완성되었을 때, 각 칩에 내장된 트랜지스터의 숫자는 놀랍게도 137,500,000개였다. 황의 법칙에 따른 엄청난 속도 덕분에 가능한 수치였다(1971년에 인텔 최초의 마이크로칩에 내장된 트랜지스터는 고작 2,300개에 불과했다).[15]

애플의 불가능한 마감 시한을 지켜낸 황 사장의 개발 팀은 제품의 출시를 발표하기 2개월 전에 부품을 선적했다. 신제품 아이폰은 깔끔하게 부팅되었다. 하지만 엔지니어들이 시스템을 가동하려고 하자, 원인 불명의 결함으로 고장을 일으켰다.[16] 스티브 잡스는 비상사태를 선언했다. 애플의 엔지니어들은 삼성의 개발 팀과 마주 앉아 칩들에서 더 많은 대역폭을 끌어낼 방법을 궁리했다.

결국 아이폰은 일정대로 완성되었다. 2007년 1월 9일, 스티브 잡스는 맥월드 컨벤션의 무대 위로 걸어 올라가 자신이 그토록 애정을 쏟아부은 제품을 공개했다.

"오늘은 제가 지난 2년 6개월 동안 기다려왔던 날입니다."[17] 그가 말했다.

모바일 칩에 대한 황 사장의 비전이 없었다면, 아이폰은 그만큼 빨리 세상에 등장하지 못했을 것이다. 애플의 엔지니어들도 맹렬한 속도로 휴대폰용 반도체칩을 개발해낸 삼성이 없었다면 아이폰은 애플이 계획했던 일정대로 출시되지 못했을 것이라고 인정했다.[18]

스티브 잡스는 한국의 파트너들에게 매우 고마워했다. 한동안은.

17장

벌거벗은 임금님

비록 애플에 반도체칩을 공급했지만, 성공을 거두고 자기만족에 빠진 삼성의 중역들은 신제품 아이폰에 대해 거의 신경을 쓰지 않았다. 실제로 많은 회사들이 아이폰의 중요성을 예측하지 못했다. 한국 정부는 2007년, 한국에서 스마트폰은 소위 와이파이(WIPI)라고 불리는 상호운용성을 위한 무선인터넷 플랫폼 기술을 지원해야 한다는 규정을 내세워 애플의 신제품에 대한 판매를 금지했다.[1] 하지만 실상은 한국에서 아이폰을 배제하기 위한 보호무역 정책이었다.[2]

"당신은 이해를 못 하는군요! 한국인들은 절대 휴대폰으로 인터넷을 검색하지 않을 겁니다!"[3] 구글의 한 미국인 직원이 서울 지사에서 근무하는 동료들에게 들은 말이었다. 삼성은 아이폰과의 경쟁에 대해 걱정할 필요가 없었다.

하지만 위기가 닥쳐왔고, 삼성은 곧 난처한 입장에 처하게 되었다.

삼성 회장실에서 근무하는 한 직원은 "2007년 말, 혹은 2008년 초에 우리에게 지시가 내려왔습니다. '누군가 당신을 찾아가 당신 컴퓨터의 하드드라이브를 지울 겁니다. 죄송합니다'"⁴라고 말했다고 전했다.

회장실에 근무하는 또 다른 직원은 그런 증거인멸 행위에 반대하면서 자신의 하드드라이브를 지우는 것을 거부했다.

"나도 자네의 입장과 고통을 이해하네." 선임 직원이 그에게 말했다. "우리 내려가서 커피 한잔하며 얘기 좀 하지 않겠나?"

그들이 사무실로 돌아왔을 때, 그 직원의 하드드라이브는 지워져 있었다.

2016년 9월, 나는 김용철을 그의 고향인 광주의 한 관공서에서 처음 만났다. 한국 남동부의 곡창지대에 위치한 광주는 정치투쟁, 삼성과 보수 정치세력의 연대에 대한 반감으로 유명한 도시였다.

김용철은 쉽사리 인터뷰를 허락하지 않았다. 그는 한국에서 가장 유명한 검사들 중 한 명이었다. 삼성에 합류하기 전인 1997년에 그는 검사로서 전직 대통령 전두환과 노태우를 부패 혐의로 기소했다. 한국에서 검찰은 엄청난 특권을 누렸고, 막강한 법적 권한을 행사했다. 그들은 경찰의 참여 없이 수사를 개시할 수 있었다. 하지만 한국의 검사들은 간혹 정치적인 야망을 품기도 했다. 기업의 중역들은 그들에게 접근해 퇴직하면 '재벌' 그룹의 고연봉 직위로 영입하겠다고 제안했다.

김용철은 회의실에서 내게 인사하며 보리차를 한 잔 건넸다. 외국 기자인 나를 온전히 신뢰할 수 없음을 확실히 표했다. 나라에서 가장 막강한 대기업을 상대로 공개적인 도전을 했지만, 여전히 그는 조국의 명성에 먹칠하기를 원하지 않는 애국자였다.

"저는 한국에 살고 있고, 한국을 좋아합니다."[5] 내가 그를 안심시켰다. "한국에 산 지는 4년 되었습니다."

1997년에 삼성의 법무팀장으로 입사해 7년 동안 근무했던 김용철은 삼성 공화국에서 꿈같은 삶을 살고 있었다. 그는 아우디를 몰고 다녔고, 강남의 고급 아파트를 소유하고 있었다. 그의 말에 따르면, 유망한 정치 동료들이 그를 만나기 위해 무려 2년 전부터 약속을 잡으며 성화였다.

하지만 그는 자신이 삼성에서 목격한 불법행위들을 참을 수 없었고, 결국 회사를 그만두었다. 2007년 10월, 그는 1980년대에 한국의 민주화운동을 이끌었던 가톨릭 사제단과 함께 서울에서 수차례에 걸쳐 기자회견을 열고 자신의 전 고용주를 상대로 폭탄선언을 감행했다.

두 달 동안 그런 기자회견들에서 그는 이 회장이 삼성의 계열사들로부터 수십억 달러를 횡령해 자신을 비롯한 삼성 직원들 명의의 은행 계좌들에 은닉했다고 주장했다.[6] 또 그는 이 회장이 유력한 인사들에게 뇌물을 제공할 목적으로 무려 2억 1,500만 달러의 비자금을 관리하고 있다고도 했다.[7]

이것은 2005년 가격담합 사건이나 1997년 이 회장의 뇌물죄 유죄판결보다 훨씬 더 치명적인 의혹이었다. 삼성은 완강하게 의혹을 부정했고, 후일 「뉴욕 타임스」에서 김용철을 이런 식으로 묘사했다. "사람은 똥을 무서워서 피하는 게 아니라 더러워서 피한다."[8]

김용철은 서울 외신기자 클럽에서 청중에게 삼성이 그의 로펌을 해고했을 때 그가 나섰다고 말했다.[9]

김용철의 폭로는 대통령이 직접 승인하는 수사를 받아야 할 만큼 엄청난 소란을 불러일으켰다. 한국의 검찰은 종종 증거 자체만의 가치보다 정치적인 시류의 변화에 반응하곤 한다. 조사관들은 먼저 이 회장의 사무실을 샅샅이 수색했고, 이튿날인 2008년 1월 14일에는 삼성 본사와 이 회장의 집까지 급습했다.[10]

서울 곳곳에서 나이 든 시위자들이 소규모로 모여 피켓을 들고 삼성을 대하는 방식에 대해 불만을 표출했다. 하지만 그들 중에서 진짜 시위자들이 얼마나 되는지는 불확실했다. 한국의 뉴스 채널인 JTBC가 취재한 내용에 따르면, 그런 시위대들 중 하나인 어버이연합은 재계의 로비 단체인 전경련(FKI)으로부터 40만 달러가 넘는 현금을 받아오고 있었다.[11]

한국의 일간지들은 김용철을 '배신자', '제비족이나 꽃뱀과 하등 다를 게 없는 자'라고 깎아내렸다.[12] 한 성난 시위자는 이 내부고발자의 사진을 휴대용 토치로 불태우기도 했다.[13]

그럼에도 한국의 검찰은 이 회장이 삼성 계열사에 자신의 아들에게 주식을 헐값으로 매각하도록 강요해 주주들의 이익을 침해했을 뿐만 아니라, 회사에도 피해를 입혔다고 주장하면서 탈세와 배임 혐의로 기소했다.[14] 이런 주식 매각을 통해 이재용은 손쉽게 자신의 지분을 증대하면서 삼성 제국의 왕좌에 오를 수 있는 기반을 갖추었다.

이 회장은 모든 의혹을 부인했지만, 2008년 4월 삼성그룹의 회장직에서 물러났다.[15] 검찰은 뇌물 혐의에 대해서는 증거 불충분을 이유로 수사하지 않았다. 그들은 대부분의 증거가 훼손되었다고 불평했다.[16]

"저는 진심으로 사과드리며 최선을 다해 모든 법적, 도덕적 책임을 지겠습니다." 이 회장이 기자들에게 말했다.[17] "저는 몹시 비통한 심정입니다. 아직 제가 할 일이 많이 있기 때문입니다."[18] 삼성은 여전히 대표적인 제품을 만들지 못했고 승계 작업도 완료하지 못했다.

"그건 단지 쇼일 뿐입니다."[19] 김용철이 내게 씁쓸하게 말했다. "흥미로운 장면이죠…… 부잣집 불구경 같은 겁니다." 그가 설명했다. "대중은 그 불이 자신들의 집으로 번지는 것을 원하지 않습니다. 그들은 여전히 자식들이 삼성에 취직하기를 바랍니다."

아홉 명의 삼성 직원이 혐의에 연루되었다.[20] 삼성의 2인자로 부회장이자 재무 전문가인 이학수와 또 다른 최고위 임원인 김인주, 그 외에 일곱 명의 중역이 검찰에 기소되었다.

2008년 6월 13일, 이 회장과 그의 측근들이 서울의 한 법원으로 들어섰다. 엄숙한 침묵은 카메라 플래시 세례에 의해 깨졌다. 이 회장이 아주 천천히 걸어와 힘없는 목소리로 말했다. 그는 확연히 건강이 좋아 보이지 않았다.

"심려를 끼쳐드려 죄송합니다."[21] 이 회장이 법정에서 모두진술(冒頭陳述)을 시작했다. "모두 내 불찰이며, 그에 따른 모든 책임을 지겠습니다. 함께 법정에 선 사람들은 모두 내 책임하에 일했던 사람들로, 간곡히 선처를 부탁드립니다."

두 달 후 서울지방법원은 이 회장에게 탈세 혐의에 대해 유죄를 선고
했지만, 아들에게 주식을 헐값에 매각하도록 지시한 삼성의 결정에 대해
서는 무죄라고 판단했다.[22] "죄송합니다." 그가 법원을 떠나면서 기자들
에게 짧은 한마디를 남겼다.[23]

이 회장은 황제의 위용을 잃고 망신을 당하며 불명예를 뒤집어썼다.
그는 징역 3년 형을 선고받았지만 판사가 집행을 유예하여 감옥살이는
면할 수 있었다.[24]

하지만 삼성 내부에서 큰 변화가 일어나고 있었다. 한 세대의 핵심 인
물들이 회사를 떠났다. 에릭 킴의 계약은 2004년에 종료되었고, 이기태
와 CEO 윤종용은 2007년에 퇴사했다.

이 회장의 유죄 선고에도 불구하고 내부고발자인 김용철은 전혀 승
리감을 느끼지 못했다.[25] 오랜 친구들과 동료들은 그에게 연락하지 않았
다. 한때 삼성과의 연줄과 화려한 검찰 경력으로 많은 인기를 누렸던 그
는 이제 환영받지 못하는 기피 인물이 되었다. 더 이상 검사가 아니기 때
문에 그는 이 회장과 삼성을 상대로 소송을 제기할 수도 없었다. 그는 너
무 무력했다.

"저는 공황 상태에 빠졌습니다." 그가 말했다.

그는 서울 동부의 교외에 머물며 한동안 두문불출했다. 그곳에서 혼
자 베토벤의 피아노 소나타를 듣거나 애완견들을 돌보며 지냈다.

"베토벤은 음악을 통해 자신의 분노를 표출할 수 있는 유일한 음악가

입니다." 김 변호사가 설명했다. 그는 미국에 있는 자녀들에게 전화를 걸어 절대로 한국에 돌아오지 말라고 말했다. 자녀들이 취업할 자리가 없기 때문이었다. "저는 아빠 자격도 없습니다." 그가 슬퍼했다.

"X-파일에 대해 말씀해주십시오." 내가 김 변호사에게 말했다.

언론에서 '삼성 X-파일'이라고 불렀던 X-파일은 비밀 녹음 기록으로, 우연히 유출되어 온갖 미디어에 퍼지면서 삼성 제국의 통치자들에게 위협이 되었다.[26] 김용철과 만나기 한 달 전에 나는 전직 국회의원 노회찬을 서울 근교에 위치한 그의 사무실에서 만났다. 삭막한 산업 지대인 그곳에서 우리는 야외에 앉아 돼지고기 바비큐와 소주를 먹었다.

머리가 벗겨지기 시작한 중년의 남성인 노 의원은 환한 미소와 시원한 목소리를 지녔다. 그는 삼성 비판자가 어떤 취급을 받게 되는지 제대로 보여준 사람이었다. 나는 그가 그처럼 긍정적이고 낙관적인 견해를 유지하고 있는 것에 대해 적잖이 놀랐다.

"정의를 찾기 위한 노력이었습니다." 그가 내게 말했다. "우리는 삼성이 우리나라를 마치 삼성 공화국처럼 취급하도록 내버려둘 수가 없었습니다."

정치계에 입문하기 전 사회운동가이자 노동운동을 다루는 언론인으로 활동했던 노 의원은 김용철 변호사와 비슷한 스토리를 들려주었다.

"저는 국회의 제 우편함에서 소포 하나를 발견했습니다." 그가 내게 말했다. "그게 2005년이었습니다. 발신인은 익명이었고, 그 안에는 CD가 들어 있었습니다."

노 의원은 컴퓨터에 CD를 넣고 콘텐츠를 재생했다. 그것은 국가의 정보 요원에 의해 녹음된 일급비밀 테이프로, 신원 불명의 출처로부터 유출되었다.

"아, 그리고 추석에는 뭐 좀 인사들 하세요?"[27] 녹음된 CD 속에서 한 남성이 물었다. 그는 한국의 추수감사절 기간에 주고받는 선물을 지칭하고 있었는데, 한국에서 선물은 종종 뇌물을 의미하기도 했다.

"할 만한 데는 해야죠."

"검찰은 내가 좀 하고 싶어요. K1들도." 그는 미국의 필립스 엑서터 아카데미에 해당하는 한국의 명문 학교인 경기고등학교 출신 유력 인사들도 언급하고 있었다.

"검사 안 하시는 데는 합니까?"

"아마 중복되는 사람들도 있을 거예요."

"김○○도 좀 했으면……."(이 사람의 이름은 이후 국영방송에 보도된 화면에서 편집되었다.)

"예산을 세워주시면 보내드릴게요."

두 사람은 그 상황이 모두 녹음되고 있다는 것을 알지 못했지만, 1997년 9월 그날 그들은 검사들과 다른 유력 인사들에게 뇌물을 제공할 계획을 세우고 있는 듯했다.

노 의원은 음향 전문가를 고용해 목소리를 분석했다.

"우리의 결론은 획기적이었습니다."[28] 그가 소주 한 잔과 돼지고기 한 점을 먹은 후에 말했다. "첫 번째 목소리의 주인공은 아마 주미 대사인 홍석현일 겁니다." 그는 삼성 이 회장의 처남이자 1999년까지 삼성의 소유였던 대형 신문사인 「중앙일보」의 발행인이었다.

"홍석현은 거물이었습니다." 노 의원이 내게 말했다. "예전에 그는 차기 유엔 사무총장이 되고 싶다는 바람을 밝힌 적이 있었습니다. 그는 정치적인 야망을 품고 있었죠."

"다른 한 사람은……." 노 의원이 말을 이었다. "이학수 부회장이었습니다." 그는 이 회장의 최측근으로 김용철이 내게 삼성의 핵심 인물이라고 지목한 사람이었다.

그런데 왜 그런 걸까?

"우리는 그런 선물의 목적이 정부의 환심을 사기 위한 것이라고 생각합니다. 이 회장은 아들에게 회사의 경영권을 물려주어야 했으니까요." 이것은 골치 아픈 삼성의 경영권을 승계하려는 시도에서 비롯된 또 하나의 스캔들이었다.

이것은 또한 삼성의 문어발 같은 손길이 얼마나 한국 정부 깊숙이 들어가 있는지에 대한 고발이기도 했다. 노 의원은 이 테이프를 공개하고 판사들과 검사들, 정치인들의 실명을 밝힐 경우 일어날 엄청난 결과에 대해 알고 있었다. 그러면 이 명절 '선물'을 받은 수령인들은 정확히 누구인가? 노 의원도 몹시 궁금했다. 아직 공개되지 않은 여러 추가적인 'X-파일'이 정보기관에 은밀히 보관되어 있었다. 그는 이것이 단지 빙산의 일각일 뿐이라고 말했다.

"저는 주류 미디어를 믿을 수가 없었습니다." 그가 내게 말했다. "저는 온라인에서 제 블로그를 이용해야 했지요."

노 의원은 몇몇 검사를 포함해 일곱 명의 사람들이 삼성에서 뇌물을 제공하려고 시도한 대상이었다고 결론을 내렸다. 그는 국회 청문회를 열었다. 국회의원들이 이 회장의 소환을 제안하자, 그는 치료를 구실로 미국의 텍사스 앤더슨 암센터로 떠났다.[29] 이것은 도피성 책략이라는 엄청난 비난을 받은 행동이었는데, 치료 목적의 외유는 조사나 재판을 앞둔 재벌 총수들이 흔히 내세우는 평계였다.

노 의원은 2005년 8월, 국회에서 녹취록을 읽었다. 이윽고 그는 현장에 있던 법무부 차관을 쳐다보았다.

"당신도 명단에 있습니다."[30] 그리고 그가 물었다. "돈을 받았습니까?"

"받지 않았습니다." 법무부 차관이 대답했다.

법무부 차관은 혐의에 대한 어떤 입증도 없는 상황에서 며칠 후 사임했다.[31] 이 회장의 처남으로 주미 대사이자 정치 야망을 품은 인물도 사퇴했다.[32]

검찰은 제 식구인 비리 혐의 검사들에 대한 수사에 착수했지만, 결국 공소시효 만료를 이유로 검사들과 삼성을 기소하지 않았다.[33]

하지만 노 의원은 삼성에 대한 투쟁 시위를 이어갔다. 그의 시위 활동이 워낙 요란하고 떠들썩했던 탓에 예전에 그가 신세를 졌던 두 지인이 그를 찾아와 삼성에 대한 공격을 중단하도록 회유했다. 그는 삼성에서 그들을 보냈다고 생각했다.

삼성에 대한 어떤 국가 차원의 수사도 없이 1년이 지났을 때, 노 의원은 검찰로부터 걸려온 전화를 받았다.

"노회찬 씨."[34] 수화기 너머의 관료가 차갑게 말했다. "우리는 당신을 기소해야겠습니다."

검찰 수사 팀은 노 의원이 녹취록을 온라인에 공개했다는 이유로 삼성이 아닌 그가 유죄라고 결론을 내렸다. 그 테이프들은 정보기관의 불법 도청을 통해 제작되었으며, 그것을 유출하는 행위는 국가의 도청방지법을 위반하는 범죄였다.[35] 다시 말해, 삼성이 실제 피해자라는 것이었다.

갑자기 정부의 방침은 노 의원을 처벌하는 쪽으로 선회했다. 검찰도 그를 검찰에 대한 명예훼손 혐의로 기소했다. 무거운 벌금과 더불어 징역형이 내려질 수 있는 판결이었다. X-파일 녹취록의 존재를 최초로 공개했던 방송인 이상호도 동일한 혐의인 명예훼손과 도청방지법 위반으로 기소되었다.[36]

1심 재판에서 유죄판결을 받은 노 의원은 항소를 제기했다. 한국에서 검찰과 피고인은 두 차례 항소를 제기할 수 있었다. 2009년에 2심 법원은 노 의원의 손을 들어주면서 테이프의 내용을 제대로 수사하지 않았다고 검찰을 질책했다.

"통상의 합리성과 이성을 가진 사람이라면 녹취록 내용대로 금품이 지급되었을 것이라고 강한 추정을 하는 것이 당연하다"[37]라고 판사가 말했다.

2심 법원은 노 의원이 진실을 말하고 있다고 믿었다. 그들은 삼성으로부터 돈을 받은 사람이 실제로 노 의원이 개인적인 조사를 통해 지목했던 검찰의 최고위 인사라고 믿었다.

검찰은 대법원에 항소했고, 대법원은 2013년에 많은 사람들의 관심이 집중된 재판에서 판결을 뒤집었다.

2013년에 실제로 녹취록을 공개했을 때 대법원의 판사들은 노 의원이 도청방지법을 위반했다고 판결했다.[38] 더욱이 그 기록은 공익에 해당되지 않기 때문에 공개되지 않았어야 했다고 판결했다.

변호사들과 학자들은 이런 논거에 대해 몹시 당황스러워했다.[39] 어떻게 검찰 최고위 인사와 대기업 회장의 처남이자 외교관이 법적 판결도 없이 사퇴한 사건이 공익에 해당되지 않을 수 있단 말인가?

대법원은 국회의원 면책특권도 노 의원을 보호하지 못한다고 판결했다. 결국 그는 국회의원직을 상실했다.[40] 그는 삼성 공화국에 도전하면 어떤 결과를 초래하는지 보여주는 대중의 본보기가 되었다.

"저는 후회하지 않습니다."[41] 그가 내게 말했다. "저는 정의를 위해 싸웠기 때문입니다."

이 회장의 유죄판결은 국제올림픽위원회(IOC)에서 문제가 되었다.[42] 그는 IOC 위원으로 한국의 로비 활동에서 중요한 역할을 담당했다.

유죄판결 이후에 이 회장은 자발적으로 IOC 위원의 권리를 포기했다. 그는 자칫 회원 자격을 상실할 위기에 처했고, 그에 따라 한국의 올림픽 유치 계획도 수포로 돌아갈 수 있었다.

한국의 오랜 관행에 따라 이 회장이 사면된다는 소문이 나돌았다. 한편, 한국의 대통령과 연관된 한 자동차 부품 제조 회사가 미국에서 별도의 소송에 연루되었다. 나중에 이 회장의 오른팔이었던 이학수의 법정 증언에 따르면, 삼성은 은밀하게 그 회사의 막대한 소송비를 대납하는 데 동의했다.[43]

그의 진술에 따르면, 삼성은 이 회장에 대한 대통령 특별사면을 기대하며 소송비를 대납했다. 이 회장이 유죄판결을 받고 5개월이 지난 2008년 12월에 대통령은 삼성 회장에게 특별사면을 허용한다고 발표했다.[44] 대통령의 사면을 통해 이 회장은 IOC 위원직을 유지하면서 천혜의 산악지대인 평창에서 개최될 2018년 동계올림픽 유치 활동을 주도할 수 있었다.[45] 결국 올림픽 유치 활동은 성공을 거두었다.[46]

"최근의 사면은 삼성이 법과 정부 위에 군림한다는 한국인들의 보편적인 인식을 재확인시켜주었습니다."[47] 경제학자 김상조 교수가 「뉴욕 타임스」와의 인터뷰에서 주장했다. 후일 그는 한국의 공정거래위원회를 이끌었다. "이명박 대통령은 국익에 대해 언급했지만, 범죄 전과자가 전 세계를 다니며 한국의 올림픽 유치 활동을 한다면 우리의 국익과 국가 이미지에 오점만 남길 것입니다."

정치적인 흐름은 다시 삼성에 유리한 방향으로 흘러갔다.

이 회장이 사면된 다음 날인 2009년 크리스마스에 전직 「가디언Guardian」의 특파원으로, 유명한 한국 전문가이자 작가이며 서울시의 명예시민인 영국인 마이클 브린Michael Breen은 「코리아 타임스」에 '사람들이 크리스마스에 받은 선물What People Got for Christmas'이라는 제목의 풍자 칼럼을 기고했다.

"세계 최대의 대기업이자 한국 경제를 지탱하는 반석인 삼성은 정치인들, 검사들, 언론인들에게 2010년의 행운을 기원하는 전통적인 연하장과 함께 5,000만 원(4만 3,000달러) 상당의 상품권을 보냈다."[48] 그가 글을 이어갔다. "직원들은 삼성전자의 신임 최고운영책임자(COO)인 이재용의 사진 액자 두 개를 받았는데, 하나는 자녀들의 침실에 걸어두고 다른 하나는 거실에 그의 부친인 이건희 회장 사진 액자 옆쪽으로 조금 아래에 걸어두라는 지침을 받았다." 이것은 모든 북한 주민들이 집 안에 걸어두어야 하는 부자 독재자의 초상화를 떠올리게 했다.

그는 내게, 어느 날 저녁 동료들과 함께 노래방에 갔다가 편집진에게 걸려온 전화를 받았다고 말했다.

"삼성에서 당신의 칼럼에 대해 몹시 불쾌해합니다.[49] 수화기 너머의 한 편집자가 설명했다.

회사는 브린, 신문사, 편집장을 상대로 세 건의 소송을 제기하면서 각각 100만 달러의 피해보상과 함께 자칫 징역형에 이를 수 있는 형사고소를 실행할 것이라고 경고했다. 신문사는 기사를 철회하고 신문 1면에 사과문을 게시하기로 합의했다.[50] 이후에 삼성은 신문사와 편집장에 대한 소송을 취하했지만, 브린에 대한 소송은 계속 진행했다.

검찰에 소환되어 다섯 시간 동안 조사를 받은 브린은 강하게 반발했다.

검사는 기사의 모든 중요한 대목들에 대해 집요하게 추궁했다.

"당신은 삼성의 모든 직원들이 사진을 받았다는 주장에 대해 철저히 조사하고 확인했습니까?"[51]

"그 칼럼은 풍자입니다." 그가 대답했다. "제 요지는 그런 주장들이 사실이 아니라는 겁니다." 하지만 한국은 대중을 대상으로 한 풍자의 전통이 없었다.

"사실이 아닌데, 어떻게 재미가 있다는 겁니까?" 검사가 소리쳤다.

"한국의 법에서는……."[52] 그가 내게 말했다. "만약 누군가 당신을 상대로 명예훼손 소송을 제기하면, 그들은 당신이 그들에게 피해를 입혔다는 것을 증명할 필요가 없습니다. 당신 스스로가 피해를 입히지 않았다는 것을 증명해야 합니다."

"당신이 어떻게든 그들(피고인들)의 기분을 풀어줘야 하는 거죠." 그가 말했다.

브린은 영국 대사관 지하에 있는 술집에 앉아 영국 대사에게 자신의 난처한 상황에 대해 설명했다.

대사는 삼성의 CEO 이윤우에게 전화를 걸어 브린에 대한 소송을 취하해줄 것을 부탁했다.[53]

"그도 어찌할 방법이 없다고 하는군요." 대사가 브린에게 말했다. 브린은 소송을 제기한 진짜 '고소인'은 먹이사슬의 더 높은 곳에 있는 인물임을 직감했다. 한국의 사회운동가들은 한국을 방문한 유엔의 언론자유 담당관에게 호소했다.

하지만 한국의 국수주의자들은 이 버릇없는 외국 언론인이 선처를 받아야 할 이유를 이해하지 못했다.

'한국 조롱 마이클 브린, 사과한 것 맞아?'라는 제목이 한 뉴스의 헤드라인을 장식했다.[54]

브린은 신중한 태도를 유지하면서 소송이 흐지부지되고 삼성에서 고소를 취하하기를 기대했다. 하지만 결국 자신의 전략이 소용없다는 것을 깨달았다.

4개월 후에 그는 「로스앤젤레스 타임스」와 인터뷰를 했다. "제가 고소를 당한 이유는 야수가 포효했기 때문입니다."[55] 그는 삼성의 후계자인 이재용에게 죄는 인정하지 않은 채 사과의 편지도 보냈다.

그 기사가 나온 날, 소송을 시작한 지 정확히 한 달 후인 그날에 삼성은 민사소송을 취하했다. 그리고 브린이 형사재판에 출석했을 때 삼성의 대리인은 모습을 드러내지 않았다.

"삼성에서 민사소송을 취하했고[56] 이 자리에도 참석하지 않았기 때문에 실제 피해자가 없고, 따라서 판결을 내려야 할 필요가 없다." 판사가 브린에게 말했다.

2010년에 변호사이자 내부고발자인 김용철은 베스트셀러에 오른 삼성에 관한 회고록인 『삼성을 생각한다』를 출간했다.[57] 이 책에서 그는 자신이 회사와 이씨 가문에서 직접 목격한 것들을 자세히 기록했다. 많은 한국의 신문들은 그 책을 소개하지 않았고, 거의 모든 신문들이 그 책의 광고를 게재하기를 거부했다.

"한 신문이 그 책의 인기에 대해 보도했다"라고 「뉴욕 타임스」가 실었다. "하지만 제목을 소개하거나 내용을 자세히 다루지는 않았다. 그 책은 블로그와 트위터에서 퍼진 엄청난 입소문 덕분에 베스트셀러가 되었다."[58]

진보 성향의 일간지인 「경향신문」은 나중에 그 책을 호평하고, 삼성을 비난하는 한 대학교수의 칼럼을 거부했던 것에 대한 사과문을 실었다.[59]

"하지만 제가 승리했다고 말씀드릴 수는 없습니다."[60] 김용철이 그날 회의실에서 내게 말했다.

"저를 고용하려는 회사는 어디에도 없었습니다. 그 모든 일들을 겪고 저는 고향인 광주로 돌아와 빵집을 열었습니다." 그가 내게 말했다. "아무도 저를 고용하려고 하지 않았습니다. 그러다가 정부의 감사관으로 일하게 되었습니다."

실제로 그 분쟁의 승자가 된 사람은 바로 이건희 회장이었다.

"이 회장님의 지혜와 경험이 절실하게 필요합니다."[61] 삼성의 커뮤니케이션 책임자가 「한겨레」 신문과의 인터뷰에서 말했다. 그는 회장의 비전과 지침이 있어야만 삼성이 글로벌 기술 기업들 사이에서 꾸준히 부상할 수 있다고 주장했다.

삼성의 중역들은 이 회장이 자리를 비운 기간에도 전력을 다해 일했다. 2009년에 '비전 2020'이라는 과감한 새 캠페인을 발표했다.[62] 일부는 그것의 실현 가능성에 대해 의문을 제기했다.[63] 삼성은 10년 후에 매출 4,000억 달러를 달성하면서 브랜드 가치 세계 5위에 오르고, 현재 크게 주목받지 않은 5개 사업인 생명과학 약품, 태양광 패널, 전기차 배터리, 의료기기, LED 조명에 200억 달러를 투자한다는 계획이었다. 회사의 목표는 새로운 성장 분야를 발굴하고 투자하는 것이었다. LCD 디스플레이, 휴대폰 배터리, 플래시 메모리 같은 기존 분야들이 무한히 성장할 수 없기 때문이었다.

회사는 조직의 변화도 실행했다. 2009년 12월에 최지성이 CEO에 임명되었고,[64] 이재용은 COO로 승진했다. 41세의 나이에 이재용은 후계자의 자리에 한 걸음 더 다가섰다. 그의 부친은 45세의 나이에 회장이 되었다.

2010년 3월, 회사는 '경영 위기'를 선포했다.[65] 사임한 지 거의 2년 만에 이건희는 회장직에 복귀해 다시 삼성 제국을 지배했다.

"우리는 지금 진정한 위기에 직면해 있습니다." 그가 발표했다. "우리는 다시 시작해야 합니다. 우리는 주저할 시간이 없습니다. 오직 앞만 보며 전진합시다." 그는 다시금 영원한 위기론에 의지하는 듯했다.

'비전 2020'의 성장 분야들은 오직 삼성만의 목표 대상이 아니었다. 삼성의 중역들은 점차 애플이 문제가 된다는 것을 깨달았다. 한국은 2009년에 아이폰의 판매 금지를 해제했고, 애플은 삼성에 심대한 타격을 입힐 준비가 되어 있었다.[66]

여러 중역이 모여 삼성의 중요한 차세대 캠페인을 구상했다. '애플을 이겨라.'

18장

갤럭시의 수호자들

2010년 2월 10일 오전 9시 40분, 스물여덟 명의 중역이 강남에 위치한 삼성 사옥 10층 골드 컨퍼런스룸에 모였다. 최근에 새로이 무선사업부 부장으로 임명된 신종균이 발언하기 위해 자리에서 일어났다. "(우리의) 품질이 좋지 않습니다."[1] 회사의 한 기록에는 그의 발언 내용과 함께 회사에서 워낙 다양한 모델을 생산하기 때문에 제품 개발 일정으로 인해 디자이너들이 부담에 시달리고 있다고 적혀 있었다.

삼성의 종신 직원인 신종균은 엔지니어 출신으로 연구개발부에서 승진을 거듭하다가 이기태가 퇴사한 지 2년 만에 무선사업부 부장에 임명되었다. 이제 애플을 추월해야 하는 임무를 주도하는 인물이 바로 신종균이었다.

"그는 아주 공격적인 리더였습니다."[2] 한 전직 부사장이 내게 말했다.

"우리는 자리에서 일어나 거의 불가능한 일을 해내겠다고 말해야 했습니다. 그렇지 않으면 쫓겨날 판이었죠. 만약 누군가가 1년 안에 목표를 달성하겠다고 약속하면 그는 매우 진지하게 대답했죠. '좋습니다. 그런데 다음 분기까지 달성할 수 없을까요?'"

삼성의 전직 홍보 담당자인 킴 타이터스[Kim Titus]가 신종균에 대해 말했다. "그는 특유의 쇼맨십으로 유명했습니다.[3] 마치 자신이 마술사인 것처럼 행동했죠. 그는 양복의 상의 주머니에서 휴대폰을 꺼내고, 다시 바지 주머니에서 또 다른 휴대폰을 꺼냈습니다. 그는 휴대폰 두 개를 모두 꺼내놓고 고객들(이동통신 업체들)의 흥미를 끌기 위해 노력했습니다."

갑자기 삼성과 다른 회사들은 이동통신사 위주의 마케팅에 주력하면서 소비자들보다 이동통신사들의 마음을 얻기 위해 더 많은 노력을 기울였다. 삼성은 모바일 부문의 매출 순위에서 거의 꼴찌에 위치해 있음을 알게 되었다. 애플이 선두를 달리고 있었다. 아직 삼성의 중역들은 스마트폰에 회사의 역량을 집중해야 할지 말지 확신하지 못했다. 그때만 해도 스마트폰은 막연하고 애매한 콘셉트였기 때문이다. 왜 굳이 애플과 정면 대결을 해야 할까? 그들은 질문했다. 삼성은 그저 아이폰에 메모리칩과 디스플레이를 공급하기만 해도 애플의 성공에 편승해 수익을 거둘 수 있는데 말이다.

삼성 본사의 많은 사람들은 이처럼 위험을 회피하는 방식을 선호했다.

"삼성은 슈퍼 아몰레드(AMOLED)라고 불리는 혁신적인 스크린 신기술을 보유하고 있었는데, 처음에는 다른 업체의 휴대폰에 장착되는 부품으로 공급하고자 했다."[4]「비즈니스 인사이더[Business Insider]」의 스티브 코바치[Steve Kovach]

가 보도했다. "아마도 버라이즌 같은 유력한 무선이동통신사에서 제조하는 휴대폰일 것이다."

신종균은 이미 2009년 10월에 옴니아 2라고 불리는 윈도 기반의 스마트폰을 서둘러 출시하며 아이폰과의 경쟁을 시도했다가 처참한 반응에 고개를 숙였다. 그 제품은 당시의 기준으로도 형편없는 구제 불능의 휴대폰이었다. 옴니아 2는 통화가 끊기기 일쑤였고, 제멋대로 재부팅되었으며, 터치스크린도 몹시 투박했다.

"일부 소비자들은 공개적인 불만의 표시로 거리에서 제품을 불태우거나 망치로 내리쳐 산산이 부쉈다"[5]라고 로이터 통신이 보도했다.

2010년 회사의 내부 메모에 따르면, 신종균은 "아이폰과 비교하면 정말 하늘과 땅 차이다"[6]라고 말했다. 그는 또 "디자인의 위기다"라고 덧붙였다.

아이폰 4가 출시된 후에 삼성전자는 2010년 1분기에 8억 8,500만 달러이던 텔레콤 사업의 매출이 2분기에 그 절반으로 급감하게 되었다.[7] 삼성의 마구잡이식 모바일 전략은 재조정이 필요했다. 삼성은 애플의 맹공격에 저항하면서 회사의 시장점유율을 끌어올릴 수 있는 단 하나의 프리미엄 스마트폰 브랜드가 필요했다.

삼성맨들은 지난 20년 동안 강조해왔던 회장의 교훈을 잊어버린 듯했다. 너무 숨 가쁘게 모토로라, 소니, 노키아를 추격해왔던 그들은 폐쇄적이고 사후 대응적인 기업문화의 영향으로 시야가 좁아졌다. 그들이 그러는 동안 기술 세계에는 지각변동이 일어났다.

나는 삼성 본사의 9층에 위치한 디자인센터에서 삼성의 수석 디자이너 장동훈을 만났다. 그는 내게 2010년 6월까지 삼성 최초의 프리미엄 스마트폰 갤럭시 S를 출시하기 위해 "최상부에서 곧장 하달되는…… 단 하나의 지시만"을 따랐었다고 말했다.[8] 그 제품은 애플의 첫 번째 아이폰이 출시된 지 3년 만에 싱가포르에서 선을 보였지만 세간의 이목을 끌지 못했다.[9]

왜 이름을 갤럭시로 결정했을까? 삼성은 결코 그 스토리를 공개적으로 밝히지 않았다. 하지만 삼성의 전 수석부사장 애드 호^{Ed Ho}는 캘리포니아 팰로앨토에서 커피를 마시며 내게 최고위 임원들이 즐겨 마시던 95달러짜리 텔라토 패밀리의 '갤럭시' 레드 블렌드 와인에 대해 말했다.[10] 나중에 삼성의 중역들은 그 와인을 떠올리며 '갤럭시'라는 이름을 선택했는데, 그들에게 그 이름이 프리미엄 이미지를 떠올리게 했기 때문이다.

불행히도 첫 번째 갤럭시 스마트폰은 휴대폰 시장의 핵심을 제대로 공략하지 못했다. 그 제품은 네 가지 버전으로 출시되며 소비자들을 혼란스럽게 만들었다.[11] 스프린트에서는 '에픽'으로, 버라이즌에서는 '패서네이트'로, T-모바일에서는 '바이브런트'로, AT&T에서는 '캡티베이트'로 판매되었다. 반면에 애플은 시장에서 단일 휴대폰으로 판매되었다. 그 결과 '아이폰'이라는 이름은 소비자, 예술가, 창의적인 사람, 힙스터들 사이에서 일관된 이미지를 이끌어냈다. '갤럭시'는 전혀 일관된 브랜드가 없는 한 발 늦은 따라쟁이였다.

스티브 잡스는 삼성에서 스마트폰을 출시하자 몹시 격분했다. 그가

전기작가 월터 아이작슨Walter Isaacson에게 말했던 것처럼, 그는 삼성 휴대
폰에 사용되는 운영체제인 안드로이드와 '수소폭탄 전쟁'을 시작하려고
했다.[12] 애플 아이폰에 메모리칩을 납품하는 공급업체에 불과한 삼성 따
위가 감히 스마트폰 비슷한 제품을 만들어, 그것도 잡스가 경멸하는 안드
로이드 운영체제를 내세우며 애플과 직접 경쟁하겠다고 나선 것이었다.
잡스는 소송을 준비했다. 반면에 애플의 공급 체인 전문가인 팀 쿡Tim Cook
은 회사에 필요한 공급업체와의 관계를 위험에 빠뜨리지 않기 위해 조
심스러운 반응을 보였다.[13]

이재용이 쿠퍼티노를 방문했을 때, 잡스와 쿡은 그에게 자신들의 우
려를 표했다. 애플은 자사의 특허 중 일부를 삼성에 스마트폰은 대당 30
달러, 태블릿은 대당 40달러에 라이선싱을 하며, 삼성의 제품군을 애플
에 크로스 라이선싱을 할 경우 20퍼센트 할인받는다는 제안서를 작성했
다.[14] 2010년에만 그 매출은 2억 5,000만 달러에 달할 터였다.

하지만 삼성의 법무 팀은 그 제안을 뒤집었다. 그들은 애플에서 삼성
의 특허를 모방하고 있기 때문에 애플이 삼성에 돈을 지불해야 한다고
주장했다.

2011년 4월, 애플은 수십여 개국에서 삼성에 대해 특허침해로 다수의
소송을 제기했다. 그들은 피해보상액으로 25억 달러를 요구했다.[15] 삼성
도 서둘러 무선데이터통신 기술과 관련된 5개의 특허에 대한 침해를 주
장하며 맞소송으로 응수했다.[16]

전쟁은 시작되었다.

신제품 시장에서 삼성은 '빠른 추격자' 전략에 의존하며, 창조성과 글로벌 마인드를 내세운 이 회장의 비전을 실행하지 못할 운명이었는가?

내가 토드 펜들턴[Todd Pendleton]을 만난 것은 그로부터 몇 년이 지난 그 시점이었다. 펜들턴은 머리를 살짝 세우고 체인 목걸이와 팔찌를 한 채로 얼굴에 환한 미소를 지으며, 아장아장 걷는 쌍둥이의 손을 붙잡고 댈러스의 스톤리 호텔로 활기차게 걸어 들어왔다.

"토드 펜들턴입니다." 그가 소리쳤다. "여기는 제 아이들이랍니다!" 그는 아들과 딸을 함께 왔던 아내에게 맡기면서 호텔방으로 올려 보냈다.

펜들턴은 그 당시 삼성전자 북미통신법인의 CMO였고, 그곳에서 전설적인 인물이 되었다. 내가 그를 설득해 마주 앉아 대화를 나누기까지 2년의 시간이 걸렸다. 당시 로스앤젤레스에 거주하던 그는 처음에 나와 이메일을 주고받다가 한 번에 몇 달씩 잠수를 탔다.

"그는 신비주의를 고수하면서 자신을 드러내지 않으려고 합니다."[17] 전직 삼성 직원이 내게 말했다. "그가 활동적이고 낙관적인 성격을 지녔음에도 말입니다."

나는 펜들턴의 동료들로부터 그에 대해 많은 이야기를 들었다.

한국의 한 삼성 직원은 회사의 미디어 정책에 위반된다고 하면서 내게 말했다. "저는 펜들턴의 팀을 좋아하지 않았습니다. 하지만 그들은 많은 성과를 거두었습니다. 그는 삼성과 애플 간의 전쟁에서 핵심 인물이었습니다."[18]

그가 2011년부터 2015년까지 삼성전자 북미통신법인의 CMO를 맡았던 재임 기간도 이례적이었다. 그는 전통적인 의미에서 분명히 삼성맨은 아니었다. 삼성과 관련해서 그가 들려주는 이야기는 예외없이 아주 긍정적이었고, 실제로 그는 매우 낙천적인 사람이었다. 하지만 그의 직원들은 종종 상황을 다르게 기억하곤 했다.

애플과 삼성 간의 재판에서 나온 증언을 살펴보고 그의 동료들과 직원들의 말을 들으면서 나는 펜들턴이 진두지휘했던 삼성과 애플 전쟁의 뒷이야기를 알게 되었다.

"우리는 더 많은 창의성이 필요합니다!"[19] 2010년에 삼성전자 북미통신법인의 법인장 손대일이 텍사스의 휴대폰 사업부에서 열린 한 미팅에서 이렇게 소리쳤다고 당시 참석했던 고위 간부가 내게 말해주었다. 손대일은 모바일 책임자인 신종균에게 보고했다. 그는 아이폰의 엄청난 인기를 감안하면 삼성에게 가장 험난한 시장인 미국에서 상황을 전환해야 하는 임무를 부여받았다. "팔 전체에 문신을 하고 귀걸이를 한 사람(예술가적인 기질의 창의력이 넘치는 사람을 지칭_옮긴이)이 필요합니다!"

손대일은 2006년부터 텍사스의 리처드슨에 있는 삼성의 모바일 판매 및 마케팅 담당 부서를 이끌어왔다. 그는 2007년에 피터 스카르진스키가 퇴사를 결정하기 직전에 그 부서의 CEO로 승진했다.

그는 자신의 부서에서 근무하는 미국인 마케터들에 대해 불만을 표시했다.

"통일된 삼성의 스토리를 전달하지 않고 개별적인 기준에 따라 제품을 판매하려고…… 접근방식이 너무 상투적입니다."[20] 그가 말했다. 삼성은 초당 수십 개의 휴대폰을 생산하고 있었지만, 소비자들의 마음을 사로잡는 브랜드와 정체성이 없었다. 갤럭시의 초반 판매와 브랜드 홍보 효과는 이미 하향세로 접어들고 있었다. 손대일은 그의 고용주가 (그의 표현을 빌리자면) '난처한 상황'에 처했음을 알고 있었다.

1980년대 초 삼성에 입사해 수출 관리자로 승진한 그는 텍사스에서 도매 물량 주문을 받고 제품에 고객사의 로고를 부착해 여러 판매업체로 발송하는 업무를 담당했다. 그는 최종소비자들에게 삼성이 보이지 않는다는 것을 알고 있었다. 그리고 삼성의 중역들은 이런 구시대적인 방식에 너무 익숙해져 있었다. 그 결과는 과연 어떻게 될까?

"우리는 최종소비자들이 아니라 대량 구매업체들인 이동통신사들의 요구에 근거해서 시장 전망을 하고 있었습니다."[21] 이는 삼성의 제품 공급을 왜곡하는 행위였다. 목표는 이제 소비자들이 스프린트 매장에 들어가서 삼성 휴대폰을 찾도록 하는 것이었다.

삼성 직원들은 거칠고 투박한 전통적인 삼성맨인 손대일이 삼성의 새로운 대규모적 변화를 주도할 인물이라는 사실에 깜짝 놀랐다.

누군가 그렇게 불렀던 '손대일 체제'[22]는 복잡한 감정을 불러일으켰다.

"그와 함께 일하면 공개적인 질책에 익숙해지게 됩니다"[23]라고 전 CMO 대행 폴 골든Paul Golden이 설명했다. 피터 스카르진스키가 말했다. "그는 많은 한국인 관리자들을 데려왔습니다…… (사무실의 인원 구성이) 현저하게 변했습니다."[24]

스카르진스키는 자신이 그곳에서 일했던 마지막 해에 직원들의 사기가 떨어졌다고 말했다. 손대일은 직원들에게 소리치고, 꾸짖고, 해고라고 말하고는 다시 불러 근무하라고 요구했다. 그는 주말에도 예비군 소집 훈련처럼 느껴지는 미팅을 소집했다. 전 CMO 빌 오글의 말에 따르면, 그는 자신이 이끄는 미국 팀이 매출액 세 배를 달성하지 못하고 두 배에 머문 것에 대한 문책으로 중역들에게 독립기념일부터 노동절까지 토요일에도 근무하도록 지시했다.[25] 사실 그가 이끄는 미국 팀은 두 배밖에 달성하지 못했음에도 말이다.

그는 한국에서 통상적인 관행으로 여겨지는 직원 독려를 위한 슬로건과 기치를 공개했지만 미국인 직원들은 난감해하며 머리를 긁적였다.[26]

그는 사무실 전면에 '우리 삼성은 오직 젊고 활기찬 인재들을 원합니다'라는 슬로건을 내걸었다. 스카르진스키가 회상했다. "사장님, 슬로건을 내리시죠." 인사부의 한 직원이 차별에 대한 불만을 우려하며 그를 설득했다.

하지만 손대일은 그만큼 자신에게도 엄격했다. 그는 리더십에 관한 많은 책들을 읽었고, 삼성 CEO에게 주어지는 특권을 거부하면서 몸소 금욕주의를 실천했다.

또한 그는 이례적으로 다가가기 쉬운 사람이었다. 그는 종종 사내 카페에 들러 미국 생활에 대해 물어보기도 했는데, 한국인 CEO로서는 상상할 수 없는 행동이었다. 한 마케터는 그의 사무실이 "다른 사무실들과 마찬가지로 모든 사람들이 지나다니는 복도 바로 옆에 있었다"고 말했다. "만약 사장님과 이야기하고 싶으면 곧장 그의 사무실로 들어가면 됩니다."[27] 그를 따르는 미국인들은 그를 신뢰했다. 한국인으로서 그가 불투명하고 막강한 한국의 본사와 교류할 수 있었기 때문에 그들은 장차 다가올 애플과의 전쟁에서 그를 믿고 의지하게 되었다.

손대일이 신임 최고마케팅책임자가 필요하다는 전화를 걸었을 때 한 헤드헌터가 토드 펜들턴을 적극적으로 추천했다. 펜들턴은 나이키에서 마케터인 동시에 탁월한 기획자이자 브랜드 빌딩 마스터로 활약해왔다. 그가 제작한 광고들은 색다르고 엉뚱했으며, 그가 소통하는 방법은 예리하고 정확했다.

펜들턴이 전화를 받았을 때, 그는 삼성에서 스마트폰을 만든다는 사실조차 알지 못했다. 하지만 그는 2011년 2월에 손대일을 만나기 위해 항공편으로 CES가 열리는 라스베이거스에 왔다. 그곳에서 삼성은 수시로 전시장을 압도하는 초대형 부스를 차리며 업계를 깜짝 놀라게 만들곤 했다.

"대단히 인상적이었어요."[28] 그가 말했다. "제품들의 품질과 대형 스크린, 이제까지 제가 본 적 없었던 것들이 매우 흥미로웠습니다."

애플은 CES에 부스를 차리지 않았다. 하지만 CES 전시장 밖에서 애플은 대중에게 훨씬 더 많은 존중을 받는 기업이었다.

15년간 뛰어난 실적으로 나이키에서 성공을 거두었던 펜들턴은 그곳에서 편하게 안주할 수 있었다. 하지만 그는 싫증을 느끼게 되었다. 뭔가 새로운 것을 원했다.

"그곳은 꿈의 직장이었습니다."[29] 그가 나이키에 대해 말했다. "하지만 삼성에서는 처음부터 올라가는 일만 있을 뿐이었죠"라고 그가 덧붙였다. 엔지니어들에 의해 운영되는 회사에서 "여기 미국의 소비자들이 문화적으로 공감할 수 있는 공간에 파고드는 문화적인 순간들"을 창출하려는 그의 목표는 말 그대로 완전히 새로운 것이었다. 그는 그런 문화

적인 순간을 창출하기 위해 엄격한 계층적 접근법이 아닌 계획과 임기
응변을 조합한 방식을 사용했다.

　20년 동안 펜들턴은 유명한 농구선수들을 비롯해 다른 스포츠 스타
들과 세간의 주목을 끈 협상들을 해오면서 문화 브랜딩의 기술을 터득
했다. 삼성은 여러 면에서 1980년대와 1990년대에 나이키와 리복이 당
면했던 것과 같은 어려운 도전을 마주하고 있었다. 즉 나이키의 공동 창
업주인 필 나이트Phil Knight의 말대로, 과도하게 엔지니어링에 치중하면서
‘조직 전체를 결합시키는’ 효과적인 마케팅에 집중하지 않는 문제였다.[30]
매년 대형 신발 제조사들은 이랑 무늬로 짠 발목 테두리, 질감이 뛰어난
직물, 이산화탄소가 충전된 충격 흡수재들을 잔뜩 소개하는 카탈로그를
제작했는데, 이것은 운동을 좋아하는 사람들이나 신발 수집광들의 흥미
를 자극했지만 평범한 소비자들에게는 얄팍한 상술이자 일시적인 유행
으로 여겨졌다. 혁신적인 신제품 신발을 대량으로 출시하려는 치열한 경
쟁은 나이키를 가격 전쟁으로 이끌었다.

　“우리는 브랜드뿐 아니라…… 문화도 창출하기 위해 노력했습니다.”[31] 나
이트가 자신의 회고록인 『슈독Shoe Dog』에 적었다. “단순한 제품을 넘어 우
리는 아이디어, 정신을 판매하고자 합니다.” 이것은 고전 중이던 나이키
가 변호사 출신 롭 스트라서Rob Strasser를 스카우트하면서 말한 내용이었
다. 나중에 나이키에 합류한 그는 아직 충분히 검증되지 않은 농구선수
마이클 조던Michael Jordan에게 5년간 250만 달러의 계약에 서명하도록 설득
했다.

　최초의 에어 조던Air Jordan 신발은 1984년에 출시되어 그해 나이키에

1억 3,000만 달러의 매출을 안겨주었고,[32] 30년 후에도 여전히 나이키의 새로운 대표적 제품인 르브론 제임스LeBron James 컬렉션보다 여덟 배나 많은 매출을 거두었다.[33] 이것은 대성공을 거둔 공생관계였다. 조던은 나이키를 만들었고, 나이키는 문화 브랜딩을 통해 조던을 만드는 데 조력했다.

보스턴의 노스이스턴 대학교를 졸업한 지 몇 년 되지 않은 펜들턴이 앳된 얼굴의 광고 관리자로 1996년 나이키에 입사했을 때, 회사는 신발과 스포츠 의류 분야에서 우위를 점하고 있었다. 그때까지만 해도 스우시 로고와 '저스트 두 잇Just Do It'은 아직 짜증나게 하는 상술적인 기업 슬로건으로 변질되기 전이었고, 대중문화의 일부로 자리 잡기 시작했을 때였다.

펜들턴은 이후 15년 동안 나이키의 대표적 캠페인 제작자들 중 한 명으로 활약하면서 1999년 초에 농구 황제가 은퇴를 준비하는 동안 회사를 조던 이후의 시대로 이끄는 데 기여했다. 나이키의 대표적인 농구 광고 '프리스타일'로 성공을 거둔 후인 2002년에 그는 회사 최초의 농구 브랜드 관리자로 승진하면서 스타들과 계약할 수 있는 더 큰 권한을 부여받았다. 나이키는 에어 조던이라는 금광을 대체할 수 있는 유망한 신인 선수를 찾고 있었다. 2003년에 그는 르브론 제임스를 설득해 7년간 9,000만 달러의 홍보 계약을 체결했던 팀을 이끌었다.[34] 이는 결과적으로 양자 모두에게 아주 만족스러운 관계였고, 후에 그는 르브론 제임스와 삼성 간 거액의 홍보 계약을 체결시켰다.

한 달 후에 펜들턴의 팀은 놀랍게도 경쟁업체인 리복을 따돌리고 코비 브라이언트^{Kobe Bryant}와 4년간 4,000만 달러의 계약을 체결했고,[35] 그는 회사에서 더 많은 찬사를 받았다. 이 계약은 나이키 브랜드를 떠오르는 두 스타로 분할하는 새로운 전략으로 엄청난 위험을 감수하며 결단력 있게 행동하는 그의 능력을 보여주었다.

하지만 2011년 6월에 펜들턴은 회사를 그만두었다. 그는 아름다운 호수, 산책로, 축구장, 주황색 대여 자전거, '챔피언들의 전당'이 있는 나이키의 푸르른 오리건 캠퍼스를 떠나 리처드슨의 따분한 삼성 사무실에 입성했다.

펜들턴은 따분함이나 격식과는 거리가 먼 사람이었다. 그는 유명한 스포츠 스타들과 신뢰와 친분을 쌓고 냅킨 뒷면에 계약을 하면서 브랜드 못지않게 관계도 구축하는 사람이었다. 그가 가진 스포츠 마케팅 전문 지식은 삼성에 유익한 마케팅 방식이었다. 하지만 펜들턴은 기술 기업에 근무한 적이 없었고, 기술업계에 대해 잘 알지도 못했다. 삼성은 기술 전문가로 블랙베리의 디지털 마케터였던 브라이언 월리스에게 관심을 보였다.

하지만 월리스는 "그 당시 삼성에 가고 싶어 하는 사람은 아무도 없었습니다"[36]라고 말했다. 그는 디즈니 스튜디오와 크래프트 두 회사에서 면접을 보았지만, 그들은 선뜻 결정을 내리지 못했다. 그래서 그는 삼성과 만나서 면접 기술이나 연습해봐야겠다고 생각했다.

월리스는 리처드슨에 위치한 베이지색 벽돌로 된 빌딩의 차분한 사무실에 모습을 드러냈다. 그 건물의 주위에는 한 호텔과 여러 사무실 빌딩, 그리고 잔디가 잘 손질된 길거리 쇼핑몰이 있었다. 월리스는 삼성 사옥을 '1980년대의 낡은 칸막이 농장'으로 묘사했다.[37] "베이지색과 갈색, 얼룩진 카펫, 답답한 공기. 몹시 침울했습니다. 저는 손대일의 사무실 근처에 있는 작은 회의실로 안내를 받았습니다. 고작 테이블 하나에 휴대폰 시제품 한 개만 놓여 있었습니다. 그리고 농담이 아니라 테이블 위에서 스티브 잡스 사진이 저를 노려보고 있었습니다."[38] 그가 말했다. 윌리스는 그곳에서 10분 동안 자리에 앉아 기다리며 생각했다. '도대체 이게 어떻게 된 상황이지?' "이윽고 문이 열리며 손대일이 들어왔습니다. 그는 인사도 없고 다른 말도 없었습니다."

"이분이 누군지 아십니까?" 손대일이 손가락으로 사진을 가리키며 물었다.

"물론입니다."

"이 사람을 이길 수 있겠습니까?" 손대일이 물었다. 그는 의도적으로 책상에 잡스의 사진을 올려놓고 자신에게 주어진 임무를 상기시켰다.[39]

"네, 할 수 있습니다."[40]

"뭐가 필요합니까? 그리고 시간은 얼마나 걸리겠습니까?" 애플은 삼성의 중요한 고객이었기 때문에 본사의 중역들은 신중한 접근을 요구하고 있었다. 그들은 향후 5년 동안 HTC부터 모토로라, 블랙베리, 애플에 이르기까지 경쟁업체들을 하나씩 차례로 물리치기를 바랐다.[41]

"아니요, 아닙니다."[42] 윌리스가 말했다. "그럴 필요가 없습니다." 손에 보드 마커를 쥐고 화이트보드를 향해 걸어간 그가 나름대로 고안한 전략을 삼성에 제안했다.

"저는 작은 캐나다인입니다." 그가 말했다. "그래서 제가 가장 두려워하는 것 중 하나가 감옥에 가는 것입니다." 감옥에서 생존의 가능성을 높이고 싶다면 방 안에서 덩치가 두 번째, 세 번째, 네 번째로 큰 사내들에게 주먹을 날리지 말아야 한다. "가장 덩치가 큰 사내의 얼굴에 주먹을 날려야 합니다. 그것이 당신의 의도를 말해주기 때문입니다. 그리고 바로 그것이 우리가 애플을 상대로 해야 할 일입니다."

월리스는 그 말을 듣고 손대일의 얼굴에 화색이 돌았다고 기억했다.

"좋습니다. 어떻게 하겠습니까?" 손대일이 말했다. "여기로 와서 애플을 이겨보고 싶습니까?"

월리스는 삼성의 진지함과 허무맹랑해 보이는 목표뿐만 아니라 미국 CEO의 열정도 마음에 들었다. 그는 나이키의 마케터인 토드 펜들턴도 조만간 합류할 것이라는 말을 듣고 기뻐했다. 그는 곧바로 아내에게 전화를 걸었다.

"여보, 우리가 시카고나 캘리포니아로 이사하려고 했잖아?" 그가 말했다. "그런데 내가 텍사스의 리처드슨에서 제안한 이 자리를 수락하려고 해."

블랙베리 동료들은 월리스의 결정을 믿을 수 없었다.

"그건 너무 낮춰서 가는 겁니다."[43] 한 사람이 삼성을 언급하며 말했다. 그들은 정작 자신들의 회사가 몰락에 직면해 있다는 것을 전혀 알지 못했다.

"빌어먹을, 여기 마케팅 부서는 아주 똥차 취급이군요."[44]

월리스가 몇 주 후인 6월, 처음 출근한 날부터 펜들턴에게 말했다. 월리스의 말에 따르면, 마케팅 부서는 '쇠락하고 침체되었고', 조직 내에서 아무한테도 존중받지 못하는 '블랙홀'이었다. "그들조차 스스로를 존중하지 않았다." 텍사스의 삼성 모바일에 근무했던 마케팅 중역들의 평균 재직 기간은 7.5개월이었다.[45]

삼성 마케터들의 업무는 형편없을 정도로 수준 이하였다. 삼성은 광고에 사람들을 활용하지 않았다. "그저 제품과 내레이터의 목소리만으로 그 제품의 장점만 전달할 뿐이었습니다."[46] 펜들턴이 말했다. 소비자들에게 삼성이 훌륭한 이유에 대해 홍보하지 않고 마케팅 스토리가 이동통신사들 위주로 구성되면서 "그들의 네트워크에 관한 스토리와 그들의 네트워크가 훌륭한 이유에 대해 이야기했다."[47]

한편, 한국의 본사는 미국인 직원들에게 반감을 일으키는 멍청하고 문화적으로 어울리지 않는 광고들을 보내왔다.

"그들은 우리가 나비를 사용하기를 원했습니다." 전 마케팅 부사장 클라이드 로버슨[Clyde Roberson]이 말했다. 그는 그 광고를 '헬로 키티'라고 불렀다.[48]

"한 광고는 위에서 어떤 여성이 꽃밭 주위를 이리저리 돌아다니는 모습을 따라가다가 그녀의 손에 들고 있던 휴대폰이 꽃으로 활짝 피어나는 장면을 보여주었습니다.[49] 그 장면은 〈사운드 오브 뮤직〉을 연상시켰습니다." 전 CMO 빌 오글이 말했다. 미국 마케팅 팀은 그 광고를 내보내길 거부했다. 지위, 명성, 명품을 중시하는 한국인들의 성향이 미국 시장에서는 크게 설득력이 없었다. 삼성의 한 마케터에 따르면, 서울 본사에서 제의한 아시아 시장을 겨냥한 광고들은 "특정한 외형과 분위기를 지닌…… 최신 유행을 따르는 사람들, 유럽의 초유한족(超有閑族), 부유층, 백인들을 내세웠다"고 설명했다.[50] 텍사스의 마케팅 팀은 미국에서 일어날 수 있는 잠재적인 역풍에 대해 우려했다. 이상적인 미국의 광고는 '유머가 살아 있고 힙스터 감각'이 돋보이는 것이었다. 바로 그것이 애플의 장기였다.

펜들턴과 윌리스는 서둘러 업무에 착수했다. "삼성에서는 (신입이) 자리 잡기까지 딱 하루만 허용됩니다."[51] 같은 팀의 멤버였던 다른 마케터가 말했다. 그들은 당근을 드는 사람과 채찍을 드는 사람, 공상가와 집행자의 역할을 수행했다. 펜들턴은 팀원들과 다양한 방식으로 아이디어를 구상했고, 윌리스는 그런 아이디어를 실현하기 위해 팀원들에게 소리 지르고 다그쳤다.

"펜들턴의 장점은 창의성 측면에서 아주 뛰어난 마케터라는 것입니다."[52] 그와 작업했던 한 마케터가 말했다. "그는 기업의 관료 체제에서 일상적으로 직원들을 관리하는 능력이 뛰어나지는 않았습니다."

그는 수염을 짧게 기른 채 귀걸이를 하고 스포츠 코트 안에 버튼다운 셔츠를 바지 밖으로 꺼내 입은 차림으로 사무실 회의와 공개적인 행사에 참석했는데, 이따금 체크무늬와 독특한 색상의 옷을 입기도 했다. 그가 수집한 600켤레의 소중한 나이키 신발들 중 선홍색 스니커즈와 다른 엉뚱한 디자인의 신발들도 사무실에 등장했다.[53] 하지만 그는 팀원들에게 기발한 창의성과 통찰력을 보여주기도 했다. 광고대행사들과의 미팅에서 "그는 저도 보았던 광고에서 제가 정말 생각조차 못 했던 것들을 지적했습니다."[54] 한 마케터가 말했다. "정말 확실한 사실은 그가 다른 수준에서 창의적으로 생각한다는 것입니다." 하지만 이따금 자신에게 해가 될 정도로 지나치게 창의적이었다.

"그는 지독한 음모론자였습니다."[55] 또 다른 팀원이 9/11 테러를 내부 소행으로 여기던 그의 성향을 떠올리며 말했다. 그는 무관심하다는 인상을 주기도 했는데, 한 동료는 농담으로 '누구와도 말하지 않는 유령'[56]이라고 말하기도 했다. 그는 로스앤젤레스의 광고 촬영장에서 많은 시간을 보냈으므로, 텍사스 사무실에서 그를 만나기는 쉽지 않았다.

하지만 나이키 출신의 베테랑은 철저한 완벽주의자였고, 그의 밑에서 일하게 되면 자칫 자존심이 상할 수도 있었다.

"그는 '예스'보다는 '노'를 많이 하는 사람이었습니다."[57] 윌리스가 말했다. "그는 타협을 하지 않았습니다. 그는 끊임없이 압박을 했는데, 긍정적인 압박은 항상 훌륭한 성과를 낳았습니다."

이따금 그는 모두에게 아무리 우스꽝스럽거나 엉뚱할지라도 광고의 세계에서 표현할 수 있는 가장 기발한 것에 대해 생각하도록 요구하기도 했다. 그의 팀에서 고안한 일부 아이디어, 일례로 할리우드 간판에서 H를 떼어내 미시시피강에 떠내려보내는 계획이 바로 그런 것들이었다.[58]

"저기를 차지하려면 돈이 얼마나 필요할까요?"[59] 언젠가 윌리스가 타임스 스퀘어에서 빛나는 대형 네온 광고판을 올려다보며 펜들턴에게 물었다.

"저기를 전부 장악하려면 뭐가 필요할까요?" 펜들턴이 말했다. 그들은 사무실로 돌아가 계산했다. 비록 펜들턴의 팀이 주도하지 않았지만, 실제로 훗날 삼성은 일시적으로 타임스 스퀘어의 모든 광고판을 점령하는 계획을 실행했다.

그러면 마케팅 팀에서 월리스의 역할은 무엇이었을까?

"삼성에는 항상 직원들에게 소리치고 다그치는 사람이 있습니다. 월리스는 정말 즐겁게 함께 일할 수 있는 사람은 아니었습니다. 그는 사실상 아주 전형적인 한국인이나 마찬가지였습니다."[60] 한 팀원이 말했다. 하지만 그는 이렇게 덧붙였다. "그게 월리스의 장점이기도 했습니다."

펜들턴의 초창기 마케팅 팀은 "대기업으로부터 10억 달러의 지원을 받은 벤처기업 같았습니다."[61] 한 동료가 말했다. 그녀가 보기에 그 팀은 여러 가지 문제가 있었지만, 그럼에도 불구하고 어느 정도 성과를 거두기도 했다.

"어느 날 제이지Jay-Z와 파티를 즐기다가 바로 다음 날에 한국의 본사로부터 감사를 받을 수도 있었습니다.[62] 그러면 48시간 동안 내내 잠도 못 자고 호되게 질책을 당하는 거죠."

이 두 마케팅 중역은 36명의 마케터들을 영입했고, 사무실을 폐쇄적으로 운영했다. "이런 일을 해내려면 우리는 다소 고립될 필요가 있습니다."[63] 한 팀원이 말했다. 그들은 한국 관료 체제의 간섭에 대해 걱정했다. 손대일은 본사로부터 그들을 엄호하면서 그들이 업무를 수행할 수 있도록 이례적인 수준의 자유와 재량을 부여해주었다.[64]

그런데 그들이 업무를 시작하자 손대일은 그들에게 애플을 추월하는 기간으로 5년은 너무 길다고 통보했다.[65] 그는 삼성 본사의 지시에 따라 그 기간을 2년으로 단축했다. 실제로 마케팅 팀은 18개월 만에 그들의 업무를 완수했다.[66]

19장

스티브 잡스 숭배

삼성의 미국 총괄 지사에 출근한 첫날, 펜들턴은 약 50명의 직원을 불러 모아 회의를 열었다. 그는 앞으로 걸어가 화이트보드에 '삼성=?'라고 적었다.

"우리는 누구입니까?" 그가 물었다. "우리는 무엇을 지향합니까?" 이윽고 그가 회의실을 돌아다니며 모든 직원들에게 각자의 아이디어를 쓰도록 지시했다. "저는 약 50개의 다른 답변을 받았습니다." 펜들턴이 말했다. 그의 입장에서 그것은 걱정스러운 상황이었다. "직원인 우리가 거기에 답을 못 한다면 고객들은 더욱 우리가 누구인지 알지 못할 것입니다."

오랜 대화를 주고받은 끝에 회의실에 있던 50명의 마케터들은 삼성의 장점에 집중했다.

"첫째, 우리는 항상 최고의 하드웨어를 제공할 것입니다." 펜들턴이 말했다. 그는 화이트보드에 '삼성=끊임없는 혁신'[1]이라고 적었다.

그들은 매주 한 번씩 시내 대학가에 위치한 부티크 호텔인 팔로마에 모였는데, 현재 그곳은 하일랜드 댈러스 호텔로 개명되었다. 그곳에서 그들은 자신들이 실행한 시장조사에 근거해 사람들이 지각도(知覺圖)에서 삼성 브랜드를 어떻게 바라보고 이해하는지 파악했다.

세로축은 '스타일'을 나타내고 가로축은 '혁신'을 나타내는 차트에서, 그들은 경쟁업체들 중 애플과 소니를 스타일과 혁신에서 모두 뛰어난 상위 우측 사분면에 놓았다.

반면에 삼성은 아직 브랜드 파워가 부족했다. 회사는 스타일 축에서만 중간보다 조금 위쪽에 있었고, 혁신 축에서는 한참 왼쪽에 위치했다. 다시 말해, 소비자들은 삼성을 스타일과 혁신에서 모두 부족하다고 여겼다. "스타일도 뒤처지고 혁신도 부족하다."[2] "기능이 우수하다." "좋은 품질과 가치를 지니고 있다." 애플과 소니가 스타일과 혁신의 영역을 장악하고 굳건히 지키고 있는 상황에서 삼성이 어떤 틈새를 찾아낼 수 있을까?

포커스 그룹과 설문조사에서 마케터들은 점차 시장이 두 진영으로 분리되고 있음을 깨달았다. 애플의 아이폰을 사용하는 소비자들과, 급격히 성장하는 구글의 오픈소스 운영체제인 안드로이드를 채택한 HTC, 삼성, 노키아의 스마트폰을 사용하는 소비자들이었다.

"안드로이드 사용자들은 스스로 애플 사용자들보다 더 똑똑하다고 생각합니다."[3] 펜들턴 휘하의 한 마케터가 데이터에 근거해 결론을 내렸다. "그들은 자신들이 더 똑똑한 소비자라고 생각합니다. 그들은 그저 애플이 말하는 대로 따라하는 애플 추종자들과 달리 자신들은 정보에 근거해 스스로 현명한 결정을 내린다고 생각합니다." 삼성의 데이터 분석가들은 안드로이드 사용자들이 누군가 "이봐, 이것 보라고. 이 안드로이드 휴대폰이 당신의 아이폰만큼 좋다니까"라고 말해주기를 기다린다는 결론을 내렸다.

실제로 마케팅 팀은 애플 사용자들과 안드로이드 사용자들이 서로 소란스럽게 충돌하며 효과적인 연구가 이루어지지 않아 포커스 그룹을 둘로 나누어야 했다.[4] 방 안에는 항상 안드로이드 사용자들을 비난하는 애플 사용자가 적어도 한 명은 있었고, 그 반대도 마찬가지였다. 안드로이드 사용자들은 자신들의 운영체제가 훨씬 더 유연하고 최적화되어 있다고 지적했다. "이런 안드로이드 사용자들의 기반은 하나의 부족(部族)을 형성할 수 있을 만큼 증가하고 있었습니다."[5] 월리스가 소셜미디어 대화에서 나타나는 새로운 추세를 분석하며 말했다. "하지만 그들에게는 리더가 필요했죠."

삼성은 그 리더가 되기를 바랐다.

펜들턴은 동료들에게 「월스트리트 저널」에 게재된 아이폰과 갤럭시폰 간의 직접적인 하드웨어 비교 기사를 보여주었는데, 삼성은 많은 영역에서 우위를 차지했다.[6] 결국 문제는 그때까지 삼성이 스토리를 전달하려는 시도를 하지 않았다는 것이었다. 애플은 스토리로 관심을 끌고 있었다. 스티브 잡스의 많은 추종자들을 거느리며 대대적인 매스컴 보도를 장식하던 애플은 삼성이 신제품과 혁신의 관점에서 애플을 모방했다며 다수의 대규모 법적 소송을 제기했다.

삼성이 반전의 스토리를 만들 수 있을까? 만약 삼성의 안드로이드 휴대폰이 실제로 현명한 사람이 선택하는 아이폰의 대체품이고, 스티브 잡스의 숭배자들이 그저 어리석은 추종자들이라면? 만약 애플의 소송으로 삼성의 오명이 풀린다면? 만약 애플이 독점하기 위해 모서리가 둥근 검은색 직사각형 디자인에 어이없는 특허를 신청한 것이라면?[7]

그 소송의 결과 — 직사각형의 모양과 아이콘, 색상을 모방했는지 여부 — 는 펜들턴 마케팅 팀의 관심사가 아니었다. 더 시급한 문제는 소비자들에게 감정적으로 호소할 수 있는 하나의 큰 스토리였다. 법정 소송은 단지 삼성과 애플 전쟁의 한 단면일 뿐이었다. 최후의 승리는 대중에게 최고의 스토리를 전달하는 회사가 차지하리라는 것을 그들은 알고 있었다.

2011년 10월 6일에 「뉴욕 타임스」는 1면에 부고 기사를 게시했다. "스티븐 P. 잡스 1955~2011: 애플의 선각자로서 디지털 시대를 재규정했다."[8]

상황이 달랐다면 애플의 지도자의 죽음이 삼성에게 희소식일 수도 있었을지 모른다. 하지만 현실에서는 그렇지 않았다. 기술 마니아들과 열성적인 애플 사용자들이 잡스를 마하트마 간디Mahatma Gandhi, 마틴 루서 킹 주니어Martin Luther King Jr., 넬슨 만델라Nelson Mandela와 같은 성자들의 반열에 올렸기 때문이다.

"맨해튼 5번가에 있는 애플의 플래그십 스토어 밖에는 지난 수요일에 사람들이 장미꽃 두 다발과 몇 개의 양초를 놔두고 갔다"[9]고 「타임」지가 보도했다. "밤 11시쯤에는 매장 밖에 모인 인파가 점점 더 늘어나고 있었다."

"미친 자들에게 바치는 시(이는 애플의 철학이 농축된 유명한 글귀다_옮긴이), 부적응자들, 반항아들, 문제아들, 사회의 틀에 맞지 않는 사람들, 사물을 다르게 보는 사람들."[10] 추도식에서 녹음된 스티브 잡스의 목소리가 울려 퍼졌다. 그의 장례식에 초대된 유일한 아시아인 중역은 바로 삼성의 후계자 이재용이었다.[11]

판매 담당 부사장인 마이클 페닝턴Michael Pennington은 애플의 공동 창업자가 사망한 지 이틀 뒤 펜들턴과 손대일에게 이메일을 발송했다.

"불행하게도 스티브 잡스의 사망으로…… '열정적이고 지칠 줄 모르는 완벽주의자'에 의해 탄생한 애플과 아이폰의 '우수성'에 대해 다루는 언론 기사가 봇물을 이루고 있습니다. 여기서 중요한 사실은 애플이 의도하지 않은 수혜를 입고 있다는 것입니다."[12] 페닝턴이 두 사람에게 지적했다. "소비자들이 그런 사람이 개발한 제품에 끌리는 것은 당연하겠지요. 그럼에도 불구하고 저는 이것이 아이폰을 공략할 최고의 기회라는 것을 알고 있습니다."

"앞서 보고했던 것처럼 우리는 마케팅으로 직접 그들과 전쟁을 벌일 수 없습니다." 페닝턴이 다른 이메일에 적었다.

미국의 마케터들이 애플의 이름을 언급할 때마다 "본사에서 누군가 전화를 걸어 소리쳤다"[13]고 한 팀원이 말했다. 서울에 있는 삼성의 중역들은 워낙 중요한 고객사였던 탓에 애플의 화를 돋우는 것을 원하지 않았다.[14]

하지만 애플과의 소송과 잡스의 사망에 직면한 상황에서 행동을 주저하는 삼성의 태도는 미국에서 삼성의 소비자 브랜드를 구축하는 작업을 점점 더 어렵게 만들었다. 일련의 회의에서 미국의 중역들은 우선 HTC, 모토로라, 블랙베리 같은 다른 경쟁업체들에 초점을 맞추려고 하는 삼성 본사의 신중하고 점진적인 방식에 반대했다.[15] 미국의 마케터들은 삼성 본사의 승인 없이 애플에 대적하고 싶어 했다.

"만약 효과를 거두면, 우리는 '어이쿠, 이런, 죄송하게도 효과가 있었네요.'[16]라고 말할 참이었다"고 한 마케터가 말했다. 기습적이고 신속한 마케팅 반격을 위한 태세가 갖추어지고 있었다.

이메일을 주고받던 날 펜들턴 자신도 페닝턴에게 답장을 보냈다.

"페닝턴, 당신이 제안한 내용을 갤럭시 S2 크리스마스 광고 캠페인에 반영해서 아이폰 4S와 정면 대결을 펼쳐봅시다."[17]

그들의 계획은 무엇이었을까?

"우리는 소비자들에게 손쉽게 안드로이드로 전환할 수 있고, 삼성 생태계에 들어오면 더 많은 개인화와 선택권을 누릴 수 있다는 것을 홍보하면서 알려진 애플의 장점(생태계/서비스)을 희석시킬 것입니다. 자세한 정보는 조만간 공개될 것입니다."

미국의 마케팅 팀은 잡스의 사망을 기회로 애플과 정면 대결을 펼치고 싶어 했다.[18] 한 마케터는 삼성의 미국 마케팅 팀이 자칫 치졸해 보이지 않도록 잠시 자제하다가 곧장 돌진했다고 말했다.[19]

신선한 사과를 실은 트럭들이 삼성의 텍사스 총괄 지사로 도착하기 시작했다.[20] 커다란 바구니들이 승강기 입구와 휴게실에 놓여 있어 어디서든 직원들은 휴식 시간에 사과를 베어 물며 자신들의 임무를 떠올리게 되었다.

"우리의 목표는 오직 한 가지였습니다. 애플을 이기는 것이었죠. 농담이 아닙니다. 오직 그 한 가지뿐이었습니다."[21] 월리스가 말했다. "하다못해 삼성에서 코카콜라 자판기를 관리하는 사람조차 자신이 '타도 애플' 전략을 지지한다고 입증해야 할 정도였죠. 하지만 결국 그 작전은 성공했습니다."

20장

코크 vs. 펩시: 콜라 전쟁의 재연

"만약 이게 효과를 거두지 못하면, 두 사람 모두 해고입니다."[1] 손대일이 펜들턴과 월리스에게 통보했다.

한창 전성기에 코카콜라는 애플처럼 대중문화 마케팅을 펼치는 기술에 능통했다. 빨간색 바탕에 흰색 글씨의 상표가 새겨진 굴곡 있는 모양의 병은 미국 소비 문명의 아이콘이었다. 고작 설탕과 카페인이 함유된 탄산음료일 뿐인 제품이 이루어낸 엄청난 승리였다.

다른 많은 콜라들이 포화 상태인 탄산음료 시장에 진출했다가 사라졌다. 거의 모두가 코크의 그늘에 가려졌기 때문이다. 그러다가 젊은이들의 콜라인 펩시가 등장하면서 콜라 시장에 양강 구도가 정착되었다.

펩시는 1970년대에 '펩시 챌린지' 캠페인을 펼치며 업계의 선두 주자와 정면 대결을 시도했다. 쇼핑몰과 공원에서 촬영한 광고에는 무작위로 선발된 사람들에게 상표를 가린 채 코크와 펩시를 한 컵씩 시음하도록 했다.

대다수의 사람들이 더 달콤한 맛이 나는 펩시를 선택했다.[2] 이것은 전설적인 마케팅이었지만 경쟁업체에 대한 직접적인 공격을 피하라는 격언을 깨뜨릴 만큼 논란의 여지가 있는 마케팅이기도 했다. 만약 더 많은 사람들이 코크를 선택했다면 어떻게 되었을까?

한편, 코크는 펩시 챌린지의 결과로 미국인들이 더 달콤한 음료를 선호한다는 것을 확신하게 되었다.[3] 결국 회사는 사상 최초로 신성시하던 제조 비법에 변화를 주면서 '뉴 코크'라고 불리는 더 달콤해진 새로운 코카콜라를 탄생시켰다. 하지만 그 과정에서 회사는 전통적인 코크 애호가들로 이루어진 엄청난 시장을 포기하는 치명적인 실수를 저지르고 말았다. 매출은 폭락했고, 사람들은 미국을 대표하는 음료를 훼손했다며 코크를 비난했다. 불과 3개월 만에 회사는 '코크 클래식'이라는 이름으로 원조 코카콜라를 복원했다.

코크는 시간이 지나면서 이 재앙에서 회복되었지만, 그 시점부터 항상 펩시와 경쟁을 벌여왔다.

애플에 정면공격을 감행함으로써 삼성의 마케터들은 자신들이 도전자 브랜드로 입지를 구축하면서 애플과의 경쟁을 스마트폰 세계의 코크와 펩시 전쟁 구도로 전환할 수 있다고 생각했다. 하지만 어떻게 하면 옹졸해 보이지 않고, 괜히 공짜로 광고만 해주지 않으며, 큰 소리로 짖기만 하는 작은 개처럼 행동하다가 조롱거리가 되지 않으면서 애플을 공격할 수 있을까?

월리스는 노골적인 코크와 펩시 전쟁의 전략을 지지하고 있었다. 하지만 펜들턴과 다른 직원들은 접근법을 완화하길 원했다.[4]

"제품을 구매하려는 사람들을 절대로 공격해서는 안 됩니다."[5] 펜들턴이 월리스에게 말했다.

과연 삼성의 전략은 무엇이었을까? '고객들은 애플의 피해자들이었다'[6]라는 것. "약간의 장난기를 섞어서 하는 것이었죠."[7] 펜들턴이 「비즈니스 인사이더」와의 인터뷰에서 말했다.[8]

"한국의 애플인 삼성은…… 미국에서 1등이 아니라는 사실을 받아들이기 어려웠습니다." 월리스가 말했다. 그것은 마치 "스티브 잡스가 파리로 가서 애플이 프랑스에서 시장점유율을 잃은 이유를 이해하지 못하는 것과 마찬가지였죠."

펜들턴과 월리스의 팀은 세계 최대의 온라인 마케팅 대행업체인 레이저피시의 전략 및 기획 담당 수석부사장인 조 크럼프Joe Crump라는 컨설턴트를 영입하며 그에게 미국에서의 심각한 브랜드 문제를 삼성의 고위 경영진에게 전달해줄 것을 의뢰했다. 크럼프는 그 문제를 해결할 아이디어를 가지고 있었다. 그는 타임스 스퀘어에 카메라 촬영기사들을 보냈는데, 각 촬영기사는 두 개의 가방을 메고 있었다. 거리에 있던 사람들에게 첫 번째 가방에는 아직 출시되지 않은 차세대 아이폰이 들어 있고, 두 번째 가방에는 삼성 휴대폰이 들어 있다고 말했다.

"각 가방을 얻기 위해 당신은 무엇을 내놓겠습니까?"

사람들은 출시되지 않은 신형 아이폰이 들어 있으리라고 생각하는 가방을 놓고 생각했을 때, 위의 질문에 다음과 같이 대답했다. "나는 새로 산 BMW를 내놓을······", "나는 1만 달러를 지불할······", "나는 여동생을 내놓겠어요."

갤럭시폰이라고 생각하는 가방의 경우에는 다음과 같은 대답이 나왔다. "잘 모르겠어요. 한 5달러?" 한 남자는 절반쯤 먹은 아이스크림콘을 내놓겠다고 말했다.[9]

"삼성에 대한 반응은 그냥 독설이었습니다."[10] 윌리스가 회상했다. "심지어 우리는 너무 심하다 싶은 몇몇 답변은 추려내야 했습니다."

미국을 방문한 한국의 중역들은 회의실에 들어와 타임스 스퀘어 설문 영상을 지켜보았다. 그들은 경악했다.[11] 결국 펜들턴은 그들의 관심을 끄는 데 성공했다. 이 현장 조사는 오직 내부 검토를 위해 실행된 것으로, 펜들턴이 한국의 중역들에게 문제의 중요성을 납득시키기 위해 고안한 계획이었다.

두 번째 단계는 애플을 겨냥한 마케팅 전쟁의 경제성이 타당하다는 점을 입증하는 것이었다. 삼성은 스카르진스키의 주도하에 이동통신사 중심의 모델을 어렵게 구축했는데, 스프린트와 AT&T가 자신들에게 맞춤화된 갤럭시폰을 받아 판매하도록 하는 것이었다. 이 모두는 삼성의 마케팅비로 이루어졌다. 만약 펜들턴이 펩시 챌린지와 유사한 캠페인을 너무 빠르게 밀어붙인다면 많은 소비자들이 AT&T 매장에 몰려들지 모르지만, 당시에 AT&T가 애플을 독점 판매하고 있었기 때문에 매장의 광고를 보고 결국 애플에 마음이 끌리게 될 터였다.

해법은 무엇일까? 삼성의 마케팅 예산을 재조정하는 것이었다. 그 당시 삼성은 미국 스마트폰 예산의 약 70퍼센트를 소위 광고비와 보조금으로 할당되는 현금인 마케팅 개발기금(MDFs)으로 이동통신사들에 투입하고 있었다.[12] 예산의 약 30퍼센트가 삼성의 자체 브랜딩 업무에 사용되었다. 펜들턴의 팀은 손대일에게 그 수치를 뒤바꿔줄 것을 요청했다. 예산의 약 70퍼센트를 자체 브랜딩 업무에 투입하고, 30퍼센트를 이동통신사들에 책정하는 것이었다.

일단 삼성에서 소비자들에게 직접 제공하는 마케팅 예산을 책정하면 펜들턴은 세 번째 단계에 착수할 수 있었다. 그것은 바로 광고대행사를 선정하는 작업이었다. 그는 기존의 매디슨 애비뉴와 서울의 광고대행사들을 거르고, 비교적 신생 업체인 세븐티투앤드서니[72andSunny]와 접촉하면서 삼성 본사를 불편하게 했다.[13] 그 회사는 로스앤젤레스와 뉴욕, 암스테르담에 사무실을 둔 광고 전문 회사로, 특히 문화 마케팅에 일가견이 있었다.

"저는 이 판을 제대로 흔들기 위해 도움이 필요합니다."[14] 펜들턴이 전화로 세븐티투앤드서니의 글렌 콜[Glenn Cole], 존 보일러[John Boiler], 매트 자비스[Matt Jarvis]에게 말했다. "우리는 최고의 휴대폰을 만들고 있습니다. 그런데 아무도 그 사실을 모를 뿐이죠."

예리하고 반항적인 접근법으로 유명한 그 트리오는 세븐티투앤드서니를 전통적인 의미의 광고대행사라고 언급조차 하지 않았다. 그해 초에 세븐티투앤드서니는 유나이티드 컬러 오브 베네통을 위해 기획한 '언헤이트(Unhate)' 캠페인으로 구설수에 올랐다.[15] '글로벌 러브'를 표방하는 광고 캠페인에서 회사는 버락 오바마[Barack Obama] 대통령과 베네수엘라의 독재자 우고 차베스[Hugo Chávez], 이스라엘과 팔레스타인 지도자들, 특히 논란의 소지가 다분한 교황과 무슬림 지도자가 키스하는 가짜 이미지를 특징으로 내세웠다.

바티칸은 법적 조치를 취하겠다고 위협했다. 교황청의 대변인은 「가디언」지와의 인터뷰에서 "광고 분야에서 다른 사람들에 대한 존중이라는 가장 기본적인 규칙이 자극적으로 관심을 끌기 위해 위반될 수 있다는 것에 낙담했다"고 말했다.[16]

펜들턴의 팀은 특유의 예리함을 기대하며 세븐티투앤드서니를 선택했다. 세븐티투앤드서니와의 전화회의에서 그는 손대일에게 지시를 받은 대로 삼성의 목표를 설명했다.

"저는 우리가 향후 몇 년 이내에 1등이 되기를 기대합니다."[17]

존 보일러는 그 목표를 "터무니없다"고 말했다. 어쨌든 삼성은 스마트폰 레이더에서 작은 점에 불과했기 때문이다. 하지만 성공의 중요한 요소 중 하나는 '강한 압박'이었다고 보일러가 회상했다.[18]

"우리는 4일 안에 펜들턴에게 콘셉트를 전달해야 했고, 2주일 안에 광고를 제작해야 했습니다."[19] 그가 말했다. "우리는 해냈고, 우리가 기를 쓰고 싸운 덕분에 시작하자마자 성공했습니다."

펜들턴은 삼성의 빡빡한 일정에서 신형 갤럭시 S2를 홍보하려면 서둘러야 했다. 그는 캘리포니아 토박이이자 UCLA 졸업생인 조앤 로바토Joanne Lovato(동료들 사이에서 조로 알려져 있다)에게 세븐티투앤드서니 및 다른 광고대행사들과 협업하는 업무를 맡겼다.[20]

그들은 신제품을 묘사하는 삼성의 엔지니어링 전문용어에 더 많은 생기를 주입하기 위해 작업했다. 각 제품의 출시를 몇 주일 앞두고 팀은 수백 쪽 분량의 두꺼운 기술 서적을 받았다.[21] 그들은 그 책을 집중해서 읽고 일상용어로 번역한 후에 소비자들에게 홍보할 중요한 특징 6~7가지를 선별해야 했다. 그러고는 출시를 앞둔 신형 휴대폰을 실물로 보지도 못한 채 그들은 온갖 엔지니어링 용어를 풀어서 '제품 포지셔닝 문서'라고 불리는 파워포인트 프레젠테이션으로 작성해야 했다. 그것으로 그들은 광고대행사에 제품 설명을 실시했다.

삼성의 마케팅 팀과 세븐티투앤드서니는 항상 시간에 쫓기며 작업하고 있었다. '공개' 행사라고 불리는 제품 론칭 행사는 주로 3월이나 4월에 열렸다. 엔지니어링 매뉴얼은 2월에 전달되었다. 로바토는 만전을 기하기 위해 일주일에 세 번씩 광고대행사와 화상회의를 진행했다.[22]

시간이 부족한 상황에서 애플의 아이폰 공개 행사 직후에 광고를 제작하기 위해 펜들턴은 오랜 시간이 소요되는 연출 과정을 거치지 않고 광고에 출연한 배우들에게 즉흥연기를 시키기로 결정했다.[23]

세븐티투앤드서니의 중역들은 작업에 착수해 펜들턴에게 보여주기 위한 첫 번째 광고를 촬영했는데, 자신의 창의적인 솜씨를 발휘하고 싶었던 펜들턴은 촬영 작업과 편집 과정에 직접 참여했다. 광고의 초창기 버전에서는 애플 매장 밖에 줄을 서서 기다리던 두 사람이 애플과 삼성 휴대폰의 특징과 품질에 대해 대화를 나누다가, 장면이 바뀌면서 다른 두 사람이 서로 휴대폰에 대해 이야기하는 것이었다.

그 광고는 느리고 지루하고 따분했다. 펜들턴의 팀은 애플을 공격하려는 삼성의 시도가 시작하기도 전에 끝날지도 모른다고 걱정했다.

"여러분, 여기에는 메시지가 없습니다."[24] 펜들턴이 말했다.

휴일 쇼핑 시즌이 다가오면서 유일한 해결책은 필름을 조각조각 잘라서 즉석으로 재편집하는 것뿐이었다. 정신없이 밤샘 작업을 하는 동안 편집실에 있던 한 사람이 광고를 서로 다른 두 사람 간의 어색하고 인위적인 별개의 두 대화 장면에서 한 장면으로 수정하자고 제안했다.[25]

21장

차세대 히트 상품

새로운 광고는 다음 날 오후에 완성되었다.

이전과 마찬가지로 광고는 애플의 맹목적인 추종자들이 (애플의 이름은 언급되지 않았지만) 아마도 아이폰으로 추정되는 차세대 히트 상품의 출시를 기다리며 밤새 길모퉁이 너머까지 줄지어 서 있는 장면으로 시작되었다.[1]

"이봐, 나는 너무 흥분되어 여기서 3주 동안 기다릴 수 있을 것 같아." 명백한 애플 추종자로 보이는 한 사람이 말한다.

"아홉 시간만 지나면 우리는 거의 문 앞에 있을 거야." 다른 사람이 말한다.

"만약 외형이 똑같으면 어떻게 사람들이 내가 업그레이드한 걸 알아보지?"

한 남자가 인도에 서 있는 어떤 여자가 아이폰은 아닌 것 같아 보이는 기묘한 기기를 조작하는 모습을 보았다. '저게 뭐지?'

"우와, 저 여자가 가지고 있는 게 뭐지?"

이윽고 다른 행인이 인도에서 손을 흔들어 택시를 잡는다. 그는 여자가 들고 있던 것과 같은 신비로운 기기를 손에 쥐고 있다.

"이봐요, 혹시 우리가 휴대폰 좀 볼 수 있을까요?" 애플 추종자들의 무리가 그 기기를 낚아채고 하드웨어와 특징을 자세히 살펴보았다.

"삼성 갤럭시폰이에요." 그 행인이 그들에게 말한다.

"이거 스크린 좀 봐봐. 엄청 크다."

"굉장히 크다." 인도에 있는 다른 남자가 말한다.

"게다가 전송속도가 4G야."

도대체 이 물건은 뭐지?

"이거 삼성이야." 그들이 서로에게 말한다. "삼성이라고?"

턱수염이 난 잘난 척하는 한 젊은이가 혼자 헤드폰을 쓴 채 노트북 위에 앉아 턱을 치켜들며 말한다.

"나는 절대 삼성 따위는 쓸 일이 없어. 나는 창조적이거든."

"야, 너는 바리스타잖아."

"이건 갤럭시 S2야. 이 휴대폰은 정말 굉장하지." 삼성 사용자가 택시에 타기 전에 애플 좀비들에게 작별 인사를 건네면서 자신의 스마트폰을 자랑한다.

무슨 메시지를 전달하는 걸까? 당신은 굳이 줄서서 기다릴 필요가 없다. 당신은 과대광고에 현혹될 필요가 없다.

"차세대 히트 상품이 이미 여기 있습니다." 광고가 마무리된다.

"세상에! 우리가 제대로 된 광고를 만들었어!"[2] 펜들턴이 광고를 지켜본 후에 소리쳤다.

펜들턴의 직원이 본사의 승인을 받기 위해 그 광고를 한국에 전송했다. 5일이 지나도록 그들은 아무 답변도 받지 못했다.[3] 5일째 되는 날 오후 6시에 손대일이 자리에서 일어나 재킷을 입고 퇴근할 준비를 하더니, 조용히 서울에서 침묵하는 이유에 대한 조언을 남겼다.

"그것은 여러분에게 스스로 목을 매달기 충분한 밧줄을 주었다는 의미입니다." 손대일이 말했다.

위험을 감수하고 시도를 할지 말지는 펜들턴 팀에게 달려 있었던 것이다. 만약 광고가 실패한다면 책임도 오롯이 팀의 몫이었다.

그들은 광고 필름을 인기 있는 기술 및 문화 웹사이트인 「매셔블Mashable」에 유출했고, 그 웹사이트는 2011년 11월 22일에 그 영상을 공개했다.[4] 바로 그날 저녁, 삼성은 회사의 페이스북 페이지에 광고 영상을 '공식적으로' 게시했다. 펜들턴은 인쇄매체와 TV 뉴스를 통하는 광고계의 일반적인 오랜 전략을 포기하고 웹사이트를 먼저 선택하면서 밀레니얼 세대를 겨냥했다. 이윽고 추수감사절 주말에 그 광고는 NFL 경기의 중간에 1분 분량의 광고로 첫선을 보였다.

그 광고는 마케팅 팀의 모든 예상을 훨씬 초월하며 엄청난 대성공을 거두었다. 삼성은 정확하게 핵심을 공략했는데, 시청자들은 애플의 부당한 허세라고 생각되는 것을 참는 데 지쳤다는 반응을 보였다. 그 광고는 16개월 만에 2,600만 명 이상의 팬들을 끌어들이면서 삼성전자 북미통

신법인을 페이스북에서 가장 빠르게 성장하는 브랜드 중 하나로 변모시켰다.[5]

"트위터에서 거의 200만 명의 팔로워를 거느린 우리는 전 세계에서 가장 빠르게 성장하는 브랜드입니다."[6] 후일 펜들턴이 한 기자회견에서 말했다.

"맥헤즈(Macheads, 애플 제품에 대해 종교적인 집착을 보이는 광팬들_옮긴이) 여러분, 긴장하셔야겠어요. 이 순간에도 여러분의 쿨함이 공격받고 있어요."[7] CBS의 첸다 응각[Chenda Ngak]이 농담했다.

2011년 3분기에 삼성은 출하량 기준으로 애플을 제치고 휴대폰 제조사들 중에서 1등을 차지했다.[8] 더 이상 스마트폰 전쟁은 애플과 이름 없는 고만고만한 안드로이드 휴대폰들 간의 전투가 아니었다.[9] 이제는 양강 구도의 경쟁이었다. 애플은 코크였고, 삼성은 펩시였다. 나머지 업체들은 구석으로 밀려났다.

하지만 펜들턴 팀이 마구 쏟아지는 애플에 대한 부정적인 언론 보도를 자축하는 동안, 미국 총괄 지사의 분위기는 급격히 가라앉았다.

처음에 침묵했던 삼성 서울 본사의 중역들이 갑자기 주목하기 시작했다. 한국에서 냉혹한 언론 보도가 첨부된 걱정스러운 이메일들이 발송되었다.[10] 벤 바자린[Ben Bajarin]은 「테크피니언스[Tech.pinions]」에 기고한 글에서 삼성은 처음 스마트폰을 구매하는 소비자들을 겨냥하기보다 아이폰 사용자들의 환심을 사는 데 더 관심이 있는 듯하다고 지적했다.[11]

곧바로 펜들턴과 윌리스는 서울의 중역들로부터 두 사람이 해고될 것이라는 통보를 받았다.[12]

"펜들턴과 저는 아마 여섯 번은 해고당했을 겁니다."[13] 윌리스가 말했다. 열 명이 넘는 전직 동료들이 이런 상황에 대해 일치된 견해를 보였다.[14] 한 동료는 펜들턴이 상황을 다르게 이야기했다고 기억했다.[15] 그는 소위 '실무 차원'의 갈등을 인정하면서도 삼성 본사와 미국 모바일 지사가 원만한 관계였다고 주장했다.

"그만두지 말아요, 그만두지 말라고요."[16] 손대일이 성공적인 업무에 대해 징계하는 처사에 분개해 사무실로 들이닥친 팀원들에게 말했다.

"펜들턴은 독자적으로 행동했습니다. 그는 너무 많은 돈을 지출했죠."[17] 한국의 한 마케터가 펜들턴 팀에 대해 말했다.

미국의 마케팅 팀이 독자적인 행동을 하는 것에 불안해진 한국의 중역들은 그들을 감독하기 위해 매주 수요일 밤(한국은 목요일 아침)에 전화회의를 실시하도록 요구했다.[18]

"우리가 규칙을 위반할 때마다 본사에서 누군가가 전화를 걸어 소리쳤습니다."[19] 펜들턴 팀의 한 마케터가 말했다. 삼성 본사는 미국의 마케터들을 신뢰하지 않았다. 그들에게 애플을 조롱하려는 펜들턴의 본능은 위험하기 그지없었다.

삼성의 글로벌 마케팅 책임자인 D.J.리가 시애틀을 방문했을 때, 윌리스는 그에게 마케팅 팀의 성과를 과시하는 파워포인트 프레젠테이션을 실시해야 하는 임무가 주어졌다.[20] 그는 문화적인 지뢰밭에 자신이 발을 들였다는 것을 깨닫지 못했는데, 자신이 상사보다 뛰어난 모습을 보이면 자칫 상사를 무안하게 만들 수 있었다. 정치학자 프랜시스 후쿠야마*Francis*

Fukuyama는 1996년에 출간된 저서 『트러스트: 사회도덕과 번영의 창조Trust: The Social Virtues and the Creation of Prosperity』에서 한국과 일본을 '저신뢰 사회'라고 정의했다.[21] 나는 그것이 사실이라는 것을 깨달았다. 한국의 사업가들은 내게 '페이퍼클립 하나까지' 문서화해야 한다고 농담했다.

"저는 우리가 영웅이 될 거라고 생각했습니다."[22] 월리스가 내게 말했다. "D.J. 리는 조용히 자리에 앉아 제 프레젠테이션을 듣고 있었습니다. 저는 그에게 프로젝터 화면으로 소셜미디어 수치를 보여주고 있었습니다. 저는 제가 아주 잘하고 있고 그가 크게 감명을 받은 줄 알았습니다."

D.J. 리는 굳은 표정으로 앉아 아무 말도 하지 않았다. 이윽고 그가 보드 마커를 꺼내 들었다.

"그는 우리에게 그들이 감사를 실시해야 했던 러시아의 마케팅 조직에 관한 스토리를 말하기 시작했습니다. 감사의 결과로…… 그들이 데이터를 조작하고 돈으로 결과를 얻어낸 것으로 드러났다고 했죠." 월리스가 말했다. 이것이 프레젠테이션을 듣고 난 후에 D.J. 리가 대답한 내용의 전부였다. 월리스는 어이가 없어 아무 말도 하지 못했다.

"그는 내게 부정을 저질렀다고 비난하는 것 같아요." 그가 한 동료 쪽으로 몸을 기울이며 속삭였다.

과연 사실은 무엇일까? 새로운 광고는 얼마나 성공을 거두었을까? 「비즈니스 인사이더」의 스티브 코바치는 다음과 같이 보도했다. "미국의 마케팅 팀은 한국의 삼성 본사보다 더 뛰어난 성과를 거두고 있었고, 다른 해외 지사들도 자국에서 '차세대 히트 상품' 광고를 사용하고 싶어 안달했다."[23]

그럼에도 불구하고 많은 팀원들은 펜들턴과 그의 마케팅 팀이 더 성공을 거둘수록 그들과 삼성 본사의 관계는 더 복잡해졌다고 회상했다.[24]

토드 펜들턴은 삼성의 글로벌 마케팅 회의에 참석하기 위해 한국을 방문할 수 없는 상황이었다. 그 대신 브라이언 월리스와 다섯 명의 다른 중역이 수원 본사로 파견되어 격려 연설을 듣고 나서 상을 받을 것이라고 기대했다.

삼성의 대회의실은 수백 명의 마케터와 중역으로 가득 채워졌다.[25] 월리스는 그들의 팀이 미국에서 거둔 마케팅 실적으로 어떤 식으로든 상을 수상할 것이라고 확신했다. 실제로 무대 위의 중역들은 특별 발표를 실시했다. 그들은 미국 마케팅 팀에게 자리에서 일어나라고 요청했다.

"무대 위 한국의 중역들은 대회의실에 있던 임직원들에게 유일하게 회사의 기대에 미치지 못한 미국의 마케팅 팀에게 격려의 박수를 보내달라고 말했다. 회의실에 있는 모두가 정반대임을 명확하게 알고 있는데도 불구하고 말이다"[26]라고 「비즈니스 인사이더」가 보도했다.

그것은 내가 수많은 삼성의 중역들에게 들었던 삼성 특유의 의식이었다.[27] 바로 성과를 인정받을 것이라고 생각할 때 질책을 당하는 것이었다. "한정된 재화의 개념(인류학적인 개념으로 한 사회에서 공유할 수 있는 땅, 돈 등 '재화'는 한정된 것이므로 누군가가 차지하는 것만큼 다른 이에게 돌아가는 몫이 줄어든다는 이론_옮긴이)은 삼성에 만연했습니다."[28] 한 마케터가 말했다. "만약 누군가가 잘하고 있다면, 그것은 당신이 그만큼 잘하지 못하고 있다는 의미입니다."

월리스는 분노가 치밀었다. 그는 당장 회사를 그만두고 싶었다.

"일어나세요, 일어나요." 옆에 있던 한 중역이 그의 팔을 잡고 일으켜 세우며 말했다.

그는 문득 '삼성은 이제까지 경험한 적 없는 가장 해괴한 곳'[29]이라는 사실을 깨달았다. 나중에 미국으로 돌아간 그는 손대일의 사무실로 달려가 회사를 떠나겠다고 말했다. 손대일은 조금만 기다려보라고 설득했지만, 월리스의 인내심은 한계에 다다르고 있었다.

다행히도 삼성 왕좌의 명백한 후계자인 이재용은 펜들턴의 업무를 주목했고, 그의 실적에 흡족해했다.[30] 그는 미국을 방문해 펜들턴의 팀과 저녁 식사를 했다. 미국의 마케팅 팀은 적어도 통치 가문이 후원하는 동안, 그리고 그들이 뛰어난 실적을 유지하는 동안에는 보호를 받았다.

22장

갤럭시 3부작

펜들턴의 마케팅 팀은 삼성의 후속 휴대폰에 관한 엔지니어링 전문 용어들로 가득한 500쪽 분량의 매뉴얼을 번역하는 작업을 하고 있었다. 바로 2012년 5월에 출시될 예정인 갤럭시 S3였다.

비록 실물을 본 적은 없었지만 그들은 이 휴대폰이 다르다는 것을 감지했다.[1] 삼성은 점진적인 혁신의 과정을 이어가며 처음 두 모델에서 조금씩 개선을 이루고, 몇몇 새로운 기능을 추가했다. 마침내 그들은 큰 변화를 이끌어내고 있었다.

18개월의 신형 휴대폰 개발 기간에 삼성의 엔지니어들은 은밀히 격리된 상태로 작업했다. 그들은 시제품 세 개를 상자에 담아가지고 사옥 주변에서 동료들과 만날 수 있었지만, 동료들에게 사진을 보여줄 수는 없었다. 그들은 프로젝트 미팅에서 휴대폰 실물을 보여주지 않고 최대한

잘 설명해야 했다.[2]

"솔직히 말해, 너무 지루하고 불만스러운 작업이었습니다." 선임 엔지니어 이병선이 말했다.

한국의 엔지니어들은 휴대폰의 소셜미디어 같은 기능들에 전념했다. 그런 기능들은 사람들에게 멀티미디어를 즉시 공유할 수 있도록 한다는 점에서 참신했다. 엔지니어들은 갤럭시 S3에 텔레비전과 연결하는 기능과 다른 휴대폰을 톡톡 두드리면 자동으로 친구들과 콘텐츠를 공유하는 기능(즉시 파일을 공유하는)을 개발하기로 결정했다. 그들은 2기가바이트 RAM부터 고성능 카메라, 대화면 디스플레이, 시중에 유통되는 최고화질의 스마트폰 스크린, 삼성에서 제작한 슈퍼 아몰레드에 이르기까지 다수의 하드웨어를 최고급품이나 거의 최고급품으로 사용했다. 하지만 미국 마케팅 팀의 전략은 개별적인 기능들을 제공하는 차원을 넘어서는 휴대폰을 만들어 소비자들에게 기억되는 브랜드를 창출하는 것이었다.[3]

"그런 기능들 중 상당수는 인기를 끌지 못했죠."[4] 펜들턴 팀의 한 마케터가 말했다. 많은 기능들이 어느 순간 덧없이 사라지기 때문에 갤럭시가 기능들을 초월해 우뚝 서려면 브랜드의 구축이 대단히 중요했다.

"펜들턴 씨도 아시다시피……."[5] 최고제품책임자 케빈 패킹엄Kevin Packingham이 신형 휴대폰을 발표하는 기자회견장에서 말했다. "우리의 치열한 경쟁업체(애플)가 같은 기간 동안 미미한 소프트웨어의 업데이트를 발표했습니다……. 그런데 그 이후로도 삼성은 세 개의 거창한 제품을 출시했고, 이제 갤럭시 S3를 소개하네요."

갤럭시 S3는 선주문으로 900만 개,[6] 처음 6주 동안 4,000만 개가 판매되면서[7] 시장을 뒤흔들었다. 「테크레이더TechRadar」는 2012년 9월에 갤럭시 S3가 전 세계 1등을 차지했다고 발표했다.[8] 모바일 월드 콩그레스에서 갤럭시 S3는 아이폰을 제치고 올해의 '최고 스마트폰' 상을 수상했다.[9] 「CNET」의 너태샤 로마스Natasha Lomas는 갤럭시 S3를 '안드로이드계의 페라리'[10]라고 불렀다. 「CNET」 UK의 독자들은 투표를 통해 갤럭시 S3를 '2012년 최고의 휴대폰'으로 선정했다.[11]

삼성의 수익은 그 분기에 59억 달러를 기록하며 1년 전보다 79퍼센트 증가했다.[12] 펜들턴 팀은 삼성이 획기적인 실적을 달성한 것을 자축했다. 비록 수익률에서 뒤처지긴 했지만 삼성은 판매량에서 애플을 추월했다. 삼성은 세계 최대의 스마트폰 제조업체 왕좌에 등극했다.

하지만 애플은 2012년 8월 24일에 삼성과 애플의 변호인단과 수많은 기자들이 쿠퍼티노 법원으로 불려 들어갔을 때, 그들만의 승리를 만끽할 수 있었다.

오후 2시 35분, 고도로 기술적인 700개의 문제에 대한 심리를 끝마친 후,[13] 배심원단은 만장일치로 법정에 삼성이 애플의 특허를 다수 침해했으며 애플에 10억 5,000만 달러를 배상하라고 통고했다. 한편, 법원은 애플이 삼성의 특허를 전혀 침해하지 않았다고 판결했다.

"우리는 단지 가벼운 처벌에 그치지 않는다는 메시지를 확실히 전달하고 싶었습니다."[14] 배심원장인 벨빈 호건Velvin Hogan이 로이터 통신과의 인터뷰에서 말했다. "우리는 배상액을 고통스러울 만큼 높지만 터무니없이 과하게 책정하고 싶지는 않았습니다."

판사 루시 고Lucy Koh는 매우 유능한 실리콘밸리 변호사들을 매섭게 쏘아붙인 덕분에 유명 인사가 되었다. 그녀가 재판 도중에 그들에게 말했다. "약에 취하지 않고서야 주어진 시간이 네 시간도 안 되는 상황에서 증인들이 소환되리라고 생각하지는 않겠지요."[15] 그녀는 나중에 배심원단이 삼성의 손해 배상액을 잘못 계산했고, 애플에 지급할 배상액을 6억 달러로 낮추기로 결정했다.[16]

하지만 이 두 기업 간의 법적 소송은 끝나려면 한참 멀었다. 애플과 삼성의 두 번째 재판은 이미 진행되고 있었다.[17] 삼성은 영국, 일본, 한국에서 법적 승리를 거두었다.[18]

2012년 9월 12일 아침, 애플의 CEO 팀 쿡은 고(故) 스티브 잡스의 후임자로서 첫 제품 출시를 위해 쿠퍼티노의 무대 위에 올랐다.

"오늘 우리는 스마트폰을 한 단계 높은 수준으로 끌어올리려고 합니다."[19] 그가 말했다. 수년 동안 획기적인 신제품의 개발을 기다린 끝에 애플은 아이폰 5를 공개하고 있었다.

그로부터 남쪽으로 수백 킬로미터 떨어진 로스앤젤레스에서 펜들턴과 그의 마케팅 팀은 볼프강 퍽 레스토랑에 마련된 전략회의실에서 노트북과 TV가 놓인 테이블들 주위에 모여 팀 쿡이 새로운 기능에 대해 언급할 때마다 올라오는 소셜미디어의 반응들을 검토하고 있었다. 헤드폰잭, 새로운 소프트웨어, 화면의 크기 등에 대해 마케팅 팀은 다양한 반응을 수집했다.

"데이터가 전달되면……."[20] 「포천」의 마이클 레브램Michal Lev-Ram이 보도했다. "같은 전략회의실에 대기하고 있던 삼성의 광고대행사 세븐티투앤드서니의 작가들은 서둘러 대응책을 작성했다."

　두 시간 후 팀 쿡이 무대에서 내려왔을 때, 이미 펜들턴은 삼성과 애플의 마케팅 전쟁에서 다음 공격을 할 준비가 되어 있었다. 그는 속사포처럼 광고촬영에 돌입했다. 광고는 배우들의 즉흥연기로 빠르게 진행되었는데, 그들이 나누는 대화의 요지는 팀 쿡의 아이폰 출시를 둘러싼 소셜미디어 반응에 관한 것으로, 아이폰의 각 기능을 비꼬려는 의도였다.[21] 일주일 후인 9월 19일에 그 광고는 전파를 탔다. 그것은 아이폰 5의 발매일자보다 앞서 관심을 독차지하기 위한 시도였다. 아이폰 5는 이틀 후인 9월 21일에 발매되었다.

　그 광고에서 애플의 추종자들은 다시금 시카고, 샌프란시스코, 뉴욕의 길모퉁이 너머까지 밤새 줄을 서서 기다리며 출시를 앞두고 소문으로 떠도는 이런저런 기능들에 대해 잡담을 나누고 있다.

　"헤드폰 잭이 '아래쪽'에 달려 있을 거래!"[22]

　"커넥터가 전부 디지털이라던데. 도대체 그게 무슨 뜻이지?"

　"신형은 결합 장치를 사용하려면 어댑터가 필요하다던데." 한 남자가 불평했다.

　"맞아, 하지만 그들은 '가장 멋진' 어댑터를 만들잖아."

　첫 번째 광고에 등장했던 삼성 사용자가 이번에는 줄을 서서 기다리고 있다. "돌아온 걸 환영해!" 한 애플 추종자가 말한다. "갤럭시 S3가 신통치 않았나 보네."

　"아니, 나는 갤럭시 S3를 사랑해. 정말 굉장하거든. 나는 그저 다른 사람을 위해서 자리를 맡아주고 있을 뿐이야."

고리타분한 노부부가 등장한다. 삼성 사용자는 전혀 쿨하지 않은 부모를 위해 자리를 맡아주고 있었던 것이다.

애플의 팬들은 자존심이 상한다. 주인공은 작별 인사를 건네며 삼성 휴대폰을 들고 간다.

"차세대 히트 상품이 이미 여기 있습니다." 마지막 문구가 나온다.

9월의 어느 날, 서울 본사와의 연락원인 미국 총괄 지사의 지"라는 성의 한국인이 황급히 사무실로 뛰어들어왔다.[23] 그는 몹시 당황했고, 잔뜩 겁에 질린 듯했다. 미국 마케팅 팀의 장부를 철저히 조사하기 위해 삼성 본사의 감사관들을 잔뜩 태운 비행기가 한국을 출발해 이곳으로 오고 있는 중이었기 때문이다. 그들은 불과 몇 시간 후면 착륙할 터였다.

"그들을 도와주고 솔직하게 대하세요."[24] 지가 말했다. 그는 마케팅 팀에게 그들이 요구하는 것은 무엇이든 제공하라고 했다.

3주일 동안 미국의 마케팅 팀은 자신들의 성공을 입증하기 위해 어쩔 수 없이 방대한 자료에 대해 꼼꼼하게 진술해야만 했다.

"그들은 미디어에 뇌물을 제공하고, 매출을 위조하고, 다른 많은 부정을 저질렀다는 비난을 받았다. 직원들의 사기를 떨어뜨리기에 충분했다."[25] 「비즈니스 인사이더」의 스티브 코바치가 보도했다. "삼성을 애플만큼 인정받는 브랜드로 전환하는 데 기여한 바로 그 미국의 부서가 순식간에 그들의 업무에 대해 징계를 받게 되었다."

'이게 우리가 거둔 성공에 대한 보상이란 말인가?' 펜들턴의 팀원들은 의아했다.

직원들이 감사로 인해 정신없는 동안에도 펜들턴은 꿋꿋이 자부심을 잃지 않았다.[26] 그에게 감사는 두려운 것이 아니었다. 삼성 본사는 단지 그의 팀이 무엇을 하고 있는지 궁금해하는 것일 뿐이라고 생각했다. 직원들은 펜들턴의 성공 뒤에 있는 마법은 바로 그의 끊임없는 낙관주의라고 주장했다.

감사관들은 별다른 문제를 발견하지 못했다.[27] 한국의 본사로부터 공격을 당하는 중이라고 느낀 마케팅 팀의 위기의식은 펜들턴의 유능한 마케터들 간에 일체감을 강화하면서 그들을 부족처럼 결집시키는 예상치 못한 결과를 가져왔다.[28]

삼성 서울 본사의 중역들이 무슨 생각을 하든 미국 마케팅 팀의 '차세대 히트 상품' 광고는 무려 7,000만 회의 온라인 시청을 이끌어냈다.[29] 그것은 2012년에 가장 인기 있는 기술 제품 광고였다.

펜들턴은 2013년 1월 28일 「월스트리트 저널」을 펼쳤을 때 소름 돋는 기사를 보고 희열을 느꼈다.

'애플은 쿨함을 삼성에게 빼앗겼나?'[30]가 그 기사의 제목이었다.

"스마트폰 시장의 선두 주자 삼성은 금요일에 회사의 4분기 수익이 갤럭시 S 제품군을 포함한 스마트폰 매출의 강세에 힘입어 기록적인 수치인 76퍼센트나 급증했다고 발표했다. 최신형 제품은 많은 소비자들에게 디자인과 기능 면에서 모두 경쟁력이 있다고 여겨지고 있다." 기술 전문 기자인 이안 셰르Ian Sherr와 에반 램스테드Evan Ramstad가 보도했다.

"한편, 애플은 4분기에 수익의 변동이 없다고 보고된 이후 아이폰 5의 수요에 대한 우려가 재발하면서 지난 이틀 동안 주가가 14퍼센트나 급락했다. 주가는 아이폰 5가 매장에 발매되기 바로 이틀 전인 9월 19일에 사상 최고치를 기록한 이후 37퍼센트나 하락했다."

「월스트리트 저널」의 기사는 삼성이 '애플과의 쿨한 이미지 격차'를 거의 줄일 수 있게 했던 펜들턴의 '마케팅 맹공격'을 지목했다. 그 기사는 기술업계에서 큰 관심을 끌었다.[31]

하지만 슈퍼볼이 6일 앞으로 다가와 있었고, 펜들턴은 시장에서 애플의 입지를 흔들기 위한 공격을 멈추지 않았다. 그는 세븐티투앤드서니와 함께 1,500만 달러 규모의 새로운 즉흥연기 광고를 슈퍼볼 기간에 방송될 수 있도록 준비했다.[32] 그 광고는 폴 러드**Paul Rudd**, 세스 로건**Seth Rogen**, 〈브레이킹 배드**Breaking Bad**〉의 밥 오덴커크**Bob Odenkirk**가 출연해 그들만의 가상 슈퍼볼 광고를 구상하면서 주고받는 재미난 농담으로 이루어졌다.

"정말 '슈퍼보……'라고 말하면 안 되는 거죠?"[33] 세스 로건이 물었다.

"당연하지! 그거 상표로 등록되어 있잖아." 밥 오덴커크가 바로 쏘아붙였다. "자네 소송당한다고!"

"혹시 '샌프란시스코'는 말해도 돼요?"

"물론이지."

"그런데 '포티나이……'(포티나이너스는 샌프란시스코의 미식축구 팀_옮긴이)는 안 되죠?"

"그렇지!"

"그럼 '샌프란시스코 피프티 마이너스 원'(50에서 1을 빼면 49, 즉 포티나인_옮긴이)은 될까요?"

"훌륭해."

그 광고는 더 많은 휴대폰을 판매하기보다 애플의 소송을 조롱하면서 브랜드를 구축하려는 시도였다(지나치게 소송에 집착하는 애플의 행태를 비꼬는 광고_옮긴이). 삼성은 긍정적인 홍보의 강력한 흐름을 타고 있었다.

「포브스」는 그 광고를 "경쟁업체 애플에 날리는 확실한 잽 연타"라고 묘사했다.[34]

애플의 마케팅 담당 수석부사장인 필 실러Phil Schiller는 삼성의 마케팅 광고에 몹시 격분했다. 그는 애플의 광고대행사인 TBWA 사이엇 데이Chiat/Day에 「월스트리트 저널」의 기사를 링크한 이메일을 발송했다.

"우리는 이 상황을 전환하기 위해 해야 할 일이 많습니다"[35]라고 그가 적었다. 또한 그는 애플의 CEO 팀 쿡에게도 애플이 "새로운 광고대행사를 물색해야 할지 모른다"고 이메일을 보냈다.

"우리도 몹시 아프게 통감하고 있습니다."[36] TBWA의 한 중역이 실러에게 답변했다. "우리는 애플의 난관을 타개하는 데 절대적으로 광고가 필요하다는 점에서 현재 상황이 1997년과 아주 흡사하다고 판단하고 있습니다."

실러는 이 답변에 화가 치밀었다.

"과거를 들먹이며 애플이 회사를 운영하는 방식에 대해 완전히 다르게 생각해야 한다고 제안하는 것은 형편없는 답변이로군요."[37] 그가 적었다.

"1997년에 애플은 마케팅할 만한 제품이 없었습니다. 우리는 거의 수익을 거두지 못해 6개월 뒤면 문을 닫을 위기에 처한 회사였습니다…… 세계 최고의 기술 기업이 아니었습니다. 모두가 모방하고 경쟁하고 싶어

하는 회사가 아니었죠."

"삼성의 슈퍼볼 광고는 꽤 훌륭했습니다." 실러가 이어 말했다. "그런데 우리가 아이폰에 대한 설득력 있는 광고 브리프를 만들기 위해 애쓰고 있는 동안에 이 친구들(TBWA)은 마치 무아지경에 있는 운동선수들처럼 자기도취에 빠진 듯했어요."

신형 갤럭시폰을 출시할 때마다 펼치는 삼성의 새로운 마케팅 전략에 대응해 애플은 신제품을 출시하는 데 있어 화면과 크기를 확대함으로써 더 폭넓은 소비자층에 더 다양한 선택을 제공할 수 있도록 회사의 한정된 제품군을 확장하면서 삼성의 사례를 따르는 듯했다.

"소비자들은 우리에게 없는 것을 원한다."[38] 2013년 2월, 애플의 한 프레젠테이션 화면에 등장한 우울한 문구는 회사의 성장이 둔화되고 있고, 사람들이 더 큰 화면을 애타게 요구한다는 점을 아쉬워했다. 그것은 이미 삼성이 개척한 아이디어였다.

애플의 광고도 재시동을 걸어야 했다. 펜들턴의 광고들이 조롱하고 있는 동안 애플은 이미 '지니어스 바'(Genius Bar, 애플 스토어 내에 있는 수리 및 상담 코너_옮긴이)를 중심으로 하는 일련의 광고를 내보내고 있었다. 빽빽거리는 목소리로 주절대며 여기저기 설치고 다니는 괴짜 수리공이 등장해 여객기 기내, 누군가의 집 현관 앞, 도심의 거리에서 사람들에게 애플 제품들의 기본 기능에 대해 설명하는 광고들이었다. 「더 버지」는 그 광고들을 "민망스럽다"고 평가했고,[39] 충성스러운 애플의 추종자들마저 비웃었던 탓에 결국 애플은 광고를 중단하고 말았다.[40]

2013년에 애플은 미국 내 휴대폰 광고 예산을 전년도의 3억 3,300만 달러에서 3억 5,100만 달러로 증액했다(삼성의 2012년도 예산은 4억 100만 달러였다).[41] 애플은 광고 작업을 사내에서 진행하며 기존의 외부 대행업체를 애플 내부의 인재들과 경쟁하도록 유도했다.[42]

애플이 예전의 힘을 되찾기 위해 노력하는 동안 삼성은 이미 다음 공격을 준비하고 있었다. 이번에는 소프트웨어였다.

23장

생태계

"극복하지 못할 장애물은 없습니다. 우리는 더 열심히 일하고 더 강하게 밀어붙이고 더 빠르게 전진해야 합니다!"[1]

갤럭시 제품 기획 회의에서 소프트웨어 및 콘텐츠 담당 수석부사장인 강태진은 상사들의 심한 질책을 끝까지 들으며 앉아 있었다. 엔지니어들은 무시무시한 속도로 갤럭시폰의 하드웨어를 개발해내면서 많은 영역에서 애플을 추월했다. 하지만 각 기기에 생명력을 불어넣는 영혼으로, 하나의 생태계에서 다른 사람들과의 의사소통을 가능하게 만드는 소프트웨어는 오류가 많고 투박했다.

"리더스 허브, 비디오 허브, 뮤직 허브."[2] 강태진은 현재 근무하는 새로운 회사의 고위 간부실에서 차를 마시며 내게 말했다. 그는 킨들과 아이튠즈의 워너비에 지나지 않았던 갤럭시 최초의 형편없는 소프트웨어에 대해 생각하고 있었다. "이런 서비스들은 각각 전혀 다른 회사, 전혀 다른 담당자와 개별적으로 거래를 해야 했죠." 그 회사들은 삼성과 계약 했기 때문에 "판매 부서와 마케팅 부서는 품질에 대해 거의 생각하지 않 고 그들의 업무만 검토하고 넘어갈 수 있었습니다. 그건 끔찍한 경험이 었어요."

"우리도 킨들, 아이튠즈, 넷플릭스에 대항할 만한 소프트웨어를 가지 고 있었죠.[3] 하지만 정보의 교류가 없었기 때문에 모든 결제 경로가 달랐 어요. 음악을 구매하기 위해 신용카드를 등록했다고 해도 전자책을 구매 하려면 다시 신용카드를 등록해야 했습니다."

강태진은 체념이 섞인 목소리로 말했다. 실리콘밸리의 유명한 소프트 웨어 기업가였던 그는 1990년대 후반에 싱크프리ThinkFree의 창업자로서 명성을 쌓아 올렸다. 싱크프리는 웹 기반의 무료 워드프로세서였는데, 구글 독스Google Docs와 클라우드 컴퓨팅이 없었던 그 당시 마이크로소프트 워드가 장악했던 그런 소프트웨어는 전적으로 하드드라이브에서 실행 되었다.

결국 싱크프리는 워낙 규모가 작아서 마이크로소프트를 넘어설 수 없었다.[4] 하지만 엄청난 대기업이던 삼성은 거의 무한한 자원과 잠재력 을 갖추고 있었다.

"저는 모두가 사용할 수 있는 소프트웨어를 만든다는 제 꿈을 삼성에 서 실현할 수 있을지도 모른다고 생각했습니다."[5]

강태진은 3년 전인 2010년 3월, 오랜 친구이자 IBM 코리아의 디렉터 였던 이호수의 권유로 삼성에 입사했다.[6]

강태진이 합류한 이후 건강이 나빠진 삼성의 이 회장은 새로운 성장 분야를 찾는다는 비전을 선포했다.[7] 소프트웨어도 그런 분야들 중 하나였다.

"그들은 프리미엄 휴대폰 시장에서 성공하려면 생태계를 창출해야 한다는 것을 깨달았습니다"[8]라고 강태진이 말했다.

점심 식사를 하면서 친구인 이호수가 강태진에게 자신이 삼성에서 이끄는 미디어솔루션센터(MSC)에 대해 말했는데, 500명 규모의 새로운 조직으로 크고 낡은 옛 VCR 공장에 자리 잡고 있었다.[9] 강태진의 말에 따르면, 그들의 임무는 "애플이 실행하고 있는 것에 필적하도록" 모든 삼성의 기기들에 연결되는 소프트웨어 생태계를 구축하는 것이었다.[10]

"저는 강태진을 아주 많이 원했습니다."[11] 훗날 이호수가 서울 남동부에 있는 한 고층 빌딩의 거의 최고층에 위치한 새로운 회사의 사무실에서 내게 말했다. "만약 그걸 해낼 수 있는 사람이 있다면 그건 바로 강태진이었습니다."

"자네, 삼성에 와서 일을 해보는 건 어떤가?"[12] 이호수가 그에게 물었다.

하지만 삼성에서 일하기 시작했을 때, 강태진은 그곳이 소프트웨어 재난 지대라는 것을 알게 되었다.

"삼성은 여덟 혹은 아홉 개의 운영체제로 자사의 기기들을 가동하고 있었습니다."[13] 소프트웨어 개발자들은 바다라는 자체적인 운영체제를 개발하기 위해 애쓰고 있었다. 그것은 강태진이 입사하기 바로 한 달 전인 2010년 2월에 가동되었지만, 회사는 곧 그것이 실패작임을 깨달았다. 스카이프 같은 기본 어플리케이션들은 VoIP(음성 인터넷 프로토콜)[14] 소프트웨어에 대한 제한 때문에 사용할 수 없었고, GPS 시스템도 형편없었다.[15]

삼성의 중역들은 닭이 먼저냐 달걀이 먼저냐의 문제에 봉착했음을 깨달았다.[16] 사람들은 어플리케이션 없는 허접한 운영체제를 사용하고 싶어 하지 않았고, 개발자들은 사용자 없는 소프트웨어를 위한 어플리케이션을 만들고 싶어 하지 않았다. 해결책은 두 가지였다. 그들은 회사 안팎 모두에서 개발자들의 커뮤니티를 구축하고, 그것을 바탕으로 사용자들의 커뮤니티를 구축해야 했다. 하지만 어떻게 시작해야 하는가?

강태진은 회의실 테이블에 CEO 최지성을 비롯한 중역들과 둘러앉아 함께 다음 단계에 대한 프레젠테이션을 듣고 있었다.

"자네, 이것에 대한 아이디어가 있는 거지?"[17] 최지성이 동안(童顔)의 소프트웨어 개발자에게 물었다. "최선의 방법은 뭔가?"

강태진은 테이블 주위에 앉아 있는 중역들을 둘러보았다. "인수합병입니다." 그가 그들에게 말했다.

그것은 과감한 제안이었다. 1995년에 실행해 결국 실패로 끝났던 PC 제조업체 AST 리서치의 인수합병은 삼성 경영진의 마음에 큰 상처로 남아 있었다. 그 사건으로 인해 그들은 다른 기업들을 인수하는 것을 불신하게 되었다. 보다 글로벌 마인드를 갖춘 최지성은 인수합병에 관심이 있었지만, 모바일 책임자인 신종균과 그의 엔지니어들은 인수합병을 반대했다. 회사의 전략을 잘 아는 다수의 직원들에 따르면, 신종균은 인수합병에 대해 너무 위험부담이 크다고 생각했다.[18]

강태진은 만약 삼성이 더 빠른 결과를 얻고 싶다면 삼성의 전통적인 방식에 따라 사내에 새로운 역량을 구축하는 것은 포기해야 한다고 주장했다. 그 대신 삼성은 태평양 너머에 있는 전설적인 약속의 땅으로 눈을 돌려야 했다. 바로 실리콘밸리였다.

"그들은 우리가 힘을 구축할 때까지 기다리면서 7,8년을 허비하고 싶어 하지 않았죠."[19] 그가 내게 말했다. "그 당시 삼성은 그야말로 돈을 쓸어 담고 있었습니다." 스마트폰이 성공을 거두면서 삼성의 현금은 곧 285억 달러까지 증가할 것이고, 삼성은 그 돈을 소프트웨어 회사들의 인수에 투입할 수 있을 터였다.[20]

이건희 회장과 삼성의 황태자 이재용은 인수합병에 찬성했고, 결국 그 전략은 적중했다.[21] 향후 5년 동안 삼성은 마치 사금을 채취하듯 신생 기업들을 사들였다. 많은 쓰레기들을 걸러내지만 드물게 발견되는 금덩어리들은 충분한 보상이 될 터였다. 삼성은 11억 달러를 신생 기업에 투자할 벤처자본으로 확보했고,[22] 애플과 다른 경쟁업체들부터 소프트웨어 엔지니어들을 영입하기 시작했다.[23] 마침내 새너제이에 3억 달러 규모의 연구시설에 대한 조사를 시작했고, 2013년에 착공했다.[24] 소프트웨어 인재를 영입하고 싶어 하던 삼성에게 실리콘밸리는 최적의 장소였다.

"팜Palm이 매물로 나왔다는 소문이 돌았습니다."[25] 강태진이 말했다. 그는 팜을 갤럭시폰의 운영체제로 괜찮은 대상이라고 여겼다. 하지만 그가 협상을 위해 현장으로 날아가자마자 HP가 그보다 먼저 12억 달러에 인수계약을 체결했다. 이윽고 HP는 강태진에게 접근해 삼성과 소유권을 분할하는 방안에 대해 제의했다.

강태진은 HP와 협상할 준비가 되어 있었다.[26] 하지만 CEO인 마크 허드[Mark Hurd]가 여성 계약자와의 섹스 스캔들이 터져 사임하게 되었다.[27] "공석인 허드의 자리를 놓고 투쟁이 벌어졌습니다."[28] 그가 말했다. "그래서 (삼성과 팜에 관한) 협상을 주도하던 사람이 집중할 수 없는 상황이 되었습니다."

칸에서 개최되는 음악 박람회 미뎀에서 강태진은 자신의 꿈을 실현할 기회를 발견했다.[29] 그는 한 비서로부터 캘리포니아 소프트웨어 기업가인 대런 츄이와 에드 호[Ed Ho]에 대한 이야기를 들었다. 그중에서 츄이는 '디지털 라커' 기술에 대해 강의를 하고 있었다.

대런 츄이와 에드 호는 2004년 음악 애호가들을 위해 그들의 음악 목록을 서버의 '라커'에 업로드하고 인터넷 접속을 통해 어디서든 사용할 수 있도록 한 도구인 엠스팟 뮤직[mSpot Music]이라는 서비스를 시작하면서 업계의 변화를 이끈 초기 선구자가 되었다.[30] 소비자들은 더 이상 음악 목록이 담긴 아이팟을 가지고 다녀야 할 필요가 없었다. 순식간에 음악은 휴대폰에서 필요할 때마다 즉시 들을 수 있게 되었다.

"그때까지는 PC에 음악 목록을 저장하고 거기서 케이블을 통해 아이팟으로 다운로드해야 했습니다"[31]라고 강태진이 말했다.

스포티파이[Spotify]가 본격적으로 자리 잡기 전까지 엠스팟은 텔레비전부터 스피커, 휴대폰, 태블릿에 이르기까지 모든 기기들에서 두루 사용되었다.[32] 그것은 삼성이 추구하던 생태계였다. 강태진은 두 사람과 만날 준비를 하고 상사인 최지성에게 그 회사의 인수에 대해 검토해줄 것을 요청했다.

대런 츄이와 에드 호는 소프트웨어 선구자들이었다. 그들은 너무 이른 타이밍만 아니었다면 「포천」의 표지를 장식하면서 억만장자가 될 수도 있었다.

"아이디어만 중요한 것이 아닙니다. 타이밍이 가장 중요합니다. 제가 얻은 교훈은 바로 그겁니다."[33] 에드 호가 캘리포니아 팰로앨토에 위치한 집 근처에서 커피를 마시며 내게 말했다.

대런 츄이는 상대방과 어울리며 좋은 인상을 주고 계약을 체결하는 탁월한 거래 협상가였던 반면, 에드 호는 제품의 코딩에 전념하는 컴퓨터 프로그래머였다.

대런은 1994년에 출판업체들이 안내 광고와 기사를 인터넷에 올릴 수 있는 판테온Pantheon이라는 플랫폼을 개발하면서 커리어를 쌓기 시작했다.[34] 1997년 말에 판테온은 온라인 도시 안내 서비스를 제공하는 Zip2라는 일론 머스크Elon Musk의 첫 번째 회사로 편입되었다. "그 회사는 도어 투 도어 길 안내와 전화번호부 등의 서비스를 제공했습니다."[35] 대런이 내게 말했다.

대런 츄이와 에드 호는 Zip2에서 노키아가 초창기 휴대폰에 사용했던 길 안내 기술을 개발하면서 만났다.[36] 그 이후에 그들은 스카이고Skygo라는 모바일 광고 회사를 공동으로 창업했는데, 그 회사도 다른 회사에 인수되었다. "우리의 문제는 아이디어는 완벽했지만 타이밍이 너무 일렀다는 것이었습니다." 대런이 말했다.

왜 그들은 삼성에게 인수를 허락했을까?

"그것은 막강한 회사가 되기 위한 절호의 기회였습니다."[37] 대런이 내게 말했다. "갤럭시폰을 가진 수백만의 사람들이 사용하는 소프트웨어를 제작하는 회사가 되는 겁니다."

하지만 삼성 휴대폰에 엠스팟을 사전에 탑재하는 데 대한 논의가 완전한 인수합병으로 전환되었다. 그리고 대런은 삼성의 접근방식에 대해 불쾌해했다.

"우리는 정말 그 사람들이 우리를 가지고 논다고 생각했습니다." 대런이 내게 말했다. "우리를 꼬드겨 정보를 빼낸 후에 그들이 직접 만들려고 하는 줄 알았죠."

삼성의 실사 작업은 철저했다. 많은 회계사와 엔지니어, 변호사들이 캘리포니아 교외에 위치한 엠스팟의 평범한 창고 같은 공간을 밀고 들어와 두 사람을 미치게 만들었다.

"U자형 테이블 주위로 사람들이 한 팀을 이루어 앉아 있습니다."[38] 에드 호가 말했다. "우리는 그 중간에 앉아 있고, 한 무리의 사람들이 종일 자판을 두드리며 자료만 입력했죠. 질문이 나오기가 무섭게 누군가가 자판을 두드립니다. 사실 외부에서 그들이 전달하는 모든 내용을 받아 매일 보고서를 작성하는 다른 사람들이 있기 때문에 그곳에 누가 있든지 그 과정은 계속 진행될 수 있었고, 다음 날 후속 질문을 이어갈 수 있었습니다."

유일한 휴식 시간은 점심과 저녁의 식사 시간뿐이었다.[39] 삼성의 중역들은 거의 20년 전 처참했던 AST 리서치의 인수합병을 자꾸 언급하며, 단지 이재용의 의지로 인수합병을 추진하는 것이라고 설명했다.

대런 츄이와 에드 호는 회의를 거듭하면서 삼성의 관리자들이 소프트웨어나 생태계의 구축에 대해 이해하지 못했음을 알 수 있었다.[40] 그들은 소프트웨어를 갤럭시 하드웨어의 추가 부분으로 취급했다. 한 팀은 코딩의 기본조차 이해하지 못했다. 다른 팀은 사용자 커뮤니티의 구축에 대해 이해하지 못했다. "왜 당신들은 이걸 이런 식으로 합니까?" 그들이 물었다.

"인수협상은 계속 지체되었는데, 신종균의 최종 결제가 필요했기 때문이었습니다."[41] 대런이 말했다. 하지만 삼성 모바일의 책임자인 무뚝뚝한 신종균은 여전히 회의적이었다. 그는 노골적으로 이재용에게 반발할 수 없었지만, 인수 과정을 지연시킬 수는 있었다. 삼성 직원들이 한국에 보고하면 새로운 관료가 추가로 등장했다. 새로운 관료는 매번 상급자에게 책임을 전가하면서 합의 구축 과정을 어렵게 만들었다. 아무도 찬성할 수 있는 권한을 지니지 않았다. 모두가 반대할 권한만 지니고 있는 듯했다.

거의 1년 가까이 지지부진한 실사와 협상에 지친 대런 츄이와 에드 호는 계약을 포기하려고 마음먹었다.[42]

"우리는 너무 지쳤습니다."[43] 대런이 말했다.

그러던 차에 상황은 결정적인 순간을 맞이했다.

"저는 계속 밀어붙였습니다."[44] 강태진이 말했다. 마침내 그는 승인을 받아냈다. 최지성이 바르셀로나에서 열린 한 회의에서 이 사안에 대한 의결을 강행했고, 회의 테이블을 돌아가며 의사를 물어 모든 중역들로부터 찬성표를 얻었다. 투표는 마침내 상사에게 굴복한 신종균의 결정으로 마무리되었다. 계약은 2012년 5월에 성사되었고, 인수액은 5,000만 달러

에서 6,000만 달러 사이라고 전해졌다.[45]

대런 츄이와 에드 호는 이제 미디어솔루션센터에서 강태진의 지시를 받았다.

"우리의 목표는 엠스팟 라커를 최대한 많은 기기에 장착해 전 세계로 출시하는 것이었습니다."[46] 대런이 말했다. 하지만 즉시 삼성의 빠른 하드웨어 문화는 엠스팟의 업무처리 방식과 충돌했다.

한국의 갤럭시 마케팅 팀은 최대한 빨리 엠스팟 서비스를 170개국에서 사용할 수 있게 해줄 것을 요구했다.[47] 그들은 소프트웨어 프로그램을 개발하고, 출시하고, 보완하는 과정을 하드웨어를 제조하는 과정과 융합하기를 원했다. 하드웨어에서는 부품을 개발하고, 재고를 정리하고, 물품을 발송하면 작업이 끝났다. 하지만 소프트웨어에서는 프로그램의 출시만으로 결코 소프트웨어의 개발이 끝나지 않았다.

강태진이 그들에게 지적했던 것처럼 소프트웨어 생태계를 창출하는 작업은 더 유연하고, 더 까다롭고, 시간과 인내가 필요했다. 그는 자신의 견해를 하드웨어 엔지니어들에게 이해시키기 위해 애플의 사례를 제시했다.

"처음 아이튠즈 서비스를 출시한 후에 애플이 다음 국가인 캐나다에 진출하기까지 3~4년이 걸렸습니다. 그리고 애플이 그 서비스를 20개국에서 상용화하기까지는 7년이 걸렸죠."[48]

그는 각 국가에서 복잡한 저작권법을 처리하고 전 세계 음반 회사들 및 배급업체들과 협상하는 데 수년이 걸린다고 지적했다. 그런 후에는 검열도 해결해야 했다.

"우리는 사우디아라비아에서 비디오 서비스를 제공하지 않기로 결정했습니다." 강태진은 무엇보다 여성의 발목 맨살을 보여주는 것을 금지하는 관습을 우려했다고 말했다. 그는 마케팅 중역들에게 말했다. "먼저 미국과 한국에서 시작하고 그 경과를 지켜봅시다."

그 대신 삼성은 뮤직 허브라고 불리는 엠스팟의 새로운 서비스를 7개 국에서[49] 서둘러 출시했다.[50] 그것은 150개국보다는 훨씬 더 감당할 수 있을 만한 숫자였지만, 여전히 소프트웨어 개발자들이 합리적이라고 생각하는 것보다는 한참 더 많은 숫자였다. "코드 안에 오류가 적지 않았는데, 알다시피 우리에게 빠른 가동을 재촉했고 기능이 너무 많았기 때문이었습니다"라고 대런이 말했다.

삼성 지사들의 영업부는 기본으로 설치된 블로트웨어(bloatware, 쓸모없는 기능으로 메모리를 차지하는 소프트웨어_옮긴이)에 대해 소비자들의 원성이 자자하다고 불평했다.[51] 대런과 에드, 강태진은 신통치 않은 온라인 리뷰들을 접하게 되었다.

삼성의 기업문화에 저항하는 사람들은 단지 그들뿐만이 아니었다.

"삼성은 한국에서 작업하는 방식 그대로 실리콘밸리에서 작업했습니다."[52] 전 사업개발 담당자 임수미가 말했다.

삼성 내부에서 떠도는 스토리가 하나 있었다. 안드로이드의 창업주 앤디 루빈(Andy Rubin)은 저서 『도그파이트Dogfight』에서 작가 프레드 보겔스타인Fred Vogelstein에게 말했던 것처럼 2004년 말에 그의 운영체제를 삼성에 매각하겠다고 제안했다.

"당신과 어떤 집단이 그걸 만들겠다는 겁니까? 인원도 여섯 명뿐입니다. 당신 약이라도 했습니까?"[53] 안드로이드 창업자들이 삼성으로부터 들은 말이었다. 루빈은 대기업과의 작업을 선호하는 한국 기업의 성향에 부딪치게 되었다.

"저는 그들의 비웃음을 뒤로하고 회의실을 나왔습니다. 우리가 구글에 인수되기 2주 전에 일어났던 일입니다."

구글은 약 5,000만 달러에 안드로이드를 인수했다.[54] 안드로이드 운영체제는 모든 비(非)애플 스마트폰에 장착되는 구글 제품의 중추가 되었다. 구글의 부사장인 데이비드 로위David Lawee는 훗날 이 인수합병을 '구글 사상 최고의 거래'라고 불렀다.

삼성의 직원들은 회사에서 절호의 기회를 놓쳤다고 생각했다.[55] 삼성은 이제 구글에 의존해 자사 휴대폰의 소프트웨어를 작동시켜야 했다.

2013년 2월에 자체적인 운영체제 '바다'의 개발에 거의 진척이 없자 삼성은 조용히 개발을 중단하고, 당시 고전하던 마이크로프로세서 제조회사인 인텔과 공동 개발을 추진 중인 새로운 운영체제 타이젠Tizen에 역량을 집중했다.[56] 강태진의 말에 따르면, 두 회사는 그들의 소프트웨어 프로젝트 중 일부를 다시 시작해야 한다는 것을 깨닫고 서로 협업하기로 결정했다.[57] 타이젠 개발 계획은 다분히 전략적이었다. 삼성의 새로운 운영체제는 생태계의 구축을 위한 시도일 뿐만 아니라 안드로이드에 대한 대비책이기도 했다.[58] 만약 구글과의 관계가 악화된다면, 구글은 자사의 오픈소스 운영체제에 대한 삼성의 접근을 제한하면서 안드로이드를 경쟁에서 양보를 얻어내기 위한 수단으로 사용할 수 있었다. 타이젠은 삼성의 플랜 B였다.

2013년 10월에 삼성은 샌프란시스코의 세인트 프랜시스 호텔에서 첫 번째 개발자 회의를 개최했다.[59] 참가비를 299달러로 책정한 삼성은 엄청난 곤경에 처했다.

"우리는 아침에 워크숍 행사장에 도착했고, 참석자들은 다운로드하기 시작했지만 작동하지 않았습니다."[60] 행사 준비를 진행했던 삼성의 개발자 관계 책임자인 호드 그릴리Hod Greeley가 분노하며 말했다. "이것은 우리가 많은 시간을 들여 준비하고 테스트했던 기대작인데, 이 업데이트로 망치고 말았습니다."

알고 보니 삼성의 개발자들이 앱을 서둘러 출시하느라 다른 부서와 명확하게 소통하지 않고, 하드웨어를 제작하듯이 소프트웨어 코드를 만들었기 때문이었다.

"하드웨어를 중요시하는 사람들이라 소프트웨어 테스트의 중요성을 간과했던 거죠."[61] 그가 말했다.

그릴리의 고난은 그것으로 끝나지 않았다. 우리가 샌프란시스코의 한 커피숍에 앉았을 때, MIT 박사 출신의 키 크고 말투가 부드러운 소프트웨어 엔지니어인 그릴리는 어설프게 웨이즈Waze의 인수를 시도했던 삼성의 스토리를 들려주었다. 웨이즈는 사용자들이 전송하는 데이터를 수집해 교통 패턴을 파악하고, 지연과 정체를 피해 경로를 설정하는 인기 있는 GPS 앱이었다.

웨이즈의 CEO인 놈 바르딘Noam Bardin은 삼성과의 미팅에서 상당히 솔직했다.[62] 그는 삼성뿐만 아니라 자신에게 시간과 자원을 투입해 자기들만을 위한 독점적인 기능을 개발해줄 것을 요구하는 대형 이동통신사들과의 협상에 넌더리가 났다. "그들은 자사의 플랫폼을 독보적으로 만들기 위해서는 어떤 특별한 기능이 필요하다고 믿는 것 같았습니다." 웨이즈의 한 중역이 말했다. 삼성은 웨이즈와 소프트웨어 파트너십을 맺을 수도 있다는 것을 구실로 자신들의 권위를 행사하려고 들었다.[63] 개발자들에게 미심쩍은 가치를 지닌 소프트웨어 — 예를 들면 삼성이 애지중지하는 S펜 스타일러스를 사용하기 위한 소프트웨어 — 를 만들도록 요구하면서도 시간과 자원, 그리고 프로젝트가 무산되었을 경우 개발자들의 평판에 미칠 수 있는 잠재적인 영향은 고려하지 않았다.

"그들은 새로운 기능을 테스트하고 관리해야 하는데, 만약 결과가 형편없으면 그들의 평판에 영향을 미칩니다."[64] 그릴리가 말했다. "삼성은 공짜 점심 같은 것은 없다는 사실을 깨닫지 못했습니다."

2013년에 구글은 웨이즈를 11억 5,000만 달러에 인수했다.[65]

한편, 아무리 애원을 해도 와츠앱WhatsApp의 공동 창업자들을 삼성과 협업하도록 설득할 수 없었다. CEO 얀 쿰Jan Koum과 공동 창업자 브라이언 액턴Brian Acton은 "회의실에 앉아 기기들을 쳐다보며 말했다. '감사합니다. 하지만 우리는 당신들과 거래하고 싶지 않습니다.'"[66] 그 미팅에 참석했던 그릴리가 회상했다. 쿰과 액턴은 앱의 핵심적인 사용자 인터페이스를 바꾸고 싶지 않았다. 그것은 거의 사용되지 않는 삼성의 운영체제인 타이젠과 호환성이 없는 듯했다. 2014년 10월에 페이스북은 와츠앱을 190억 달러에 인수했다.[67]

그 당시 삼성은 이미 2011년 9월에 자체적인 소프트웨어인 챗온ChatOn을 출시한 상태였다.[68] 불과 3년 만에 그것은 사용이 중단되었다.

삼성의 딜레마는 무엇이었을까? "직원이 10명인 신생 기업은 고전하기 마련입니다. 많은 사람들이 협업을 하기 위해 삼성의 문을 두드리는 것은 당연한 일이었죠."[69] 그릴리가 말했다. "하지만 이상하게 삼성과 만나면 신생 기업들의 태도는 "정말 감사합니다만 그만 가주시죠'였습니다."

삼성은 실리콘밸리에서 회사의 평판을 떨어뜨리고 있었지만, 적어도 할리우드에서는 관심을 불러일으키고 있었다. 대런과 강태진은 음악업계와 영화업계에 상당한 인맥이 있었고, 삼성의 스트리밍 서비스를 위한 더 좋은 라이선싱 계약을 체결하기 위해 옛 친구들과 접촉했다.

캘리포니아 산타모니카에 위치한 — 야자수들에 둘러싸인 사암색의 세련된 건물 — 유니버설 뮤직 본사에서, 강태진은 입구 밖에 있는 유명한 유니버설 지구본을 지나 글로벌 디지털 사업 책임자인 롭 웰스[Rob Wells]와의 일대일 미팅에 참석했다. 스티브 잡스가 세상을 떠난 이듬해에 애플에 실망했던 웰스는 강태진에게 잡스가 '냉혹하고', '무자비한', '폭군'이었다고 말했다.[70] 하지만 전 유니버설 뮤직 그룹의 한 중역은 내게 잡스가 "자신의 비즈니스에 음악이 얼마나 중요한지 이해하는 유일한 파트너였다"고 주장했다.

"우리는 당시에 이미 스포티파이가 세계적으로 애플의 우위를 약화시키리라는 것을 알고 있었습니다."[71] 그 중역이 내게 말했다. "우리는 기술 개발을 통해 애플이 다운로드 스토어와 대대적인 마케팅으로 이루어냈던 성과를 보일 수 있는 글로벌 기기 제조업체를 찾고 있었습니다."

엠스팟 팀은 애플의 우위에 대해 할리우드의 관심을 활용하는 것으로 대응했다. 강태진은 애플이 사실상 영화와 음악을 소유한 사람들에게 너무 큰 영향력을 행사한다고 주장했다.

"지금은 아이튠즈를 고맙게 생각하시겠죠."[72] 대런이 협상 과정에서 말했다. "지금은 대체할 만한 것이 없으니까요. 당신들이 균형을 맞춰야 합니다. 업계에 아이튠즈 말고도 성공을 거두는 사례들이 있어야 합니다. 그래야 당신들에게 가격 책정 등을 컨트롤할 힘이 생깁니다. 삼성은 당신들을 위해 글로벌 차원에서 그런 역할을 해줄 수 있는 유일한 기업입니다."

만약 할리우드가 우호적인 라이선싱 계약을 제공하는 식으로 삼성이 미디어 기업으로 성장하도록 지원한다면, 그것은 할리우드의 호의에 부응하게 되는 한 수가 될 터였다.

삼성은 이미 음악계에서 상당한 호응을 얻고 있었다.

"우리는 모든 것들을 적절히 처리했고, 라이선스를 통해 콘텐츠를 사용했기 때문에 그들은 우리에게 엄청 호의적이었죠"[73]라고 대런이 말했다. 삼성 팀은 본사에 희소식을 전했다. 유니버설과 소니가 삼성의 뮤직 허브에 음악과 관련된 라이선싱 계약을 적극적으로 체결할 의사를 보인다는 것이었다. 더욱이 삼성에 매우 우호적인 조건이었다.

강태진과 대런은 삼성의 하드웨어 중역들에게 음악 스트리밍 서비스의 라이선싱 방식에 대해 설명했다.[74] 소니 픽처스와 유니버설은 매년 최저한도가 정해져 있는 금액으로 그들이 저작권을 지닌 영화와 노래에 대한 라이선스를 제공했다. 예를 들면 삼성은 가언적인 합의를 통해 최소 1,000만 달러를 한 음반 회사에 지불해야 하는 것이다.

과연 문제는 없을까? 삼성이 실제로 노래를 판매해 1,000만 달러의 수익을 거두는 것은 삼성에서 알아서 할 일이었다. 그만큼 판매를 하든 안 하든 삼성은 보장된 금액을 지불해야 했다. 4대 음반 회사들은 "대체로 이런 최소 보장 금액을 요구했습니다." 강태진이 말했다. "그들은 삼성이 그들이 제시하는 최소한의 라이선스를 구매하기를 원했습니다. 그들의 논리는 '삼성은 수백만의 사용자들에게 서비스를 제공하게 됩니다. 그러니 그만큼의 액수를 사전에 지불해야 합니다'라는 거였습니다." 다시 말해, 위험부담은 거의 전적으로 삼성에서 떠안으라는 것이었다. 신용거래나 환불은 전혀 없었다. 그럼에도 불구하고 유니버설과 소니가 제안하는 거래는 상당히 괜찮았다.

반면 신종균이 이끄는 삼성의 하드웨어 중역들은 "우리가 그런 어리석은 계약을 체결했다는 사실을 도저히 믿을 수 없었습니다."[75]라고 말했다며 강태진이 회고했다. 평생 삼성에서 하드웨어와 재무를 담당했던 중역들은 음악을 판매하는 것은 반도체를 판매하는 것과 같아야 한다고 믿었다. 주문이 들어오면 의뢰인의 조건에 따라 일정한 수의 칩을 제조하고, 완성된 제품을 발송하면 되는 일이었다. 제품의 성공이나 실패를 두고 도박할 필요가 없었다. 하지만 삼성은 소프트웨어 개발자들과 새로운 분야에 뛰어들고 있었다. 삼성의 하드웨어 관계자들은 만약 소비자들이 앱을 이용해 음악을 다운로드하지 않으면 삼성이 음반 회사들로부터 일정한 금액을 환불받아야 한다고 생각했다.

강태진과 대런은 좌절했다.[76] 그들은 그런 계약이 성사되는 통상적인 과정에서 급진적인 변화를 강요받고 있었다. 하지만 차세대 스마트폰의 개발에 주력하는 단기적인 하드웨어 중심의 체제에서 그들은 아무것도 할 수 없었다. 이건희 회장의 장기적인 전략 비전은 회사의 논의에서 제외되고 있었다.

강태진과 대런은 로스앤젤레스로 돌아와 계약 조건에 대한 재협상을 시도했다. 음반 회사의 중역들이 이미 결정되었다고 생각하던 조건이었다. 그들은 일부 라이선싱 계약을 절반으로 줄였다. 강태진과 대런은 새로운 계약 조건을 삼성 본사로 보고했지만, 다시금 너무 위험부담이 크다는 이유로 거부당했다. 이런 과정은 음반 회사들과 영화사들이 마침내 실망하며 삼성을 포기할 때까지 계속되었다.

대런은 이것을 '삼성 세금'이라고 했다. 즉 할리우드 영화사가 삼성과 일하려면 다른 업체들과 계약할 때보다 자신들이 부담하는 몫을 50퍼센트 늘려라. 이것이 삼성과의 협업에 대한 대가라는 것이다. 확실히 삼성은 할리우드의 습성을 이해하지 못했다.

"저는 삼성 때문에 음악업계의 인맥을 대부분 잃고 말았습니다." 대런이 말했다.

강태진과 대런은 회사의 종용으로 끝까지 터무니없고 비현실적인 스트리밍 권리를 요구했다.[77] 한때 삼성의 콘텐츠 진출에 흥분했던 소니의 중역들은 1년도 채 지나지 않아 격분했다. 대런은 소니뮤직의 디지털 미디어 책임자인 데니스 쿠커Dennis Kooker와의 불편한 협상을 끝까지 참고 들어야 했다. 그는 노골적으로 불쾌한 기색을 드러냈다.

"당신들은 어릿광대 같군요." 대런이 또 다른 소니의 중역이 했던 말을 회상했다. "우리는 당신들과 거래하고 싶지 않습니다."

유니버설 스튜디오와의 협상도 막다른 길에 다다랐다. 전 유니버설 뮤직 그룹의 한 중역이 내게 말했다. "그들이(삼성) 협상을 망쳤습니다."[78]

그런데 만약 삼성에게 할리우드 음반 회사들이 필요하지 않다면?[79] 강태진과 대런은 자문했다. 만약 삼성이 스마트폰 제조사라는 막강한 입지를 활용해 소니와 유니버설 같은 까다로운 문지기를 비켜갈 수 있으면 어떻게 될까? 만약 삼성이 자사의 기술을 활용해 할리우드의 4대 음반 회사들에 염증을 느끼던 아티스트들에게 직접 구애한다면 어떻게 될까?

24장

화이트 글러브

텍사스 리처드슨에서 토드 펜들턴은 이미 비밀리에 화이트 글러브
(White Glove, 세심한 고객 맞춤형 서비스 _옮긴이)라고 불리는 새로운 음악 전략을 구
상하고 있었다. 떠오르는 신성이자 통합 브랜드 마케팅 부장인 조앤 로
바토가 프로그램을 이끌 책임자로 임명되었다.[1]

삼성의 중역들은 엘런 디제너러스[Ellen DeGeneres] 같은 유명인들이 후원
비용을 전혀 받지 않고 자발적으로 아이폰을 들고 다니는 모습이 어디
서나 보이는 것에 낙담하고 있었다.[2] 그들은 그야말로 애플 제품에 대한
사랑에 푹 빠져 있는 듯했다. 그것은 엄청난 파급력을 지닌 공짜 입소문
광고였고, 일종의 문화운동을 구축할 수 있는 최고의 방법이었다.

화이트 글러브는 삼성의 대응책이었다. 일종의 게릴라전투였다.

"우리는 다양한 사람에게 제품을 제공했죠."[3] 화이트 글러브 팀의 한

팀원이 말했다. "그 대상은 배우가 될 수도 있고, 음악가가 될 수도 있으며, 당연히 여러 NBA 선수가 될 수도 있습니다." 펜들턴이 NBA와 각별한 관계를 유지하고 있었기 때문이다. 소비자들을 갤럭시 사용자로 만들기 위해 화이트 글러브 팀은 축하 파티, 기념행사에 참석하면서 유명인들에게 기존 기기를 새로운 기기로 바꿀 수 있도록 후원했는데, 주로 아이폰을 갤럭시폰으로 교체하도록 유도한 것이었다.

그들은 어떤 식으로 이렇게 했을까? 팀원들은 어떤 유명인이 트위터에서 아이폰에 대해 불평하는 것을 발견하면 화이트 글러브 전략에 돌입했다.[4] 미디어 활동이 활발한 인플루언서가 필요한가? 그(그녀)에게 화이트 글러브 서비스를 제공했다. 영화감독이나 음반제작자가 촬영장이나 녹음실에서 삼성 휴대폰을 사용할 가능성이 있다는 것을 감지하게 되면? 그에게 화이트 글러브 서비스를 제공했다.

화이트 글러브 프로그램에 관여한 삼성의 중역들은, 특히 자신의 일에 최선을 다하느라 스트레스가 많고 까다로운 VIP들에게 삼성 휴대폰의 탁월한 품질, 탄탄한 기기, 최적화성을 강조했다.[5] 그들은 삼성 휴대폰이 대중을 위한 기기로 개발된 엄격한 기능의 아이폰보다 더 융통성 있는 제품이라고 설명했다.

"삼성이 휴대폰을 제공한다네요."[6] 〈소셜 네트워크〉와 〈하우스 오브 카드〉를 제작한 영화사의 공동 설립자이자 회장인 데이나 브루네티Dana Brunetti가 말했다. 이것이 유명인, 제작자, TV 진행자 등과의 은밀한 협상을 통해 삼성이 자사의 목표를 이루는 방식이었다. 전체적으로 봤을 때 그것은 입소문을 일으키는 저렴하면서도 영리한 방법이었다.

"어떤 면에서는 돈 놓고 돈 먹기였죠. 더 나아가 이미 우리에게 호의적인 파트너들을 앞세워 이벤트를 개최하기도 했습니다."[7] 화이트 글러브 팀의 한 마케터가 말했다.

삼성은 마크 저커버그가 자신들의 아이디어를 도용해 페이스북을 개발했다고 소송을 제기한 쌍둥이 캐머런Cameron과 타일러 윙클보스Tyler Winklevoss 형제의 저택에서 유명인들을 초대해 디너파티를 주최했다.[8] 인피니티 풀infinity pool과 할리우드 힐스가 내려다보이는 호화로운 테라스에서 삼성의 한 관계자는 데이나 브루네티의 이름이 들어간 배경 사진까지 깔린 갤럭시 S3를 들고 그를 기다리고 있었다.

'그래, 파티가 끝나자마자 다시 아이폰을 사용하면 그만이지'라고 브루네티가 생각했다. 그는 파티를 즐기기 전에 갤럭시폰의 사용 설명법을 끝까지 공손하게 들었다. 하지만 막상 갤럭시폰을 한 달 정도 사용해보니 상당히 마음에 들었다. 그는 정확히 삼성에서 기대했던 행동을 보여주었다. 완전히 갤럭시폰으로 갈아탄 것이었다.

펜들턴과 로바토는 '2 디그리스 벤처스Degrees Ventures'라고 불리는 눈에 띄지 않는 브랜드 구축 회사의 수장이자 「패스트 컴퍼니」가 할리우드에서 '가장 조용한' 인플루언서[9] 중 한 명이라고 지칭하는 미치 캐너Mitch Kanner에게 도움을 요청했다. 그들은 캐너가 다양한 방법으로 그의 극비 인맥을 동원할 것으로 기대했다. 그런데 캐너는 그것을 뛰어넘어 과감하게 중개자들을 배제하고 실제 셀러브리티들을 끌어들였다.

"수표책을 가진 사람이라면 누구나 전화기를 들고 셀러브리티 후원 계약을 체결할 수 있습니다." 캐너가 「패스트 컴퍼니」와의 인터뷰에서 말했다. "하지만 그 방식이 효과를 거두려면 진정성이 있어야 합니다."

화이트 글러브 팀은 곧 부적절하거나 저급한 인상을 주지 않으면서 미국 대중문화를 따르는 것의 중요성을 뼈아프게 깨닫게 되었다.

삼성의 차세대 대표 제품인 갤럭시 S4의 론칭은 2013년 3월 말에 시작되었는데, 말 많은 진행자가 삼성 모바일 CEO인 신종균을 소개한 뒤 의례적인 프레젠테이션으로 이어졌다. 다만 이번에는 뒤따라 선보인 광고들이 달랐다. 그것도 바람직하지 않은 방향으로.

그 광고들은 브로드웨이 뮤지컬들을 어색하고 다소 성차별적으로 흉내 내려고 시도했다. 어떤 광고에서 한 무리의 주부들이 칵테일파티를 위해 모였는데, 그중 한 명은 결혼반지에 대해 불평을 늘어놓고 다른 한 명은 골프를 치는 남편과 통화를 하고 있다. 그 주부들은 〈비버는 해결사 Leave it to Beaver〉(1957년부터 1963년까지 방영된 미국 시트콤_옮긴이)에 등장하는 현모양처 캐릭터인 준 클리버처럼 말끔한 차림새를 하고 있다.

"그 기능이 왜 필요할까요?"[10] 광고에서 사용자가 직접 스크린을 접촉하지 않고도 검색할 수 있는 '에어 제스처'라는 기능을 소개할 때 성우의 목소리가 질문을 던진다.

"손톱에 매니큐어를 발랐어!"…… "자외선 차단제를 발랐어!"…… "음료수 마시던 거 내려놓기 싫어요." 그 광고는 성차별적이고 분위기 파악 못 한다는 조롱을 받았다.

한국 본사의 문화적인 둔감함에 충격을 받은 펜들턴 팀의 두 마케터

는 내게, 회사가 그보다 나을 것이라고 기대했었다고 말했다.[11]

"기술 분야의 여성들에 대한 뜨거운 논쟁이 벌어지고, 동일 임금에 대한 논의가 부활하고, 셰릴 샌드버그Sheryl Sandberg가 미국에서 페미니즘 개념을 되살리고 있는 외중에……"[12] 「CNET」의 몰리 우드Molly Wood가 적었다. "삼성은 내가 헤아릴 수도 없을 만큼 1950년대 여성에 대한 고정관념을 과장되고 몹시 불쾌하게 브로드웨이식 캐릭터로 희화화하여 갤럭시 S4 론칭 행사를 진행했다.

엄밀히 말해, 한 시간 동안 어색한 대화, 억지웃음, 서툰 연기가 이어지는 삼성의 엉뚱한 론칭 행사에 등장하는 '모든 사람들'이 시대에 뒤떨어진 고정관념에 바탕을 둔 인물들이었다. 어린아이는 담황색 머리에 혀 짧은 소리를 하며 탭댄스를 추었다. 어린 소녀는 물론 발레를 추었다. 배우이자 사회자인 윌 체이스Will Chase는 유명해지고 싶은 욕심에 과하게 열정이 넘쳤다. 그가 연극에서 맡은 '역할'은 무지하고 거칠며 자아도취적이고 어딘지 유대인 같았다. 배낭을 멘 청년들은 혈기 왕성했고, 60대의 중국인 배우는 '나이 든 아저씨'였다. 따라서 여자들이 캐릭터로서 다소 미흡했던 것도 놀랍지 않았다."

나는 서울의 아파트에서 그 기막힌 행사의 영상을 보면서 웃음을 터뜨렸다. 나는 그것이 한국의 전형적인 광고라는 것을 알고 있었지만, 막상 그것이 미국의 환경에서 펼쳐지는 광경을 보게 되니 정말 재미있었다. 한국에서 나는 그런 유형의 문화적 표현을 K-pop 콘서트, 텔레비전, 정치 연설, 정치 집회에서 보아왔다. 나는 삼성에서 젊은 모델들을 고용해 신제품 OLED 텔레비전 주위에 서 있도록 했던 한 제품의 출시 행

사에도 참석했다.[13]

이것은 한국과 서구 간의 전형적인 문화충돌이었다. 주부들은 '애교'[14]라고 불리는 한국적인 전형을 보여주고 있었다. 애교란 귀여운 헬로 키티 만화의 등장인물처럼 옷을 입고 발랄하게 걸으며 아이 같은 목소리로 높은 톤으로 말하면서, 청순함과 순수함을 발산한다는 의미를 나타내는 말이다.

펜들턴의 사무실은 끔찍했던 출시 행사에도 불구하고 갤럭시 S4의 초반 판매가 호조를 나타냈다는 것에 한시름 놓았다.[15] 실제로 겉보기만 화려했던 행사가 끝나고 두 달이 지난 2013년 6월에 삼성은 애플을 제치고 미국 최대의 스마트폰 제조사가 되었다.[16]

분명히 뭔가 효과를 거두고 있었다. 이제 회사는 우스꽝스러운 론칭 행사를 잊어버릴 수 있는 기회를 맞이했다.

친구이자 후원 계약 파트너인 르브론 제임스를 통해 펜들턴은 래퍼 제이지와도 친분을 맺게 되었다.[17] 그 래퍼의 대리인들은 펜들턴과 NBA 스타들의 계약에 대한 이야기를 듣고 먼저 삼성에 접촉해왔다.

삼성은 제이지의 대저택에서 그와 함께 피자를 먹을 정도로 가까웠던 미치 캐너를 화이트 글러브 프로그램에 영입하여 그 유명 래퍼에게 자사와 대대적인 후원 계약을 하도록 설득하기 시작했다.[18]

단 한 가지 가장 중요한 점은 제이지가 삼성 휴대폰을 사용해보고 실제로 좋아해야 한다는 것이었다. 다행히 그는 모든 면에서 금세 갤럭시 폰을 좋아하게 되었다. 그중 한 가지는 비즈니스였다.

"수완가의 영혼, 나는 거리를 지배했네 / CEO의 마음, 그 마케팅 계획은 나였네."[19] 그가 랩을 읊었다. 이것은 "나 자신이 하나의 비즈니스야"[20]라고 떠벌렸던 전직 마약상인 그가 만든 랩이었다.

제이지는 록 네이션Roc Nation이라는 자신의 음반 회사를 소유한 사업가였다.[21] 처음에 그는 뉴욕의 길거리에서 시작해 20대 중반에는 자신을 키워줄 음반 회사를 찾지 못해 자동차에서 CD를 팔며 어렵게 생활했다. 그의 초창기는 실패와 좌절로 점철되었지만, 그것은 긍정적인 측면도 있었다. 트렌드를 따라가지 못하고 소셜미디어의 열풍 시대에 급속히 쇠락기로 접어들던 침체된 기존 음악업계에 기대지 않아도 되었기 때문이다.

"무엇보다 우리는 사양산업에 종사하고 있고, 모두가 그것을 알고 있습니다."[22] 그가 「패스트 컴퍼니」와의 인터뷰에서 말했다. "그렇다면 제가 무엇을 해야 할까요, 그저 여기 앉아서 아무것도 남지 않을 때까지 기다릴까요?"

삼성은 음악업계의 쇠퇴를 우려한 제이지의 해답이었고, 펜들턴은 기회를 발견했다. 그들은 삼성의 차세대 스마트폰 론칭을 엄청난 기대를 모으는 큰 이벤트와 연계하는 계약을 추진하기 시작했다. 그것은 바로 제이지의 차기 앨범인 〈마그나 카르타……홀리 그레일Magna Carta…Holy Grail〉의 출시였다.

혹평을 받았던 갤럭시 S4 출시 행사 직후에 펜들턴이 직접 협상을 진행하며 쏜살같이 빠르게 보냈던 30일 동안, 제이지는 비즈니스 협상을 하면서도 라임을 하고 랩을 쏟아냈다.[23] 그 모습에 삼성의 협상 팀은 감탄했다. 삼성은 거의 3,000만 달러에 달하는 돈을 록 네이션에 지급하기로 합의했다.[24] 갤럭시 S3나 S4, 갤럭시 노트 2를 구입하고 개별 업체로부터 다운로드 소프트웨어 앱을 설치한 100만 명의 고객들은 제이지의 차기 앨범을 무료로 다운로드할 수 있게 되었다. 제이지는 앨범 제작, 정해진 수의 다운로드, 수익에 따른 이익금을 보장하는 금액을 선금으로 지급받았다. 그리고 삼성은 대스타를 영입함으로써 엄청난 브랜드 홍보 효과를 얻을 수 있게 되었다.

제이지는 미국에서 삼성의 얼굴이 될 예정이었다. 하지만 제이지와 계약한 목적은 단지 더 많은 갤럭시폰을 판매하려는 것만은 아니었다. 삼성의 목표는 갤럭시를 작은 뮤직 머신으로 변모시키려는 것이었다.[25]

카메라가 아파트의 살짝 열린 문 뒤로 제이지의 일하는 모습을 엿보았다. 이것은 시청자들을 유명한 래퍼의 개인적인 창작 공간으로 초대하면서 신비감을 연출하기 위한 기법이었다.

"어떻게 성공과 실패를 비롯한 그 모든 것들을 헤쳐나가고, 자신을 지켜낼 것인가?"[26] 임시 스튜디오에서 음악 녹음 작업을 하는 제이지가 묻는다. 삼성 갤럭시 탭과 갤럭시 스마트폰이 그가 음악을 창조하기 위해 쓰이는 도구인 듯 그의 책상 위에 잘 보이게 놓여 있다.

6월 16일에 NBA 결승전을 지켜보던 시청자들은 하프타임에 대본 없이 마치 다큐멘터리처럼 찍힌 광고에서 제이지를 보게 되었다. 그의 뒤로는 강렬한 피아노 연주가 들려온다.[27]

"이제 새로운 룰을 정해야 합니다."[28] 그가 말했다.

16시간 후에 제이지는 트위터에 음악계를 향해 도발적인 메시지를 남겼다.

실제로 100만 장의 앨범이 팔렸는데 빌보드가 알려주지 않으면 그 앨범이 팔린 건가, 아닌가? 하. #새로운규칙

#마그나카르타홀리그레일 플래티넘!!! ⅦⅣⅩⅢ.[29]

제이지는 삼성에 100만 장의 앨범을 판매함으로써 평소 자신과 감정이 좋지 않았던 음반업계의 규칙을 다시 쓰게 될 것이라고 믿었다. 그는 삼성과 맺은 엄청난 계약이 자신의 앨범을 빌보드 차트 1위에 올려놓을 것이라고 믿었다.

「비즈니스 인사이더」는 그 계약이 "음악 시장을 완전히 바꿀 것"[30]이라고 단언했다.

"삼성은 제이지의 신작 앨범이 발매되기도 전에 수익을 가져다주면서 계약의 발표와 함께 브랜드와 아티스트 모두 엄청난 소득을 거두었다."[31] 「빌보드Billboard」의 앤드루 햄프Andrew Hampp가 보도했다. CNN은 하루 종일 매시간마다 6분을 그 스토리에 할애했다. 그것은 음악 생태계에서 시류가 변하고 있다는 징표였다.

100만, 200만, 300만, 2,000만

후후, 나는 수학을 아주 잘하거든

어쩌면 인터넷을 마비시킬지도 몰라.[32]

제이지도, 삼성도 그가 곧 발매할 앨범에 수록된 〈섬웨어인아메리카 SomewhereinAmerica〉라는 노래에서 이 랩을 읊을 때 그가 예언을 하고 있었다는 것을 깨닫지 못했다.

펜들턴과 그의 마케팅 팀은 7월 4일 자정에 제이지와 그의 아내인 비욘세Beyoncé와 함께 파티를 열고 있었다.[33] 제이지의 앨범이 발매되기 3일 전에 먼저 삼성의 기기로 다운로드할 수 있는 서비스가 시작되는 시간이었다. 갤럭시폰에 설치된 앱의 메인 스크린에서 시계가 자정에 가까워지자, 고대 그리스 석상 두 개로 꾸며진 앨범의 표지 디자인이 나타났다.

자정이 되자, 전 세계의 팬들이 손가락으로 빠르게 갤럭시폰의 스크린을 조작하며 다운로드를 시작했다.[34]

그리고 앱이 작동을 멈추었다.

"제이!" 펜들턴이 출시 기념 파티를 벌이던 제이지를 향해 소리쳤다.[35] "우리가 인터넷을 마비시켰어요!"

앨범의 표지 디자인만 보이고 다운로드는 되지 않았다. 몇 초가 지나고 몇 분이 지났다. 실망한 제이지의 팬들은 미친 듯이 휴대폰을 재부팅했지만 아무 소용도 없었다.

'#삼성폭망'이라는 해시태그가 트위터에서 폭발적으로 늘어났다. 하지만 삼성은 그들의 방식대로 침묵을 지켰다. "#제이지의 후원사 #삼성은 스스로 주제넘을 뿐만 아니라 기술도 부족하다는 것을 증명하고 있다……#삼성폭망."[36] 나중에 한국계 미국인 저널리스트 한나 배Hannah Bae

가 트윗을 남겼다.

서버가 붕괴되면서 홍보 캠페인의 마케팅 가치가 크게 훼손되었다. 해킹된 음원 파일이 온라인에 올라왔고,[37] 일부 미국의 라디오 방송국들은 이미 새 앨범을 내보내기 시작했다. 삼성이 수백만 달러를 지불하며 갤럭시폰 사용자들에게 약속했던 독점권이 침해되었다.

"마그나카르타 홀리 페일(Magna Carta Holy Fail, 앨범명인 홀리 그레일과 운율을 맞춘 말장난_옮긴이)?"[38] 웹사이트 「콘텐틀리Contently」의 한 작가가 조롱했다.

예정된 시간에서 두 시간이 지난 새벽 2시쯤에 마침내 다운로드가 재개되었다.[39]

펜들턴은 평소처럼 이 재앙의 긍정적인 측면을 보려고 노력했다.[40] 앨범에 대한 수요가 워낙 폭발적이었던 탓에 서버가 감당할 수 없었다는 것이다.

하지만 이 재난은 충분히 감당할 능력 없이 세간의 이목을 끄는 유명인들과 체결하는 계약이 지니는 위험성을 노출했다.

"트위터에서 #제이지폭망이 아닌 #삼성폭망이라는 원성이 빗발쳤던 데는 이유가 있다"[41]고 「콘텐틀리」의 헨리 T. 케이시Henry T. Casey가 지적했다.

거의 일주일 후에 제이지는 뉴욕의 한 라디오 토크쇼에 출연해 그 사건을 '실망스럽고', '유쾌하지 않은'[42] 경험이었다고 말했지만, 워낙 엄청났던 앨범의 수요를 강조하면서 후원사를 비난하지는 않았다.

"무려 2,000만 명이 그 앱에 접속하면서 서버가 마비되었습니다." 그가 말했다. "아무도 그걸 예상하지 못했고, 누구도 2,000만 명의 접속을 예측하지 못했을 겁니다. 그건 누구도 가늠할 수 없는 숫자입니다. 누구도 그런 규모의 서비스를 준비하지 못했을 겁니다."

제이지는 자신이 원하던 모든 것을 얻지는 못했다. 빌보드는 삼성과 제이지의 제휴를 인정하기 위해 규칙을 변경하지 않았다. 하지만 미국음반산업협회(RIAA, The Recording Industry Association of America)는 판매량을 집계하는 방식을 변경해야 했다.[43] 그리고 3일 후 그의 앨범이 전통적인 경로를 통해 판매되었을 때, 앨범은 첫 주에 52만 8,000장이 판매되며 순식간에 빌보드 차트 1위에 올랐다.[44]

25장

밀크

"내가 그건 안 될 거라고 말했잖아요."[1] 모바일 책임자 신종균이 강태진에게 말했다. 두 사람은 만날 때마다 아직도 자리를 잡기 위해 고전하는, 오류와 결함으로 얼룩진 소프트웨어 뮤직 허브에 대해 비꼬았다.

삼성은 자사의 소프트웨어 리더십을 재정비하고 뮤직 허브를 '삼성 뮤직Samsung Music'이라는 새 이름으로 재포장하기 위한 대책 본부를 마련했다.[2] 하지만 그 계획도 역시 실패로 돌아갔다. "이렇게 어중간한 서비스를 계속 만들어낸다고 해도 제품 판매에 도움이 되지는 않을 겁니다."[3] 강태진이 말했다. "사람들은 그저 삼성을 불량품이라고 생각할 것이고, 삼성의 기기를 구매하자마자 많은 사람들은 소프트웨어를 꺼버리고 삭제하려고 할 겁니다."

강태진과 대런, 에드는 마지막으로 한 번만 더 시도해보기로 결정했다.[4] 펜들턴의 마케팅 팀처럼 그들도 철저하게 비밀을 유지했다. 그들은 본사와 단절하면서 지독한 관료 체제와 답답한 하드웨어 엔지니어들을 배제했다.

강태진은 다시 새너제이를 찾았고,[5] 그곳에서 우연히 삼성 UXCA 모바일 랩이라는 팀에 대해 알게 되었다. 2010년에 설립된 UXCA 모바일 랩은 마운틴뷰와 새너제이에 센터를 운영하고 있었는데, 제대로 활용되지 못하고 있었다. UXCA 모바일 랩은 실리콘밸리의 열정과 기술을 활용해 삼성 제품의 사용자 인터페이스를 디자인하기 위해 설립된 곳이었다.

"우리는 미국의 인력시장에서 끔찍한 평판을 얻고 있습니다."[6] 책임자이자 공동 설립자인 한국현이 말했다. 이것은 삼성의 그런 평판을 뒤바꿀 수 있는 기회였다. 연구소는 애플, 구글, 그리고 다른 기업의 직원들에게 접근해 지금 몸담고 있는 회사들은 그들의 사용자 경험(UX) 아이디어에 귀 기울이지 않지만 삼성은 빠르게 성장하는 후발 주자로서 그것을 실제로 활용할 수 있다며 베이 에어리어(Bay Area, 샌프란시스코 만안 지역_옮긴이)의 영재들을 빼돌렸다.[7] UXCA 모바일 랩은 창의적인 아이디어를 많이 제안한다는 평판을 얻었는데, 삼성의 일반 직원들이었다면 숨 막혀 했을 터였다.

삼성이 2013년 9월에 애플을 제치고 최초의 스마트워치인 갤럭시 기어를 출시했을 때 "아직 완벽한 원형 디스플레이를 대량생산할 체제는 갖춰지지 않았습니다"[8]라고 한국현이 말했다. UXCA의 디자이너들은 그 대신 정사각형 시계에 맞는 획기적인 사용자 인터페이스를 고안

해냈다.

그곳에 갔을 때 강태진은 알람 시계로 사용할 수 있도록 고안된 원형 다이얼을 보았다. 그것은 갤럭시폰에서 사용되지 않기 때문에 디자이너들은 새로운 용도를 찾는 중이었다. "우리는 원 주위를 따라 손가락을 움직이면 기기에 저장된 다양한 음악이 연주되는 이 시제품을 개발했습니다."[9] 수석디자이너 닐 에버렛[Neil Everette]이 말했다.

바로 "아하!" 하는 순간이었다. 강태진은 대런과 에드에게 UXCA 연구소와 협업하도록 권유했다.

"이것은 갤럭시의 라디오 인터페이스로 완벽합니다."[10] 강태진이 그들에게 말했다. "당신들은 오직 나에게만 보고하고 본사에서 누구도 알게 해서는 안 됩니다. 일단 본사의 사람들이 어떤 프로젝트가 진행된다는 것을 알게 되면 그에 대한 보고를 받으려 할 것이고, 그 보고서를 작성하느라 수백 시간을 할애하게 될 겁니다."

대런은 본격적으로 프로젝트를 진행하기 위해 에드를 만났다.

"자, 이게 우리의 마지막 기회입니다."[11] 대런이 모두에게 말했다. "우리가 이 상황을 전환시켜야 합니다. 그렇게 하지 못하면 그들은 엠스팟 인수를 실패라고 생각할 겁니다."

뮤직 허브 팀과 UXCA는 순조롭게 출발했다. 그들은 다이얼을 뮤직 허브 소프트웨어에 이식했다. 그 작업은 몇 주 동안 많은 시간에 걸쳐 사무실 안에서 진행되었다. 두 팀은 '기능을 위한 기능'과 점검 리스트에 너무 집착하면 프로젝트를 망치게 된다는 것을 알고 있었다. 그것은 단순하고 누구나 쉽게 사용할 수 있어야 했다. 대런은 엄마도 사용할 수 있을 정도로 쉬워야 한다는 취지에서 소위 '맘 테스트mom test'12를 실시했다. 그는 자신의 어머니에게 시제품을 가져다주고 다이얼을 돌려 채널을 바꾸는 사용법을 이해할 수 있는지 지켜보았다. 실제로 그녀는 사용법을 이해했다.

"좋아, 훌륭해. 이건 모두가 이해할 수 있는 제품이야. 이게 라디오 채널을 바꾸는 옛날 방식을 떠올리게 하지만 디지털 방식이잖아." 대런이 말했다.

삼성전자 북미통신법인의 수장이 손대일에서 한국계 미국인 마케터인 그레고리 리Gregory Lee로 교체된 상황도 유리하게 작용했다.13 오디오 애호가이자 재즈 전문가인 그레고리는 갤럭시가 음악과 비디오의 영역으로 진출하는 것에 열광했다.

그레고리가 강태진의 사무실에 들렀을 때 그는 한국에 있었다. 그레고리는 그 프로젝트에 대해 들었고, 그것을 미국 시장에만 제한해 출시하는 데 관심을 보였다. 강태진은 그에게 비밀 프로젝트를 보여주었다. 그가 물었다. "이걸 얼마나 빨리 출시하기를 원하십니까?"14

"3월이나 4월에 출시할 수 있겠습니까?"

새로운 음악 스트리밍 서비스의 명칭을 선정하기 위해 펜들턴이 주도하는 내부 운영위원회가 소집되었다.15 뉴욕의 대형 브랜딩 에이전시의 자문을 받으며 그들은 목표 대상인 밀레니얼 세대의 인구통계를 분석했다.

대런은 '아이튠즈'와 '아이포토'처럼 자사의 기기나 소프트웨어 앱에 널리 알려진 고유의 기호인 i를 활용한 애플의 작명 방식을 모방하는 것을 탐탁해하지 않았다.[16] 분명 그것은 기억하기 쉽고 말하기 쉬운 이름들을 짓는 방법이었다.

실제 같은 맥락에서 삼성도 모든 새로운 소프트웨어 앱의 이름 앞에 '삼성'을 의미하는 S를 사용하고 있었다. 그 결과 'S뮤직', 'S보이스', 'S헬스' 같은 소비자들의 뇌리에 각인되지 않는 투박하고 유치한 이름들이 탄생했다. 그리고 그 서비스들은 호응을 얻는 데 고전하고 있었다.

"우리는 그런 방식에서 하루빨리 벗어나야 했습니다." 대런이 내게 말했다. "우리는 기억하기 쉽고 긍정적인 사고를 불러일으키는 이름이 이상적이라고 생각했습니다."

운영위원회가 고안해낸 이름은 바로 '밀크Milk'였다.

"그것은 본사의 관점에서 볼 때 다소 반항적인 시도였습니다." 대런이 말했다.

'밀크'라는 이름은 삼성의 운영위원회에서조차 논란을 불러일으켰다.[17] 그리고 펜들턴이 반대했다. 그럼에도 불구하고 위원회는 밀어붙였고, 그레고리 리에게도 밀크를 추천해 최종 승인을 받았다.[18]

새해에 이건희 회장은 비록 건강이 악화되었지만, 더 많은 격언과 식견을 제시하면서 직원들에게 말했다. "하드웨어 지향적인 체제와 문화를 버립시다."[19]

강태진은 밀크 뮤직을 이 회장의 후계자인 이재용에게 전달했고,[20] 이재용은 그것을 사용해보고 매우 좋아했다. 이재용이 여러 고위 경영진에게 천명하면서 밀크 뮤직은 그의 확실한 지지를 받았다. 황태자의 승인과 더불어 그 소식은 삼성 내부로 빠르게 퍼졌고, 중역들은 강태진에게 시연을 요구했다.

마침내 이 소프트웨어 기업가는 그에게 가장 회의적인 사람들 중 한 명인 모바일 책임자 신종균의 호출을 받아 임원실로 소환되었다.[21]

로비에서 기다리는 동안, 강태진은 리셉션 데스크 뒤에 있는 회의실에서 새어나오는 고함 소리를 들을 수 있었다. 15분 후에 강태진은 회의실로 안내되었다.

신종균은 잔뜩 화가 난 채로 회의실을 서성이고 있었다. 그는 실내에 있는 온도조절기로 걸어가 뚜껑을 열었다.

"형편없어. 형편없는 사용자 인터페이스야." 그가 말했다. "어떻게 이 따위 온도조절기를 사용할 거라고 기대할 수 있지?"

신종균은 삼성 소프트웨어의 실패를 빗대려고 일부러 온도조절기를 언급하고 있었던 것이다. 강태진은 그가 "삼성의 소프트웨어 인력들이 사람이 쓸 수 있을 만한 것을 개발하리라고 믿지 않는다"고 말했던 것을 기억했다.

강태진은 신종균으로부터 호된 꾸지람을 들을 준비를 하고 있었다. 하지만 신종균은 이내 진정하고 밀크의 시연을 관심 있게 지켜보았다.

"왜 다른 사람들은 이렇게 못 하는 겁니까?" 신종균이 물었다. "훌륭해요." 그가 강태진에게 말했다. 강태진은 오명을 벗은 기분을 느끼며 회의실을 나왔다.

26장

세상을 뒤흔든 셀카 사진

엘런 디제너러스는 화이트 글러브 후보자였을까, 아니었을까? 삼성의 마케터들은 아니라고 대답했다.

열성적인 아이폰의 팬인 그녀가 쉽게 마음을 바꾸지 않을 것이라고 여겨졌다.[1] 내부 분석 자료에 따르면, 아이폰의 팬들은 특히 안드로이드를 배우는 데 시간을 투자하고 싶어 하지 않는 것으로 나타났다.

하지만 엘런은 인기도 많고 영향력이 있었다. 시기도 적절했다. 그녀는 2014년 오스카 진행자로 나설 예정이었다. 그들은 엘런에게 접근하는 것이 위험하지만 그만한 가치가 있다고 판단했다.

삼성은 지난 2009년 이후 오스카 후원사로 5년째 이어오고 있었다.[2] 2014년에 삼성은 약 2,000만 달러를 광고에 지출하면서 펜들턴의 마케터들에게 5분 30초의 방송 시간을 확보해주었다.[3]

오스카 시상식 무대의 바로 뒤편에 있는, 그린룸으로[4] 불리는 유명한 칵테일과 커피 라운지에서 스타들은 거대한 오스카 동상과 86개의 삼성 텔레비전, 스마트폰, 태블릿으로 조성된 모자이크 벽을 보게 되었다. 라운지의 반대편에서 유명인들은 갤럭시 노트와 로코코 양식의 프레임으로 구성된 사진 촬영대인 트위터 미러^{Twitter Mirror}로[5] 셀카를 찍은 후에 아카데미 트위터 계정에서 바로 트윗을 전송할 수 있었다.

삼성의 마케터 두 명이 최고의 PPL을 시도하기 위해 현장에 파견되었다. 바로 오스카 진행자의 손에 갤럭시폰이 들려 있는 모습이 찍히게끔 하는 것이었다.

"이런 일들은 번개처럼 일어납니다. 절대로 계획해서 일어나게 할 수는 없습니다."[6] 펜들턴 팀의 한 마케터가 말했다. "하지만 실제로 번개가 쳤을 때 그 기회를 놓치지 않을 위치에 대기하고 있을 수는 있죠."

"펜들턴은 진두지휘를 했습니다."[7] 그가 말했다. 펜들턴은 ABC 방송에서 삼성의 PPL이 나올 수 있는 분량에 대해 협상하도록 로바토를 파견했다. 화이트 글러브 프로그램의 책임자로서 로바토는 이미 삼성의 할리우드 연예인 지원 활동을 책임지고 있었다.

펜들턴은 미디어 및 파트너십 책임자인 앰버 메이오^{Amber Mayo}도 로스앤젤레스의 돌비 극장에 파견해 엘런 디제너러스와 리허설 과정에서 같이 일하도록 지시했다. 메이오는 그녀의 비서들에게 오스카 행사 직전의 금요일까지 아무에게도(심지어 삼성에 근무하는 그녀의 동료들에게도) 말하지 말라고 당부했다.[8]

"앰버는 우리의 미디어 융합을 탁월하게 이끌었습니다."[9] 다른 마케터가 말했다. 앰버는 삼성이 아무리 많은 돈을 지출할지라도 후원 계약에는 한계가 있다는 것을 잘 알고 있었다.[10] 그들은 수년 전부터 오스카 리허설에 기업의 마케터들이 나타나 대본 작가들에게 자사의 제품을 삽입해줄 것을 요청한다는 소문을 들었다. 그런 접근 시도는 거의 성공한 적이 없었다. 방송 시간은 극히 제한되어 있었다. 각각의 시상은 초 단위까지 계획되어 있지만, 스타들은 종종 즉흥적으로 수상 소감을 말하곤 했다. 마케터들은 비록 후원 계약을 통해 PPL을 보장받지만, 정확히 무엇을 얻을지 확신할 수 있는 경우는 별로 없었다. 해마다 많은 후원 기업들이 참여하지만, 가장 영리한 기업만이 오스카의 역사에 기록을 남겼다.

삼성은 그 방법을 찾아야 했다.

"그냥 대략적인 아이디어만 있을 뿐이고, 시상식에서는 정해주는 시간과 정해진 시점에 제품을 선보이죠."[11] 다른 팀원이 말했다. 또 다른 문제는 무엇일까? "우리는 누군가 삼성 휴대폰으로 찍은 것이라고 말하면서 엉뚱하게 아이폰 사진을 게시하는 것을 원하지 않습니다." 그것은 끔찍한 재앙이 될 터였다. 그런 사고를 막기 위해 삼성의 마케터들은 백스테이지 직원들에게도 갤럭시폰에 대해 교육을 해야 했다. 그들이 엘런이나 오스카와 관련된 사항에 대해 트윗을 올릴 수도 있기 때문이었다.

삼성은 엘런이 유쾌하고 익살스럽게 시상식의 분위기를 띄우기 위한 방편으로 셀카를 찍겠다는 의도를 밝힐 때까지 그녀가 어떻게 갤럭시폰을 사용할지 확신하지 못했다.[12]

대본에 따르면, 셀카 촬영은 중간 광고 직후에 엘런이 메릴 스트리프^{Meryl Streep} 옆자리에 앉으며 시작될 예정이었다. 대본에는 '텔레프롬프터에 표시되지 않음'[13]이라고 적혀 있어 즉흥적인 촬영의 특성이 강조되었다. 대본에는 그녀가 두 번째 셀카에서는 앤젤리나 졸리^Angelina Jolie와 줄리아 로버츠^Julia Roberts도 함께 포함시킨다고 했는데, 그리 된다면 더할 나위가 없을 터였다.

"모두 '해시태그 오스카 4 엘런'이라고 말하세요"라고 그녀가 사진을 찍은 후에 소리를 지를 계획이었다.

엘런은 자신의 아이디어를 ABC에 제안했고, ABC는 승인을 받기 위해 그 계획을 삼성에 전달했다. 펜들턴 팀은 환호했다. 앰버 팀은 갤럭시 노트 3를 소개하기 위해 엘런과 함께 리허설에 참여했다.[14] 아이폰 사용자인 그녀는 몸에 익은 습관 탓에 갤럭시폰 조작에 서툴렀고, 화이트 글러브 팀에게 교육을 받아야 했다.

상당한 의견 조정을 거친 후 앰버는 시상식을 이틀 앞두고 펜들턴에게 전화를 걸어 기쁜 소식을 전했다. 광고뿐만 아니라 시상식에서도 갤럭시폰의 사용을 허락받았다는 것이었다. 삼성은 엘런에게 갤럭시 노트를 두 개 지급할 예정이었다. 그녀는 필요에 따라 두 개를 번갈아 사용할 것이었다.

소셜미디어는 시장의 민주화를 이끄는 힘이었다. 한때 소파에 앉아 가만히 시상식만 쳐다보던 오스카 시청자들은 엘런의 트윗 이후에 스마트폰을 집어 들고 온라인 대화에 참여할 수 있게 되었다. 이것은 업계의 가장 강력한 수단인 입소문이 증폭된 형태로 발전한 것이었다.

문제라면 즉흥성은 보장성이 떨어진다는 의미이기도 하므로, 앰버는 이 계획이 어떻게 진행될지 확신할 수 없다는 것이었다.[15] 나쁜 소식이라면 이 계획은 성공과 실패의 확률이 반반이었고, 최악의 경우에는 앰버가 해고될 수도 있었다. 하지만 그녀는 최선을 다했고, 이제 그녀에게 필요한 것은 오직 행운뿐이었다.

오스카 시상식 전날, 무대 뒤편에서 최종 점검을 하는 동안 엘런은 전혀 활기차 보이지 않았다. 그녀는 부은 눈에 초췌한 얼굴로 작가들과 회의실에 앉아서 시상식을 위해 준비한 농담과 개그를 검토했다. 평소에 그녀의 말투는 명랑하고 쾌활했지만, 대본의 셀카 부분에 이르자 말이 없어졌다.

"이 사진에 모두가 적극적으로 동참하기를 정말 바라요."[16] 그녀가 말했다. "계속 생각해봤는데, 모두가 진심으로 참여한다면 아주 멋질 것 같은데……."

연필과 종이, 테이크아웃 커피 컵, 세븐일레븐의 대형 음료수 컵이 어질러진 테이블에서 팀원들은 맥없이 노란 형광펜으로 줄이 쳐진 대본을 바라보며 턱을 긁적이고 메모를 하다가 심각한 눈빛으로 머리를 손으로 쓸어 넘겼다.

수많은 사람들이 지켜보는 내일은 어떤 실수도 일어나서는 안 되었다. 지루한 구상을 거듭하는 동안, 엘런은 종종 농담으로 방 안을 들썩이게 했다.

"그가 소말리아 출신이라고요? 소믈리에! 이제 누가 와인 캡틴이지?" 그녀가 〈캡틴 필립스〉에 출연한 남우조연상 후보 바크하드 압디[Barkhad Abdi]를 언급하며 농담 섞인 말투로 소리쳤다. 영화에서 소말리아 해적을 연기한 그는 톰 행크스^{Tom Hanks}의 배를 강탈하고 "이제 누가 캡틴이지?"라고 물었다. 방 안의 분위기가 밝아지며 웃음꽃이 피었다. 상황은 오스카 셀카 사진을 찍기에 좋은 듯했다. 엘런은 임기응변에 능했다. 그녀는 사람들을 편하게 만드는 재주가 있었다.

오스카 시상식이 열리는 일요일이었다. 펜들턴은 삼성의 대규모 후원에 힘입어 회색 체크무늬 보타이에 말끔한 턱시도를 입고 손에 초대장을 든 채 아내와 함께 돌비 극장에 나타났다.[17] 그는 입구에서 서성이는 사진기자들을 위해 걸음을 멈추고 포즈를 취한 후, 유명 인사들이 모여 있는 레드카펫을 따라 걸어갔다. 이윽고 그는 관객석으로 들어가 자리에 앉았다.

4,300여만 명이 그해 오스카상 시상식을 지켜보았는데,[18] 10년 이래 가장 많은 인원이 시청한 연예 오락 텔레비전 방송이었다.

"우리는 인생에서 가장 중요한 것이 사랑과 우정과 가족이라는 것을 알고 있어요."[19] 엘런이 오프닝 멘트로 말했다. "그것들이 없는 사람들은 대개 연예계로 들어오죠."

그녀는 관객석으로 들어가 즉흥적으로 빅 마마&파파 피자리아에 피자를 시키고, 시상식장에 배달원 에드거가 들어오자 통로를 돌아다니며 기름진 피자 조각을 턱시도를 걸친 유명인들에게 나눠주었다. 그녀는 나중에 피자 배달원을 '새로운 절친'이라고 부르기도 했다. 해리슨 포드^{Harrison Ford}가 토마토소스를 흰색 드레스 셔츠에 흘렸을 때 다행히 카메라들은 다른 곳을 향해 있었다.[20]

〈해피^{Happy}〉를 부른 가수 퍼렐 윌리엄스^{Pharrell Williams}는 때마침 중절모를

쓰고 있었는데, 두둑한 팁을 담을 수 있을 정도로 크라운이 높이 솟아 있었다.[21] 엘런은 모자를 낚아챈 뒤 챙을 잡고 돌아다니며 팁을 걷었다. 마침내 그녀는 피자 배달원에게 1,000달러의 봉사료를 건넸다.

"하비!" 엘런은 영화제작자 하비 와인스타인[Harvey Weinstein]에게 팁을 기대하면서 그의 이름을 큰 소리로 불렀다. "절대 강요는 안 해요, 단지 10억 명의 사람들이 지켜보고 있을 뿐이에요!"

중간 광고가 나간 후에 그녀는 〈오즈의 마법사〉의 착한 마녀 글린다로 분장하고 하늘하늘한 분홍색 드레스 차림으로 무대에 등장했다. "당신은 힘을 가졌어요……." 그녀는 착한 마녀 캐릭터의 자애로운 낮은 목소리로 말하며 마법 지팡이를 흔들다가 도중에 연기를 멈추었다. "아, 그만둡시다."

"행사에 참석하지 못하는 사람들에게 모두가 합숙할 수 있는 한 호텔의 회의실뿐만 아니라 여러 사무용 회의실도 마련했습니다."[22] 펜들턴 팀의 한 마케터가 말했다. 그들은 소셜미디어의 반응을 확인하면서 삼성의 광고에 대한 긍정적인 반응에 관심을 기울였다.

이윽고 다음 중간 광고가 끝나자, 카메라는 관객석에 서 있는 엘런의 모습을 담았다.

"메릴, 제가 아이디어를 하나 제안해도 될까요?"[23] 엘런은 스마트폰을 손에 쥐고 여러 스타에게 재미있는 농담을 던지며 천천히 메릴의 좌석을 향해 통로를 내려갔다. "이번에 당신은 열여덟 번째로 후보에 오르면서 신기록을 세웠죠?" 메릴 스트리프가 약간 당황한 표정으로 올려다보았다.

"그래서 저는 우리가 지금 가장 많은 리트윗을 받은 사진으로 또 하나의 신기록을 세워보면 어떨까 싶어요." 엘런이 휴대폰을 위로 올리며 말했다. "그러면 이제 사진을 찍을게요. 그리고 우리가 가장 많은 리트윗을 받는 기록을 세울 수 있을지도 확인해보죠."

그녀는 살짝 자세를 낮추면서 휴대폰을 자신과 전설적인 여배우 사이로 가져갔다. 하지만 메릴은 두 사람만의 사진으로 만족하지 않았다.

"그녀도 넣어주세요." 메릴이 말했다.

메릴의 뒤편에 머리를 주황색으로 염색하고 날씬해 보이는 검정 드레스 입고 앉아 있는 여자는 오스카 후보에 네 차례나 오른 줄리아 로버츠였다. 올해 그녀는 〈어거스트: 가족의 초상〉으로 여우조연상 후보에 지명되었다. 줄리아는 두 손을 들어 토끼 귀 모양을 만들며 "이렇게 할까요?"라고 말했다.

토끼 귀 모양은 대본에 없었다. 하지만 엘런은 상관하지 않고 진행했다.

"아뇨, 이쪽으로 몸을 기울여요." 엘런이 말했다. "채닝, 당신도 들어오세요." 그녀가 9년 전에 〈코치 카터〉로 데뷔해 오스카의 단골 시상자가 된 전직 스트리퍼 출신의 채닝 테이텀Channing Tatum을 향해 말했다.

"브래들리, 당신도 들어올래요? 그러면 좋겠어요. 제니퍼, 당신도 들어와요!"

아래 열에서 〈아메리칸 허슬〉로 여우조연상과 남우조연상 후보에 올라 나란히 앉아 있던 제니퍼 로런스Jennifer Lawrence와 브래들리 쿠퍼Bradley Cooper가 자리에서 일어나 엘런의 주위로 모였다. 스타들이 즉석에서 뒤죽박죽 뒤엉키며 소란을 피웠다.

168센티미터의 엘런 위로 우뚝 솟은 브래들리 쿠퍼가 그녀의 휴대폰으로 손을 뻗었다.

"제가 찍을게요." 그가 말했다. "제가 할게요."

브래들리 쿠퍼는 관객들에게 알려지지 않았지만 화이트 글러브 회원이었다.

"아뇨, 제가 할게요. 브래드, 이리 들어와요!" 엘런이 삼성 갤럭시폰을 손에서 놓지 않으며 말했다.

그녀는 또 다른 브래드를 불렀다. 바로 올해의 작품상의 유력한 후보인 〈노예 12년〉을 제작한 브란젤리나 커플의 브래드 피트^{Brad Pitt}였다. 케빈 스페이시^{Kevin Spacey}는 뒤쪽에서 살금살금 다가와 웃으며 엄지손가락을 세워 올렸다. "앤지! 루피타!" 〈노예 12년〉으로 여우조연상 후보에 오른 케냐계 멕시코인 루피타 뇽오^{Lupita Nyong'o}는 밝은 청색 드레스를 입고 검은색 턱시도의 물결을 헤치며 그들의 뒤쪽에서 달려왔다. 그녀의 뒤로 남동생 피터가 따라왔는데, 대학교 신입생이던 그는 유명인이라고 할 수 없었지만, 뭐 상관없지 않은가?

긴 머리에 붉은색 보타이를 맨 재러드 레토^{Jared Leto}가 관객석 어디에선가 뛰어나와 그들 앞으로 얼굴을 내밀었다. 그는 〈댈러스 바이어스 클럽〉에서 에이즈 양성 판정을 받은 트랜스젠더 여성 역할로 남우조연상 후보에 올랐다.

소란스러운 열세 명의 유명인들은 서로 잡담을 나누며, 다양한 표정을 짓기도 하고, 주먹을 들어 올리기도 하고, 혀를 내밀기도 하면서 자연스럽게 어우러졌다. 엘런은 스마트폰을 앞으로 내밀어 적당한 구도를 잡으려고 노력했다. 이윽고 제니퍼 로런스가 끼어들었다.

"이 사진이 많이 리트윗되기를 원한다면 누군가 가슴을 떨어뜨려야 (boob drop, 가슴이 큰 여성이 의도적으로 가슴을 드러내고 흔드는 행위_옮긴이) 할 것 같은데 요!"

"메릴……." 모두를 사진에 담을 수 없었던 엘런이 메릴 스트리프를 쳐다보며 도움을 요청했다.

"가슴을 떨어뜨려요, 누가 가슴 좀 떨어뜨려요." 채닝 테이텀이 거듭 말했다.

"메릴, 메릴……"

"내가 할까요?" 메릴 스트리프가 물었다.

"여기요, 내가 할게요." 브래들리 쿠퍼가 말했다.

"아뇨, 메릴. 찍을 수 있겠어요, 메릴?"

"내가 가슴을 떨어뜨릴게요. 상관없어요, 정말요." 채닝 테이텀이 말했다.

"그런데 가슴을 떨어뜨린다는 게 무슨 뜻이에요?" 줄리아 로버츠가 물었다.

"메릴, 사진 찍을 수 있겠어요? 나는 모두를 사진에 담을 수가 없네요." 메릴 스트리프가 엘런의 스마트폰을 잡으려고 팔을 뻗었지만 결국 잡지 못했다.

"좋아." 채닝 테이텀이 끼어들었다.

"내 팔이 더 긴가요?" 제니퍼 로런스가 갤럭시 노트로 팔을 뻗었지만 잡지 못했다.

맨 앞에서 무릎을 꿇고 있던 브래들리 쿠퍼가 혼란스러운 상황을 정리했다. "아마 내 팔이 더 나을 거예요." 그가 말했다.

그가 팔을 뻗어 엘런의 손에서 휴대폰을 가져왔다. "자, 이제 찍어요." 브래들리가 휴대폰을 꽉 붙잡고 말했다.

"그래요, 좋아요! 우리 좀 봐요." 엘런이 스마트폰 화면을 보며 좋다는 표시로 고개를 끄덕였다. 이 스타들이 사진을 찍기 위해 몸을 밀착하자 관객들은 일제히 조용해졌다. 하지만 재러드 레토는 얼굴의 왼쪽 절반만 간신히 화면 안에 들어왔다.

"이제 됐네요. 준비 됐어요? 준비 됐죠?" 브래들리가 말했다.

찰칵.

"좋았어!" 그가 소리치며 박수와 환호를 유도했다.

"우리가 해냈어요!" 엘런도 소리쳤다. 메릴이 그녀의 볼에 가볍게 키스를 했다.

"오, 나는 한 번도 트위터를 해본 적이 없는데!" 64세의 여배우가 말했다.

엘런은 한 번 더 셀카를 찍고 싶어 했다. 그녀는 빠르게 통로를 가로질러 〈노예 12년〉으로 남우주연상 후보에 오른 추이텔 에지오포Chiwetel Ejiofor를 향해 걸어가 그의 자리에서 바로 두 번째 셀카를 찍었다. 그리고 그녀의 뒤에는 브래드 피트와 베네딕트 컴버배치Benedict Cumberbatch가 앉아서 장난스럽게 사진을 망치고 있었다.

"세상에, 당신은 사진 욕심쟁이야." 그녀가 브래드에게 말했다.

이윽고 엘런은 자신이 한 말을 행동에 옮기며 그 사진을 그녀의 개인

트윗 계정에 올렸다.

> 브래들리 쿠퍼의 팔이 조금만 더 길었다면. 최고의 사진.
> #오스카 시상식.[24]

이것은 화질도 흐릿하고 조도도 형편없으며 각도도 살짝 기울어진, 저물어가는 인쇄매체 시대의 완벽함이 결여된 사진에 대한 해시태그였다.

하지만 그래서 더욱 그 트윗은 그 순간에 더없이 큰 의미를 부여했다. 총 오스카 수상 횟수 10회에 총 90억 달러의 수입을 자랑하는 열한 명의 위대한 할리우드의 전설들이 사진 한 장을 찍기 위해 자발적으로 모여들었는데,[25] 그것은 유능한 에이전트와 막강한 변호사들이 몇 개월에 걸쳐 치열하게 협상해야 겨우 실현될 수 있을 만한 상황이었다.

하지만 모두가 행복했고, 모두가 자연스러웠다. 그 순간은 역사적이었다. 불과 몇 분 만에 그 사진에는 수천 개의 리트윗이 달렸다. 이윽고 수만 개에서, 다시 수십만 개로 늘어났다. 얼마 후에 그 숫자는 수백만 개까지 늘어났다.

인터넷 호사가들은 케빈 스페이시의 멍청하게 벌어진 입, 엘런의 온화한 미소, 그 순간이 계획된 것인지 아닌지, 어쩌면 은밀하게 계획된 것은 아닌지에 대해 떠들어댔다. 그리고 트위터 이용자들은 엘런의 휴대폰에 새겨진 독특한 로고에 주목했다. 이내 관객들은 그녀가 무대 뒤로 가서는 평소에 사용하던 아이폰으로 트윗을 올린다는 것을 알아챘다.[26]

하지만 이것은 삼성이었다.

펜들턴은 관객석에서 지켜보고 있다가 한 동료를 돌아보며 말했다.[27] "이건 사상 최고의 PPL 순간이 될 겁니다." 그가 삼성에 합류한 이후 3년의 시간을 들인 끝에 이루어낸 결과였다. 그것은 자발적이고 창의적이며 즉흥적이었다. 그리고 그저 약간의 계획만으로 세상을 깜짝 놀라게 했다.

이윽고 엘런이 무대 뒤에서 나타났다.

"우리가 방금 트위터를 마비시켰네요."[28] 그녀가 발표했다. "트위터로부터 이메일을 받았는데, 우리가 트위터를 마비시켰다고 해요. 우리가 역사를 만들었어요!"

트위터의 8년 역사에서 사이트가 마비된 것은 처음이었다. 홈페이지에 접속한 사용자들은 오류 메시지를 받았다. "기술적인 문제가 발생했습니다. 양해해주셔서 감사합니다. 조속히 문제를 해결하고 정상적으로 운영하겠습니다."[29]

"메릴, 우리가 뭘 했는지 알아요? 당신과 내가요? 놀라워요. 방금 우리가 정말 역사를 만들었어요. 환상적이에요."[30]

그린룸으로 돌아온 엘런은 텔레비전과 휴대폰으로 조성된 삼성의 모자이크 벽을 지나 칵테일 잔을 들고 글렌 클로스Glenn Close와 이야기하던 제니퍼 로런스에게 다가갔다.

"우리가 트위터를 마비시켰다는 소식을 들었어요?"[31] 엘런이 물었다.

"어머, 놀랍네요!"

"우리가 역사를 만들었어요. 역사를 말이에요."

"누군가 가슴을 떨어뜨려야했는데……. 그러면 트위터뿐 아니라 인터넷을 마비시킬 수 있었을 거예요."

엘런이 갤럭시 노트를 들어 올렸다.

"우린 시간이 있잖아요!"

〈노예 12년〉이 〈댈러스 바이어스 클럽〉보다 나은지, 혹은 누가 가장 끝내주는 시상식 드레스를 입었는지에 대한 논쟁은 이미 이 작고 단순한 셀카 사진에 묻혀버리고 말았다.

불과 한 시간 만에 그 사진은 100만 개 이상의 리트윗을 기록했다.[32]

"제품이 저절로 팔리지는 않죠."[33] 다음 날, 영국의 코미디언 러셀 브랜드Russell Brand가 전면에 오스카 셀카 사진을 게시한 영국의 여러 신문을 펼쳐 들고 말했다. "제품을 둘러싼 전체적인 스토리를 팔아야 합니다. 매력의 콘셉트를 팔아야…… 이 모든 것들이 갤럭시폰이 좋은 것 같다는 생각을 하도록 끊임없이 매혹하는 의식의 주파수를 생성합니다."

그날까지 오스카 셀카 사진은 리트윗 300만 개를 돌파했다.[34]

그것은 마치 소더비에서 새로운 앤디 워홀Andy Warhol 작품을 발견하고 경매에 부치는 것과 다름없었다.

"스마트폰으로 찍은 구도도 형편없고, 화질도 흐릿한 단체 사진이 오스카 시상식보다 더 많은 관심을 끌고 있는 것이 이상할지도 모릅니다."[35] 「텔레그래프The Telegraph」의 해리 월롭Harry Wallop이 언급했다. 후일 「타임」지는 이 셀카 사진을 세상에서 가장 영향력 있는 100개의 사진에 포함시켰다.[36]

"안녕, @엘런쇼!"[37] 트위터의 직원 로런 미첨Lauren Mitcheom이 엘런 디제너러스 쇼에 트윗을 남겼다. "우리는 트위터 본사에 당신의 그림을 그려났어요, 여기 와서 우리와 #셀카 찍어요!" 트위터는 오스카 셀카 사진의 그림을 제작해 회사의 로비에 걸어놓았다.

"저는 그것을 조잡한 행위였다고 생각합니다"[38] 앞서 가장 많은 리트윗 기록을 보유했던 버락 오바마 대통령은 백악관의 텔레비전 방송에서 엘런을 놀려댔다. 1년 6개월 전, 2012년 대통령 재선에 성공한 오바마는 보좌관에게 지시해 그가 아내 미셸Michelle Obama과 로맨틱하게 포옹하는 사진을 트위터에 올렸다.

"4년 더"[39]라는 문구와 함께 올린 그 사진은 당시에 50만 개가 넘는 리트윗을 기록하면서 세계기록을 세웠다.

오스카 사진은 그것을 찍은 저작권 소유자들인 엘런 디제너러스와 브래들리 쿠퍼에게 어느 정도의 가치를 지니는가?[40] "오스카 셀카 사진과 관련된 언드 미디어(earned media, 무료 기사나 논평 등)는 대략 8억 달러에서 10억 달러 정도의 가치가 있는 것으로 나타납니다."[41] 삼성과 협업하는 글로벌 PR 대행업체인 퍼블리시스 그룹의 회장 모리스 레비Maurice Lévy가 추산했다. "왜냐하면 그 사진이 전 세계로 퍼져나갔기 때문입니다."

그 수치는 논란의 소지가 다분했다. 기존 광고계에서 30초 분량의 광고 한 편에는 약 180만 달러의 비용이 소요된다. 그런데 왜 셀카 사진 한 장이 그토록 높은 가치를 지닌다는 것인가?

"그 수치가 높아 보일 수도 있지만 고객들과 사회적 공유의 가치에 대해 생각해보면, 어쩌면 그 평가가 정확할지도 모릅니다."[42] 펜실베이니아 대학교 와튼 비즈니스 스쿨의 마케팅 교수인 조나 버거Jonah Berger가 NBC 뉴스와의 인터뷰에서 말했다.

여러 연구 자료에 따르면, 누구나 영상기기에서 '광고 건너뛰기'를 할 수 있는 시대에 입소문이나 소셜미디어 광고는 일반 광고보다 10배 정도의 가치를 지니는 것으로 나타났다. NBC는 삼성이 그 모든 스타들을 일반 광고에 넣으려고 했다면 '천문학적인 금액'을 지불했어야 할 것이라고 지적했다.[43] 비록 셀카 사진에서 삼성의 로고를 볼 수 없었지만, 오스카 시상식 동안에 트위터에서 회사명이 1분당 900번이나 언급되었다.[44]

"삼성은 더 나은 스토리들을 전달하고 있고 확실히 쿠퍼티노에 있는 경쟁사보다 더 혁신적이다"[45]라고 「애드버타이징 에이지」가 평가했다. 「애드위크」는 광고의 수치를 통해 삼성이 펩시, 구글, 넷플릭스를 비롯해 다른 많은 업체들을 제치고 오스카 후원사들 중에서 가장 효과적인 오스카 광고를 펼쳤다고 결론을 내렸다.

그것은 삼성을 위한 순간이었다. 해당 분기에 삼성은 4대 경쟁업체인 애플, LG, 레노버, 화웨이의 총 출하량보다 많은 8,500만 개의 스마트폰을 출하했다.[46]

"그 사진에 찍힌 사람들을 보면 그들이 정말 즐거워하고 있는 모습이 보이죠."[47] 나중에 펜들턴이 말했다. "그 사진은 수많은 사람들을 즐겁게 해주었습니다."

27장

전통으로의 회귀

탄탄한 조직력을 과시하던 펜들턴의 팀은 지쳤다.[1] 그들은 투쟁했고, 헌신했으며, 많은 불가능한 목표들을 달성했고, 삼성을 애플과 동시에 언급되는 유일한 스마트폰 제조사로 변모시켰다. 하지만 그들은 업무를 성공적으로 수행할 때마다 삼성 본사의 중역들에게 질책을 당한다는 기분을 느꼈다.

"저는 몸도 마음도 망가진 상태로 삼성을 떠났습니다."[2] 브라이언 윌리스가 말했다. 그는 오스카 셀카 사진이 세상을 시끌벅적하게 만들기 1년 전쯤에 가장 먼저 삼성을 그만두고 나왔다. "세상에, 내가 15킬로그램이나 살이 쪘었다구요. 그동안 아내와 가족을 못 보고 살았고요. 내 결혼 생활은 순탄치 않았죠. 한 달에 3주일씩 출장을 다니고 일주일에 72시간씩 일을 했으니까요. 정말 미친 거지. 스트레스를 너무 많이 받다 보니 술도 너무 많이 마셨어요."

"우리는 그처럼 살찌는 현상을 '삼성 15'라고 불렀습니다."[3] 또 다른 직원이 말했다.

삼성 본사는 텍사스 카우보이들로 구성된 펜들턴의 독자적인 팀을 한국인 상사들의 세력권으로 복귀시키기 위해 서서히 압박을 가하고 있었다.[4] 삼성은 내부적으로 이 새로운 정책을 '하나의 삼성'이라고 명명했다.[5]

밀크 뮤직은 그해 봄에 오스틴에서 개최된 사우스 바이 사우스웨스트(SXSW) 페스티벌에서 주목을 받기 시작했다. 그리고 삼성은 다시 한번 제이지를 접촉해서 카녜이 웨스트Kanye West와 함께 갤럭시폰 고객들만을 위한 콘서트에서 합동공연을 하게끔 했다.[6]

밀크의 사용자 인터페이스 — 사용자들이 자유롭게 돌려 원하는 음악을 고를 수 있게 한 강태진과 대런의 원형 다이얼 — 는 SXSW 페스티벌에서 삼성의 시연 부스를 통해 출시되었다. 그곳에서 소비자들은 고음질의 헤드폰을 쓰고 인상적인 반투명 스크린에서 여러 채널을 선택하는 체험을 해볼 수 있었다.

"불과 몇 시간 만에 다운로드 수가 7만 건을 넘었는데, 그건 정말 굉장한 수치였습니다."[7] 대런이 말했다. "거기서부터는 탄탄대로였죠."

마침내 갤럭시는 스마트폰 생태계에서 아이튠즈와 애플의 소프트웨어에 버금가는 기능을 현실화한 데 이어 손에 잡힐 듯 잡히지 않던 음악계까지 진출할 수 있는 발판을 마련했다. 애플은 혁신이 지지부진했고, 삼성은 맹렬히 추격하고 있었다.

그런데 바로 그때 구글이 삼성의 소프트웨어 진출을 제지하고 나섰다. 구글은 삼성이 하드웨어에 주력하고 자사가 소프트웨어에 주력해야 양측 모두 행복할 것이라고 판단했다.

"이러는 이유가 뭡니까?"[8] 구글의 디지털 콘텐츠 담당 부사장 제이미 로젠버그Jamie Rosenberg가 정중하게 물었다. 그는 밀크 뮤직과 영화 소프트웨어인 밀크 비디오를 매우 못마땅하게 여겼다. "우리는 철저하게 협력해야 합니다, 그렇지 않습니까?"

회의실 테이블 주위에 둘러앉은 구글의 중역들은 자신들이 밀크에 대해 알고 있는 것들을 모두 나열했다. 대런은 적잖이 당황했다.

"그들은 우리를 감시하고 있었습니다."[9] 대런이 말했다. "그들은 제가 예상했던 것보다 밀크에 대해 많이 알고 있었습니다."

대런이 나중에 덧붙였다. "로젠버그는 우리에게 밀크를 포기하고 구글 뮤직을 기본 앱으로 적용할 것을 제안했습니다. 그 대가로 그는 오직 삼성만을 위해 최적화된 구글 뮤직을 공급하겠다고 말했습니다."[10]

대런은 거절했고, 삼성은 자체적인 소프트웨어 개발에 박차를 가했다. 삼성은 구글의 오픈소스 안드로이드 운영체제를 변형된 자체적인 버전으로 개조하고 싶어 했다. 그것은 일종의 기준처럼 받아들여지는 디자인으로 스마트폰을 생산하는 다른 하드웨어 제조업체들과 차별화하기 위한 전략적인 조치였다.

2014년 1월에 라스베이거스의 국제 가전제품 박람회에서 신종균은 갤럭시 노트에 사용될 매거진 UX라는 삼성의 새로운 사용자 환경을 공개했다. 삼성의 인터페이스 디자이너들이 터치위즈TouchWiz라고 불리는 자

체 소프트웨어를 사용해 그들의 운영체제를 변경한 것이었다.[11]

이것은 "한 잡지의 차례와 흡사하게 개조된 인터페이스로 사용자들이 클릭하면 바로 영상과 기사로 연결될 수 있도록 만들었다"[12]고 「블룸버그 비즈니스위크」의 브래드 스톤Brad Stone이 보도했다. "제조사들은 종종 안드로이드에서 사용될 자체적인 디자인을 적용하기도 하는데, 이것은 괜찮아 보였고 획기적이지 않을지는 모르지만 세련되고 직관적이며 전혀 흠잡을 데 없었다."

하지만 막후에서 구글의 중역들은 몹시 분노했다.[13] 매거진 UX는 그들의 소프트웨어에 대한 도전이었다. 그것은 구글 플레이 앱스토어를 숨기고 안드로이드 사용자들에게 구글이 아닌 다른 디자인을 사용하도록 유도했다.

이것은 위험한 상황이었다. 만약 갤럭시 팬들이 새로운 사용자 인터페이스를 배우기 시작한다면, 그들은 구글의 오리지널 안드로이드 버전으로 돌아가지 않을 수도 있었다. 구글의 디자인이 점차 사라질 수도 있는 것이었다.

구글의 안드로이드 책임자인 순다르 피차이Sundar Pichai가 삼성과 협상을 시도하기 위해 파견되었다. 공장 관리자의 아들인 피차이는 인도에서 성장했고, 대학을 졸업한 후에 미국으로 건너와 스탠퍼드와 와튼 스쿨에서 석사학위를 받았다.

피차이는 수완이 좋은 뛰어난 협상가로, 중요한 거래처들과의 민감한 분쟁을 믿고 맡길 만한 사절이었다. 하지만 그는 구글의 전략적인 실망감을 강하게 피력하는 일의 중요성도 알고 있었다.

"피차이는 라스베이거스 스트리프의 윈 호텔, 캘리포니아 마운틴뷰의 구글 사무실, 다시 2월에 바르셀로나의 모바일 월드 콩그레스에서 삼성 무선사업부 CEO인 신종균과 여러 차례 미팅을 가졌다"고「블룸버그 비즈니스위크」의 브래드 스톤이 보도했다. "피차이는 그들이 두 기업 간에 '밀접하게 연관된 운명'에 대해 '진솔한 대화'를 나누었다고 말했다."

"저는 타이젠이 사람들이 고를 수 있는 한 선택지라고 생각합니다." 피차이가 스톤에게 말했다. "우리는 안드로이드가 더 나은 선택지가 되도록 해야 합니다."

구글은 '악해지지 말자'는 슬로건에 내재된 이념으로 유명했다. 하지만 이것은 새로운 유형의 분쟁이었다.

피차이는 신종균에게 구글은 마음만 먹으면 삼성과의 제휴를 '철회할' 수 있다고 말했다.[14] 그것은 대담한 발언이었다. 약 3년 전에 구글은 모토로라를 125억 달러에 인수하면서 삼성과 삼성 스마트폰 하드웨어와의 직접적인 경쟁에 뛰어들었다.

안드로이드는 점점 더 오픈소스 소프트웨어처럼 느껴지지 않고 갈수록 확고한 구글의 영역처럼 여겨지고 있었다. 구글은 안드로이드 라이선싱 계약과 관련해 자사에 유리한 조건들을 추가하면서 반격에 나섰다. 3년 후 실리콘밸리 뉴스 서비스인「인포메이션The Information」은 구글은 사전에 설치되는 자사 어플의 수 — 안드로이드를 사용하는 하드웨어 제조업체들의 의무 사항 — 를 9개에서 한 제조업체당 약 20개까지 늘렸다고 보도했다.[15]

또 구글 검색앱을 복귀시키는 문제가 있었는데, 계약 조건은 "해당 앱이 모든 기기에 인터넷 기본 검색 장치로 설정되어야 한다"[16]는 것이었다. 이제 구글의 검색 위젯은 구글 플레이 앱스토어 아이콘과 함께 기본 홈 화면에 깔려 있어야 했다.

막후에서 삼성의 중역들은 한때 '악해지지 말자'며 시대를 선도했던 기업이 불량배가 되어가고 있다고 생각했다.[17] 「리코드Recode」의 보도에 따르면, 한 앱 제작 회사는 자사의 소프트웨어를 끼워 파는 구글의 행태가 "독점의 절정기에 이른 마이크로소프트의 행태를 떠올리게 한다"[18]고 느꼈다. 이제 그들은 과거에 반드시 필요했던 제휴업체와 갈등을 빚고 있는 자사 소프트웨어의 개발에 대해 다시 생각할 수밖에 없었다.

나중에 CEO의 자리에까지 오른 스타인 고동진은 후일 「블룸버그 비즈니스위크」와의 인터뷰에서 삼성과 구글의 관계를 결혼에 비유했다. 그는 결혼에 두 개가 아닌 세 개의 반지가 필요하다고 말했다. 첫 번째는 약혼반지, 두 번째는 결혼반지, 세 번째는 항상 필요한 고통의 반지였다.[19]

하지만 피차이의 직원들은 채찍 다음에는 반드시 당근이 뒤따라야 한다는 것을 알고 있었다. 마운틴뷰에서 여러 차례 미팅이 이루어졌다. 강태진은 그들에게 고함을 쳤던 구글의 한 중역을 기억했다. 삼성의 중역들은 구글과 갈등을 빚을 수도 있다는 생각에 점점 더 '겁을 먹고' 있었다.[20] 이제 일괄적인 타결을 위한 협상이 필요한 시점이었다.

2014년 1월 27일에 "삼성과 구글은 향후 10년간 유효할 광범위한 글로벌 특허계약에 서명했다"고 「포브스」의 고든 켈리Gordon Kelly가 보도했다. "이 계약 속에는 삼성이 터치위즈의 사용을 줄이고, 자체적인 앱들보다 핵심적인 안드로이드 앱들에 다시 집중하며, 매거진 UX 인터페이스 같은 급진적인 최적화를 포기한다는 합의가 있었다." 이틀 후인 2014년 1월 29일에 구글은 모토로라 모빌리티를 레노버에 매각한다고 공식적으로 발표했다.[21] 구글은 더 이상 스마트폰 제조업을 관리할 필요가 없어졌기 때문에 최소한 당장은 삼성과의 직접적인 경쟁에서 벗어나게 되었다.

하지만 구글은 여전히 2만 개에 달하는 모토로라의 특허를 대부분 보유하고 있었다. 그 특허들은 삼성과 애플 사이에서 구글에 일종의 완충제 역할을 해주었다. 구글은 그 특허들을 이용하여 애플의 소송을 저지시켰고, 소프트웨어에서 삼성을 견제할 수 있는 우위를 점유했다.

한편, 이재용은 삼성에서 자체적인 소프트웨어의 개발을 지속하는 데 회의적이었다.

"최지성과 이재용은 항상 견해가 일치하지 않았는데, 특히 소프트웨어 분야에서 차이를 보였습니다."[22] 강태진이 말했다. "이 부회장이 소프트웨어의 중요성을 이해하지 못하는 것은 아니었습니다. 그는 애플이 이룬 성과를 알고 있었어요. 단지 삼성에 그런 능력을 유기적으로 성장시킬 DNA가 있다고 믿지 않았을 뿐입니다."

이젠 정점을 찍은 스마트폰의 수익률이 그의 불신을 더욱 고조시켰다. 삼성의 중역들은 수익의 감소에도 불구하고 소프트웨어 인수에 계속 자금을 투입하는 것을 몹시 두려워했다.[23]

황태자와 그의 섭정자 간에 논쟁이 벌어졌다. 이재용은 삼성이 본질적으로 하드웨어 제조업체라고 믿었고, 이제 다시 하드웨어에 주력해야 할 시기라고 판단했다. 최지성은 여러 해 동안 소프트웨어 생태계를 구축해왔다고 대응했다. "우리는 시도해야 합니다." 그가 이재용에게 말했다. "시도하지 않으면 우리는 결코 이룰 수 없습니다."[24]

한국의 미디어는 이재용을 문화 개혁가로 평가했지만, 삼성 내부의 실상은 그리 간단하지 않았다. 과거에 강력한 리더십을 발휘했던 그의 부친 이건희 회장은 소프트웨어의 비전을 선포했다. 하지만 결과적으로 이재용은 소프트웨어 분야에 대한 회의적인 태도를 보이면서 그 아이디어의 핵심에 대해 이의를 제기했다. 역설적으로 그가 내세우는 리더십은 여러 방면에서 하드웨어 전통으로의 회귀였다. 그는 신중하고 조심스러우며 과묵했다. 이재용은 애플처럼 과감하고 새로운 미래를 위한 비전을 선포하지 않았다. 오히려 그는 27년 전에 세상을 떠난 빈틈없는 그의 조부이자 삼성의 창업주인 이병철 회장을 더 닮은 것처럼 보였다.

한편, 일부 사람들은 어쩌면 이재용이 현명한 조치를 취했는지도 모른다고 생각했다.

"이제 1993년의 이야기는 잊어달라고 말하고 싶습니다."[25] 이건희 회장의 일본인 조언자이자 회사의 전설적인 디자인 보고서의 작성자인 후쿠다 다미오가 「조선일보」와의 인터뷰에서 말했다. 그는 이건희 회장이 켐핀스키 호텔에서 중역들을 앞에 두고 "마누라와 자식을 빼고 모두 바꾸십시오"라고 지시했던 삼성의 프랑크푸르트 선언을 언급하고 있었다.

"1993년 당시는 사원 수도 적고 기업의 규모도 크지 않아 혁신이 상대적으로 쉬웠다면 지금은 규모가 커져 훨씬 어렵습니다." 후쿠다가 말했다. "1993년보다 더 신중하게 생각해야 합니다. 앞으로 무엇을 하면 좋을지 진지하게 생각하지 않으면 삼성의 미래는 없습니다."

"저는 여러분을 더 이상 보호해줄 수 없습니다."[26] 얼마 후에 최지성이 한 미팅에서 소프트웨어 중역들에게 말했다. 황태자의 믿음이 시들해지고 있었다.

2014년 5월, 이건희 회장은 자택에서 심장마비로 쓰러져 CPR를 받았다.[27] 그는 삼성의료원에 입원했고, 의학적으로 유도된 혼수상태에 빠져들었다. 삼성의 발표에 따르면, 2주일 후에 그는 두 눈을 뜨고 혼수상태에서 깨어났다. 하지만 그러고 나서 그가 뇌졸중으로 쓰러졌다고 「블룸버그 비즈니스위크」가 보도했다.[28] 많은 사람들이 이 회장의 죽음이 임박했다고 두려워했다.

28장

벌처 투자가

이재용은 어려운 문제에 직면했다. 그는 왕위에 바짝 다가가고 있었지만 계속 난관에 부딪혔다. 그와 두 명의 누이는 무려 60억 달러에 이르는 천문학적인 규모의 상속세¹를 부담해야 할 처지에 놓였다. 만약 이재용이 그것을 지불하지 못한다면, 그가 소유한 삼성의 지분을 매각해야 했다. 그러면 삼성의 회장이 되려는 그의 계획에 차질이 생길 수도 있었다.

"이 수치가 얼마나 어마어마한지 비교해서 얘기해보면……."² 로이터 통신이 보도했다. "미국은 통틀어 올해 유산세와 증여세로 고작 160억 달러를 징수할 것이라고 예상하고 있다. 그런데 이 세금은 오랫동안 정치적인 논쟁의 화두였고, 미국의 많은 부자들이 무슨 수를 써서라도 적게 내려고 한다."

1996년의 부당한 주식거래를 시작으로 거의 20년 동안 그의 부친 이건희 회장의 보좌관들은 이 같은 순간을 대비해오고 있었다.[3] 몇몇 사람들은 그런 행위로 인해 형사적인 처벌을 받았는데, 그들은 상속세 ─ 세계 최고 수준인 50퍼센트의 최고 과세 등급 ─ 에 필요한 자금을 조성하고 회사의 주식을 이재용에게 양도하기 위한 목적으로 삼성의 한 자회사에서 다른 자회사로 주식을 매입하고 매수하는 과정을 복잡한 미로처럼 만들었다.

그들은 한국 정부보다 몇 걸음씩 앞서 있었다.[4] 한국 정부는 20년 전에 삼성의 부당한 주식거래 직후에 금융 규제법을 보완하는 조치를 실행했다. 2015년 초에 커피숍들과 투자기금운용사들에서 또 한 번의 그런 치밀한 금융 작업이 임박했다는 소문이 나돌기 시작했다.

"그게 가능한가요?"[5] 한 소액주주가 서울의 금융 지구인 여의도의 한 커피숍에서 내게 물었다. 그는 삼성에서 이재용의 승진을 위해 주주들을 무시한다면 그의 돈을 잃게 될지도 모른다고 불안해했다.

"삼성이라면 무엇이든 가능하겠죠." 내가 말했다.

"이 회장은 죽었나요?" 그가 물었다.

그것은 그 당시 최고의 화두였다. 삼성에서 그의 사망 소식을 감추려 한다는 소문이 전국적으로 널리 퍼져 있었다.[6] 회사는 그 소문을 강력히 부인했다. 2015년 3월에 새로운 소문이 퍼졌을 때 역설적으로 삼성의 주가는 상승했는데, 이것은 주주들이 불확실한 상황이 끝나기를 원하거나 이재용이 부친보다 나은 총수가 되리라고 생각한다는 것을 나타냈다.[7]

하지만 지금 이 회장이 죽는다면 이재용은 아주 어려운 상황에 처할 터였다. 복잡한 주식 매도와 인수합병을 꼼꼼히 완수해야 하는 왕위 승계로의 길은 한참 남아 있었고, 확실하게 보장되지도 않았다.

한국의 법률에 따르면, 그의 부친인 이 회장의 지분은 모친에게 1.5, 그와 그의 두 누이에게 1의 비율로 분할되어야 했다.[8] 만약 모친이 그와 의견이 일치하지 않으면 그녀는 아들을 몰아낼 수도 있었다.

나는 이 회장의 건강에 관한 진실을 전혀 알지 못했다. 나의 삼성 정보원들은 내게 통치 가문의 가족과 측근인 부회장 최지성을 제외하면 누구에게도 이 회장의 병실에 접근하는 것이 허락되지 않았다고 말했다.[9]

2015년 5월 26일, 건설과 무역을 담당하는 삼성물산이 사실상 삼성 제국의 지주회사인 제일모직에 인수된다는 소식이 발표되었다.

"주주들의 승인을 받아야 하는 합병계약서에 따르면, 제일모직은 삼성물산과 1대 0.35의 비율로 주식을 교환하면서 삼성물산을 인수할 것이다"[10]라고 제일모직이 보도 자료에서 밝혔다.

"그 계약은…… 이상한 것 같지 않나요?"[11] 「블룸버그 뷰Bloomberg View」의 매슈 러빈Matthew Levine이 향후 일어날 분쟁에 대해 전망했다. "왜 자기 회사를 그런 터무니없는 헐값에 매각할까요?"

그 합병의 세부적인 재무분석과 더불어 러빈은 이것은 "삼성물산의 주주들이 한 주당 0.35의 비율로 제일모직이 새로 발행하는 주식 약 5,500만 주를 받게 되는 온전한 주식거래였다. 그 당시 제일모직의 주식은 16만 3,500원에 거래되었기 때문에 그 거래는 약 8조 9,000억 원에 달하는 규모였다(그 당시 삼성물산의 시가총액은 12조 5,000억 원, 세후 9조 5,000억 원으로 현재보다 그 가치가 조금 더 높았다). 따라서 삼성물산의 주주들은 단순한 계산상으로도 삼성물산이 소유한 상장주의 가치보다 훨씬 낮은 대가를 받게 되는 것이고, 삼성물산의 영업 가치는 0보다 훨씬 낮게 평가되는 셈이었다"고 지적했다.

왜 삼성물산의 주주들이 사기를 당했다고 느끼게끔 하여 좋지 않은 PR로 이어질 것이 뻔한 상황을 만들었을까?

삼성은 이것이 사업 부문을 통합하기 위한 시도라고 주장했지만, 결국은 통치 가문의 지배권에 관한 문제였다. 이재용은 제일모직의 지분 23퍼센트를 소유했는데,[12] 그 회사가 인수하려는 삼성물산은 그룹의 핵심인 삼성전자의 지분 4퍼센트를 보유하고 있었다. 이 합병은 제일모직을 최상위에 올려놓은 주식 지분 구조를 통해 삼성전자에 대한 이재용의 지배력을 강화하고 단순화하는 방법이었다.

그 결과 삼성 제국에서 그의 지분은 증가할 것이었다. 그는 삼성 제국의 회장이라는 왕위에 더 가까이 다가갈 수 있을 뿐만 아니라 60억 달러의 상속세를 마련하는 데 도움을 받게 되었다.

52일 후에 주주들이 투표를 위해 소집될 예정이었다. 월가(街)는 분노했다.

"이 불법적인 인수 제안을 통과시키려는 삼성물산과 제일모직의 이사회의 시도는……."[13] 헤지펀드 엘리엇 매니지먼트Elliott Management가 선제공격을 단행했다. "삼성물산 주주들에게서 어떤 보상도 없이 삼성물산 순자산의 58퍼센트(약 7조 8,500억 원) 이상을 빼돌려 제일모직 주주들에게 건네려는 작업으로 보인다."

이 헤지펀드는 예전에 설립자인 폴 싱거Paul Singer가 말했던 것처럼 "시장의 규칙에 따라 행동하지 않는 사기꾼들을 상대로 싸우겠다"[14]고 결정했다.

엘리엇 매니지먼트는 270억 달러의 자산을 운용했고, 삼성물산의 상당한 지분을 보유한 주주였다.[15] 그들은 함부로 다룰 수 있는 기관이 아니었다. 그들은 맹렬한 투쟁 방식과 집요한 기업문화로 유명했다. 설립자 폴 싱거는 전직 변호사이자 뉴욕의 투자가로 세계 최대의 기업들과 일부 국가들의 정부에 맞서는 것도 두려워하지 않는 냉혹한 금융 투쟁가였다.[16] 「블룸버그」는 싱거를 '세계에서 가장 무서운 투자가'라고 지칭했다.

엘리엇은 자국의 경제를 떠받치는 기둥인 삼성에 맞서도록 삼성의 주주들을 설득해야 했다. 그리고 싱거에게는 영향력 있는 지지자들이 있었다.

"그 거래에 반대하는 투표를 하세요."[17] 주주들 사이에서 상당한 신뢰도를 구축한 대리 자문 회사인 인스티튜셔널 셰어홀더 서비스Institutional Shareholder Services(ISS, 주주들에게 이 합병에 찬성하는 표를 던지지 말라고 조언한 자문 회사_옮긴이)가 경고했다.

6월 3일, 엘리엇은 투표권을 더 강력하게 행사하기 위해 삼성물산의 지분 2.17퍼센트를 매입하면서 총 7.12퍼센트의 지분을 확보했고,[18] 3대 주주로 부상했다. 이것은 금융 전쟁이 시작되었음을 의미했다.

이제 투표까지 44일이 남아 있었다.

이재용은 JP모건의 CEO인 제이미 다이먼Jamie Diamon과 함께 아침 식사를 하던 중에 폴 싱거가 강력하게 반발하고 있다는 소식을 들었다.[19] 삼성의 중역들은 주주들로부터 합병에 찬성하는 승인을 얻기가 어려워졌음을 깨달았다. 이재용은 주주들로부터 55.7퍼센트의 찬성표를 얻어야 했다.

6월 9일, 엘리엇은 합병에 관한 투표를 위해 소집되는 주주총회가 불법이라고 주장하며 법원에 금지명령을 신청했다.[20] 이튿날 삼성물산은 한 조력자에게 미국에서라면 불가능한 지분 참여 작전을 통한 도움을 요청했다. 그들은 통치 일가의 지배력을 유지하기 위한 핵심 수단인 대량의 자사주를 한국의 화학 및 자동차 부품 제조업체인 KCC 코퍼레이션에 6억 800만 달러에 전량 매각하면서,[21] 이제까지 전혀 알려지지 않았던 그 제조업체를 순식간에 삼성물산의 4대 주주로 부상시켰다.

"이 조치는 차익 실현을 추구하는 해외의 헤지펀드로부터 회사와 주주들을 보호하고 회사의 유동성과 재정 건전성을 개선하기 위해 필요한 것입니다."[22] 삼성물산이 성명서를 통해 발표했다.

자사주의 사용은 한국에서 통용되는 주식거래의 편법이었다.[23] 그것은 '재벌'의 통치 가문이 논란이 되는 주주들의 결정을 지지하는 대가로 조력자들에게 주식을 제공하는 것이었다. 일단 한 회사가 자사주를 매각하면 그 주식에 대한 투표권은 인정된다. 그것은 아무것도 없는 상태에서 주식 지분 소유권을 창출하는 방법이었다.

"그건 더러운 수법이었습니다." 엘리엇의 한 직원이 내게 말했다. 삼성물산의 주가는 회사의 경영진이 주도한 치밀한 방해 공작으로 하락했다.

그 매각은 "매우 충격적이었습니다"[24]라고 엘리엇이 성명서를 통해 발표하면서, 그것은 "삼성물산의 주주들이 갖는 투표권과 그 가치를 의

도적으로 약화시키는 것"이라고 설명했다. 이튿날 엘리엇은 KCC를 투표에서 배제해야 한다는 또 다른 금지명령을 법원에 제출했다.[25]

7월 1일, 한국의 법원은 헤지펀드의 고소를 기각하고 합병에 관한 투표가 진행되어야 한다고 판결했다.[26] 그 매각은 통치 가문에 불법적으로 부를 양도하는 행위가 아니며, 삼성은 법에 따라 최근의 주가에 근거해 사전에 결정된 비율대로 합병비율을 계산했기 때문이라는 것이었다.

7월 3일, 엘리엇은 항소를 제기했다.[27] 예정된 투표일까지 14일이 남아 있었다.

삼성 공화국의 톱니바퀴들은 최고 속도로 돌아가고 있었다. 삼성은 주주들과 국민들의 감정에 호소하는 광고를 8개의 방송사, 6개의 케이블 채널, 2개의 인터넷 포털뿐만 아니라 100개가 넘는 일간지들에까지 내보냈다.[28] 모두 단 하루 동안에 벌어진 일이었다.

"삼성물산의 주주님들께 간곡히 부탁드립니다. 엘리엇이 합병 주총을 무산시키려 합니다."[29] 삼성이 TV 광고에서 호소했다.

그리고 삼성의 중역들은 회사의 주주 명단을 확보하고 5,000명의 직원들에게 호두케이크와 수박을 비롯한 여러 과일을 들고 전국에 있는 주주들의 집에 찾아가 합병의 이점에 대해 설명하도록 지시했다.[30] "제발 부탁드립니다. 직접 뵙게 해주세요."[31] 삼성의 한 직원이 삼성물산의 주식 약 0.004퍼센트를 소유한 한 은퇴자의 아파트 인터폰에 대고 간청했다.

"그건 옳지 않죠."[32] 한 소액주주의 대리인이 커피숍에서 내게 말했다. "정당한 행위는 아닙니다."

한편 '타워'로 불리는 미래전략실 출신의 막강한 삼성 사장인 장충기는 한국의 정보기관으로부터 문자메시지를 통해 엘리엇의 행보에 대해 지속적으로 보고를 받았다. 이런 관행은 국익을 위해 정부와 기업이 협력하는 한국에선 특별한 일이 아니었다.

"(엘리엇에서) 한국 관련은 홍콩에서 총관리하고 있고 내부 상황은 철저히 통제하고 있다고 합니다."[33] 한국의 CIA에 해당하는 국가정보원(NIS)의 전략팀장이 삼성의 한 중역에게 문자메시지를 보냈다. "월요일에 관계자 만나 좀 더 알아보려고 하고 다른 친구 통해 자세한 것은 더 알아보겠습니다."

나중에 그 요원은 "이 소송을 실제 담당하는 변호사가 연수원 22기 출신의 장대근"이라고 보고했다.[34] 아마도 22라는 숫자는 한국의 사법연수원 졸업기수를 나타내는 듯했다.

2년 후에 한국의 탐사 잡지 「시사인」에서 입수한 유출 자료에 따르면, 삼성 사장과 국정원 요원은 최소한 150회에 걸쳐 전화와 문자메시지로 연락을 주고받았다. 이 잡지사는 입수한 메시지들을 통해 정부의 정보기관이 2013년부터 엘리엇을 감시하고 있었음을 알게 되었다.

이제 투표까지 9일 남아 있었다.

"유대계의 ISS가 노골적으로 유대계의 엘리엇을 지원하고 있다"[35]라는 제목으로 「문화일보」가 기사를 내보냈다.

"유대인들은 월스트리트와 세계의 금융계에서 엄청난 영향력을 행사하는 것으로 알려져 있다." 타블로이드 경제신문인 「미디어펜MediaPen」의 한 칼럼니스트가 언급했다. 그는 "미국 정부가 유대계 자본에 휘둘리는 것은 잘 알려진 사실"이라고 덧붙였다.

"유대계 자금은……." 그 웹사이트가 보도했다. "오래전부터 냉혹하고 무자비한 것으로 알려져 있다." 웹사이트는 폴 싱거를 "악명 높은 헤지펀드의 탐욕스럽고 냉혹한 수장"이라고 지칭했다.

"엘리엇은 유대인 폴 싱거가 이끌고 있고……." 타블로이드 경제신문 웹사이트 「머니투데이Money Today」가 보도했다. "ISS(주주들에게 이 합병에 찬성하는 표를 던지지 말라고 조언하는 자문 회사)는 유대인들이 핵심 주주인 모건스탠리 캐피털 인터내셔널(MSCI)의 자회사다. 금융업계의 한 관계자에 따르면, 유대인들은 많은 영역에서 영향력을 행사할 수 있는 탄탄한 네트워크를 갖추고 있다."[36]

ADL(Anti-Defamation League, 미국 내 유대인에 관한 차별과 비난에 대항하는 단체_옮긴이)과 다른 권익 단체들은 한국 정부를 방문해 반유대주의를 비난했다. 그들은 자체적인 조사 자료를 통해 한국인들의 59퍼센트가 "유대인들이 비즈니스 업계에서 지나치게 많은 권력을 가지고 있다"고 믿는다고 지적했다.[37]

투표 7일 전.

한국은 세계에서 세 번째로 큰 연금기금인 국민연금(NPS)을 보유한 국가이다. 한국인들의 퇴직 적금을 관리하는 국민연금의 자산은 약 4,500억 달러에 달했다.[38] 이 기관은 또한 삼성물산의 최대 주주였는데, 거의 10퍼센트에 달하는 지분을 가지고 있었다. 더불어 삼성물산을 인수하는 또 다른 삼성 계열사인 제일모직의 지분도 5퍼센트 소유했다. 인구의 고령화가 진행되는 한국은 연금의 투명한 운용과 삼성 같은 기업들에 대한 다양한 투자에 의존하고 있었다. 국민연금은 퇴직연금액을 충당하려면 상당한 수익을 거두어야 했다. 그들은 삼성의 통치 가문을 위해 위험을 무릅쓰고 희생을 감수할 것인가?

7월 10일, 한 밀착 취재 보도에 따르면, 국민연금은 비밀리에 투자위원회를 소집해 합병에 대한 투표를 실시했고, 그 결과는 일주일 후 주주총회에서 공개할 예정이었다.[39] '국민연금이 삼성의 강력한 조력자가 될 수 있다'라는 제목으로 「월스트리트 저널」이 기사를 내보냈다.[40]

놀랍게도 국민연금은 전문가들과 학자들로 구성된 외부 위원단의 자문을 받는 절차를 생략했다.[41] 외부 위원회의 자문을 받는 것은 논란이 되는 주식 지분 투표를 검토할 경우에 거치는 일반적인 과정이었다. "국민연금은 스스로 다리에 총을 쏘면서 자신들의 평판에 먹칠을 하고 있습니다."[42] 전 국민연금위원회의 일원 김우찬이 내게 그 결정에 대해 언급했다.

국민연금 내부의 평가 자료들은 합병이 실행될 경우 1억 2,000만 달러의 손실을 입게 된다는 것을 보여주었다. 장시간에 걸친 심의를 하면서 국민연금의 중역들은 합병의 이점에 대해 논쟁을 벌였다. 결정권자들은 삼성의 행위로 인해 조만간 국민연금이 손실을 입게 된다는 것을 인정했다.

"제일모직 보유로 삼성물산의 손실을 모두 커버할 수 없습니다. 차이를 커버할 만큼의 시너지가 나야 합니다."[43] 후일 내가 입수한 의사록에 따르면, 투자전략팀장인 이수철이 발언했다.

그 자리에 있던 리서치 팀장은 임박한 손실을 만회하기 위해 또 다른 삼성 계열사에 대한 투자를 제안하기까지 했다.

"합병비율의 불리함을 상쇄하려면 두 회사의 합병으로 기업가치가 약 6퍼센트(2조 원) 정도 증가해야 한다. 삼성 바이오로직스 등 신성장 사업 부문 이익 창출을 통해 기업가치 제고 효과가 기대됩니다."[44] 의사록에 따르면 그는 이렇게 말했다. 하지만 국민연금은 결국 삼성의 주목받는 신사업 중 하나인 삼성 바이오로직스에 투자하지 않았다.

몇 시간에 걸친 심의 후에 위원단은 합병에 찬성하기로 결정했다. 여덟 명이 찬성했고, 네 명이 반대했다.[45] 그런 결정을 내린 정확한 이유는 국민연금 내부의 관계자들에게도 미스터리였다. 국민연금이 합병으로 인해 손실을 입게 된다는 것을 알고 있는 상황에서 도무지 납득할 수 없는 일이었다.

표준 절차에 따라 국민연금은 이 투표 결과를 다음 주에 삼성 본사에서 실시되는 주주 투표가 끝날 때까지 공개하지 않을 것이라고 언론에 알렸다. 피를 말리는 결정이었다. 국민연금은 삼성에 유리하게도, 불리하게도 움직일 수 있었다.

"건설이요? 그 업계는 전망이 좋아 보이지 않습니다."[46] 전직 삼성 재무 담당 중역이자 2008년부터 2010년까지 국민연금 기금운용본부장을 맡았던 S.J. 김이 말했다. "건설업은 제가 국민연금에 재직할 때도 좋아 보이지 않았고, 지금도 좋아 보이지 않습니다."

투표 4일 전.

삼성물산은 합병 문제에서 자사의 입장을 주장하기 위해 '벌처투자 가'[47](vulture, 썩은 고기만 먹는 대머리 독수리. 채무 위기에 국면한 나라의 국채나 기업을 헐값에 사들여 수익을 내는 헤지펀드_옮긴이)라고 불리는 웹사이트를 제작했다. 삼성 웹사이트의 슬라이드쇼는 아마도 폴 싱거의 캐리커처인 듯한 독수리를 묘사했는데, 그는 전 세계의 가난한 사람들과 권리를 박탈당한 사람들을 상대로 음모를 꾸미고 착취하는 잔인한 행위를 저지르는 것으로 묘사되었다. 한 만화에서 콩고를 습격한 그는 이익을 거두고 도망치기 전에 한 병사가 울고 있는 여윈 아이에게 총을 겨누고 있는 모습을 지켜보고 있었다.

곧바로 '벌처 투자가'는 영어권 미디어 전체로 전파되었다.

"유대인을 커다란 부리를 가진 미덥지 못한 짐승으로 묘사하는 행위는 모두에게 불행한 결과를 초래한다는 것을 역사가 말해줍니다."[48] 「업저버Observer」가 삼성의 슬라이드쇼에 대해 언급했다. "1937년에 「슈투르머Der Sturmer」(1923년부터 제2차 세계대전 종식까지 격주로 출간된 나치의 선전 언론지_옮긴이)의 표지를 장식했던 이미지는 현재 삼성의 공식 웹사이트에서 볼 수 있는 이미지와 거북할 정도로 유사하다."

이 만화가 영어권 미디어에 확산되었을 때 삼성은 자사 웹사이트에서 "유대계 자금은…… 냉혹하고 무자비하다"는 광고를 철수했고, '벌처 투자가' 웹사이트를 폐쇄했으며, 강하게 반유대주의를 비난했다.[49]

"저는 이런 반유대주의 요소가 사업 분쟁에 끼어드는 것이 유감스럽습니다."[50] 폴 싱거가 뉴욕에서 열린 한 사업 토론회에서 말했다. "저는 한국인들이 반유대주의 성향을 지녔다고 생각하지 않습니다."

투표 3일 전.

오후 3시에 많은 주주들이 국민연금에서 합병에 찬성하는 투표를 했다는 소문을 듣고 연금공단의 로비로 소란스럽게 몰려들었다. 아직 사실

로 입증되지 않았지만 그들은 몹시 분노하며 탄원서를 제출했다.[51]

"만약 이것이 국익을 위한 것이라면, 왜 그 모든 주식이 삼성의 지배 가문을 지원하기 위해 사용되고 있는가?"[52]라고 탄원서에 적혀 있었다. "이것은 업무상 과실에 해당된다. 국민연금이 그들의 결정을 뒷받침할 객관적인 증거 없이 합병에 찬성한다면 권한 남용에 해당된다. 그들은 이에 대해 해명해야 한다. 만약 그 결정에 외부의 압력이 개입했다면 이제라도 양심 고백을 하고 더 늦기 전에 결정을 번복해야 한다."

"국민연금은 이름을 삼성연금으로 바꿔, 국민연금을 납부해야 하는 이유를 온 국민이 알 수 있도록 하라"고 탄원서에는 조롱하는 어투로 비난하는 내용이 쓰여 있었다.

이제 투표까지 이틀 남아 있었다.

"우리 회장님이 병상에 누워 있는데 당신들이 어찌 감히 삼성을 비난하는 거야!"[53] 서울의 금융 지구에 떠도는 소문에 따르면, 한 소액주주가 그렇게 소리쳤다고 했다. 여러 보도에 따르면, 그 투자자는 삼성물산 본사의 로비로 찾아가 자신의 주식을 회사에 위탁하겠다고 제안했다.

삼성 공화국의 미래를 결정할 투표가 임박해지면서 온갖 잡설과 조롱으로 뒤섞인 소문이 넘쳐났다. 내가 '짐 로저스'라는 필명을 사용하는 한국의 주식 활동가인 강동오를 처음 만난 곳은 한 커피숍이었다.

짐 로저스는 삼성의 처사에 실망한 사람들로 구성된 소액주주연대를 이끌고 있었다. 그는 최근까지 삼성을 비롯한 대기업들이 소규모 주식 거래자들을 쉽게 묻어버릴 수 있는 '개미'라고 불렀다고 강조했다. 이제 그런 주주들이 자신들은 '연대'를 위해 결속하고 있다고 말했다. 하지만 그들은 자칫 삼성을 자극할지도 모른다는 이유로 좀처럼 이름을 공개하려고 들지 않았다.

"저는 연금기금에 대해 공부했습니다."[54] 짐 로저스가 내게 말했다. "저는 이번 합병이 이루어질 거라고 생각하지 않습니다. 두 회사의 결합은 이치에 맞지 않습니다. 그들은 합병을 거부할 겁니다." 그는 여러 시나리오와 수치들을 자세히 살펴보았다. 그는 국민연금이 자신들의 이익에 저촉되는 행동을 하지 않는 한 삼성이 패배할 것이라고 결론을 내렸다.

투표 전날이었다. 서울고등법원은 최종 심리에서 삼성의 주주 투표를 중단해줄 것을 요구한 엘리엇의 항소를 기각했다.

2015년 7월 17일 투표일에 나는 아침 일찍 광화문 광장에 설치된 보수 진영의 시위 텐트를 찾아갔다.

"우리나라의 미래는 삼성에 달려 있다. 제발 이해 좀 해라!" 한 퇴역 군인이 설명했다.

"삼성이 이 나라를 매수했다." 길 건너편에서 한 시위자가 소리쳤다. "삼성이 우리 정부를 매수했다. 오늘 우리가 이 합병을 저지해야 한다!"

오전 9시 30분경에 나는 양재동으로 이동했다. 삼성물산 본사에서 투표가 30분 늦게 시작되고 있었다.

출석한 553명의 주주들이 수용 인원 100명인 회의실로 밀려들어갔다.[55] 투자자들은 통로와 뒤쪽까지 빽빽이 들어찼다. 사방에서 분노와 실망을 표출하고 있었다. 한 주주가 단상 위로 뛰어올라가 마이크에 대고 소리쳤다. "나는 합병을 강력히 반대한다!"[56] 보안 요원들이 서둘러 그를 데리고 나갔다.

회의실 밖에서 나는 잠시라도 삼성의 통치 가문을 볼 수 있지 않을까 기대했다. 하지만 평소와 마찬가지로 그들은 '개미들'로 불리는 소액주주들을 만나기 위해 모습을 드러내지 않았다.

삼성물산의 CEO인 최치훈은 단상에 올라가 잠시 야유와 조롱을 받았지만, 긴장된 분위기 속에서 회의를 주재했다. 그는 합병 조건을 변경하는 것은 불가능하다고 강조했다.

"만약 합병비율이 0.6이나 0.7로 설정되었다면 상황이 이렇게 되지는 않았을 겁니다."[57] 한 투자자가 말했다. 그는 0.35라는 비율에 사기를 당했다고 느꼈다. 그 수치는 훨씬 더 많이 손해를 본다는 것을 의미했다.

네 시간에 걸쳐 회의가 진행되는 동안 회의실에 충만한 분노, 반감, 적의뿐만 아니라 삼성과 한국에 대한 충성심도 느낄 수 있었다고 주주들이 나중에 내게 말했다. 삼성을 좋아하거나 증오하거나 둘 중 하나였다. 그것은 언제든 싸움판으로 돌변할 수 있는 유형의 회의였다. 한국은 국회에서 벌어지는 주먹다짐과 기업의 주주총회에서 일어나는 난투극으로 유명했다.

뉴스 보도국에서 커피숍까지, 기업의 사무실에서 거리의 식당까지, 한국인들은 투표가 시작되자 긴장하며 지켜보았다. 삼성 직원들이 저마다 커다란 플라스틱 상자를 들고 회의실을 돌아다니며 국민연금의 대리인들을 포함한 주주들로부터 일일이 투표용지를 회수했다. 엘리엇과 삼성의 변호사들이 모든 과정을 철저하게 감시했다.

투표용지들이 회수되고 득표수가 집계되었다. 초조한 몇 분의 시간이 지나고, 삼성의 한 대리인이 앞쪽으로 나와 결과를 발표했다.

주주들 중 69.53퍼센트가 합병에 찬성하는 표를 던졌다.[58]

삼성은 그들에게 필요한 것보다 14퍼센트 이상 많은 득표수를 얻었다. 많은 사람들이 그 찬성표들 중 상당수가 아마도 국민연금에서 나왔을 것이라고 결론을 내렸다. 물론 국민연금은 그때까지 투표 결과를 공개하지 않았다.

"합병의 승인은 우리에게 매우 큰 의미가 있습니다."[59] 최치훈은 감정이 북받쳐 연설했다. 그는 삼성이 지지자들의 호의를 기억할 것이라고 말했다.

후일 중역들은 회사에 '반대하는' 투표율에 실망했다고 언론에 밝혔다.

"엘리엇은 수많은 주주들의 기대와 반대로 합병이 승인된 것에 깊이 실망하고 자사에게 주어진 모든 옵션을 유지할 것임을 밝힙니다."[60] 폴 싱거가 성명서를 통해 발표했다.

엘리엇의 변호사들은 병실에 누워 아무것도 하지 못한다는 소문이 떠도는 이 회장이 합병에 찬성하는 표를 행사했다는 것에 주목했다.

"엘리엇은 이 회장이 행사한 대리투표의 효력에 대해 이의를 제기합니다."[61] 엘리엇 측의 법률 회사가 발표했다. "이 회장은 건강상의 이유로 참석하지 못했습니다. 만약 이 회장이 대리권을 행사했다면 그 시기를 정확하게 알려주기를 바랍니다. 이는 이 회장이 이 문제에 대한 본인의 의사를 명확히 밝혔는지 여부에 관한 것입니다."

「워싱턴 포스트Washington Post」는 앞서 이 회장이 2014년 5월 이후로 "아무 말도 못 하고 있다"고 보도했다.[62] 삼성물산의 CEO는 이 회장이 법률 대리인을 통해 투표했다고 주장하면서, 엘리엇의 변호사들이 제기한 이의를 일축했다.[63]

회사가 그해 가을에 합병을 수행할 준비를 하면서 삼성물산의 주가는 추락했다. 2016년 5월에 새로이 합병된 회사의 주가는 무려 40퍼센트나 떨어졌다.[64] 투표가 끝나고 1년 이상이 지난 2016년 11월에 국민연금은 5억 달러의 손실에 시달렸다.[65]

서류상으로 이재용은 여전히 부회장으로 남아 있었다. 한국의 유교적 전통에 따라 그는 부친 생전에는 회장에 오를 수 없기 때문이었다. 그것은 최고 통치자에게 모욕이 될 터였다. 하지만 승자로서 이재용은 자신의 주식을 확보하고 왕위를 향한 중요한 단계를 거쳤다. 월스트리트의 시끄러운 훼방꾼들은 한동안 잠잠해지게 되었다. 하지만 삼성 공화국의 전쟁은 아직 끝나지 않았다.

"제가 관찰한 바를 말하자면, 삼성은 상당히 독특하고 아주 훌륭한 왕조입니다."[66] 전 국민연금공단의 이사장으로 까다로운 성격에 열성적인 친'재벌' 보수주의자인 최광이 말했다. 그는 거의 2년 후 함께 저녁 식사를 하며 내게 합병 투표에 관한 스토리를 말해주었다.

2017년에 우리는 유서 깊은 서울역 근처 레스토랑의 룸에 앉아 있었다. 밖에서 시위가 벌어지는 동안 우리는 매콤한 냉면에 호박, 그리고 샐러드를 먹었다.

이 인터뷰를 성사시키기까지 나는 몇 개월 동안 고생했다. 최광은 항상 미디어를 멀리했다. 그는 관리자로서 자신은 국민연금의 투표 결과에 개입하거나 어떤 식으로든 투표에 관여하지 않았다고 강조했다. 하지만 연금공단의 최고 책임자로서 그는 삼성과 합병에 대한 자신의 견해를 가지고 있었고, 열성적으로 합병에 찬성했다.

"저는 합병이 만장일치로 승인될 것이라고 생각했어요. 합병에 찬성하지 않고 합병을 승인하지 않은 사람들이 있었다는 것에 깜짝 놀랐습니다. 당장은 우리가 많은 손실을 입었다고 생각합니다." 그가 내게 말했다. "하지만 6년 내지 10년 정도 지나면 이 합병은 국민연금에 이익을 가져다줄 겁니다."

"그러면 10년 후 이 합병을 통해 얻게 될 이익은 무엇입니까?"

"그걸 누가 알겠습니까."

29장

말 한 마리와 바꾼 제국

"대통령님께서 부회장님을 만나고 싶어 하십니다."[1]

2014년 9월 15일, 삼성이 합병을 강행하기 10개월 전이었다. 이재용 부회장은 대구에서 박근혜 대통령과 함께 경영자들의 모임에 참석하고 있었다. 훗날 이재용의 법정 증언에 따르면, 대통령의 보좌관이 슬쩍 옆으로 다가와 그에게 대통령의 말을 전달했다.

이재용은 어떤 방으로 안내를 받았는데, 그곳에서 박근혜 대통령이 그를 기다리고 있었다.

내로라하는 명문가 자손들의 만남이었다. 이 부회장과 박 대통령은 모두 대한민국을 경제 강국으로 일으켜 세운 가문 출신이었다. 박 대통령은 과거에 대한민국 성장의 원동력이 된 아이디어를 가지고 국가 건설을 이끌었던 독재자 박정희의 딸이었다. 박 대통령이 십대였을 때 그녀의 아버지를 저격하려던 암살자의 총알에 아버지 대신 그녀의 어머니가 희생되었다. 그녀의 아버지 역시 1979년에 중앙정보부장에게 총을 맞고 사망했다.

평생 결혼한 적이 없는 박 대통령은 그 이유를 묻는 질문에 "저는 국가와 국민과 결혼했어요"[2]라고 대답하곤 했다.

"이건희 회장님의 건강은 어떠신가요?"[3] 박 대통령은 병상에 누워 있는 이 부회장 부친의 안부를 물었다. 간단히 인사치레를 마치자 그녀는 곧장 본론으로 들어갔다.

"제가 부탁드리는데, 삼성에서 대한승마협회의 운영을 맡아주세요. 올림픽 준비 기간에 선수들에게 좋은 말들을 사주시고 야외 훈련에 도움을 주셨으면 해요." 한국에서는 기업들이 정부에 도움을 주거나 정부가 기업들에 도움을 주는 것이 일종의 관행처럼 이어져왔는데, 국가에서 필요하다고 여기면 올림픽을 위해 한국 승마 팀에 말을 사주는 것이든 다른 어떤 것이든 이런 식의 지원이 가능했다.

이재용은 그 요구를 마지못해 받아들였고, 삼성은 한국 승마 팀에 대한 후원을 시작했다. 그 후에 그는 대통령 관저인 청와대에서 박근혜와 만났다.

하지만 그 만남은 뭔가 분위기가 이상했다. 훗날 이재용 재판에서 드러난 증거에 따르면, 대통령의 보좌관은 수첩에 기록을 남겼다.

"삼성 경영권 승계 국면→기회로 활용, 경영권 승계 국면에서 삼성이 뭘 필요로 하는지 파악, 도와줄 것은 도와주면서 삼성이 국가 경제에 더 기여하도록 유도하는 방안 모색, 삼성의 당면 과제 해결에는 정부도 상당한 영향력 행사 가능"[4] 등이 적혀 있었다.

"대통령이 화났을 때 눈에서 레이저를 쏜다고 사람들이 말했는데, 이제 그 말이 무슨 뜻인지 알 것 같습니다."[5] 합병 이후 8일이 지난 2015년 7월에 이재용이 측근들에게 말했다. 승마 팀을 충분히 지원해주지 않았다고 대통령에게 질책을 당한 삼성은 어떻게든 그 문제를 처리해야 했다.

스캔들의 냄새가 물씬 풍겼다.

합병 이후 한 달쯤 지나 삼성 미래전략실 소속 임원들이 독일 프랑크푸르트의 인터콘티넨털 호텔로 출장을 떠났다. 호텔 로비에서는 코어스포츠라는 회사의 직원 몇 명이 그들을 기다리고 있었다. 특이하게도 그 회사는 바로 전날 독일에서 사업 등록을 마친 상태였다.

미래전략실의 임원들은 다가오는 아시안게임과 세계선수권대회를 대비해 한국의 승마선수들에게 훈련비를 지원한다는 명목으로 코어스포츠와 1,860만 달러 규모의 계약을 체결했다.[6]

코어스포츠는 승마 스포츠와 관련된 배경을 가진 직원이 단 한 명뿐인 기이한 회사였다. 글로벌 전자 회사인 삼성이 기꺼이 현금을 쏟아부을 만한 유형의 회사가 아니었다.

그 회사의 운영자인 최순실이라는 수수께끼 같은 여성에 대해 아는 사람들은 거의 없었다. 카리스마를 지닌 영적 지도자의 딸인 최순실은 십대 시절 박근혜 대통령의 친구였다.[7] 그 당시 독재자의 딸은 부모가 암살을 당한 충격으로 마음의 동요가 심했다.

주한 미국 대사관에서는 "고인이 된 목사가 인격 형성기에 박근혜의 몸과 영혼을 완전히 지배했으며, 그 결과 그의 자녀들이 막대한 부를 축적했다는 소문이 파다하다"[8]라고 워싱턴에 전문을 보냈다.

만약 대통령의 배후에 숨겨진 권력이 있다면, 아마도 여기가 유력할 터였다. 삼성은 최순실의 딸인 정유라를 위해 비타나 V라는 이름의 경주마를 83만 달러에 구입했다.[9] 정유라는 독일 비블리스라는 도시에서 그녀의 코치와 함께 멋진 말로 훈련에 돌입할 터였다. 그녀는 이재용과 박대통령이 삼성의 후원에 대해 처음으로 대화를 나누었던 2014년에 이미 아시안게임에 참가해 금메달을 차지한 적이 있었다. 하지만 당시에는 공식적인 거래가 체결되지 않은 상황이었다. 이제 젊은 기수는 더 큰 영광을 향한 탄탄대로를 꿈꾸었다.

하지만 그녀의 꿈은 갑자기 좌절되고 말았다.

서울에서 이재용은 삼성 제국에 소소하지만 중요한 개혁을 추진하려는 조심스러운 시도를 하고 있었다. 갤럭시폰 제품군은 불안정한 매출에서 아직 정상으로 회복하지 못했고, 삼성과 애플의 전쟁은 갈수록 치열해지는 스마트폰 시장에서 지상전으로 확대되고 있었다.

이재용은 삼성의 전용 제트기를 팔아치우고,[10] 부진한 화학 회사와 무기 회사를 매각하면서 거의 60억 달러의 현금을 확보했다.[11] 그것은 스마트폰 같은 핵심 사업에 더 유용하게 사용할 수 있는 자금이었다. 그는 삼성 역사의 상징이자 창업주인 할아버지 이병철이 애지중지했던 삼성생명 빌딩도 4억 9,600만 달러에 매각했다.[12]

이윽고 2016년 3월 24일에 삼성전자는 획기적인 선언을 발표했다.

600명의 직원들로 가득 찬 회의실에서 고위 중역들이 기업의 운영 방식에 대대적인 변화를 약속하는 서류에 서명했다. 그들은 권위적인 하향식 위계 문화를 폐지하겠다고 약속했다. 앞으로 진취적인 '스타트업 삼성'의 기치를 내걸고[13] 삼성의 군대식 문화를 좀 더 수평적이고 좀 더 기민한 스타트업 문화로 변화시키겠다는 취지였다.

변화가 진행되고 있었다. 향후 몇 달은 삼성 중역들에게 고달픈 시간이 될 터였다. 매스게임이 열리는 주말의 삼성 서머 페스티벌이 취소되었다.[14] 회사는 직책, 보고서, 회의의 수를 줄였고, 직원들에게 더 큰 목소리를 내도록 독려했다.[15] 열정적인 젊은 관리자들에게는 실리콘밸리의 중역들처럼 행동하도록 장려했다.

"직원들은 해방감을 느꼈습니다."[16] 수원에서 근무하는 삼성의 한 마케터가 내게 말했다. "그들은 곧바로 사무복을 반바지와 티셔츠와 샌들 차림으로 바꾸기 시작했습니다. 엄청난 변화였습니다. 더 자유로운 정신이 생겼다고 할까요."

개인적으로 나는 그 말이 너무 좋게 들려서 사실처럼 느껴지지 않았다. 얼마 지나지 않아 내 생각이 옳았음이 입증되었다.

"아무것도 변하지 않았습니다." 그 마케터가 내게 말했다. "가을에 예전의 복장 규정으로 돌아간다는 발표가 났습니다."

이재용은 대통령을 위해 은밀하게 승마 거래를 하던 바로 그 시점에 기업문화를 개편하려고 애쓰고 있었다. 회사는 전통과 현대화의 필요성 사이에서 점점 더 어려운 상황에 빠져들게 되었다.

삼성과 회장에게 자신의 젊음을 바친 기존의 삼성맨들은 회사의 새로운 방식을 환영하지 않았다.[17] 일부는 개인적으로 이재용의 역량과 비전에 의구심을 갖기도 했다.

"어떤 의미에서 서구의 다른 기업들을 흉내 내는 듯했습니다."[18] 과거 이 회장의 측근이었던 N.S. 리가 스타벅스에서 만난 자리에서 내게 불평을 했다.

"기성세대에게 그 문화는 신성시되는 것입니다."[19] 전 삼성 부사장으로 다른 '재벌'의 새로운 중역으로 근무하던 이호수가 설명했다.

삼성과 애플이 전쟁을 치르는 동안 이루어낸 삼성의 가파른 성장은 어떤 부문에서는 엄청난 성공으로 이어졌지만, 다른 부문에서는 씁쓸한 퇴보로 귀결되었다. 토드 펜들턴의 '차세대 히트 상품' 마케팅 캠페인은 애플이 스마트폰 분야에서 유일한 혁신기업이며 다른 모든 기업들이 애플을 모방하려 애쓴다는 주장을 성공적으로 뒤집었다. 하지만 삼성의 고루하고 강압적인 요구 사항들로 인해 미국의 펜들턴 팀에 소속된 많은 직원들은 이미 회사를 그만두었다.

펜들턴은 여전히 의욕이 넘쳤지만,[20] 그 역시 새로운 도전을 원했다. 삼성이 애플과 비슷한 유형의 매장들을 대규모로 개장하면서 소프트웨어와 소매로 전환하는 것에 미온적인 태도를 보이자, 펜들턴은 크게 실망하며 2015년 4월에 삼성을 떠났다.

그 무렵 애플에 대한 대중의 인식이 변하고 있었다. 2016년 12월에 미국의 연방대법원은 5년 동안 질질 끌어오던 애플과 삼성 간의 소송에 대한 심리를 진행하며, 특허 손해 배상액을 산정하는 방식을 재검토하는 단계에 이르렀다. 연방대법원은 장기화된 법정 소송에 대한 최종 결정을 하위 법원으로 돌려보냈다.

삼성의 주장은 애플 비평가들 사이에서 점점 더 반향을 불러일으켰다. 한 세기 전에 제정된 미국의 특허법이 복잡한 현대의 기술 수준에 부합하지 않았기 때문이었다. 삼성은 1871년의 스푼 손잡이, 1893년의 안장, 1894년의 카펫의 특허 사례를 인용했다.

"스푼이나 카펫의 경우에는 특허를 받은 디자인이 핵심 기능일 수 있습니다."[21] 삼성의 변호사들이 주장했다. "하지만 스마트폰의 경우에는 그렇지 않습니다. 스마트폰에는 디자인과 전혀 무관하게 놀라운 기능성을 제공하는 수많은 다른 기능들이 포함되어 있기 때문입니다." 특허분쟁 중인 부품이나 소프트웨어 하나를 제거하면 스마트폰은 전체가 작동하지 않는다. 애플은 이 함정을 이용해 범용 소프트웨어 기능과 스마트폰의 검은색 직사각형 형태에 대한 특허가 자신들에게 있다고 주장하며 경쟁을 차단하려고 했다.

"애매하고 근거가 빈약한 특허를 부적절하게 이용하려고 애쓰는 특허 괴물과 점점 더 유사한 행동을 하는 것이 과연 이런 위대한 기업에 어울리는 행동일까?"[22] 유명한 특허 블로거 플로리안 뮬러Florian Mueller가 반문했다.

하지만 그런 부분의 성공은 아이러니하게도 삼성이 마케팅 비용을 상당히 절감한 후에 이루어졌다. 삼성에서 토드 펜들턴의 후임자들은 이전의 마케팅 캠페인 못지않게 창의적이고 효과적인 것을 만들어내려고 노력했다.

케이시 네이스탯Casey Neistat은 2016년 오스카 시상식 이후 자신의 인기 유튜브 브이로그에 삼성이 그에게 "방송이 진행되는 동안 스케이트보드를 타고 리어나도 디캐프리오Leonardo DiCaprio를 지나쳐 통로를 따라간 후에 그들의 최신 360도 카메라를 손에 쥔 채 무대에 뛰어오르라고 요구했다"[23]고 폭로했다.

"이대로 진행해야 합니다." 케이시에 따르면, 삼성의 최고 임원들이 오스카 시상식의 관계자들에게 주장했다.

"좋습니다, 이렇게 해봅시다." 오스카 시상식 직원들이 대답했다. "스케이트보드 타는 장면을 4초 분량으로 내보낼까요, 아니면 6초 분량으로 내보낼까요?"

방송을 두 시간 앞두고 이 장면은 완전히 삭제되었다.

그 이후로 2016년 9월에 밀크 뮤직의 인기 하락과 서비스 종료로 구글에 대항해 삼성에서 추진하던 최대 규모의 소프트웨어 공략도 사실상 막을 내렸다.[24]

"저는 너무 실망했습니다. 그것을 실행할 수 있는 모든 요소들을 적절히 갖추고서도 우리가 그렇게 하지 못했기 때문입니다."[25] 대런이 우울한 목소리로 내게 말했다. 그와 에드는 자신들이 애지중지 키웠지만 결국 처참히 몰락해버린 회사를 떠났다.

그렇다면 고전하던 삼성의 운영체제인 타이젠은 어떻게 되었을까? 카스퍼스키 랩Kaspersky Lab이 개최한 SAS(Security Analyst Summit, 보안 분석 회담)에 참석한 한 이스라엘 보안 연구원이 한마디 거들었다. "지금껏 내가 본 것 중에서 최악의 코드일 수 있습니다. 잘못할 수 있는 모든 것을 그들이 하고 있으니까요."[26] 그 운영체제가 성공하려면 아직 갈 길이 멀어 보였다.

이런 어려운 상황에서 갤럭시 노트 7이 저절로 폭발하는 사고가 발생하기 시작했다. 폭발은 토크쇼의 농담 소재가 되었고, 항공기의 이륙을 중단시켰다. 더욱이 1차 리콜에 실패한 뒤에 2차 리콜을 실시했고, 결국 제품군의 생산마저 취소되었다.

삼성이 어렵게 얻은 브랜드이자 이건희 회장이 쌓아 올린 성채가 휘청거리고 있었다.

2016년 10월 24일, 뉴스 채널 JTBC 소속 취재 팀이 한국 정치를 완전히 뒤바꿔놓을 엄청난 특종을 가지고 텔레비전에 나왔다.

이 모든 것의 시작은 태블릿 한 대였다.

"JTBC 취재 팀이 최순실 씨의 컴퓨터 파일을 입수해서 분석했습니다."[27] JTBC의 뉴스 앵커가 박근혜 대통령의 조언자를 언급하며 말했다.

"우리는 최씨가 대통령의 연설문을 받아보았다는 사실을 확인할 수 있었습니다. 그런데 최씨가 연설문 44개를 파일 형태로 받은 시점은 모두 대통령이 연설하기 전이었습니다."

이것은 한국판 워터게이트 사건이었다. 기자들은 대통령의 조언자가 일종의 꼭두각시 조종자로 대통령의 연설문과 정부 내각의 브리핑을 수정했으며, 대통령의 사적인 일정 정보에 접근했다는 증거를 입수했다. 그녀는 대통령의 일정표뿐만 아니라 사적인 대화 메시지까지 가지고 있었다.

하지만 최순실은 정부의 허가를 받지 않은 민간인 신분이었다. 그녀는 국가 기밀에 접근할 수 있는 특별 권한이 없었다. 한국 언론은 그녀를 '한국판 라스푸틴의 딸'[28]로 부르기 시작했다. 라스푸틴은 러시아 왕족에게 영향력을 행사했던 러시아의 신비주의자로 제1차 세계대전 이후에 왕족의 투옥과 처형을 이끈 인물이었다.

몇 주일 후에 박 대통령의 지지율은 4퍼센트로 급락했다.[29] 시위 군중은 '주술사 조언자'에 의해 운영되는 '그림자 정부'라며 그 부당함을 강하게 비난했다.[30] 언론 보도 이후에 한국 민주주의 역사상 최대 규모의 시위가 발생했는데, 경찰은 한때 42만 4,000명 이상의 인파가 운집했었다고 추산했다.

나는 광화문 광장 근처에 있는 서울 외신기자 클럽의 18층에서 시위를 지켜보았다. 아래에서는 연대의 표시로 촛불과 스마트폰 화면을 들고 있는 시위대의 불빛이 마치 반딧불처럼 점점이 빛나고 있었다.

"너는 포위되었다, 박근혜! 항복하라!" 시위대는 청와대 밖에서 확성기로 외쳤다.

"하야하라, 박근혜!"

그날 늦게 나는 정치와 관련 있는 한국의 한 변호사와 이야기를 나누었다. "믿을 수 없습니다."[31] 그가 말했다. "한국은 군사독재의 잔해를 토해내고 있습니다." 그의 말에 따르면, 독재적인 통치는 1987년에 끝났지만, 그 유산은 박 대통령과 이재용 같은 사람들 간의 유대 속에 여전히 남아 있었다.

JTBC 기사가 나오고 열흘 후에 검찰은 독일에서 귀국한 최씨를 구금했다.[32] 촉수처럼 퍼져나간 부패와 정실 인사가 검찰이 입수한 증거를 통해 더욱 명확하게 드러났다. 그것은 사실상 삼성 공화국 전체를 올가미에 걸려들게 하는 증거였다.

"저 스스로를 용서하기 어렵고, 서글픈 마음까지 들어 밤잠을 이루기도 힘이 듭니다."[33] 박근혜 대통령이 떨리는 목소리로 대국민 담화문을 발표했다.

하지만 너무 때늦은 사과였다. 정부와 기업의 최고위층까지 조사가 확대되었다. 11월 8일에 검찰은 강남의 삼성전자 사옥을 급습해 서류로 채워진 상자들을 가지고 건물을 떠났다.[34]

2주일 후에 검찰은 국민연금공단을 급습해 사무실들을 샅샅이 뒤진 끝에 더 많은 서류를 가져갔다.[35] 뒤이어 국민연금과 연관된 정부기관인 보건복지부에 대한 압수수색이 이루어졌다.

"우리는 지난해에 국민연금이 정상적인 절차에 따라 삼성의 합병에 찬성표를 던졌는지 확인하기 위해 국민연금과 보건복지부를 압수수색했습니다." 특검의 한 관계자가 발표했다.

"우리는 국민연금이 국민의 돈을 낭비했다고 불평하는 사람들의 전화를 받았습니다."[36] 후일 국민연금공단의 한 직원이 내게 말했다.

국민연금 기금운용본부장이었던 홍완선, 그리고 밀접한 관련이 있던 보건복지부 문형표 장관은 신속하게 재판에 회부되어 유죄판결을 받았고, 7개월 후에 수감되어 정치 개입 혐의로 2년 6개월 형을 선고받았다.[37]

"보건복지부 공무원이 압력을 행사해 국민연금의 독립성을 훼손했다는 사실은 비난의 소지가 매우 크다."[38] 판사들이 판결문을 통해 질책했다.

한국에서는 이 사건으로 삼성의 몇몇 임원들이 해고당할 거라는 여론이 있었다.

"이재용은요?"[39] 서울에 잠시 머무르고 있던 한 기업 분석가가 내게 물었다. "그들은 그를 체포하지 못할 겁니다. 그는 어마어마한 권력자거든요."

게다가 이재용의 부친도 거의 10년 전에 비슷한 곤경에 처한 적이 있었다. 그는 재판에 회부되어 유죄판결까지 받았지만, 결국 사면되었다.

하지만 몇 주일이 지나면서 검찰은 이 부패의 거미줄에 삼성이 얼마나 깊이 얽혀 있는지 알게 되었다. 이재용은 자신의 왕국이 필요했다. 수사관들의 눈에는 말 한 필을 구입해주고 합병을 성사시킨 셈이었다. 시위와 언론의 보도가 거세어지자 정부는 대응할 수밖에 없음을 깨달았다. '개혁가' 이재용은 순식간에 한국 검찰에서 주목하는 수사의 대상이자, 더 나아가 국회에서 전례 없이 퍼붓는 질문 공세의 대상이 되면서 환영받지 못하는 인물로 전락하고 말았다.

국회 청문회는 기소나 대배심 조사 같은 것이 아니다. 당연히 형사 고발이 수반되지 않는다. 이 청문회는 단지 격렬한 대중의 분노에 직면해 이재용과 다른 기업들의 총수들에게 증언해달라는 의회의 요청일 뿐이었고, 그들은 이에 응했다.

"증인은 정말 공범입니까?"[40] 한 국회의원이 이재용에게 물었다. 12월 5일에 열린 국회 청문회에서 이재용은 눈에 띄게 초조하고 왜소한 모습으로 앉아 있었다. 전례 없는 이 청문회는 처음부터 끝까지 텔레비전 방송으로 중계되었는데, 이전까지 손댈 수 없었던 기업의 총수들과 국회의원들이 한자리에 모여 삼성의 기업 행위를 시험대에 올렸다.

"증인은 대기업과 정계의 유착 관계를 끊겠다고 약속하시겠습니까?"

이재용은 말끝을 흐리면서 이 질문을 회피했다.

"확실하게 약속하세요." 격노한 정치인이 명령조로 소리쳤다. "국민에게 사과하세요!"

질문 공세가 계속되는 동안 이재용은 머뭇거리며 우물쭈물했고, 시선을 이리저리 돌리며 연신 부인하기 바빴다.

"저는 모릅니다." 그가 말했다. "기억나지 않습니다. 저는 모릅니다." 그는 사건이 발생한 후에야 음모를 알게 되었다고 주장했다.

"이재용은 기억력에 문제가 있는 것처럼 보인다." 한 시청자가 휴대전화로 방송사에 문자메시지를 보냈다. "더 능력 있는 사람이 그의 자리에 있어야 하는 게 아닐까?"

청문회는 온 국민의 관심을 모으며 장장 네 시간 동안 진행되었다. 그날 내가 가는 곳마다 대화의 주제는 청문회였다. 심문자들이 휴회를 알렸을 때, 이재용은 자신의 이미지가 철저하게 망가지는 상황을 모면하는 듯했다. 하지만 검찰은 아직 그와 볼일이 남아 있었다.

스캔들에 대한 조사는 한 달 이상 지속되었다. 검찰에 따르면, 이재용은 대통령의 최측근인 최순실의 올림픽 승마 프로젝트에 자금을 대기 위해 3,800만 달러를 그녀에게 뇌물로 제공했다.[41]

1월 17일, 검은색 승용차들의 행렬이 서울의 한 법원 밖에 멈춰 섰다. 뇌물, 횡령, 위증 혐의로 다시 한번 판사의 심문을 받기 위해 소환되었던 이재용이 차에서 내렸다. 그의 마지막 혐의는 국회에서 거짓으로 증언한 것이 빌미가 되었다. 검찰은 그에 대한 체포영장을 청구했다. 판사는 사건을 경청한 후에 검찰에 영장을 발부할지 여부를 결정하기로 했다. 삼성 부회장은 멍한 표정으로 법원에 들어서며 몰려드는 기자들 사이를 뚫고 지나갔다.[42]

"부회장님은 아직도 대통령의 강압에 의한 희생자라고 느끼십니까?" 한 기자가 소리쳤다.

"부회장님의 경영 승계를 위해 한국 국민들의 퇴직연금을 사용했습니다! 도의적인 책임을 못 느끼십니까?"

이재용은 밤새도록 법원에 머물면서 스물두 시간 동안 심문을 받았다.[43] 다시금 그는 모든 혐의를 부인했다.

2017년 1월 17일 이른 아침, 판사는 증거불충분을 이유로 검찰의 체포영장을 기각했다.[44] 하지만 한 달 후에 검찰은 삼성의 증거인멸을 우려하면서 두 번째 체포영장을 청구했다. 영장청구가 성사된다면 재판을 기다리는 동안 이재용을 구금할 수 있었다.

"영장실질심사를 받으러 두 번째로 소환되셨습니다. 심사에 임하기 전에 심경이 어떤지 말씀해주십시오.[45]" 한 기자가 2017년 2월 16일, 법원으로 들어가는 이재용에게 질문했다.

"순환출자에 대해 불법적인 청탁을 하셨습니까?" 또 다른 기자가 소리쳤다.

이재용은 또다시 열다섯 시간 동안 심문을 받았다. 심문이 끝나자 판결이 내려질 때까지 그가 머물게 될 구치소 앞에 검은색 현대차 두 대가 멈춰 섰다.[46] 차량 한 대에서 무표정한 얼굴로 이재용이 내렸다. 시위대와 기자들이 무리지어 그를 맞이하며 한마디만 해달라고 소리쳤는데,

아이러니하게도 그들은 삼성 휴대폰으로 녹음을 하고 영상을 찍고 있었다.

재차 일곱 시간의 심문을 마친 후에 검찰과 변호인단은 판사에게 그들의 의견서를 제출했다. 판사는 홀로 증거를 검토한 후에 오전 5시 30분에 자신의 결정을 발표했다. 이번에는 이재용에게 불리한 판결이었다.

"구속의 사유와 필요성이 인정된다."[47] 판사는 영장을 발부했다.

이재용은 동일한 세 가지 혐의(뇌물, 횡령, 위증)로 구금되었다.[48] 재판이 진행되는 동안 감옥에 수감되는 것이었다.

이재용은 바닥에 겨우 매트리스 한 장만 깔려 있고, 몸을 씻을 샤워기조차 없으며, 친구라곤 고작 LG 텔레비전 한 대밖에 없는 독방에 수감되었다.[49] 도대체 독방에 수감된 이유가 무엇일까?

"증거인멸의 우려가 있습니다."[50] 한 교도관이 로이터 통신에 말했다.

이 부회장 일가의 측근이자 회사의 전설이던 최지성을 포함해 다른 세 명의 삼성 임원은 뇌물 공여 혐의로 기소되었다. 그들은 회사에서 퇴직했고, 이제 모두 이재용과 함께 피고인의 신세가 되었다.

삼성은 비상 대책을 마련했다. 미래전략실의 해체를 지시하면서 타워 소속의 많은 임원들과 직원들을 해고했다. 갑자기 삼성 제국은 마치 머리 없는 문어 같은 모습이 되었다.

"이것은 새로운 경험입니다. 우리 스스로 결정을 내려야만 합니다."[51] 삼성전자의 CEO 고동진이 「블룸버그 비즈니스위크」와의 인터뷰에서 말했다.

나는 여러 해 동안 이 회사에 대해 연구해왔지만, 삼성 공화국으로도 불리는 이 나라에서 실질적인 변화는 거의 본 적이 없었다.

이 뻔한 한국 드라마에서 승자와 패자는 쉽게 구분되는 듯했다. 승자는 실리콘밸리의 벤처기업이 아니라 미국 드라마 〈왕좌의 게임Game of Thrones〉에서나 볼 수 있을 법한 마키아벨리식 권력 게임의 수혜자였다.

많은 사람들은 예전에 그의 부친이 두 차례 사면을 받았던 것처럼 이 재용도 대통령의 사면을 받을 가능성이 있다고 생각했다.

이 회장의 조카인 미키 리(1995년 드림웍스와 삼성의 계약을 체결하기 위해 애쓰다가 나중에 자신이 직접 드림웍스와 계약을 체결했다)는[52] 건강상의 이유를 들어 캘리포니아로 떠났다.[53] 그녀 역시 박근혜 대통령의 표적이었는데,[54] 대통령은 미키의 CJ그룹이 자신에게 비판적인 영화들을 제작한 것에 분노해 미키를 블랙리스트에 올렸다.

하지만 이 스캔들은 멈추지 않고 엄청난 정치적인 파동을 불러왔다. 이재용이 체포되고 한 달쯤 지났을 때, 한국의 법원은 박근혜 대통령의 탄핵을 선고하고 체포 면책특권을 박탈했다.

3월 30일, 날이 밝기 전에 전임 대통령을 태운 검은색 호송 차량이 구치소 앞에 멈춰 섰다.[55] 그곳에서 그녀는 경찰에 구류되었다.

이제 한국의 전임 대통령과 삼성 제국의 후계자는 그곳에서 점점 다가오는 재판 날짜와 함께 삼성 공화국이 예전처럼 아무런 제재를 받지 않는 방식으로 계속 살아남을 수 있을지 결정하는 심판의 순간을 기다렸다.

"주변을 둘러보아도 삼성의 정신은 더 이상 존재하지 않습니다."[56] 삼성의 한 전직 부사장이 커피를 마시며 내게 하소연했다. "이제 우리 제국은 제국이 아닙니다. 여느 기업과 비슷해지고 있습니다."

그의 말을 듣고 보니, 22년 전에 결함이 있는 삼성 휴대폰에 격노한 이건희 회장이 유명한 휴대폰 화형식을 지시하고 직원들에게 쇄신 운동을 촉구했던 놀라운 일화가 머릿속에 떠올랐다. 하지만 갤럭시 노트 7의 폭발 사태가 남긴 상황은 달랐다. 회사의 분위기는 실의와 자기 검열 사이에서 동요하고 있었다. 사기를 북돋우는 거창한 행사도, 여덟 시간에 걸친 열정적인 연설도, 회사와 나라를 위해 싸울 준비가 되어 있는 삼성 중역들과 직원들의 결사도 없었다.

"우리는 당신들처럼 되고 있습니다. 지나치게 단기적이고 냉정하며 논리적인 미국인들처럼 변해가고 있는 겁니다." 그가 서글픈 목소리로 말했다.

이재용에 대한 보도가 끊임없이 터져 나오는 와중에도 삼성은 여전히 폭발을 일으키는 휴대폰의 난제를 해결하기 위한 시도를 계속하고 있었다. 약 20만 대의 갤럭시 노트 7과 3만 개의 배터리가 테스트를 위해 연구실에 맡겨졌고, 그곳에서 700여 명의 엔지니어가 휴대폰 발화의 원인을 찾아내려고 온갖 노력을 기울이고 있었다.[57]

수십만 개의 불량 갤럭시 노트 7이 선반 위에 정렬되어 있었다. 마치 제국의 잘못된 창조물로 만든 거대한 모자이크처럼 보이는 그 선반 위로 로봇 팔들이 명령에 따라 일사불란하게 움직이며 기기들을 회수했다. 엔지니어들은 철야 근무와 고단한 회의에 시달리면서도 테스트를 반복하고, 각각의 가설을 폐기하며, 발화의 원인을 재현하려고 노력했다.

엔지니어들은 불꽃이 소프트웨어와 무관하다는 결론을 내렸다. 전기회로도 발화의 원인이 아니었다. 사내 제조 공정에는 특별한 문제가 없었다. 품질보증 부문에서는 과실이 해소되었다.

조사가 시작된 지 4개월 후에 그들은 마침내 해답을 찾아냈다.

이재용이 체포되기 약 3주일 전인 1월 23일 아침, 삼성전자의 CEO 고동진은 서울의 삼성전자 사옥에 마련된 무대로 올라가 회사의 조사 결과에 대해 한 시간 동안 프레젠테이션을 실시했다.[58]

"우리는 우리의 실패에 대한 책임을 지고 조사한 끝에 갤럭시 노트 7의 출시를 앞두고 배터리를 설계하고 제조하는 과정에서 비롯된 문제들을 확인하고 검증했습니다." 고동진이 프레젠테이션 과정에서 말했다.

그는 발화를 일으킨 기술적인 문제에 대해 상세히 발표했다. 삼성은 실패한 리콜 이전의 상황과 마찬가지로 배터리의 하드웨어가 문제라는 입장을 고수했고, 그에 대해 일부 관객들은 말도 안 된다는 반응을 보였다. 그는 회사에서 제대로 문제를 확인하지 못했던 이유인 고장에 대해 언급하지 않았다.

삼성 SDI의 배터리(프레젠테이션에서 '공급업체 A'로 명시했다)는 배터리 단락(短絡)을 일으킨 설계 결함의 피해자였다. 고동진은 프레젠테이션 슬라이드 화면에 나타난 CT 스캔과 도표를 가리키며 정상적인 충전 및 방전 주기를 거칠 경우 배터리의 팽창과 수축에 필요한 공간이 충분히 확보되지 않은 파우치 — 배터리의 외부 케이스를 일컫는 용어 — 를 공급업체가 만들었다고 설명했다.

그 결과 음극과 양극이 접촉하면서 배터리를 단락시켜 배터리의 발화가 일어난 것이었다.

그의 말에 따르면, 홍콩에 본사를 둔 암페렉스('공급업체 B'로 명시했다)는 갤럭시 노트 7 초기 물량에서 기능성 배터리를 제조했다. 문제의 발단은 삼성이 암페렉스를 독점 배터리 공급업체로 전환하면서 리콜 이후 삼성 휴대폰에 장착되는 그다음 1,000만 개 물량의 배터리에서 오류가 발생한 것이었다. 삼성의 검사관들은 용접 과정에서 남겨진 돌출부들도 발견했는데, 그것이 더 많은 단락과 발화의 원인이었다.

삼성의 엔지니어들은 소위 8단계 배터리 테스트 계획을 마련했는데, 시장에 출시하기 전에 배터리들을 일련의 까다롭고 철저한 과정을 통해 검증하는 것이었다.

"이번 일로 배운 교훈은 이제 우리의 제작 공정과 문화에 깊이 반영되어 있습니다"라고 고동진이 말했다.

삼성의 입장에서 이제 이 사건은 종결된 것이었다.

기자회견을 지켜보던 일부 기자들과 분석가들은 당혹스러웠다.

"첫 번째 리콜에서 보여줬던 모습이 다소 미흡했던 것은 너무 문제가 커져서 맞설 수밖에 없게 될 때까지 그들이 문제를 제대로 받아들이지 못했다는 것을 암시합니다."[59] 하버드 비즈니스 스쿨의 교수인 윌리 C. 시Willy C. Shih는 「뉴욕 타임스」와의 인터뷰에서 말했다. "이번에는 그들이 문제가 있을 때 소통하는 방식, 그리고 경영진이 일선에서 올라오는 보고에 귀를 기울이는지에 대해 많은 의문들이 제기될 것입니다."

고동진은 「월스트리트 저널」의 기술 칼럼니스트인 제프리 파울러

Geoffrey Fowler와 조안나 스턴Joanna Stern과 인터뷰를 하면서 테이블 위에 종결된 테스트에 관한 사진들을 잔뜩 올려놓고 자신의 견해를 주장했다. 인터뷰를 마친 후에 두 칼럼니스트는 삼성의 배터리 대처에 C 학점을 주었다.[60]

서로 다른 두 회사에서 서로 다른 두 세트의 불량 배터리가 나왔단 말인가? "이것은 유성이 당신의 집에 두 번 떨어지는 것이나 마찬가지다"라고 두 칼럼니스트가 지적했다.

"문제는 배터리가 아닙니다"라고 처음으로 내게 말했던 배터리 전문가 박철완은 문제가 아직 해결되지 않았다고 주장했다. 그는 설령 프레젠테이션이 사실이라고 할지라도 자신이 알고 싶은 요점들은 빠져 있다고 말했다.

"삼성은 배터리의 제조 과정에 문제가 있었다고 주장했습니다."[61] 박철완이 내게 말했다. "그렇다면 이것은 제조 공정을 더 엄격히 관리해야 문제를 해결할 수 있다는 것을 의미합니다."

삼성은 제조 공정을 개선했다고 주장했다. 박철완은 대조를 위해 막 출시된 갤럭시 S8의 개선된 디자인을 내게 보여주었다.

"삼성이 제안한 제품의 해결책과 개선 방안은 단순한 배터리의 고장에 대한 것이 아니었습니다. 그보다 더 복합적인 요인들을 고려한 것이죠."(단순한 배터리의 문제였다고 주장하는 삼성의 공식 입장과 상반되는 행동_옮긴이) 박철완이 말했다.

"핸드폰 케이스가 완전히 달라졌고, 배터리 본체를 고정시키는 메커니즘이 변경되었습니다." 그가 지적했다. "갤럭시 노트 7처럼 배터리의 한 부분이 더 이상 큰 힘을 받지 않도록 조립되었습니다."

개선된 디자인의 이유 — 아마도 다양한 잠재요소에 대처하기 위한 신중한 결정이었을 것이다 — 가 무엇이든 간에 기술 세계는 다음 단계로 발전했다.

「CNET」의 제시카 돌코트는 2017년 4월에 출시된 갤럭시 S8을 '역사상 가장 아름다운 휴대폰'[62]이라고 불렀고, 「테크레이더」의 개러스 비비스Gareth Beavis는 '눈부시게 멋진 휴대폰'[63]이라고 찬사를 보냈다.

하지만 삼성의 한 전직 직원은 내게 갤럭시 노트 7의 오명 때문인지 몰라도 갤럭시 S8의 매출은 기대에 미치지 못했다고 말했다.[64] 그럼에도 불구하고 나는 「블룸버그」와 CNN에서 걸려오는 전화로 몸살을 앓았다.

"삼성의 수익이 최고치를 경신했습니다." 한 기자가 전화로 내게 말했다. "삼성이 애플을 제치고 세계에서 가장 수익성 높은 기술 기업이 되고 있습니다. 왜 그런 거죠? 이재용은 감옥에 있지 않나요? 불과 6개월 전에 갤럭시 노트 7이 발화한 사건도 있었잖아요."

이것이 바로 삼성의 사업 모델이 보여주는 천재성이었다. 삼성은 분기마다 기록적인 수익을 거두면서 한국 증시를 사상 최고치로 끌어올렸다.[65] 2017년 2분기에 121억 달러의 영업이익을 기록한 삼성은 애플을 추월해 세계에서 가장 수익성 높은 기술 기업으로 올라섰다.[66]

하지만 삼성의 성공은 스마트폰에 국한된 것이 아니었다.

"삼성은 이재용의 부친과 조부가 쌓아 올린 기업입니다. 그들이 20년, 30년, 40년 전에 실행했던 투자는 장기적인 안목으로 이루어진 것이었습니다." 나는 삼성의 LCD, 낸드플래시 메모리, 휴대폰 배터리 등 아이폰에 사용되고 있는 많은 부품들을 언급하며 설명했다. "삼성은 수확의 결실을 거두고 있습니다. 반도체 사업이 쇠퇴하면 삼성은 스마트폰에서 수익을 올릴 수 있습니다. 스마트폰 사업이 쇠퇴하면 삼성은 디스플레이에서 수익을 올릴 수 있습니다. 그다음에는 아마도 반도체에서 다시 수익을 올릴 수 있을 겁니다. 이것이 바로 삼성의 사업에 내재된 주기적인 특성일 겁니다.

이재용은 일상적인 업무와 별로 관련이 없습니다. 비즈니스는 저절로 굴러갈 겁니다."

소비자들은 변덕스럽다. 그들에게 가장 중요한 것은 손에 들고 있는 근사한 제품에 대한 만족도와 호소력 있는 브랜드이다. 망신스러운 리콜 사태가 있었음에도 불구하고 소비자들은 빨리 넘어가고 쉽게 잊어버린다.

엄청나게 폭넓고 경쟁력 있는 제품군을 갖춘 삼성은 계속 기술 세계에서 주요한 기업으로 남아 있을 것이다. 하지만 이런 상황에서 회사는 난감한 문제로 고심하게 되었다. 차세대의 왕이 감옥에 갇혀 있는 동안에 제국이 기록적인 수익을 거두고 있다면, 그런 왕을 모시는 것이 무슨 의미가 있단 말인가?

삼성의 홍보부는 이 문제에 대해 이상할 정도로 침묵을 지켰다.

"이것은 일종의 비극입니다."[67] 2017년 10월 19일에 삼성 반도체 부문 CEO인 권오현이 자신의 사직을 발표한 직후에 열린 워싱턴 이코노믹 클럽Washington Economic Club에서의 질의응답 시간에 말했다. "사업 자체는 지금도 잘 운영되고 있습니다. 이것은 단기적인 관점에서 우리가 그리 큰 충격을 받고 있지 않다는 의미입니다. 하지만 장기적인 관점에서…… 우리에겐 약간의 조언, 즉 회장단의 조언이 필요합니다."

이재용은 향후 10년 이상을 내다보는 원대한 비전을 제시해야 했다. 하지만 그는 감옥에 수감되어 있었다.

2017년 8월 2일, 이재용은 재판을 받기 위해 법원에 출두했다. 법원 밖에는 그를 지지하는 사람들과 반대하는 사람들로 북적였다.

"도대체 이재용이 뭘 잘못했다는 건가? 그는 단지 삼성을 더 크게 성장시켜서 우리나라를 더 강하게 만들려고 노력하고 있을 뿐이야!"[68]

"삼성이 마음에 안 들으면 그냥 북한으로 가라!"

"이재용을 풀어줘라!"

"이재용을 처벌하라!"

이재용이 법정으로 들어가는 동안 시위대는 피켓을 치켜들고 고함을 질렀다. 법원 안에서는 최지성과 미래전략실 출신의 다른 전 삼성 임원 세 명이 피고의 신분으로 이재용과 한자리에 섰다.

서울지방법원의 창문 없는 5층 법정은 변호인단과 기자들, 법정 기록관들로 가득했다. 그 열기에 이재용의 피고 측 변호인들은 손수건으로 이마를 훔치고 있었다. 그들은 가장 중요한 질문에 답해야 했다. 즉 이재용은 대통령의 강압에 못 이겨 돈을 지불한 선한 애국자였는가? 아니면 청와대의 환심을 사기 위해 뇌물을 제공한 냉담하고 부패한 사업가였는가?

8월 2일, 이재용이 증언대에 섰다. 그는 공개적으로 이토록 오랜 시간 심도 깊게 말해본 적이 없었다. 검찰은 전례 없이 12년을 구형하며 그를 맹렬히 공격했다.

"돌이켜보면 저는 많은 단점을 가지고 있었고, 해야 할 일들을 제대로 처리하지 못했습니다. 이것은 모두 제 잘못입니다."[69] 그가 법정에서 말했다. "이것은 제 책임입니다. 변명의 여지가 없습니다. 저는 불안했습니다. 저는 선대(그의 부친과 조부)의 발자취를 따라가면서 삼성을 잘못된 길로 이끌지 말아야 한다는 중압감에 시달려왔습니다."

하지만 그는 자신이 절대 뇌물의 주모자가 아니며, 오히려 피해자라고 거듭 주장했다. 박근혜 대통령이 돈을 지불하라고 삼성을 압박했다고 했다. 이재용은 자신의 회사에서조차 핵심 인물의 역할이나 '미래전략실'의 기능, 그리고 더 나아가 가족 승계에 관한 주주 메커니즘에 대해서도 몰랐다고 주장했다.

"저는 매일 뉴스 요약본을 받지만 제 업무는 주로 전자제품과 IT에 관한 것입니다." 이재용이 말했다.

"똑똑함인가, 아니면 순진함인가?"[70] 「뉴욕 타임스」가 의문을 표했다. 어느 쪽이든 그는 유능해 보이지 않았다.

그런데 이재용은 병상에 누워 있는 아버지에 대해 이야기하다가 그만 말실수를 저질렀다. "회장님이 살아계실 때부터……."[71] 그는 증언을 시작하다가 다급하게 말을 멈췄다.

연합뉴스의 한 기자에 따르면, 그 순간 법정에서 웃음이 터져 나왔다.

"회장님이 건재하실 때부터……." 이재용은 자신의 말을 정정했다. 이건희 회장이 얼마 전에 죽었다고 확신하던 음모론자들에게는 아주 신이 날 만한 장면이었다.

최지성은 오전 2시까지 진행된 공판에서 끝까지 상사를 옹호했다. 삼성 임원의 진면목은 충성심이었으니 놀라운 일도 아니었다. "이재용 부회장은 그룹의 최종 결정권자가 아닙니다."[72] 그가 증언했다. 그는 이재용이 아니라 자신이 개인적으로 승마 재단에 대한 기부를 승인했다고 주장했다. "만약 삼성에 책임이 있다면 제발 저에게 책임을 물어주십시오. 저는 나이를 먹어가면서 판단력을 잃었습니다……. 다른 사람들은 단지 제 말을 믿고 제 판단에 따랐을 뿐입니다." 그가 법정에서 말했다.

판결이 내려지기 전날에 삼성은 차기 스마트폰인 갤럭시 노트 8을 공개했다.

"우리 중 누구도 지난해에 벌어졌던 일을 잊지 못할 겁니다."[73] 8월 23일 뉴욕의 파크 애비뉴 아모리Park Avenue Armory에서 무대에 오른 CEO 고동진이 새로운 기기를 세상에 공개하며 말했다. "하지만 저는 얼마나 많은 헌신적인 갤럭시 노트 고객들이 우리와 함께했는지 결코 잊지 않을 것입니다."

930달러로 가격이 책정된 신제품 갤럭시 노트 8은 판매가 그리 녹록해 보이지 않았다. 일단 결함이 하나도 없어야 했다. 평론가들과 소비자들이 결함이 있던 갤럭시 노트 7과 곧바로 비교할 터였다. 하지만 초기 지표들은 삼성의 성공을 암시했다.

"1년 전에 나는 삼성 갤럭시 노트 7이 역대 최고의 대형폰이라고 썼다."[74] 「더 버지」의 댄 세이퍼트Dan Seifert가 언급했다. "그런데 모든 중요한 부분에서 갤럭시 노트 8이 갤럭시 노트 7보다 더 나은 제품이다."

이틀 후인 8월 25일, 이재용과 네 명의 전 삼성 임원은 판결을 듣기 위해 법정에 출두했다. 법원 밖에는 시위대들이 몰려들어 시끌벅적했다.

"이재용, 무죄판결!" 법원을 향한 거리를 따라 늘어선 삼성 지지자들이 깃발을 흔들며 소리쳤다. 대부분 노인이었다.

"검사들이 증거를 조작했다!"라고 그들이 들고 있는 피켓에 적혀 있었다. "역겨운 거짓말들을 억지로 지어냈다!"

"여러분, 모두 깃발을 힘껏 흔들어주십시오!" 대학생으로 보이는 시위대의 리더가 소리쳤다. "우리 왼쪽에 뉴스 팀이 있습니다!"

냉전시대 군복 차림의 사내들이 운전하는 시위 트럭들에서는 확성기를 통해 1960년대 군가가 우렁차게 흘러나오고 있었다. 경찰은 지루해하면서도 조금은 재미있어하는 표정이었다.

법정 안에서는 판사가 판결문을 낭독할 준비를 했다. 기자들과 동료, 변호사, 가족 등은 초조하게 기다렸다.

판사는 "개별 현안 모두에 대해 이 부회장이 박 전 대통령에게 명시적 청탁을 했다고 보긴 어렵다"고 밝혔지만, "박 전 대통령에게 묵시적인 부정한 청탁이 있었음이 인정된다"고 판단했다.[75]

"그가 석방될까요?" 한 기자가 내게 물었다.

"그는 무죄로 보이는데요." 또 다른 기자가 말했다. "명백한 증거가 없잖아요."

하지만 판사는 아직 끝내지 않았다. 그는 20분 동안 모두가 숨을 죽인 가운데 판결문을 읽었다. 그리고 마침내 본론으로 들어갔다.

"피고는 삼성그룹의 사실상 총수로서…… 각각의 범죄를 수월하게 만들어 범죄에서 그의 역할과 범죄에 대한 영향력이 매우 크다.[76] 피고는 자신의 범죄행위를 숨기기 위해 국회 청문회에서도 거짓으로 증언했다."[77]

트위터와 페이스북에 불이 붙었다. 한국인들은 "유죄!" 혹은 "무죄!"라고 자신의 추측을 게시했다.

내 이메일의 받은편지함에는 곧바로 비즈니스 분석가들과 기자들의 문의가 쏟아져 들어왔다. CNN에서도 다급하게 전화가 걸려왔다.

"도대체 이게 다 무슨 의미입니까?"

드디어 판사가 주문(선고)을 읽기 시작했다.

판사는 뇌물, 횡령, 위증의 혐의로 이재용에게 징역 5년 형을 선고했다.

법정은 충격에 휩싸여 조용했다.

전례 없는 판결이었다. 이것은 이재용이 그의 부친처럼 감형을 받을 만한 자격이 없음을 의미했다. 3년 이상의 징역형에 대해서는 판사가 집행유예를 선고할 수 없었다.

이재용은 몰려드는 기자들과 시위대를 무시한 채 아무 말 없이 멍하니 법원을 빠져나왔다. 경찰 호위대가 감옥으로 향하는 버스로 그를 안내했다.

"법률가로서 수긍할 수 없는 판결입니다."[78] 이재용의 대리인이 붉게 상기된 표정으로 기자들에게 말했다. 이재용의 변호인단은 여전히 그가 어떠한 범법 행위도 저지르지 않았다고 부인하면서 즉각 항소했다. 이재용은 유죄 선고를 받은 범죄자 신분임에도 불구하고 부회장직과 이사회에서의 직위를 유지했다. 미국의 상장기업이라면 절대 불가능한 일이었다. 어쨌든 그는 2심 재판이 진행되는 동안 감옥에 남아 있었다.

18일 후인 2017년 9월 12일, 애플의 CEO 팀 쿡이 아이폰 X를 소개하기 위해 무대에 올랐다. 999달러의 가격으로 시작하는 역대 최고가의 아이폰이었다. 아이폰 X는 일부 계층에게 찬사를 받았지만, 애플은 더 이상 스마트폰 기술에서 유일한 혁신기업이 아니었다. 실제로 여러 방면에서 역할이 바뀌어 애플은 하드웨어에서 삼성을 뒤쫓는 빠른 추격자에 더 가까웠다.

"아이폰 X는 한마디로 삼성의 갤럭시 노트 8에 애니모지 기능이 추가된 것이다."[79]라고 ZDNET이 지적했다.

'아이폰 X 특징: 애플을 위한 한 단계 전진이지만 삼성이 여전히 앞서 있다'[80]라고 「인디펜던트The Independent」가 기사 제목을 게재했다.

"화가 나네요."[81] 펜들턴 팀의 한 전직 팀원이 아이폰 X에 대해 말했다. "아이폰 X는 그 자체로 훌륭한 휴대폰이 아닙니다. 거기에 들어가는 디스플레이를 비롯한 많은 부품들을 삼성이 만들죠. 애플은 여전히 삼성에 의존합니다! 왜들 이렇게 애플에 열광하는지 모르겠습니다!"

「월스트리트 저널」의 추산에 따르면, 애플이 1,000달러짜리 아이폰 X를 판매할 때마다 삼성은 110달러를 벌어들인다고 한다. 그러면 삼성의 수익은 40억 달러에 이를 것이다.

"이들은 몸이 붙어 있는 샴쌍둥이처럼 서로에게 묶인 채 직접적으로 경쟁하는, 지구상에서 가장 거대한 두 기업입니다."[82] 하버드 비즈니스 스쿨의 데이비드 요피David Yoffie 교수가 신문 인터뷰에서 말했다. "그런 점에서 그 둘의 관계는 우리가 생각할 수 있는 거의 모든 관계들과 사뭇 다르죠."

나는 삼성 공화국의 스토리가 끝났다고 생각했다. 적어도 이 책에 관련해서는. 나는 한때 살기도 했고, 지금도 사랑하는 나라인 캄보디아에서 여행 계획을 세우기 위해 옛 친구들을 만나고 있었다. 태국으로 가려고 캄보디아를 떠난 직후에 나는 페이스북에 접속해 인권 단체, 언론인, 외교관 등으로부터 다급한 메시지를 받았다. 그들은 캄보디아 정부와 긴밀한 관계인 매체에서 보도한 나에 관한 섬뜩하면서도 우스꽝스러운 가짜 뉴스를 첨부했다. 나와 캄보디아 야당 지도자의 딸이 한 식당에서 찍은 사진이 황금 시간대에 텔레비전에 나왔다는 것이었다.

"최근 제프리 케인이 박근혜 대통령을 무너뜨리기 위해 한국 야당과 음모를 꾸몄는데……."[83] 캄보디아 언론이 보도했다. "그는 그녀를 비판하는 신문 기사를 인용하고 정보를 확산하는 수단으로 소셜미디어를 활용했다. 제프리 케인은 다른 나라에서도 야당의 배후에서 활동하는 스파이였다." 그 언론은 이 비밀스러운 나라의 이름조차 밝히지 않고 보도했다. 심지어 내가 캄보디아를 여행하면서 캄보디아 정부를 음해하는 헛소문으로 선동한다고 비난하기도 했다.

물론 나는 스파이가 아니었다. 모든 상황이 우스웠다. 하지만 이것은 외신기자들이 가끔씩 겪어야 하는 황당한 경험이기도 했다. 어쨌든 나는 캄보디아로 돌아갈 수 없었다. 캄보디아 정부는 호주의 영화제작자를 날조된 스파이 혐의로 체포하고 10년 형을 선고한 적도 있었다.[84] (후일 그는 총리에게 사면을 받았다.) 야당 지도자인 내 친구의 아버지도 반역죄로 체포되어 우리의 '간첩단'에 관한 가짜 뉴스가 나온 이후 가장 경비가 삼엄한 감옥에 수감되었다.[85]

나는 한국으로 돌아와 서울 외신기자 클럽에서 새로운 한국 대통령의 대변인과 만났다. 그는 농담조로 전임 대통령을 하야시키고 새로운 정부를 수립시켰다고 내게 감사를 표했다.

"삼성이 캄보디아에서 사업을 하고 있나요? 그 보도의 배후에 삼성이 있다고 생각해요?" 한국사학자인 내 친구가 물었다.

나는 웃었다.

이씨 왕조의 몰락은 회사의 꾸준한 성장에 영향을 미치지 않았다. 삼성은 당분간 후계자를 잃을지도 모른다. 하지만 한국은 여전히 삼성 공화국이며, 그 이름의 공화국은 존속하고 있다.

에필로그

"지난 10년 동안은 스마트폰의 시대였습니다."[1] 삼성의 CEO 고동진이 「인디펜던트」와의 인터뷰에서 말했다. "올해부터는 새로운 시대가 열릴 겁니다. 사물인터넷, 5G, AI가 출현하고 이 모든 기술들이 한데 어우러질 것이기 때문입니다. 새로운 시대가 우리 앞에 펼쳐져 있습니다."

거의 10년 동안 삼성의 엔지니어들은 이 새로운 시대의 비밀 병기로 지갑처럼 펼쳐지는 스마트폰의 개발에 전력을 기울였다.[2] 휴대폰을 열면 영화나 그림을 보기에 적합한 대형 화면이 펼쳐지고, 다시 닫으면 주머니 속에 들어갈 정도로 알맞은 크기로 변하는 폴더블폰이었다. 삼성은 2011년 5월에 시제품을 공개했다. 그러자 제품이 출시된다는 소문이 나돌았다. 뒤이어 정보가 유출되었다. 마침내 특허가 출원되고 기업의 발표가 이루어졌다.

'삼성이 기묘한 폴딩 스마트폰에 대해 특허를 신청하다'[3]는 2016년 11월, 「엔가젯Endgadget」의 기사 제목이었다.

여러 해 동안 업계에는 이 특이한 휴대폰과 관련된 소문이 무성했다. 하지만 폴더블폰은 여전히 시장에 등장하지 않았다. "지금은 출시 날짜에 대해 말하기가 어렵습니다…… 아직 내구성 문제를 해결해야 합니다."[4] 2018년 1월에 고동진이 「코리아헤럴드The Korea Herald」와의 인터뷰에서 말했다.

스마트폰 전쟁은 갈수록 시들해졌다. 가격이 1,000달러에 육박하면서 삼성을 비롯한 다른 업체들은 기껏해야 이전 모델에서 약간 업데이트한 수준의 신제품을 판매하는 데 어려움을 겪고 있었다.[5] 참신하고 획기적인 기기를 출시해야 한다는 압력이 점점 더 커지고 있었다.

혁신이 지지부진해지는 상황에서 삼성은 국내 스캔들의 여파와 한국 정치의 어지러운 돌풍에도 대처해야 했다. 탄핵을 통해 박근혜 대통령을 축출한 이후, 한국인들은 기업의 부패 근절을 약속한 문재인을 대통령으로 선출했다. 문 대통령은 한성대의 유명한 경제학 교수인 김상조를 기업의 감시자 역할을 하는 공정거래위원회 위원장으로 임명했다.[6]

공정거래위원회는 한국의 반트러스트법 위반 단속 기관으로[7] 독점 행위를 감시하고 조사에 착수해 순환출자와 카르텔을 해체했다. 이 기관은 벌금을 부과하고 시정조치를 명령할 권한을 가지고 있었다.

김상조는 삼성을 비롯한 다른 대기업들을 거침없이 비판하는 재벌 저격수이자[8] 기업 지배구조 활동가로서 한국인들에게 존경을 받는 동시에 악명을 떨치기도 하는 인물이었다. 2004년에 그는 이건희 회장이 불법적인 정치자금을 기부한 혐의로 기소되었을 때 아무 조치도 취하지 않았다는 이유로 주주총회에서 삼성에 심하게 야유를 퍼붓다가 보안 요원들에 의해 쫓겨났다.[9]

"그들은 마치 왕국의 왕자처럼 태어났습니다."[10] 김상조가 이재용을 비롯한 차세대 기업 총수들에 대해 「니케이 아시안 리뷰Nikkei Asian Review」와의 인터뷰에서 말했다. "그들은 창업자인 할아버지와 아버지 세대가 보여주었던 적극적인 기업가 정신을 잃어버렸습니다."

정부가 강도 높게 재벌을 파헤칠 의지가 있는지, 아니면 강도가 약한 규제를 조금씩 실행할지 여부가 큰 관건이었다. "순환출자가 심각한 문제라는 우리의 인식에는 변함이 없지만 어떤 개혁이든 편익과 행정비용을 따져봐야 합니다."[11] 김상조 위원장이 기자들에게 말했다. 그의 발언은 사람들의 기대를 누그러뜨렸다. "우리에겐 정책 변경을 추진할 수 있는 자본이 한정되어 있습니다. 따라서 우선순위를 정하는 것이 중요합니다."

2018년 2월, 5년의 형기에서 이미 1년을 복역한 시점에 이재용과 그의 측근이던 최지성, 그리고 또 다른 전 삼성 임원인 장충기가 항소심 판결을 위해 서울고등법원에 들어섰다.[12] 그들은 정치적 특혜를 위한 뇌물로 수백만 달러와 경주마를 제공했다는 혐의에 대해 무죄를 주장하면서 판결을 뒤집으려 노력했다.

항소심 재판은 비교적 차분하게 진행되었다. 판사진은 이재용이 전임 대통령 친구 딸의 승마 커리어 지원을 통해 박근혜에게 뇌물을 주었다고 주장했다. 그런데 한 판사는 이재용의 개입을 '정치권력에 대한 소극적 순응'이라고 적었다. 법원은 이재용이 제공했다고 기소된 뇌물 액수를 640만 달러에서 330만 달러로 감액했다.

"전임 박 대통령이 삼성전자의 경영진을 겁박했다." 한 판사가 말했다. "피고는 전임 대통령 친구의 딸을 지원하는 것이 뇌물인 줄 알면서도 뇌물을 제공했다. 하지만 그것은 거부할 수 없는 것이었다."

검찰은 이 판결로 부분적인 승리를 거두었다. 이재용이 완전히 처벌을 면한 것은 아니었기 때문이다. 하지만 선고 자체는 삼성의 승리였다. 이재용은 뇌물 혐의에 대해 사정이 감안되었고, 법원은 5년 형에서 2년 6개월 형으로 감형했다.[13] 더불어 판사들은 뇌물과 횡령 혐의에 대해서도 유죄를 유지했지만 집행유예를 선고했다. 다른 임원들도 감형이 내려지면서 집행유예가 선고되었다.

「블룸버그」는 이재용이 판결에 무척 놀란 것처럼 보였다고 보도했다. 뇌물에 대해 유죄판결을 확정했음에도 불구하고 법원은 4년 동안 집행을 유예한다는 조건으로 후계자의 석방을 결정했다. 이재용은 붉게 상기된 얼굴로 법정을 빠져나가 아버지를 만나기 위해 병원으로 향했다.

"지난해는 나 자신을 돌아볼 수 있는 정말 소중한 시간이었습니다."[14] 이재용이 떨리는 목소리로 기자들에게 말했다.

4개월 후, 2018년 6월에 애플과 삼성은 소송을 시작한 지 7년 만에 소송을 파기하기로 결정했다.[15] 배심원단이 삼성에 5억 3,900만 달러의 손해배상을 명령하자, 삼성과 애플은 공개되지 않은 금액으로 합의를 했다.

서류상으로는 애플의 승리처럼 보였다. 법원은 삼성이 애플의 특허를 침해했으니, 삼성이 애플에 손해를 배상해야 한다고 거듭 판결했다. 하지만 애플의 승리는 상처뿐인 승리였다. 특허 전쟁은 삼성이 애플에 얼마나 많은 손해를 입혔는지 여부를 따지는 끊임없는 법정투쟁과 항소의 반복으로 전락한 것처럼 보였다. 결국 합의와 함께 항소가 종결되었다.

"스마트폰 특허 전쟁이 마침내 끝났다"고 「뉴욕 타임스」가 선언했다.

"이 사건을 요약한다면, 소송을 통해 얻은 것은 전혀 없다는 겁니다." 산타클라라 대학교의 법학과 교수인 브라이언 J. 러브[Brian J. Love]가 「뉴욕 타임스」와의 인터뷰에서 말했다. "10년 가까이 소송을 진행하면서 변호사 비용으로 수억 달러를 지출했지만, 결국 가장 중요한 것은 그 어떤 제품도 시장에서 퇴출되지 않았다는 점입니다."

2018년 7월, 뉴욕에 본사를 둔 헤지펀드인 엘리엇 매니지먼트가 한국 정부를 상대로 중재를 신청했을 때, 한국의 정치 지도자들의 개혁이 또다시 시험대에 올랐다. 엘리엇은 2015년에 이루어진 삼성의 합병(주주들에게 피해를 입히고 이재용의 구속과 박근혜 대통령의 몰락을 초래했던 합병) 과정에서 정치적 개입으로 인해 7억 1,800만 달러의 피해를 입었다며 손해배상을 요구했다.

"엘리엇의 주장은 사실무근이기 때문에 우리는 어떤 손해배상의 책임도 없다고 생각한다."[16] 법무부의 대변인이 「파이낸셜 타임스」와의 인터뷰에서 말했다.

"현재 한국이 사기와 차별에 대한 주장을 '사실무근'으로 치부하면서도 정작 '사실무근'이라고 말하는 그 사기에 대한 추가적인 증거를 보여주는 수사를 적극적으로 진행하고 있다는 사실이 당혹스럽습니다."[17] 엘리엇의 대리인이 내게 메시지를 보내왔다.

한국 정부는 제조 공장의 건설과 한국 경제를 위한 투자에 삼성이 필요했고, 삼성은 어려운 시기에 정부의 지원을 모색하는 것처럼 보였다.[18] 2018년 9월, 문 대통령은 독재자 김정은과의 외교 정상회담을 위해 북한을 방문했다.[19] 놀랍게도 이재용은 징역 2년 6개월에 집행유예 4년을 선고받았음에도 불구하고, 다른 재계의 총수 십여 명과 함께 한국 대통령의 그 일정에 동행했다.

한국의 사업 관행에 따라 이재용과 그의 회사가 국익에 도움이 되는 한 그의 유죄판결은 정치 지도자들에게 그리 중요한 문제가 아닌 듯했다.

"지난 1년 동안 이재용은 정부의 행사에 단골손님이 되었을 뿐만 아니라, 국내외의 공개적인 행사에도 십여 차례 이상 모습을 드러냈다."[20] 훗날 「한겨레」 신문이 보도했다. "재계의 많은 사람들은 이재용이 영향력을 회복한 것으로 여기고 있다."

한편, 금융감독원은 2015년으로 거슬러 올라가 삼성 바이오로직스 — 삼성의 차세대 성장 동력으로 불리는 바이오 제약 회사 — 의 불법행위를 조사했다.[21]

금융감독원은 삼성 바이오로직스가 회계 방식을 바꾸어 또 다른 제약 회사이자 협력 업체인 삼성 바이오에피스에 대한 자사 지분의 가치를 부풀린 것으로 판단했다. 그 결과 삼성 바이오에피스의 평가액은 18배나 폭등했다.[22]

삼성 바이오로직스는 왜 회계 부정으로 보일 수 있는 행위를 저지른 것일까?

"일부 분석가들은 많은 논란이 일었던 2015년 삼성물산과 제일모직의 합병을 수월하게 진행하기 위해 분식회계가 이루어졌다고 말했다."[23] 「파이낸셜 타임스」가 여전히 진행 중인 삼성 스캔들과 구속 사건을 초래했던 문제투성이의 합병을 언급하며 보도했다.

"그 당시 삼성그룹은 합병비율을 정당화하기 위해 바이오로직스의 가치를 끌어올려야 했다." 기업 분석 그룹 스코어의 박주근 대표가 「파이낸셜 타임스」와의 인터뷰에서 말했다. 그는 엘리엇이 삼성물산을 저평가해 주주들에게 피해를 입혔다고 주장하는, 논란이 많았던 두 합병 기업(제일모직과 삼성물산) 간의 주가 비율을 지적하고 있었다. 삼성의 순환출자 구조에서 가족 지배력의 행사를 위해 중요한 두 기업인 삼성전자와 삼성물산은 삼성 바이오로직스의 지분을 75퍼센트 소유하고 있었다. 금융감독원은 삼성 바이오로직스의 부풀려진 가치가 삼성물산 주식의 저평가에 영향을 미칠 수 있었을 것으로 판단했다.[24]

금융감독원의 조사는 대대적인 주식 매각을 촉발시켰다.[25] 단 하루 만에 삼성 바이오로직스는 시장가치에서 60억 달러의 손실을 기록했다. 그 금액은 300억 달러 규모의 기업에게 막대한 손실이었다.

2018년 11월 14일, 공정거래위원회는 삼성 바이오로직스의 주식거래를 중단시켰다.[26] "우리는 삼성 바이오로직스가 2015년에 의도적으로 회계기준을 위반했다고 결론을 내렸다"며 공정거래위원회가 발표문에 적었다. 삼성은 수상한 회계 부정 혐의를 부인하면서 공정거래위원회를 상대로 행정소송을 제기했다.[27] 삼성은 합법적인 회계기준을 준수했다는 사실을 법원에서 입증하고 싶다고 주장했다.

삼성 바이오로직스는 상장폐지를 모면했고, 거의 한 달 후에 거래가 재개되었다.[28] 하지만 금융감독원의 조사는 끝난 것이 아니었다. 4월부터 6월까지 증거인멸과 회계 자료의 조작 혐의로 여덟 명의 임원이 체포되었다.[29] 법원은 용의자들 중 한 명인 삼성 바이오로직스의 CEO 김태한에 대해 '분쟁의 여지'가 있다고 지적하며 영장을 두 차례 기각했다.[30]

수사관들은 삼성 바이오로직스 소유의 공장 두 곳에 대해 압수수색을 실시해, 공장 바닥에 은닉되어 있던 컴퓨터 서버와 함께 20여 대의 컴퓨터와 노트북의 캐시를 찾아냈다.[31] 그들은 이것들이 이 사건과 연관성이 있다고 판단했다.

"그들(삼성 직원들)은 'VIP', 'JY', '부회장' 같은 키워드가 포함된 모든 컴퓨터 파일과 이메일을 삭제했다"[32]고 연합뉴스가 보도했다. 검찰은 그런 문구들이 부회장인 이재용을 가리킨다고 믿었다.

"증거인멸 같은 수치스러운 행위로 인해 일어난 불미스러운 상황을 깊이 후회하고 있습니다."[33] 삼성이 성명문을 통해 밝혔다.

"우리 직원들이 체포된 것과 그로 인한 경영난에 대해서도 책임을 통감하고 있습니다."

수사는 진행 중이다. 그리고 이것은 많은 사건들 가운데 하나에 불과하다. 「코리아중앙데일리」 보도에 따르면, 삼성의 수뇌부가 처음 표적이 되었던 2017년 초부터 2019년 9월까지 회계 부정 사건을 비롯해 노조를 부당하게 해산한 의혹까지 수많은 혐의에 대해 "검찰은 영장을 발부받아 삼성 사무실을 27차례 압수수색하고 임원 31명을 기소했다."[34]

2019년 2월 20일, 삼성의 저스틴 데니슨Justin Denison 상무가 미국 샌프란시스코의 빌 그레이엄 시빅 센터Bill Graham Civic Auditorium에 마련된 무대에 등장했다.[35] 그는 첫 번째 갤럭시폰이 출시된 지 10년 만에 많은 기대를 모았던 획기적인 발표를 실시했다.

오랜 기다림 속에서 오랜 기간 대대적으로 홍보했던 폴더블폰이 마침내 '갤럭시 폴드'로 공개될 준비를 마쳤다. 가격은 1,980달러로 책정되었다. "갤럭시 폴드는 이전의 어떤 것들과도 차원이 다른 새로운 기기입니다." 데니슨이 선언했다.

거의 두 달 후에 언론은 홍보 기사를 위해 제공된 갤럭시 폴드를 받았다.

"리뷰용으로 받은 내 갤럭시 폴드가 단 이틀 만에 완전히 망가져서 사용할 수 없게 되었다"[36]고 「블룸버그」의 기술 기자인 마크 거먼Mark Gurman이 트위터에 불만을 표출했다. "이게 일반적인 현상인지는 잘 모르겠다."

"내 갤럭시 폴드의 화면이 단 하루 만에 깨져버렸다"[37]고 「더 버지」의 디터 본Dieter Bohn이 불평했다.

"갤럭시 폴드는 또 다른 실패한 제품을 떠올리게 하며 조롱거리가 되고 있다: 바로 '폭발하는' 갤럭시 노트 7 스마트폰이다"[38]라고 BBC가 보도했다.

삼성전자는 일부 오작동이 발생한 원인을 제품 리뷰어들이 화면에 부착된 보호용 플라스틱 층을 벗겨도 되는 화면보호 필름으로 착각하고 이를 제거했기 때문이라고 설명했다.[39] 하지만 CNBC의 스티브 코바치는 갤럭시 폴드 화면이 깜빡거리는 장면을 영상으로 게시했다.[40] 그는 자신이 휴대폰에 '아무 짓'도 하지 않았다고 말했다. "그냥 펼쳤을 뿐이야!"

사전에 미디어 리뷰어들의 통지를 받은 삼성은 대중에게 갤럭시 폴드를 출시하기 전에 신속하게 행동했다. 출시를 4일 앞둔 4월 22일에 삼성은 갤럭시 폴드의 출시를 무기한 연기한다고 발표했다.[41]

"당황스러웠습니다. 완전히 준비가 되기 전에 제가 그것을 밀어붙였거든요."[42] 삼성전자의 CEO 고동진이 「인디펜던트」와의 인터뷰에서 자신의 실수를 인정했다.

삼성전자의 글로벌 마케팅전략 책임자인 스테파니 최는 나이 든 삼성맨들에겐 자칫 불복종으로 여겨져 해고당할 만한 발표를 감행했다. 그녀는 실패의 원인이 어떤 면에서는 지난 1993년 프랑크푸르트에서 시작되었던 역사적인 이건희 회장의 신경영 계획에 있다고 주장했다.[43] 그당시 이 회장은 삼성에 자신의 비전을 주입하려고 애쓰면서 임원들에게 "모든 것을 바꾸라"고 지시했다.

"우리는 만들 수 없는 것을 만들고 할 수 없는 일을 합니다." 스테파니최가 「인디펜던트」와의 인터뷰에서 말했다. "이것(갤럭시 폴드 문제)은 불행하게도 간혹 일어나는 그 과정의 일부분입니다."

일주일 후에 삼성의 수익은 추락했다.[44] 메모리 반도체 시장 — 삼성제국의 기반 — 은 변동이 심하고 경쟁도 치열했다.

삼성은 '반도체 비전 2030'이라는 새로운 확장정책을 발표했다.[45] 이것은 자율주행차, 의료용 로봇, 인공지능에 의존하는 기기 같은 첨단기술을 이끌어가는 반도체의 또 다른 유망 분야인 비메모리칩에 1,150억 달러를 투자하겠다고 약속한 선언이었다.

"정부가 이 과제를 적극적으로 지원할 것입니다."[46] 문 대통령이 삼성 반도체 공장에서 공언했다.

"대통령님이 질문하신 것처럼 삼성은 메모리 분야뿐만 아니라 비메모리 분야에서도 1등 기업이 될 것입니다." 이재용이 대통령에게 말했다.

하지만 모든 사람들이 이 새로운 계획을 낙관적으로 보는 것은 아니었다. 결국 삼성은 예전처럼 한국 정부의 도움을 받아 더 많고 더 다양한 메모리칩에 투자함으로써 업계 전반에 걸친 저가의 메모리칩 위기에 대응하고 있었다. 어쩌면 너무 늦었을지도 모른다. 메모리칩의 수익이 견실할 때라면 이 확장정책은 재정적 측면에서 더 타당성이 있었을 것이다.

"일부 전문가들은 삼성의 경영진이 예전처럼 혁신적이지 않다고 생각한다."[47] 「한겨레」 신문이 '반도체 비전 2030'에 대해 보도했다. "아들은 고비마다 새로운 길을 개척하고 대규모의 혁신을 이루어냈던 그의 아버지와 다른 길을 가고 있다."

검찰은 이재용의 뇌물 사건을 대법원에 항소했다.

8월 29일, 13명의 재판관들이 자리를 잡자 청중이 일어서고 카메라가 돌아갔다.[48] 주요한 쟁점은 무엇일까? 그것은 항소심 재판부가 이재용에게 제대로 엄격한 재판을 했는지, 2심 판결에서 이재용이 준 뇌물의 액수가 1심 판결보다 더 적다고 판단했을 때 '뇌물'이라는 단어의 정의가 적절하게 사용되었는지 여부를 따지는 것이었다.

대법원은 "불법 청탁에 대한 법리를 잘못 해석한 형태의 오류가 있었다"고 판결했다.[49] 대법원 판결에 따르면, 하급 법원은 2년 전에 이재용의 1심 재판에서 판단했던 것처럼 말 한 필을 뇌물로 보는 것이 아니라 삼성이 기증한 말 세 필에 대한 뇌물 가능성을 고려했어야 했다.[50]

대법원은 이재용이 정부의 요구에 '소극적으로' 대응했다는 항소심 판결을 취소하고 재심을 위해 그의 사건에 대해 파기환송을 했다.[51]

이 판결은 검찰의 승리였다. 이재용의 문제는 복잡해졌다. 재심은 그에게 불리한 더 많은 혐의와 더 많은 징역형의 여지를 열어준 셈이었기 때문이다.

"삼성의 이재용은 자신을 다시 감옥에 보낼 수 있는 재심에 직면해 있다"고 블룸버그 통신이 보도했다.

삼성은 국민에게 관용과 이해를 구했다. "점점 더 불확실해지고 어려워지는 경제 상황 속에서 위기를 극복하고 국가 경제에 이바지할 수 있도록 지지와 성원을 부탁드립니다."[52] 삼성이 입장문을 통해 발표했다.

5개월 동안 갤럭시 폴드의 출시를 미루던 삼성은 드디어 준비가 되었다고 결정했다. 9월 28일, 미국에서 론칭한 갤럭시 폴드에 대한 반응은 회의적이고 시큰둥했다. 기기가 무거웠고, 1,980달러라는 비싼 가격에 출시되었을 뿐 아니라, 지나치게 약했다. 삼성도 자체적으로 그렇게 평가했는지 각 기기에는 사용 시 주의 사항이 붙어 있었다. "스크린을 펜이나 손톱같이 무겁거나 날카로운 물체로 누르지 마세요. 스크린 위에 동전, 카드, 열쇠 등을 올려놓지 마세요. 전화를 액체나 작은 입자들에 노출시키지 마세요."

삼성은 갤럭시 폴드는 얼리 어댑터를 위한 럭셔리 제품이라고 밝혔다. 대중적으로 확산되기에는 이른 감이 있었다. "온 세상이 접혀지는 디스플레이로 가득한 날이 올지도 모른다"[53]고 「와이어드Wired」의 로런 구드Lauren Goode가 전망했다. 그녀는 갤럭시 폴드에 별 열 개 만점에 별 다섯 개를 주었다. 하지만 아직은 아니었다.

한 달 정도가 지난 10월 25일, 이재용은 재판을 받기 위해 다시 법정에 섰다. 첫 번째 심리에서 판사가 그에게 말했다. "우리나라를 대표하는 기업의 수장으로서 피고가 책임을 통감하고 법정의 판결을 겸허히 수용하기를 바랍니다."

판사는 말을 이었다. "1993년 독일, 프랑스에서 51세의 이건희 삼성그룹 총수는 낡고 썩은 모든 관행을 버리고 사업의 질을 높이자는 '삼성 신경영'을 선언하고 위기를 과감한 혁신으로 극복했습니다. 2019년에 만 51세가 된 이재용 삼성그룹 총수의 선언은 무엇이고 또 무엇이어야 합니까?"[54]

다음 날이 이재용 부회장의 이사석 갱신일이었다. 그는 포기했다.[55] 하지만 그는 여전히 부회장직을 유지하고 회사 경영에 참여하고 있다.

3년간의 심리와 네 번의 재판을 거쳐 그의 뇌물 수수에 대한 판결은 2020년에 내려질 예정이다. 이 책이 인쇄에 들어가기 직전, 이재용에 대한 재판은 여전히 진행 중이다.

감사의 글

내가 전 세계를 누비고 다니며 종종 잠적했을 때 인내심을 가지고 기다려준 부모님과 에이미, 나탈리에게 감사의 말을 전한다.

내 원고가 책의 형태로 완성될 수 있게 편집해준 로저 숄, 저자가 무엇인지 가르쳐준 멘토이자 어드바이저인 앨런 린즐러, 나를 믿어준 에이전트 데이비드 할펀에게 감사드린다. 탁월한 자료수집과 번역으로 이 책의 출간을 가능하게 해준 나의 오른팔 맥스 '소은' 김, 자료수집과 사실확인, 번역에 도움을 준 최지은, 신혜진, 이준엽, 이지혜, 박정민, 루신다 '핑' 코윙, 사이먼 데니, 원고를 감수해준 강혜련, 캘빈 고드프리, 다니엘 튜더, 자신의 시가바에 작업 공간을 마련해준 할 후스레보글루(그때 내 폐가 급격하게 노화한 듯하다), 해외 특파원 일을 가르쳐준 데이비드 스완슨, 크리스타 마허, 사이먼 롱, 휴고 레스탈, 콜롬 머피, 데이비드 케이스, 에

밀리 로디시, 내게 숙식 공간을 제공해준 돈 커크, 모두에게 감사드린다.

자신들에게 이득이 되지 않을 것임에도 불구하고 내게 얘기를 들려준 삼성 사람들, 그리고 나를 따뜻하게 안아준 한국 사람들에게 감사의 말을 전한다.

주

나는 실명이나 정체를 밝힐 만한 단서는 책에서 언급하지 않겠다는 약속을 하고 많은 인터뷰를 진행했다. 삼성에 관한 책을 쓰기 위한 자료를 모으려면 이 방법밖에 없었다. 많은 전前 직원들이 부품 공급처, 도급업자, 컨설턴트 등의 역할로 아직도 삼성과 연을 맺고 있거나 가족 혹은 친구들이 회사에 남아 있다. 나는 익명을 요구한 사람들이 말한 내용은 특히 신뢰성을 보장하기 위해 다른 인터뷰와 비교하고, 가능한 경우에는 문서화된 자료를 입수했다.

1장 갤럭시, 데스 스타

1   Amber Powell, "Note 7 Owner Describes Phone Fire on Southwest Airlines Flight," *Wave 3 News*, August 2, 2018, https://www.wave3.com/clip/12785336/note-7-owner-describes-phone-fire-on-southwest-airlines-flight/.

2   Jemima Kiss, "Samsung Galaxy Note 7 Recall Expanded to 1.9m Despite Only 96 Causing Damage," *The Guardian*, October 13, 2016, https://www.theguardian.com/technology/2016/oct/13/samsung-galaxy-note-7-recall-expanded.

3   Paul Mozur and Su-Hyun Lee, "Samsung to Recall 2.5 Million Galaxy Note 7s over Battery Fires," *The New York Times*, September 2, 2016, https://www.

nytimes.com/2016/09/03/business/samsung-galaxy-note-battery.html.

4   Jordan Golson, "Replacement Samsung Galaxy Note 7 Phone Catches Fire on Southwest Plane," *The Verge*, October 5, 2016, https://www.theverge.com/2016/10/5/13175000/samsung-galaxy-note-7-fire-replacement-plane-battery-southwest.

5   Powell, "Note 7 Owner Describes Phone Fire."

6   Powell, "Note 7 Owner Describes Phone Fire."

7   Golson, "Replacement Samsung Galaxy Note 7."

8   Jordan Golson, "Burned Galaxy Note 7 from Southwest Flight Seized by Federal Regulators for Testing," *The Verge*, October 11, 2016, https://www.theverge.com/2016/10/11/13241032/samsung-galaxy-note-7-subpoena-seizure-cpsc.

9   Joe Augustine, "Farmington Teenager: Replacement for Recalled Samsung Phone Melted in Hand," KSTP, October 9, 2016, https://web.archive.org/web/20161009150630/http://kstp.com/news/samsung-replacement-phone-melted-zuis-farmington/4285759/.

10   Monique Blair, "Nicholasville Man Injured by Replacement Samsung Phone," WKYT, October 8, 2016, https://www.wkyt.com/content/news/Nicholasville-mans-replacement-Samsung-Galaxy-Note-7-catches-fire-396431431.html.

11   Jordan Golson, "Samsung Knew a Third Replacement Note 7 Caught Fire on Tuesday and Said Nothing," *The Verge*, October 9, 2016, https://www.theverge.com/2016/10/9/13215728/samsung-galaxy-note-7-third-fire-smoke-inhalation.

12   Rhett Jones, "Man's Replacement Galaxy Note 7 Catches Fire, Samsung Accidentally Texts 'I Can Try and Slow Him Down,'" *Gizmodo*, October 9, 2016, https://gizmodo.com/mans-replacement-galaxy-note-7-catches-fire-samsung-ac-1787588341.

13   Alan Friedman, "Replacement Samsung Galaxy Note 7 Explodes in Taiwan While User Was Walking Her Dog?" *Phone Arena*, October 8, 2016, https://www.phonearena.com/news/Replacement-Samsung-Galaxy-Note-7-explodes-in-Taiwan-while-user-was-walking-her-dog_id86347.

14   Jordan Golson, "A Fourth Replacement Galaxy Note 7 Caught Fire in Virginia This Morning," *The Verge*, October 9, 2016, https://www.theverge.com/2016/10/9/13218730/samsung-galaxy-note-7-fire-replacement-fourth-virginia.

15   Jordan Golson, "Samsung Says It's 'Working Diligently' as Fifth Replacement Note 7 Burns," *The Verge*, October 9, 2016, https://www.theverge.com/2016/10/

9/13219878/samsung-galaxy-note-7-replacement-fire-fifth-statement.

16 Jordan Golson, "AT&T Halting Samsung Galaxy Note 7 Sales Following Multiple Fires with Replacement Phones," *The Verge*, October 9, 2016, https://www.theverge.com/2016/10/9/13219054/att-samsung-galaxy-note-7-stop-sales.

17 Jordan Golson, "Samsung Is 'Pausing' Shipments of the Galaxy Note 7 to Telstra, Says Internal Memo," *The Verge*, October 9, 2016, https://www.theverge.com/2016/10/9/13220618/samsung-galaxy-note-7-pause-shipments.

18 Samuel Burke, "The Samsung Galaxy Note 7 Debacle: A Timeline," *CNNMoney*, October 11, 2016, https://money.cnn.com/video/technology/2016/10/11/samsung-galaxy-note-7-timeline.cnnmoney/index.html.

19 Nilay Patel, "Samsung Is Sending Incomprehensible Emails to Note 7 Owners Looking for a Refund," *The Verge*, October 10, 2016, https://www.theverge.com/2016/10/10/13227058/samsung-galaxy-note-7-refund-support-email-incomprehensible.

20 *The Late Show with Stephen Colbert*, "Donald Trump Asks the Terminally Ill for a Huge Favor," posted by YouTube user The Late Show with Stephen Colbert on October 7, 2016, https://www.youtube.com/watch?time_continue=396&v=f_Flwq_zUVY.

21 Sapna Maheshwari, "Samsung's Response to Galaxy Note 7 Crisis Draws Criticism," *The New York Times*, October 11, 2016, https://www.nytimes.com/2016/10/12/business/media/samsungs-passive-response-to-note-7s-overheating-problem-draws-criticism.html.

22 Hacker News (web discussion forum), "Samsung Blocks Exploding Note 7 Parody Videos," October 21, 2016. The user "netsharc" posted the message on October 21, 2016. More sarcastic comments can be found on social media posts on Samsung's official Facebook and Twitter pages, as well as Samsung product reviews on Best Buy's website, from September 2016 to December 2017.

23 Steve Dent, "Australian Airlines Ban Use of Samsung's Galaxy Note 7," *Engadget*, September 8, 2016, https://www.engadget.com/2016/09/08/australian-airlines-ban-use-of-samsungs-galaxy-note-7/.

24 Kyle Orland, "Samsung Doesn't Want You to See Video of This GTA V Exploding Phone Mod," *Ars Technica*, October 20, 2016, https://arstechnica.com/gaming/2016/10/samsung-doesnt-want-you-to-see-video-of-this-gta-v-exploding-phone-mod/.

25   Daniel Nazar, "Samsung Sets Its Reputation on Fire with Bogus DMCA Takedown Notices," Electronic Frontier Foundation, October 26, 2016, https://www.eff.org/deep links/2016/10/samsung-sets-its-reputation-fire-bogus-dmca-takedown-notices.

26   Student at Yonsei University, interview by the author, November 28, 2009.

27   Former Samsung vice president, interview by the author, June 24, 2015.

28   Former correspondent in Korea, discussion with the author, September 8, 2016.

29   Samsung senior marketing consultant, interview by the author, February 9, 2017.

30   David Steel, email message to a reporter in Seoul, October 20, 2016.

31   Samsung marketing manager, Facebook message to the author, October 11, 2016.

32   Foreign correspondent, interview by the author, September 28, 2016.

33   Samsung marketing manager, Facebook message to the author, October 11, 2016.

34   "The Mystery of South Korea's Elderly Protesters," *Korea Exposé*, May 2, 2016, https://www.koreaexpose.com/the-mystery-of-south-koreas-elderly-protesters/.

35   Nam Gi-hyeon, "President Park, Orders to Scrutinize Affairs Regarding Galaxy Note 7," *Maeil Business Newspaper*, October 16, 2016, https://www.mk.co.kr/news/politics/view/2016/10/722105/. This source is in Korean. The author's researcher translated the headline and the quoted text into English.

36   Choe Sang-hun, "Galaxy Note 7 Recall Dismays South Korea, the 'Republic of Samsung,'" *The New York Times*, October 23, 2016. https://www.nytimes.com/2016/10/23/world/asia/galaxy-note-7-recall-south-korea-samsung.html.

37   Nam Ki-young, email message to the author, July 18, 2011.

38   Kohn Pederson Fox, "Samsung Seocho," no date, https://www.kpf.com/projects/samsung-seocho.

39   Florian Mueller, "List of 50+ Apple-Samsung Lawsuits in 10 Countries," *FOSS Patents*, April 28, 2012, http://www.foss patents.com/2012/04/list-of-50-apple-samsung-lawsuits-in-10.html.

40   Samsung Electronics, "Samsung Galaxy Unpacked 2016 Live Stream Official Replay," posted by YouTube user crazydeals on August 3, 2016, https://www.youtube.com/watch?v= iYTKrRzNmag.

41   D.J. Koh, interview by the author, July 21, 2011.

42 Galaxy marketer, interview by the author, November 8, 2016.

43 D.J. Koh, interview by the author, July 21, 2011.

44 Brian Merchant, *The One Device: The Secret History of iPhone* (New York: Hachette Book Group, 2017), p. 363.

45 Nick Wingfield, "Jury Awards $1 Billion to Apple in Samsung Patent Case," *The New York Times*, August 24, 2012, https://www.nytimes.com/2012/08/25/technolog y/jury-reaches-decision-in-apple-samsung-patent-trial.html.

46 Charles Arthur, "Samsung Galaxy Tab 'Does Not Copy Apple's Designs,'" *The Guardian*, October 18, 2012, https://www.theguardian.com/technology/2012/oct/18/samsung-galaxy-tab-apple-ipad; Associated Press, "Samsung Wins Korean Battle in Apple Patent War," August 24, 2012, https://www.cbc.ca/news/business/samsung-wins-korean-battle-in-apple-patent-war-1.1153862; Mari Saito and Maki Shiraki, "Samsung Triumphs Over Apple in Japan Patent Case," Reuters, August 31, 2012, https://in.reuters.com/article/us-apple-samsung-japan/samsung-wins-over-apple-in-japan-patent-case-idINBRE87U05R20120831.

47 Leander Kahney, "Steve Jobs' Sony Envy [Sculley Interview]," *Cult of Mac*, October 14, 2010, https://www.cultofmac.com/63316/steve-jobs-sony-envy-sculley-interview/.

48 Christina Bonnington, "*Apple v. Samsung: 5* Surprising Reveals in Latest Court Documents," *Wired*, July 27, 2012, https://www.wired.com/2012/07/apple-reveals-for-monday-trial/.

49 Fred Vogelstein, *Dogfight: How Apple and Google Went to War and Started a Revolution* (New York: Sarah Crichton Books, 2013), p. 172.

50 Chris Ziegler, "Apple's Steve Jobs: 'No One's Going to Buy' a Big Phone," *Engadget*, July 16, 2010, https://www.engadget.com/2010/07/16/jobs-no-ones-going-to-buy-a-big-phone/.

51 Brian Wallace, interview by the author, January 6, 2016.

52 Aaron Souppouris, "Samsung Sues Dyson Following 'Intolerable' Copycat Claims," *The Verge*, February 17, 2014, https://www.theverge.com/2014/2/17/5418616/samsung-sues-dyson-following-intolerable-copycat-claims.

53 Associated Press, "Dongjin Koh Is the New President of Samsung's Mobile Business," *Mashable*, December 1, 2015, https://mashable.com/2015/12/01/samsung-koh-dongjin/.

54 Yoolim Lee and Min Jeong Lee, "Rush to Take Advantage of a Dull iPhone

Started Samsung's Battery Crisis," *Bloomberg*, September 19, 2016, https://www.bloomberg.com/news/articles/2016-09-18/samsung-crisis-began-in-rush-to-capitalize-on-uninspiring-iphone.

55 Jessica Dolcourt, "Samsung Galaxy Note 7 Review," *CNET*, December 9, 2016, https://www.cnet.com/reviews/samsung-galaxy-note-7-review/.

56 Yoolim Lee and Min Jeong Lee, "Rush to Take Advantage of a Dull iPhone."

57 Yoolim Lee and Min Jeong Lee, "Rush to Take Advantage of a Dull iPhone."

58 Lee Jae-eun, "20.15% of Samsung SDI Stocks, Owned by Samsung Electronics and Affiliated Persons," *Chosunbiz*, August 5, 2014, http://biz.chosun.com/site/data/html_dir/2014/08/05/2014080502438.html. This source is in Korean. The author's researcher translated the headline and text into English.

59 Yoolim Lee and Min Jeong Lee, "Rush to Take Advantage of a Dull iPhone."

60 Samsung mobile manager, interview by the author, September 27, 2016.

61 Yoolim Lee and Min Jeong Lee, "Rush to Take Advantage of a Dull iPhone."

62 Samsung mobile manager, interview by the author, September 27, 2016.

63 Yoolim Lee and Min Jeong Lee, "Rush to Take Advantage of a Dull iPhone."

64 Yoolim Lee and Min Jeong Lee, "Rush to Take Advantage of a Dull iPhone."

65 "Samsung Galaxy Unpacked 7 (Galaxy Note 7)—Live Event Steam (Recap)—August 2nd 2016!" posted by YouTube user Tech 101 on August 2, 2016, https://www.youtube.com/watch?v=fCE3xc9_dLQ.

66 Samsung marketer, interview by the author, September 8, 2016.

67 Robert Triggs, "Note 7 Delayed in Malaysia, Netherlands, Russia, Ukraine, and Maybe More," Android Authority, August 12, 2016, https://www.androidauthority.com/note-7-delayed-netherlands-ukraine-russia-malaysia-709516/.

68 Dolcourt, "Samsung Galaxy Note 7 Review."

69 Matt Swider, "Samsung Galaxy Note 7 Review," *TechRadar*, January 23, 2017, https://www.techradar.com/reviews/phones/mobile-phones/samsung-galaxy-note-7-1325876/review.

70 Chris Velazco, "Samsung Galaxy Note 7 Review," *Engadget*, August 16, 2016, https://www.engadget.com/2016/08/16/samsung-galaxy-note-7-review/.

71 Samsung senior manager, email message to the author, October 10, 2016.

72 Brad Stone, Sam King, and Ian King, "Summer of Samsung: A Corruption Scandal, a Political Firestorm—and a Record Profit," *Bloomberg Businessweek*,

July 27, 2017, https://www.bloom berg.com/news/features/2017-07-27/summer-of-samsung-a-corruption-scandal-a-political-firestorm-and-a-record-profit.

73 Jonathan Cheng and John D. McKinnon, "The Fatal Mistake That Doomed Samsung's Galaxy Note," *The Wall Street Journal*, October 23, 2016, https://www.wsj.com/articles/the-fatal-mistake-that-doomed-samsungs-galaxy-note-1477248978.

74 Stone, King, and King, "Summer of Samsung."

75 Cheng and McKinnon, "Fatal Mistake That Doomed Samsung's Galaxy Note."

76 Moon Eun-hae, "[Galaxy Note 7 Recall] 'An Excruciating Sum' of 2 Trillion Won ⋯ Who Will Take Responsibility?" *EBN*, September 3, 2016, http://www.ebn.co.kr/news/view/848961. This source is in Korean. The author's researcher translated the title and the text into English.

77 Former Samsung television vice president, phone interview by the author, February 3, 2017.

78 Former Samsung mobile vice president, interview by the author, March 2, 2016. More information on the Tower can be found at Jessica E. Lessin, "Inside the Tower: Samsung's Mobile Power Brokers," *The Information*, February 10, 2014, https://www.theinformation.com/articles/Inside-the-Tower-Samsung-s-Mobile-Power-Brokers.

79 Cheng and McKinnon, "Fatal Mistake That Doomed Samsung's Galaxy Note."

80 Cheng and McKinnon, "Fatal Mistake That Doomed Samsung's Galaxy Note."

81 Georgina Mitchell, "Samsung to Recall Galaxy Note 7 Worldwide After Battery Problems," *The Sydney Morning Herald*, September 2, 2016, https://www.smh.com.au/business/samsung-to-recall-galaxy-note-7-worldwide-after-battery-problems-20160902-gr7v4w.html.

82 Samuel Gibbs and Alan Yuhas, "Samsung Suspends Sales of Galaxy Note 7 After Smartphones Catch Fire," *The Guardian*, September 2, 2016, https://www.theguardian.com/technology/2016/sep/02/samsung-recall-galaxy-note-7-reports-of-smartphones-catching-fire.

83 Cheng and McKinnon, "Fatal Mistake That Doomed Samsung's Galaxy Note."

84 Matt Novak, "How One Outrageous Law Turned the Samsung Phone Recall into a Disaster," *Gizmodo*, October 11, 2016, https://gizmodo.com/how-one-outrageous-law-turned-the-samsung-phone-recall-1787659621.

85 Novak, "How One Outrageous Law."

86 Christina Warren, "Samsung Finally Launches Official Recall of the Exploding Note 7," *Gizmodo*, September 15, 2016, https://gizmodo.com/feds-to-launch-official-recall-of-the-exploding-samsung-1786681573.

87 "Samsung Confirms Engagement with Consumer Product Safety Commission in Response to Note7 Battery Issue," Samsung Newsroom, September 9, 2016, https://news.samsung.com/us/samsung-confirms-engagement-with-cpsc-consumer-product-safety-commission-in-response-to-note7-battery-issue/.

88 Josh Cascio, "St. Pete Family Says Jeep Totaled by Exploding Note 7," *FOX 13 News*, September 7, 2016, http://www.fox13news.com/news/local-news/st-pete-familys-jeep-totaled-by-exploding-note-7.

89 Park Soon-chan, "Samsung's Strength in Communication That Elicited Recall," *Chosun Biz*, September 5, 2016, http://biz.chosun.com/site/data/html_dir/2016/09/05/2016090500302.html. This source is in Korean. The author's researcher translated the title and the quoted text into English.

90 "Second Report of Expert Meeting Regarding Galaxy Note 7," Korean Agency for Technology and Standards, September 19, 2016. Document is in the author's possession. This source is in Korean. The author's researcher translated the title and the quoted text into English.

91 Park Chul Wan, interview by the author, November 28, 2016.

92 Park Chul Wan, interview by the author, November 28, 2016.

93 Kim Ju-cheol, "<Incident> Mobile Phone Battery Thought to Have Exploded in Cheongwon, Fatal Accident Occurs," *Chungju Shinmun*, November 27, 2007, http://cjwn.com/sub_read.html?uid=5950&section=&section2=. This source is in Korean. The author's researcher translated the title and the quoted text into English.

94 Koo Jun-hoe, "Mobile Phone Battery Explosion Fatality? Turns Out to Be a Case of Accidental Manslaughter," *SBS*, November 30, 2007, https://news.sbs.co.kr/news/end Page.do?news_id=N1000343794. This source is in Korean. The author's researcher translated the title and the quoted text into English.

95 Park Chul Wan, "Has the Gate of Lithium Ion Battery–Related Accidents Reopened?" *IT Chosun*, September 9, 2016. This source is in Korean. The author's researcher translated the title and the quoted text into English. Park Chul Wan published many opinion articles in the fall of 2016 stating his

hypothesis on the Galaxy Note 7 fires. This is merely one example of such an article.

96 Park Chul Wan, interview by the author, November 30, 2016. YouTube has many videos of lithium-ion-battery short circuits that Park Chul Wan described, resulting in a quick blast and a short, intense fire. One such lab experiment is available at https://www.youtube.com/watch?v=HCGtRgBUHX8.

97 Screenshot of KakaoTalk message from Lee Soo-hyung, in the author's possession.

98 Screenshot of KakaoTalk message from Park Chul Wan's colleague, in the author's possession.

99 Nina Criscuolo, "iPhone 7 Arrives Amid Samsung Galaxy Note 7 Recall," *WISH-TV*, September 16, 2016, https://www.wishtv.com/news/world/iphone-7-launch-unluck ily-times-with-samsung-galaxy-note-7-reca ll_20180321053744804/1064305112.

100 Park Chul Wan, interview by the author, December 1, 2016.

101 Cheng and McKinnon, "Fatal Mistake That Doomed Samsung's Galaxy Note."

102 Cheng and McKinnon, "Fatal Mistake That Doomed Samsung's Galaxy Note."

103 Samsung executives, interviews by the author, January 2011–February 2018.

104 Kim Jeong-pil and Seo Young-ji, "Samsung Vice Chairman Lee Jae-yong Arrested on Charges of Bribing Pres. Park," *Hankyoreh*, February 17, 2017.

105 Sam Byford, "Samsung Chairman's Heart Attack Raises Questions About Son's Succession," *The Verge*, May 12, 2014, https://www.theverge.com/2014/5/12/5708884/lee-kun-hee-suffers-apparent-heart-attack.

2장 제국의 그늘

1 Lee Byung-chul, *Autobiography of Hoam* (Paju, South Korea: Nanam, 2014), pp. 44–45. "Hoam" (pronounced Ho-Ahm) was B.C. Lee's pen name that he used in essays and articles. This source is in Korean. The author's researcher translated the title and the quoted text into English.

2 Lee, *Autobiography of Hoam*, p. 51.

3 Ibid., p. 65.

4 Ibid., pp. 65–66.

5 Ibid., p. 66.

6   Anthony Michell, *Samsung Electronics and the Struggle for Leadership of the Electronics Industry* (Singapore: John Wiley & Sons [Asia], 2011), pp. 18–19.

7   "Japan's *zaibatsu*: Yes, General," The Economist, December 23, 1999, https://www.economist.com/business/1999/12/23/yes-general.

8   Hidemasa Morikawa, *Zaibatsu: The Rise and Fall of Family Enterprise Groups in Japan* (Tokyo: University of Tokyo Press, 1992).

9   Eleanor M. Hadley, *Antitrust in Japan* (Princeton, NJ: Princeton University Press, 1970), p. 142.

10 Lee, *Autobiography of Hoam*, p. 78.

11 Ibid., p. 88.

12 Ibid., pp. 91–93.

13 Michell, *Samsung Electronics and the Struggle for Leadership*, pp. 47–49.

14 *Autobiography of Hoam*, p. 96.

15 Ibid., p. 97.

16 "JTBC DocuShow Korean War Special: Memories of Seoul's Three Month-Long Occupation by the North Korean Army," *JoongAng Ilbo*, June 20, 2014, http://news.joins.com/article/15020744.

17 Lee, *Autobiography of Hoam*, pp. 95–97.

18 Ibid., p. 103.

19 Ibid., pp. 167–68.

20 Mark Clifford, *Troubled Tiger: Businessmen, Bureaucrats, and Generals in South Korea* (New York: Routledge, 1998), p. 321.

21 Andrei Lankov, "Lee Byung-chull: Founder of Samsung Group," *The Korea Times*, October 12, 2011, http://www.koreatimes.co.kr/www/news/issues/2014/01/363_96557.html.

22 Henry Cho, grandson of B.C. Lee, text message to the author, October 23, 2017.

23 Lee, *Autobiography of Hoam*, p. 67.

24 Sergey Konovalov, "Corporate Values in Korea: A Descriptive Study of 'Samsung Man' Phenomenon" (MBA thesis, Korea Development Institute, 2006).

25 Kim Chun-hyo, *Samsung, Media Empire and Family: A Power Web* (New York: Routledge, 2016), p. 38.

26 Former Samsung human resources executive, interview by the author, December 23, 2015.

27 Scott Seungkyu Yoon, former Samsung employee, interview by the author, December 2, 2015.

28 Steve Vogel, "Death Miscount Etched into History," *The Washington Post*, June 25, 2000, https://www.washingtonpost.com/archive/local/2000/06/25/death-miscount-etched-into-history/ab9d6830-b10d-429c-a3b0-cbdbaa3a23d1/?utm_term=. eca70b035d82.

29 "The Next Big Bet," *The Economist*, October 1, 2011, https://www.economist.com/briefing/2011/10/01/the-next-big-bet.

30 Ian Fleming, *Goldfinger* (London: Jonathan Cape, 1959), p. 81.

31 Sea-jin Chang, *Financial Crisis and the Transformation of Korean Business Groups: The Rise and Fall of Chaebols* (Cambridge: Cambridge University Press, 2003), p. 47.

32 "Collusion Between Rising Chaebol and the Political Force," *Kyunghyang Shinmun*, August 10, 1958, https://newslibrary.naver.com/viewer/index.nhn?articleId=1958081000329202001&editNo= 2&printCount=1&publishDate=1958-08-10&officeId=00032&pageNo= 2&printNo=4061&publishType=00020. This source is in Korean. The author's researcher translated the title and the quoted text into English.

33 Lee, *Autobiography of Hoam*, pp. 113–20.

34 Lankov, "Lee Byung-chull."

35 "South Korea's $500 Million Man," *Time*, July 19, 1976, http://content.time.com/time/magazine/article/0,9171,914344,00.html.

36 Lee, *Autobiography of Hoam*, p. 94.

37 Paik Sul-hee and Na Byeong-hyun, "Who Is Lee In-hee, Advisor of Hansol?" *Business Post*, August 29, 2016. http://www.businesspost.co.kr/BP?command=naver&num=33051. This source is in Korean. The author's researcher translated the headline and text into English.

38 Tom Casey, interview by the author, August 6, 2015.

39 Henry Cho, interviews by the author, January 11, 2016, and March 25, 2016.

40 Henry Cho, email message to the author, May 25, 2019.

41 Henry Cho, interview by the author, March 25, 2016.

42 Han Eun-koo. "Chairman Lee Byung-chul's Strong Rival Mentality," March 2008, *Korea Economic Daily Magazine*, http://magazine.hankyung.com/money/apps/news?popup=0&nid=02&c1=2007&nkey=2008022800034000532&mod

e=sub_view.

43 Yi Hwang-hoe, "Songcheon Chung Ha-geon: Lee Byung-chull Was the Kind of Person Who Didn't Put Off His Calligraphy Even on the Morning of His Birthday," *Maeil Business Newspaper*. October 31, 2014, https://www.mk.co.kr/news/culture/view/2014/10/1376161/. This source is in Korean. The author's researcher translated the title and the quoted text into English.

44 Henry Cho, interview by the author, March 25, 2016.

45 "South Korea's $500 Million Man."

46 So Jong-seob, "Samsung's Lee Byung-chul Family Opens the Era of Chaebol Intermarriages with LG founder Koo In-hoe," *Sisa Journal*, November 6, 2014, http://www.sisa journal.com/news/articleView.html?idxno=140341&replyAll=&reply_sc_order_by=I. Kurata Michiko's name is recalled by Henry Cho and in other historical Korean news articles on Samsung. This source is in Korean. The author's researcher translated the title and the quoted text into English.

47 Daniel Lee, *Son of the Phoenix: One's* [sic] *Man's Story of Korea* (Seoul: Voice Publishing House, 2008), p. 142.

48 Henry Cho, interview by the author, March 25, 2016.

3장 **왕조의 부상**

1 Jisoo Lee, interview by the author, October 21, 2015.

2 Kim Chun-hyo, *Samsung, Media Empire and Family: A Power Web* (New York: Routledge, 2016), pp. 40–43.

3 Myeong Jin-kyu, *Young Lee Kun-hee* (Bucheon, South Korea: Fandom Books, 2013), p. 257. This source is in Korean. The author's researcher translated the title and the quoted text into English.

4 Kim Eun-hyang, "Who Is Hong Ra-hee? 'Mistress of the Samsung Household, Daughter of Former *JoongAng Ilbo* Chairman Hong Jin-ki,'" *Dong-A Ilbo*, March 6, 2017, http://news.donga.com/3/all/20170306/83185072/2. This source is in Korean. The author's researcher translated the title and the quoted text into English.

5 Kim, *Samsung, Media Empire and Family*, p. 43.

6 "B.C. Lee's World," *Time*, April 1967, http://content.time.com/time/magazine/article/0,9171,843698,00.html.

7   Henry Cho, interview by the author, March 25, 2016.

8   *History of the Korean Military Revolution*, vol. 1 (Seoul: Compilation Committee for Korean Military Revolution History and the Supreme Council for National Reconstruction, 1963), p. 199.

9   Lee, *Autobiography of Hoam*, p. 176.

10 Ibid., p. 181.

11 Ibid., pp. 182–83.

12 Ibid., p. 183.

13 "B.C. Lee's World."

14 Henry Stokes, "He Ran South Korea, Down to Last Detail," *The New York Times*, October 27, 1979, https://www.nytimes.com/1979/10/27/archives/he-ran-south-korea-down-to-last-detail-he-ran-south-korea-down-to.html.

15 Carter J. Eckert, *Park Chung-hee and Modern Korea* (Cambridge, MA: Harvard University Press, 2016), pp. 180–88.

16 Eckert, *Park Chung-hee and Modern Korea*, p. 102.

17 Kim Chung-yum, *From Despair to Hope: Economic Policymaking in Korea 1945–1979* (Seoul: Korea Development Institute, 2011), p. 580, https://www.kdi.re.kr/kdi_eng/publications/publication_view.jsp?pub_no=11820.

18 Park Chung-hee, "Speech at the Cornerstone-Laying Ceremony of Gimhae District Reclamation Work," June 1, 1965, excerpted from *Selected Speeches of President Park Chung-hee: January 1965–December 1965* (Seoul: Office of the President 1966), Presidential Archives, National Archives of Korea, file number B000080900000011, http://dams.pa.go.kr:8888/dams/ezpdf/ezPdfReader.jsp?itemID=/DOCU MENT/2009/11/26/DOC/SRC/010420091126415680 0041568013535.PDF. A non-PDF web text is available in the archive's catalog of speeches at http://pa.go.kr/research/contents/speech/index.jsp. This source is in Korean. The author's researcher translated the title and the quoted text into English.

19 Stokes, "He Ran South Korea."

20 Henry H. Em, "*Minjok* as a Construct," in *Colonial Modernity in Korea*, ed. Gi-wook Shin and Michael Edson Robinson (Cambridge, MA: Harvard University Asia Center, 2000), pp. 339–61.

21 Lee Byung-chun, *Economic Development Based on Dictatorship and the Park Chung-hee Era* (Paju, South Korea: Changbi, 2003), p. 111. This source is in

Korean. The author's researcher translated the title and the quoted text into English.

22   "President Park to Continue 'Export First' Policy Next Year," *Kyunghyang Shinmun*, December 24, 1975, https://newslibrary. naver. com/viewer/index. nhn? article Id= 1975122400329201003. This source is in Korean. The author's researcher translated the title and the quoted text into English.

23   Lee, *Economic Development Based on Dictatorship*, p. 302.

24   Chung Dae-ha, "Companies That Used Claimed Money from Japan Are Turning Away from Victims of Conscript," *Hankyoreh*, May 30, 2012. This source is in Korean. The author's researcher translated the title and the quoted text into English.

25   Chung, "Companies That Used Claimed Money."

26   Clifford, *Troubled Tiger*, p. 15.

27   Eun Mee Kim and Gil-sung Park, "The *Chaebol*," in *The Park Chung-hee Era: The Transformation of South Korea*, ed. Byung-kook Kim and Ezra F. Vogel (Cambridge, MA: Harvard University Press, 2013), pp. 274–76.

28   Lee, *Autobiography of Hoam*, p. 228.

29   "B.C. Lee's World."

30   Ibid.

31   "A Second Birth: Samsung Chaebol (6) The Young Blood Five," *Maeil Business Newspaper*, July 17, 1968, https://newslibrary.naver.com/viewer/index.nhn? article Id=1968071700099201007. This source is in Korean. The author's researcher translated the title and the quoted text into English.

32   Henry Cho, interview by the author, March 25, 2016. More stories about Lee Maeng-hee's "troublemaker" image can be found in Lee Yong-woo, *Lee Maeng-hee, Prince Sado of Samsung* (Seoul: Pyungminsa, 2012). In one instance, Lee Maeng-hee shot a Browning hunting rifle in the air in front of a group of Samsung executives. They ran off.

33   Yoizi Ishigawa, *Lee Byung-chul and the Samsung Empire* (Seoul: Dolsaem, 1988), pp. 64–65. This source is in Korean. The author's researcher translated the title and the quoted text into English.

34   Henry Cho, interview by the author, March 25, 2016. More information on the succession can be found in Korean in "The Difficult Task of Succession," *Maeil Business Newspaper*, July 29, 1969, https://newslibrary. naver. com/viewer/index.

nhn? article Id=1969072900099201009.

35   Kim Jin-cheol, "Anonymous Tip to the Blue House, LG Marital Conflicts ···
40 Years of Rock-Bottom Samsung Drama," *Hankyoreh*, April 24, 2012, http://
www.hani.co.kr/arti/economy/economy_general/529764.html. This source
is in Korean. The author's researcher translated the title and the quoted text
into English. Many of these details became clearer during testimony in three
inheritance lawsuits, filed by Lee Maeng-hee and other siblings against Samsung
chairman Lee Kun-hee in 2012.

36   Lee Maeng-hee, *Stories I Have Kept* (Seoul: Chungsan, 1993), p. 284. This
source is in Korean. The author's researcher translated the title and the quoted
text into English.

37   Lee, *Stories I Have Kept*, p. 284.

38   Yoizi Ishigawa, *Lee Byung-chul and the Samsung Empire*, pp. 50–52.

39   Yoizi Ishigawa, *Lee Byung-chul and the Samsung Empire*, p. 67.

40   Ibid., pp. 101–102.

41   Lee Yong-woo, Lee Maeng-hee, Prince Sado of Samsung (Seoul: Pyungminsa,
2012). This source *is in Korean. The author's researcher* translated the title and the
quoted text into English.

4장 **삼성맨들의 행군**

1   Kang Jin-ku, *The Samsung Electronics Myth and Its Secret* (Seoul: Goryeowon,
1996), pp. 183–84. This source is in Korean. The author's researcher translated
the title and the quoted text into English.

2   Lee Kun-hee, *Lee Kun-hee Essays: Looking at the World Critically* (Seoul:
Dongailbosa, 1997), p. 14. This source is in Korean. The author's researcher
translated the title and the quoted text into English.

3   Kang Jin-ku, *The Samsung Electronics Myth and Its Secret*, p. 183.

4   Michell, *Samsung Electronics and the Struggle for Leadership*, pp. 19–20.

5   Lee, *Lee Kun-hee Essays*, p. 15.

6   U.S. Embassy Seoul "OPIC Finance\Projects"(telegram), July24,1975,
WikileakscanonicalID1975SEOUL5571_b, https://wikileaks.org/plusd/
cables/1975SEOUL05571_b.html.

7   Kang, *The Samsung Electronics Myth and Its Secret*, p. 195.

8   "Closure of TBC," *Dong-A Ilbo*, November 29, 1980, https://newslibrary.naver. com/viewer/index.nhn?articleId=1980112900209202001&editNo=2&printC ount=1&publishDate=1980-11-29&officeId=00020&pageNo=2&printNo=1 8202&publishType=00020. This source is in Korean. The author's researcher translated the title and the quoted text into English.

9   Yoizi Ishigawa, *Lee Byung-chul and the Samsung Empire* (Seoul: Dolsaem, 1988), p. 1. This source is in Korean. The author's researcher translated the title and the quoted text into English.

10   Myeong Jin-kyu, *Young Lee Kun-hee* (Bucheon, South Korea: Fandom Books, 2013), p. 272. This source is in Korean. The author's researcher translated the title and the quoted text into English.

11   Michell, *Samsung Electronics and the Struggle for Leadership*, p. 53.

12   Myeong, *Young Lee Kun-hee*, p. 273.

13   Kwon Se-jin, "Samsung, the Company That Found Its Driving Force in Era-Appropriate Technological Development," *Premium Chosun*, April 1, 2016. The article repeats verbatim the original Tokyo declaration, published by *JoongAng Ilbo* on March 15, 1983. http://premium.chosun.com/site/data/html_ dir/2016/03/29/2016032901912.ehtinmfol.rmMaotrion can be found in Woo Eun-sik, "1983 Tokyo Declaration ⋯ Writing the Semiconductor Legend," *Newsis*, June 30, 2013, http://www.newsis.com/view/?id=NISX20130629_0012194301. These two sources are in Korean. The author's researcher translated the titles and the quoted text into English.

14   Nam-yoon Kim, interview by the author, September 30, 2015.

15   "Samsung Breaking Ground of Semiconductor Factory in 100,000-pyeong Ground at Kiheung," *Kyunghang Sinumun*, September 12, 1983, https:// newslibrary.naver.com/viewer/index.nhn?articleId=1983091200329205015& editNo=2&printCount=1&publishDate= 1983-09-12&officeId=00032&pag eNo=5&printNo=11679&publishType=00020. "Pyeong" is a Korean unit of floorspace, equivalent to 35.5833 square feet. This source is in Korean. The author's researcher translated the title and the quoted text into English.

16   Clifford, *Troubled Tiger*, p. 315.

17   Arirang News, "Interview with Lee Yoon-woo from Samsung Electronics [Korea Today]," posted by YouTube user Arirang Issue on March 19, 2012, https:// www.youtube.com/watch?v=qkN36Ne61UE.

18 Nam-yoon Kim, phone interview with the author's researcher Max Soeun Kim, March 24, 2017. The Micron operation has been written about in many Korean newspapers. More detail is available at Shin Dong-jin, "For 34 Years, Samsung's Giheung Plant Is Moved by the Chipmaker's Credo," *DongA Ilbo*, Jan 11, 2017, http://www.donga.com/news/article/all/20170110/82313144/1#csidx30dec045 219d fd395e94d6895c0b800. This source is in Korean. The author's researcher translated the title and the text into English.

19 Lee, *Lee Kun-hee Essays*, p. 16.

20 Nam-yoon Kim, interview by the author, September 30, 2015.

21 Henry Cho, interview by the author, March 25, 2016.

22 Magazine advertisement in the author's possession.

5장 유생과 히피

1 Ira Magaziner and Mark Patinkin, *The Silent War: Inside the Global Business Battles Shaping America's Future* (New York: Random House, 1989), pp. 22–24.

2 Magaziner and Patinkin, *Silent War*, pp. 30–35.

3 Barnaby J. Feder, "Last U.S. TV Maker Will Sell Control to Koreans," *The New York Times*, July 18, 1995, https://www.nytimes.com/1995/07/18/us/last-us-tv-maker-will-sell-control-to-koreans.html.

4 Jay Elliot, interview by the author, January 9, 2014.

5 Alan C. Kay, "A Personal Computer for Children of All Ages," Xerox Palo Alto Research Center, 1972, http://www.vpri.org/pdf/hc_pers_comp_for_children.pdf.

6 Alan Kay, "American Computer Pioneer Alan Kay's Concept, the Dynabook, Was Published in 1972. How Come Steve Jobs and Apple iPad Get the Credit for Tablet Invention?" Quora, April 21, 2019, https://www.quora.com/American-computer-pioneer-Alan-Kay-s-concept-the-Dynabook-was-published-in-1972-How-come-Steve-Jobs-and-Apple-iPad-get-the-credit-for-tablet-invention/answer/Alan-Kay-11.

7 Jay Elliot, interview by the author, January 9, 2014.

8 Jay Elliot, interview by the author, January 9, 2014.

9 Frank Rose, *West of Eden: The End of Innocence at Apple Computer* (New York: Stuyvesant Street Press, 1989), p. 163.

10   Jay Elliot, interview by the author, January 9, 2014.

11   "Jobs, Samsung Electronics Had 30-Year Love-Hate Relationship," *Dong-A Ilbo*, October 7, 2011, http://www.donga.com/English/List/Article/all/20111007/402284/1/Jobs-Samsung-Electronics-had-30-year-love-hate-relationship.

12   John M. Glionna and Jung-yoon Choi, "iPhone Is Invading South Korea, Home of Samsung's Galaxy S," *Los Angeles Times*, January 22, 2011, https://www.latimes.com/business/la-xpm-2011-jan-22-la-fi-iphone-korea-20110122-story.html.

13   Kurt Eichenwald, "The Great Smartphone War," *Vanity Fair*, June 2014, https://www.vanityfair.com/news/business/2014/06/apple-samsung-smartphone-patent-war.

6장   다섯 번째 기수

1   M. G. Siegler, "The Fifth Horseman: Samsung," *TechCrunch*, January 5, 2013, https://techcrunch.com/2013/01/05/the-fifth-horsemen-of-tech-samsung/.

2   "Samsung Plans to Outspend Iceland's GDP on Advertising and Marketing," *The Guardian*, November 28, 2013, https://www.theguardian.com/technology/2013/nov/28/samsung-plans-to-outspend-icelands-gdp-on-advertising-and-marketing.

3   Kenneth Rapoza, "Samsung Now Accounts for One in Three Smartphone Sales," *Forbes*, January 28, 2014, https://www.forbes.com/sites/kenrapoza/2014/01/28/samsung-now-accounts-for-one-in-three-smartphone-sales/#67bb23c938e7.

4   Young-joon Gil, SAIT senior vice president, interview by the author, November 16, 2010.

5   Gordon Kim, Samsung human resources director, interview by the author, November 15, 2010.

6   Executive vice president at Weber Shandwick, email message to the author, October 26, 2010.

7   Jungah Lee and Jason Clenfield, "Samsung Low-Profile Heir Poised to Succeed Father Seen as a God," *Bloomberg Technology*, August 26, 2014, https://www.bloomberg.com/news/articles/2014-08-26/samsung-low-profile-heir-poised-to-succeed-father-seen-as-god-.

8   Sumi Lim, former Samsung senior business development manager, email message to the author, December 25, 2015.

9   Jang Jae-hyung, "I Worked Part Time for the Lee Kun-hee Reception Team," *OhMyNews*, January 16, 2005, http://www.ohmynews.com/NWS_Web/View/at_pg.aspx?CNTN_ CD=A0000232206. This source is in Korean. The author's researcher translated the title and the quoted text into English.

10 B. R. Myers, *The Cleanest Race: How North Koreans See Themselves—and Why It Matters* (New York: Melville House, 2010).

11 B. R. Myers, "South Korea's Collective Shrug," *The New York Times*, May 27, 2010, https://www.nytimes.com/2010/05/28/opinion/28myers.html.

12 "The Cleanest Race," C-SPAN, February 11, 2010, https://www.c-span.org/video/?292562-1/the-cleanest-race.

13 Numerous internal Samsung videos of the festivals from the 2000s and early 2010s, in the author's possession. The festivals have been written about in "Leaked Video Offers Window into Samsung Culture," *Hankyoreh*, June 21, 2007, http://english.hani.co.kr/arti/english_edition/e_national/217378.html. The Hankyoreh article describes two of these videos.

14 Choe Sang-hun, "Samsung Heirs Stage a Korean Soap Opera," *The New York Times*, April 24, 2012, https://www.nytimes.com/2012/04/25/business/global/samsung-heirs-stage-a-korean-soap-opera.html.

15 Bruce Cumings, email message to the author, April 21, 2016.

16 Samsung internal video in the author's possession.

17 Kim Mi-young, "I Escaped Samsung, and Then I Was Happy," *Hankyoreh*, December 6, 2013, http://www.hani.co.kr/arti/economy/economy_general/614281.html. More information on Samsung's boot camp and hikes are available in an employee's blog post at Kim Il-kown, "My Samsung Chronicle: Physical Training Is the Heart of Newcomer Orientation," *Camera4u* (blog name) at blog website Tistory, December 8, 2013, https://camera4u.tistory.com/465. These sources are in Korean. The author's researcher translated the titles and the text into English. The author is in possession of more documents, a slide presentation, employee blog posts, and a case study on Samsung's training practices.

18 Samsung internal video in the author's possession.

19 Samsung manager, interview by the author, November 24, 2016.

20   Samsung public relations vice president, in conversation with the author, April 20, 2016.

21   No single article or book mentions the full number of arrests, convictions, or pardons. The author keeps a tally of *chaebol* leaders convicted and pardoned since the 1990s.

22   Samsung Electronics, "Proxy Material, 2016 Annual General Meeting of Shareholders." Document is in the author's possession.

23   Sangin Park, "Can South Korea Survive Without Samsung Electronics?" *Korea Exposé*, October 28, 2016, https://www.koreaexpose.com/can-south-korea-survive-without-samsung-electronics/.

24   Samsung employee, interview by the author, March 14, 2015.

25   Nam Ki-young, email message to the author, September 15, 2015.

26   Samsung public relations executive vice president, in conversation with the author, December 31, 2015.

7장 자손

1   Bae Myung-bok, "Has Lee Byung-chul Found the Answer?" *Korea JoongAng Daily*, December 20, 2011, http://koreajoongang daily.joins.com/news/article/article.aspx?aid=2945807.

2   Seoul PLAN Department, *Lee Kun-hee New Management Philosophy: Give Up If It's Not World-Class* (Seoul: Podowon, 1993), p. 40. This source is in Korean. The author's researcher translated the title and the quoted text into English.

3   Kang Jun-man, *Lee Kun-hee Era* (Seoul: Inmul and Sasang, 2005), p. 32. This source is in Korean. The author's researcher translated the title and the quoted text into English.

4   "Samsung Lee Kun-hee Inaugurated as Chairman," *JoongAng Ilbo*, December 1, 1987. This source is in Korean. The author's researcher translated the title and the quoted text into English.

5   Henry Cho, interview by the author, March 25, 2016.

6   "Samsung Camera Surveillance Scandal," *Hankyoreh*, April 1, 1995, https://newslibrary.naver.com/viewer/index.nhn?ar ticleId=1995040100289109003&editNo=5&printCount=1&publishDate= 1995-04-01&officeId=00028&pageNo=9&printNo=2192&publishType= 00010. This source is in Korean. The

author's researcher translated the title and the quoted text into English.

7 Cho Seulgi-na, "[Photos] Samsung Cars Trailing CJ Chairman Lee Jae-hyun," *Asia Business Daily*, February 23, 2012, https://www.asiae.co.kr/article/2012022309051673366. More information on the indictment is available at Song Jin-won, "Samsung Employees Who Tailed CJ Chairman Summarily Indicted," Yonhap News Agency, September 6, 2012, https://www.yna.co.kr/view/AKR20120906167700004.

8 "Conglomerate Aims for the Biggest Growth in the New Year," *Dong-A Ilbo*, December 25, 1987, https://newslibrary.naver.com/viewer/index.nhn?articleId=1987122500209204001&editNo=2&print Count=1&publishDate=1987-12-25&officeId=00020&pageNo=4&print No=20379&publishType=00020. This source is in Korean. The author's researcher translated the title and the quoted text into English.

9 Seoul PLAN Department, *Lee Kun-hee New Management Philosophy*, p. 165.

10 Sung Ki-myeong, "What Is Seungjiwon— Lee Kun-hee's Office?" *No Cut News*, January 14, 2008, https://www.nocut news.co.kr/news/400102. This source is in Korean. The author's researcher translated the title and the quoted text into English.

11 Seoul PLAN Department, *Lee Kun-hee New Management Philosophy*, p. 11.

12 Lee, *Lee Kun-hee Essays*, p. 56. This source is in Korean. The author's researcher translated the title and the quoted text into English.

13 "Early Entry into the Semiconductor Market," *Kyunghyang Shinmun*, February 10, 1988. https://newslibrary.naver.com/viewer/index.nhn?articleId=1988021000329206005&editNo=3&printCo unt=1&publishDate=1988-02-10&officeId=00032&pageNo=6&printNo= 13037&publishType=00020. More information is available at "Victory of the 4 Megabit," *Dong-A Ilbo*, February 10, 1988, https://newslibrary.naver.com/viewer/index.nhn?articleId=1988021000209202002. These sources are in Korean. The author's researcher translated the titles and the quoted text into English.

14 Laxmi Nakarmi and Robert Neff, "Samsung's Radical Shakeup," *Business Week*, February 28, 1994, https://www.bloomberg.com/news/articles/1994-02-27/samsungs-radical-shakeup.

15 Lee, *Lee Kun-hee Essays*, p. 18.

16 Kang, *Lee Kun-hee Era*, p. 120.

17 Kang, *Lee Kun-hee Era*, p. 120. Chairman Lee talks about his love of Ben-Hur in *Lee Kun-hee Essays*. More information about why he chose *Ben-Hur* as a favorite—because the film has many elements and complexities that he notices each time he watches it—is in "Lesson of *mokgye*," *Korea Herald*, June 3, 2003 (no author). The article is in English and is not online. It is in the author's possession.

18 Hwang Young-key, interview by the author, June 5, 2014.

19 Lee, *Lee Kun-hee Essays*, p. 63.

20 Ibid., p. 64.

21 Ibid., p. 129.

22 Henry Cho, KaKaoTalk message to the author, October 30, 2017. More information on Chairman Lee's eccentric style of speech can be found in "Chairman Lee Kun-hee's 'Quotes' ⋯ Not Silver-Tongued Like Jobs but a Fastball Style That Gets to the Point," *Dong-A Ilbo*, November 21, 2012, http://www.donga.com/news/article/all/20121120/50990866/1. This source is in Korean. The author's researcher translated the headline and text into English.

23 Lee, *Lee Kun-hee Essays*, pp. 189–90.

24 Ibid., p. 189.

25 Henry Cho, interview by the author, March 25, 2016. Some of these crashes were reported in Korean newspapers in the 1980s; in the author's possession. Henry Cho said that Chairman Lee "wrecked my mother's car."

26 Nakarmi and Neff, "Samsung's Radical Shakeup."

27 Henry Cho, interview by the author, March 25, 2016.

28 Lee, *Lee Kun-hee Essays*, p. 42.

29 "Lee Kun-hee Samsung Group Chairman 'Aiming for the Top, a Time for Sweeping Change,'" *Dong-A Ilbo*, August 4, 1993, https://newslibrary. naver. com/viewer/index. nhn? article Id= 1993080400209105001. This source is in Korean. The author's researcher translated the title and the quoted text into English. In this article, the chairman denies being addicted to drugs. Other articles, in the author's possession, have the chairman on record denying other rumors.

30 Kang, *Lee Kun-hee Era*.

31 Henry Cho, interview by the author, March 25, 2016. Rumors about Chairman Lee's drug addiction have most recently been reported at Kim

Hyun-il, "A Summary of Chaebol Family Fueds Based on Stockpiled X-Files," *Sisa Journal*. August 12, 2015, http://www.sisajournal.com/news/articleView. html?idxno=142177.

32   Kim Yong-chul, *Thinking of Samsung* (Seoul: Social Commentary, 2010), p. 254. This source is in Korean. The author's researcher translated the title and the quoted text into English.

33   "Allegations of Prostitution by Samsung's Lee Kun-hee ⋯ Is the Company Involved?" *Newstapa*, July 21, 2016. English subtitles available at https://news. kcij.org/42.

34   Yeo Hyun-ho, "Group Who Extorted 900 Million Won with 'Lee Kun-hee Prostitution Allegations Video' Given Prison Sentences," *Hankyoreh*, April 12, 2018, http://www.hani.co.kr/arti/society/society_general/840278.html. This source is in Korean. The author's researcher translated the title and the quoted text into English.

35   Kim Kyung-rae, interview by the author, July 8, 2016.

36   Hwang Young-key, interview by the author, June 5, 2014. More information on Chairman Lee's quiet early years as Samsung's new leader can be found in Kim Sung-hong and Woo In-ho, "Do They Need a Higher Authority Than Chairman?" *The Korea Herald*, June 3, 2003. "In his early days as Samsung Group chairman," the authors write, "Lee left virtually all decision-makings [*sic*] to the presidents of each company, taking a seemingly aloof attitude concerning details of business operation. [*sic*] It appeared that all he was doing as the leader of a large business group was meeting guests at his home or at the corporate guesthouse Seungjiwon in Hannam-dong, Seoul." The article is in English and is not available online. It is in the author's possession.

37   Hwang Young-key, interview by the author, June 5, 2014.

38   Lee, *Lee Kun-hee Essays*, pp. 56–57.

39   Lee Won-bok, *Let's Change Ourselves First: A Comic Book About Samsung's New Management Story* (Seoul: Samsung Economic Research Institute, April 1994). This source is in Korean. The author's researcher translated the title and the quoted text into English.

40   Lee, *Lee Kun-hee Essays*, p. 57.

8장 위대한 회장님!

1 Seoul PLAN Department, *Lee Kun-hee New Management Philosophy*, p. 12.

2 Nakarmi and Neff, "Samsung's Radical Shakeup."

3 Song-Hong Kim and In-Ho Woo, "Change Everything You Got, Except for Your Family," *The Korea Herald*, May 31, 2003. The article is in English and is not available online. It is in the author's possession.

4 Park Tae-hee and Kim Jung-yoon, "Fukuda Report Author Recalls Role in Reform of a Giant," *Korea JoongAng Daily*, December 1, 2012, http://koreajoongangdaily.joins.com/news/article/article.aspx?aid=2963241.

5 Nakarmi and Neff, "Samsung's Radical Shakeup."

6 Kim and Woo, "Change Everything You Got."

7 Hwang Young-key, interview by the author, June 5, 2014.

8 Park Tae-hee and Kim Jung-yoon, "Fukuda Report Author Recalls Role."

9 Hwang Young-key, interview by the author, June 5, 2014.

10 Nakarmi and Neff, "Samsung's Radical Shakeup."

11 Sam Grobart, "How Samsung Became the World's No. 1 Smartphone Maker," *Bloomberg Businessweek*, March 29, 2013, https://www.bloomberg.com/news/articles/2013-03-28/how-samsung-became-the-worlds-no-dot-1-smartphone-maker.

12 Kim and Woo, "Change Everything You Got."

13 *The New Management* (Samsung Electronics, 2013), internal documentary, 7 minutes 16 seconds. Video is in the author's possession.

14 Nakarmi and Neff, "Samsung's Radical Shakeup."

15 Office of the Executive Staff of the Samsung Group, *Samsung's New Management: Change Begins with Me* (Seoul: Cheil Communications and Samsung Printing, May 1994), p. 19. The English edition of this book is in the author's possession.

16 Office of the Executive Staff of the Samsung Group, *Samsung's New Management*, p. 21.

17 Ibid., pp. 64–65.

18 "Samsung: Waiting in the Wings," *The Economist*, October 1, 2014, https://www.economist.com/business/2014/10/01/waiting-in-the-wings.

19 Michell, *Samsung Electronics and the Struggle for Leadership*, p. 15.

20 Hwang Young-key, interview by the author, June 5, 2014.

21 Jung-taek Shim, *Collapse of Samsung* (Seoul: Penguin Random House Korea, 2015), p. 38. This source is in Korean. The author's researcher translated the title and the quoted text into English.

22 Sung-Ho Kim and In-Ho Woo, "Do They Need Higher Authority Than Chairman?" *The Korea Herald*, June 3, 2003. The article is in English and is not available online. It is in the author's possession.

23 Kim and Woo, "Change Everything You Got." The article is in English and is not available online. It is in the author's possession.

24 Henry Cho, interview by the author, March 25, 2016.

25 Grobart, "How Samsung Became the World's No. 1 Smartphone Maker."

9장 삼성교(三星教)

1 Hwang Young-key, interview by the author, June 5, 2014.

2 Office of the Executive Staff of the Samsung Group, *Samsung's New Management*.

3 Peter Skarzynski, interview by the author, December 28, 2016.

4 Lee, *Let's Change Ourselves First*.

5 Steve Glain, "Going for Growth: Plans of Samsung Chairman Strike Many as Too Risky," *The Asian Wall Street Journal*, March 3, 1995, http://online.wsj. com/public/resources/documents/Lee.Kun.Hee.biz.pdf.

6 Nam-yoon Kim, interview by the author, September 30, 2015.

7 Frank Rose, "Seoul Machine," *Wired*, January 4, 2005, https://www.wired. com/2005/05/samsung/.

8 *The New Management* (Samsung Electronics, 2013), internal documentary, 7 minutes 16 seconds. Video is in the author's possession.

9 Gordon Kim, interview by the author, November 15, 2010.

10 Grobart, "How Samsung Became the World's No.1 Smartphone Maker."

11 S.J. Kim, interview by the author, June 30, 2015.

12 S.J. Kim, interview by the author, June 30, 2015.

13 Jisoo Lee, interview by the author, October 21, 2015.

14 Seo Bo-mi, "Samsung's 'Innovative' Inheritance Technique," *Hankyoreh*, January 5, 2013, http://www.hani.co.kr/arti/eng lish_edition/e_business/568398.html.

15 Cho Seung-hyeon, interview by the author, March 10, 2015.

16 Choe Sang-hun, "Court Upholds Conviction of 2 at Samsung," *The New*

York Times, May 29, 2007, https://www.nytimes.com/2007/05/29/business/
worldbusiness/29iht-samsung.1.5910969.html.

17 S.J. Kim, interview by the author, June 30, 2015.

18 Seo, "Samsung's 'Innovative' Inheritance Technique."

19 Office of the Executive Staff of the Samsung Group, *Samsung's New
Management*, p. 28.

10장 서쪽으로 가라, 젊은 후계자여

1 Andrew Pollack, "Unlikely Credits for a Korean Movie Mogul," *The New York
Times*, July 5, 1996, https://www.nytimes.com/1996/07/05/business/international-
business-unlikely-credits-for-a-korean-movie-mogul.html.

2 Yoolim Lee, "Miky Lee Tries to Rise to Challenge at South Korea's CJ Group,"
Bloomberg Markets (syndicated in The Washington Post), February 21,
2014, https://www.washingtonpost.com/business/miky-lee-tries-to-rise-to-
challenge-at-south-koreas-cj-group/2014/02/21/c91dcba6-98ba-11e3-80ac-
63a8ba7f7942_story.html?utm_term=.61f34284096a.

3 Peter Arnell, interview by the author (via Skype), July 4, 2017. More information
on Taki's career is in Tomio Taki and Adam Taki, *Zennovation: An East-West
Approach to Business Success*, ed. Mortimer Feinberg (Hoboken, NJ: John Wiley
& Sons, 2012).

4 Peter Skarzynski, interview by the author, December 28, 2016.

5 Peter Skarzynski, interview by the author, December 28, 2016.

6 Peter Arnell, interview by the author (via Skype), July 4, 2017.

7 Emily Gould, "New York's Worst Bosses: Peter Arnell," *Gawker*, March 15,
2007, https://gawker.com/244608/new-yorks-worst-bosses-peter-arnell.

8 Daniel Lyons, "The Crazy Genius of Brand Guru Peter Arnell," *Newsweek*,
March 27, 2009, https://www.newsweek.com/crazy-genius-brand-guru-peter-
arnell-76137.

9 Gould, "New York's Worst Bosses: Peter Arnell."

10 Peter Skarzynski, interview by the author, December 28, 2016.

11 *BREATHTAKING Design Strategy* (New York: Arnell Group, 2008). Report is in
the author's possession.

12 M. H. Moore, "Arnell Fashions Look for Samsung," *Adweek*, September 18,

1995, http://jhchoistudio.com/arnell_group/press_details.html?id=5.

13 Peter Arnell, interview by the author, July 4, 2017.

14 Moore, "Arnell Fashions Look for Samsung."

15 Thomas Rhee, interview by the author, May 8, 2017.

16 Thomas Rhee, interview by the author, May 8, 2017.

17 Gordon Bruce (Samsung design consultant, 1994–1998), "Samsung" (PowerPoint presentation), undated. Presentation is in the author's possession.

18 Richard Linnett, "Samsung's $400 Million Ad Challenge," *Advertising Age*, August 28, 2000, adage.com/article/news/samsung-s-400-million-ad-challenge/57158/.

19 Paul Richter, "Sony to Pay $3.4 Billion for Columbia Pictures: Japanese Firm Willing to Offer High Price to Get Film, TV Software for Video Equipment It Makes," *Los Angeles Times*, September 28, 1989, https://www.latimes.com/archives/la-xpm-1989-09-28-mn-361-story.html. A detailed and excellent account of Sony's acquisition of Columbia Pictures is in John Nathan, *Sony: A Private Life* (Boston: Houghton Mifflin, 1999).

20 Evelyn Iritani, "New Name in Lights in S. Korea," *Los Angeles Times*, August 19, 1996, https://www.latimes.com/archives/la-xpm-1996-08-19-mn-35586-story.html.

21 Iritani, "New Name in Lights."

22 Richard Corliss, "Hey, Let's Put on a Show!" Time, March 27, 1995, http://content.time.com/time/subscriber/article/0,33009,982723,00.html.

23 Pollack, "Unlikely Credits for a Korean Movie Mogul."

24 Iritani, "New Name in Lights in S. Korea."

25 Pollack, "Unlikely Credits for a Korean Movie Mogul."

26 "Samsung to Buy a Stake in New Regency Productions," *The New York Times*, February 29, 1996, https://www.nytimes.com/1996/02/29/business/company-news-samsung-to-buy-a-stake-in-new-regency-productions.html.

27 Samsung, "Meeting the Challenge: Samsung Annual Report 1995," p. 82.

28 James Granelli, "Stock of AST Research Falls 27% After Firm Says It Will Post Loss," *Los Angeles Times*, September 2, 1994, https://www.latimes.com/archives/la-xpm-1994-09-02-fi-34040-story.html.

29 David Olmos, "Albert Wong, a Founder of AST, to Resign," *Los Angeles Times*, November 9, 1988, https://www.latimes.com/archives/la-xpm-1988-11-09-fi-

64-story.html.

30 Dan Sheppard, former AST vice president for global product marketing, interview by author, October 23, 2015.

31 Ross Kerber, "$450-Million Deal to Give Samsung 40% of O.C.'s AST," *Los Angeles Times*, February 28, 1995, https://www.latimes.com/archives/la-xpm-1995-02-28-mn-37076-story.html.

32 Dan Sheppard, interview by the author, October 23, 2015. More about Samsung's hands-off strategy can be found at "AST Appoints New President," *CNET*, August 27, 1996, https://www.cnet.com/news/ast-appoints-new-president/.

33 "Samsung Sells AST Brand of Computers," *The New York Times*, January 12, 1999, https://www.nytimes.com/1999/01/12/business/international-business-samsung-sells-ast-brand-of-computers.html.

34 James S. Granelli and P. J. Huffstutter, "Bad News in the E-Mail for AST Workers," *Los Angeles Times*, December 4, 1997, https://www.latimes.com/archives/la-xpm-1997-dec-04-fi-60659-story.html.

35 Greg Miller, "Samsung Bids $469 Million for Remaining Stake in AST," *Los Angeles Times*, January 31, 1997, https://www.latimes.com/archives/la-xpm-1997-01-31-fi-23904-story.html.

36 Dan Sheppard, interview by the author, October 23, 2015.

37 Ibid.

38 John O'Dell, "Samsung Names New Chief Exec at AST," *Los Angeles Times*, April 29, 1997, https://www.latimes.com/archives/la-xpm-1997-04-29-fi-53679-story.html.

39 Dan Sheppard, interview by the author, October 23, 2015.

40 Granelli and Huffstutter, "Bad News in the E-Mail for AST Workers."

41 Dan Sheppard, interview by the author, October 23, 2015.

42 "Samsung's Bid for AST," *CNET*, January 30, 1997, https://www.cnet.com/news/samsungs-bid-for-ast/.

43 "Packard Bell's Alagem Buys AST Research," *Los Angeles Times*, January 11, 1999, https://www.latimes.com/archives/la-xpm-1999-jan-11-fi-62428-story.html.

44 Steve Glain, "Going for Growth."

1   Gordon Bruce, interview by the author, December 31, 2015.

2   Gordon Bruce, *Eliot Noyes: A Pioneer of Design and Architecture in the Age of American Modernism* (London: Phaidon Press, 2007). More information on Bruce is available at his personal website, http://www.gbrucedesign.com/.

3   Gordon Bruce, interview by the author, December 31, 2015.

4   "Meeting the Challenge: Samsung Annual Report 1995," Samsung, p. 79.

5   Gordon Bruce, interview by the author, December 31, 2015.

6   David Brown, interview by the author, September 12, 2016.

7   Gordon Bruce, interview by the author, December 31, 2015.

8   David Brown, interview by the author, September 12, 2016.

9   Gordon Bruce, interview by the author, December 31, 2015.

10   Ibid.

11   Tom Hardy, interview by the author, May 23, 2017.

12   Gordon Bruce, "Samsung" (PowerPoint presentation, undated). Presentation is in the author's possession.

13   Gordon Bruce, interview by the author, December 31, 2015.

14   John M. Glionna, "A Foreigner's Battle to Preserve South Korea's *Hanok* Houses," *Los Angeles Times*, October 17, 2010, https://www.latimes.com/archives/la-xpm-2010-oct-17-la-fg-south-korea-heritage-20101017-story.html.

15   Patricia Marx, "About Face," *The New Yorker*, March 16, 2015, https://www.newyorker.com/magazine/2015/03/23/about-face.

16   Gordon Bruce, interview by the author, December 31, 2015.

17   Peter Arnell, interview by the author, July 4, 2017.

18   Gordon Bruce, interview by the author, December 31, 2015.

19   Gordon Bruce, interview by the author, December 31, 2015. This account is also available in Gerardo R. Ungson and Yim-Yu Wong, *Global Strategic Management* (Abingdon, UK: Routledge, 2014), p. 354.

20   Gordon Bruce, interview by the author, December 31, 2015.

21   "James Noboru Miho" (video interview), Experiencing War: Stories from the Veterans History Project, American Folklife Center, Library of Congress, October 26, 2011, https://memory.loc.gov/diglib/vhp-stories/loc.natlib.afc2001001.66630/.

22   Gordon Bruce, email message to the author, March 2, 2017.

23   Gordon Bruce, email message to the author, February 15, 2017.

24   Gordon Bruce, interview by the author, December 31, 2015.

25   Gordon Bruce, interview by the author, December 31, 2015.

26   Ted Shin, interview by the author, February 3, 2017.

27   Gordon Bruce, email message to the author, February 15, 2017.

28   Mike Winder, "'Mother Nature Is the Best Designer': Highlights from Gordon Bruce's Spring 2014 Graduation Speech," *ArtCenter News*, April 24, 2014, http://blogs.artcenter.edu/dottedline/2014/04/24/gordon-bruce-graduation-speech-highlights/. The account in this book is based on another interview with Bruce on December 31, 2015.

29   Gordon Bruce, interview by the author, December 31, 2015.

30   Gordon Bruce, "Go East, Young Man: Design Education at Samsung," *Design Management Journal 9*, no. 2 (Spring 1998): 57, https://onlinelibrary.wiley.com/doi/abs/10.1111/j.1948-7169.1998.tb00206.x.

31   Gordon Bruce, interview by the author, December 31, 2015.

32   Gordon Bruce and James Miho, internal Samsung notes and itineraries, 1996. Notes are in the author's possession.

33   Ibid.

34   Ted Shin, interviewed by author, February 3, 2017.

35   Samsung designer, interview by the author, December 31, 2015.

36   Ted Shin, interview by the author, February 3, 2017.

37   Ted Shin, email message to the author, October 11, 2017.

12장 디자인 혁명

1   Samsung Design, "1996: Declaring the 'Year of the Design Revolution,'" (undated) http://web.archive.org/web/20170107151248/http://www.design.samsung.com/global/index.html. This source is a timeline and history of design at Samsung that was formerly posted on Samsung Design's website, at http://design.samsung.com/.

2   Michell, *Samsung Electronics and the Struggle for Leadership*, p. 35.

3   Hyunhu Jang, "Samsung's 'Design Revolution' Started in 1996 with Sony, Not Apple," *The Verge*, August 31, 2012, https://www.theverge.com/2012/8/31/3273695/samsungs-design-revolution-started-in-1996-with-sony-not-apple.

4   Hyunhu Jang, "Samsung's 'Design Revolution' Started in 1996 with Sony, Not Apple."

5   Bill Breen, "The Seoul of Design," *Fast Company*, December 1, 2005, https://www.fastcompany.com/54877/seoul-design.

6   Tom Hardy, interview by the author, May 23, 2017.

7   Breen, "Seoul of Design."

8   "Samsung Design Innovation Center," Global Design Studio Series #1, undated, http://design.samsung.com/global/m/contents/sdic/.

9   Breen, "Seoul of Design."

10   Former Samsung designer, interview by the author, January 5, 2017.

11   Young jin Yoo and Kyungmook Kim, "How Samsung Became a Design Powerhouse," *Harvard Business Review*, September 2015, https://hbr.org/2015/09/how-samsung-became-a-design-powerhouse.

12   Ted Shin, interview by the author, February 3, 2017. Ted Shin's blueprints and photographs of the I-Phone are in the author's possession.

13   Gordon Bruce, email message to the author, February 16, 2017.

14   Pollack, "Unlikely Credits for a Korean Movie Mogul."

15   Kim Hee-jung, "Lee Jae-hyun's Samsung Complex," *Business Post*, May 12, 2014, http://www.business post.co.kr/BP?command=naver&num=1856. This source is in Korean. The author's researcher translated the title and the quoted text into English.

16   Gordon Bruce, email message to the author, February 4, 2017.

17   Inkyu Kang, "The Political Economy of Idols," in *K-pop: The International Rise of the Korean Music Industry*, ed. Jung-bong Choi and Roald Maliangkay (Abingdon, UK: Routledge, 2014).

18   Gordon Bruce, email message to the author, February 15, 2017.

19   Rich Park, interview by the author, November 15, 2010.

20   Sonni Efron, "4 S. Korean Tycoons Get Prison in Bribery Case," *Los Angeles Times*, August 27, 1996, https://www.latimes.com/archives/la-xpm-1996-08-27-mn-38054-story.html.

21   "Prosecutors' Announcement on Outcomes of the Investigation into Roh Tae-woo's Illicit Wealth Accumulation," *Hankyoreh*, December 6, 1995, https://newslibrary.naver.com/viewer/index.nhn?articleId=1995120600289121001. This source is in Korean. The author's researcher translated the title and the

quoted text into English.

22   Henry Cho, interview by the author, March 25, 2016.

23   "Result of Prosecutors' Investigation of Roh Tae-woo's Accumulation of Wealth by Illicit Means," *JoongAng Ilbo*, December 6, 1995. The People's Solidarity for Participatory Democracy, a Korean activist group, has compiled a list of presidential bribery allegations involving Samsung: http://www.peoplepower21. org/? module=file&act=procFileDownload&file_srl=515049&sid=78a97d8ea7 9ea5dc78ded9006ebf75be&module_srl=114226. This source is in Korean. The author's researcher translated the title and the quoted text into English.

24   Um Ki-young, Paik Ji-yeon, "Third Trial of Roh Tae-woo's Corruption Case, Defendants Pledged for Favorable Handling," *MBC News*, http://imnews.imbc. com/20dbnews/history/1996/2009574_19466.html. January 29, 1996. This source is in Korean. The author's researcher translated the title and the quoted text into English.

25   Um Sang-ik, "Samsung Lee Kun-hee's Courtroom in 1996, Jay Y. Lee's in 2017," *Chosun Pub*, August 28, 2017, http://pub.chosun.com/client/news/viw. asp?cate=C03&mcate=M1003 &nNewsNumb=20170825920&nidx=25921. This source is in Korean. The author's researcher translated the title and the quoted text into English.

26   Efron, "4 S. Korean Tycoons Get Prison."

27   "Summary of Roh Tae-woo's Slush Fund Trial," *JoongAng Ilbo*, August 27, 1996, https://news.joins.com/article/3317418. This source is in Korean. The author's researcher translated the title and the quoted text into English.

28   Efron, "4 S. Korean Tycoons Get Prison."

29   Kim Moon-kwon, "Pardoning of Businessmen Means Boosting Morales for Economic Revival," *Korea Economic Daily*, September 30, 1997, https://www. hankyung.com/news/article/199709300 1781. This source is in Korean. The author's researcher translated the title and the quoted text into English.

30   Henry Cho, interview by the author, March 25, 2016.

31   Nam S. Lee, interview by the author, November 13, 2015.

32   Seth Mydans, "The Thai Gamble: Devaluing Currency to Revive Economy," *The New York Times*, July 3, 1997, https://www.nytimes.com/1997/07/03/ business/the-thai-gamble-devaluing-currency-to-revive-economy.html.

33   PBS, "Timeline of the Panic," Frontline, undated, https://www.pbs.org/wgbh/

pages/frontline/shows/crash/etc/cron.html.

34   Lee, *Lee Kun-hee Essays*, p. 91.

35   Michell, *Samsung Electronics and the Struggle for Leadership*, pp. 29–30.

36   Woonghee Lee and Nam S. Lee, "Understanding Samsung's Diversification Strategy: The Case of Samsung Motors Inc.," *Long Range Planning* 40, nos. 4–5 (August–October 2007): 490.

37   Samsung, "Meeting the Challenge: Samsung Annual Report 1995," p. 79.

38   Stephanie Strom, "Skepticism over Korean Reform; After Daewoo Intervention, Is There the Will for Austerity?" *The New York Times*, July 30, 1999, https://www.nytimes.com/1999/07/30/business/international-business-skepticism-over-korean-reform-after-daewoo-intervention.html.

39   James B. Treece, "Renault to Pump $300 Million into Ailing Samsung," *Automotive News*, June 19, 2000, https://www.autonews.com/article/20000619/ANA/6190749/renault-to-pump-300-million-into-ailing-samsung.

40   Treece, "Renault to Pump $300 Million."

41   Louis Kraar, "The Man Who Shook Up Samsung," *Fortune*, January 2000, http://archive.fortune.com/magazines/fortune/fortune_archive/2000/01/24/272330/index.htm.

42   Andrew Pollack, "Crisis in South Korea: The Bailout; Package of Loans Worth $55 Billion Is Set for Korea," *The New York Times*, December 4, 1997, https://www.nytimes.com/1997/12/04/business/crisis-south-korea-bailout-package-loans-worth-55-billion-set-for-korea.html.

43   "Koreans Give Up Their Gold to Help Their Country," *BBC News*, January 14, 1998, http://news.bbc.co.uk/2/hi/world/analysis/47496.stm.

44   Kraar, "Man Who Shook Up Samsung."

45   "Samsung Cuts Jobs and Pay as Koreans Brace for Pain," *The New York Times*, November 27, 1997, https://www.nytimes.com/1997/11/27/business/international-business-samsung-cuts-jobs-and-pay-as-koreans-brace-for-pain.html.

46   Ihlwan Moon and Brian Bemmer, "Samsung: A Korean Giant Confronts the Crisis," *BusinessWeek*, March 23, 1998, p. 18.

47   "The Notion of Lifetime Employment Has Crumbled," *Maeil Business Newspaper*, March 24, 1998, https://newslibrary. naver. com/viewer/index. nhn? article Id= 1998032400099147001. This source is in Korean. The author's researcher translated the title and the quoted text into English.

48 Hwang Young-key, interview by the author, June 5, 2014.

13장 촌뜨기 상사

1 Peter Skarzynski, interview by the author, December 28, 2016.

2 Dan Shieder and Jennifer Rampey, "Samsung Looks at Richardson," *Dallas Business Journal*, October 7, 1996, https://www.bizjournals.com/dallas/stories/1996/10/07/story1.html.

3 In-soo Han, "Success of CDMA Telecommunications Technology in Korea: The Role of the Mobile Triangle," in *Innovation and Technology in Korea: Challenges of a Newly Advanced Economy*, ed. Jörg Malich and Werner Pascha (Heidelberg, Germany: Physica Verlag, January 2007), p. 287.

4 Mike Mills, "Group Takes Control of Sprint Spectrum," *The Washington Post*, January 7, 1998, https://www.washington post.com/archive/business/1998/01/07/group-takes-control-of-sprint-spectrum/9ec5bdfc-7b4e-4159-88d6-fd45cb757a20/.

5 Peter Skarzynski, interview by the author, December 28, 2016.

6 "Samsung Electronics to Export PCS Units to the U.S. in $600 Million Deal," *Dong-A Ilbo*, September 21, 1996, https://newslibrary. naver. com/viewer/index. nhn? article Id= 1996092100209108002. This source is in Korean. The author's researcher translated the title and the quoted text into English.

7 Reily Gregson, "Samsung, Sprint Debut CDMA Dual-Band Internet Phone," *RCRWireless News*, September 27, 1999, https://www.rcrwireless.com/19990927/archived-articles/samsung-sprint-debut-cdma-dual-band-internet-phone.

8 Peter Skarzynski, interview by the author, December 28, 2016. A sales figure of "more than six million units" is confirmed at Samsung's history museum in its Suwon headquarters, where the author saw the phone and its description on display.

9 Peter Skarzynski, interview by the author, December 28, 2016.

10 "Korea Cracks Down on Bribes in Brothels," *The Economist*, October 15, 2016, https://www.economist.com/asia/2016/10/15/korea-cracks-down-on-bribes-in-brothels.

11 Peter Skarzynski, interview by the author, December 28, 2016.

12 Wojtek Dabrowski, "RIM and Samsung Settle Suit over BlackJack Device," Reuters,

February 8, 2007, https://www.reuters.com/article/idUSN0840240420070208.

13 Matt Buchanan, "Samsung Jack Completes BlackJack Windows Mobile Trilogy for $99," *Gizmodo*, May 14, 2009, https://gizmodo.com/samsung-jack-completes-blackjack-windows-mobile-trilogy-5253918.

14장 소니 전쟁

1 Ihlwan Moon, "The Samsung Way," *BusinessWeek*, October 15, 2003, https://www.bloomberg.com/news/articles/2003-06-15/the-samsung-way.

2 Donald MacIntyre, "Eric Kim," *Time*, Nemovber 24, 2002, http://content.time.com/time/magazine/article/0,9171,393732,00.html.

3 Eric Kim, interview by the author, April 26, 2015.

4 Five former Samsung executives, interviews by the author, March 2014–January 2017.

5 Intel Corporation, "Intel Executive Biography: Eric B. Kim," https://web.archive.org/web/20061202050519/http://www.intel.com/pressroom/kits/bios/kim.htm.

6 Eric Kim, interview by the author, April 26, 2015.

7 Seung-Joo Lee and Boon-Young Lee, "Case Study of Samsung's Mobile Phone Business" (KDI School of Public Policy & Management Paper No. 04-11, May 2004), https://ssrn.com/abstract=556923.

8 Thomas Rhee, interview by the author, May 8, 2017.

9 Eric Kim, interview by the author, April 26, 2015.

10 Peter Skarzynski, interview by the author, December 28, 2016.

11 John A. Quelch and Anna Harrington, "Samsung Electronics Company: Global Marketing Operations" (Harvard Business School Case 504-051, March 2004, revised January 2008), https://www.hbs.edu/faculty/Pages/item.aspx?num=30954.

12 Eric Kim, interview by the author, April 26, 2015.

13 Thomas Rhee, interview by the author, May 8, 2017.

14 Samsung design consultant, phone interview by the author, May 23, 2017.

15 Samsung Electronics, Samsung television commercial, Arnell Group, late 1990s. Commercial is in possession of the author.

16 Samsung Electronics, "Samsung Electronics Launches Digital Multimedia Platform Worldwide" (news release), November 10, 1999, https://www.samsung.

com/us/news/news PreviewRead.do?news_seq=388.

17 Thomas Rhee, interview by the author, May 8, 2017.

18 Heidi Brown, "Look Out, Sony," *Forbes*, June 11, 2001, https://www.forbes.com/forbes/2001/0611/096.html#55951f564aa4.

19 Heidi Brown, Stephane Fitch, and Brett Nelson, "Follow-Through," *Forbes*, October 4, 2004, https://www.forbes.com/forbes/2004/1004/054.html#79df6d5511ec.

20 Eric Kim, email message to the author, April 30, 2019.

21 Chi Young-cho (executive vice president for corporate strategy and corporate development), interview by the author, November 16, 2010.

22 Quelch and Harrington, "Samsung Electronics Company."

23 Jay Solomon, "Samsung Vies for Starring Role in Upscale Electronics Market," *The Wall Street Journal*, June13,2002,https://www.wsj.com/articles/SB1023932566661953320.

24 *Sherwood 48 Associates v. Sony Corp. of America*, 213 F. Supp. 2d 376 (S.D.N.Y. 2002).

25 *Spider-Man*, directed by Sam Raimi (Culver City, CA: Columbia Pictures, 2002).

26 Eric Kim, email message to the author, April 28, 2017.

27 Solomon, "Samsung Vies for Starring Role."

28 Former Samsung lawyer, interview by the author, June 2, 2017.

29 Allison Fass, "Lawyers for Spider-Man Win a Fight over Times Square," *The New York Times*, August 13, 2002, https://www.nytimes.com/2002/08/13/business/media-business-advertising-lawyers-for-spider-man-win-fight-over-times-square.html.

30 Solomon, "Samsung Vies for Starring Role."

31 *The Matrix*, directed by Lana Wachowski and Lilly Wachowski (Burbank, CA: Warner Bros., 1999).

32 Peter Weedfald, interview by the author, February 24, 2016.

33 Ibid.

34 Peter Weedfald, *Green Reign Leadership: Business Lessons to Ensure Leadership Dominance* (Paramus, NJ: Gen One Ventures, 2012), p. 62.

35 Peter Weedfald, email to the author, November 19, 2015.

36 Peter Skarzynski, interview by the author, December 28, 2016.

37 Claire Atkinson, "Inside Samsung's $100 Million 'Matrix' Deal," *Ad Age*, May

12, 2003, https://adage.com/article/news/inside-samsung-s-100-million-matrix-deal/37489.

38 Peter Skarzynski, interview by the author, December 28, 2016.

39 Peter Skarzynski, interview by author, October 10, 2017.

40 *The Matrix Reloaded*, directed by Lana Wachowski and Lilly Wachowski (Burbank, CA: Warner Bros, 2003). Samsung's Matrix phone appears at 2:11 (used by Trinity), 1:22:32 (Neo), 1:22:56 (Trinity), 1:23:48 (Morpheus), 1:24:43 (Naomi), 1:30:06 (Trinity), 1:48:48 (Link), and 1:49:34 (Link).

41 Eric Kim, interview by the author, April 26, 2015.

42 Interbrand, "Best Global Brands 2003 Rankings," https://www.interbrand.com/best-brands/best-global-brands/2003/ranking/. The global brand rankings were published in *BusinessWeek* until 2009.

43 Sea-Jin Chang, *Sony vs. Samsung: The Inside Story of the Electronics Giants' Battle for Global Supremacy* (Hoboken, NJ: Wiley, 2008), pp. 25–65.

44 Moon, "The Samsung Way."

45 "The Best and Worst Managers of 2003—the Worst Managers: Nobuyuki Idei," *BusinessWeek*, January, 12, 2004, http://web.archive.org/web/20040202013445/http://www.businessweek.com/magazine/content/04_02/b3865725.htm.

46 Moon Ihlwan, "Samsung and Sony's Win-Win LCD Venture," *Bloomberg*, November 29, 2006, https://www.bloomberg.com/news/articles/2006-11-28/samsung-and-sonys-win-win-lcd-venturebusinessweek-business-news-stock-market-and-financial-advice.

47 "Best and Worst Managers of 2003: Nobuyuki Idei."

48 "The Top 25 Managers of the Year," *BusinessWeek*, January 11, 1999. The ranking is no longer available online. The physical magazine is in the author's possession.

15장 **보르도**

1 Reuters, "Downfall of Ex–Samsung Strategy Chief Choi Gee Sung Leaves 'Salarymen' Disillusioned," *The Straits Times*, August 25, 2017, https://www.straitstimes.com/asia/east-asia/downfall-of-ex-samsung-strategy-chief-choi-gee-sung-leaves-salarymen-disillusioned.

2 Eun Y. Kim and Edward C. Valdez, *Samsung 3.0: Talent, Technology and Timing:*

88 Things You Need to Know About Samsung (Austin, TX: CEO International, 2013), p. 132.

3   James Sanduski, interview by the author, January 3, 2017.

4   "Lee Jae-yong and Choi Gee-sung: New Leadership Team at Samsung," *Hankyoreh*, December 16, 2009, http://english.hani.co.kr/arti/english_edition/e_business/393675.html.

5   Peter Skarzynski, interview by the author, December 28, 2016.

6   Max Kim, "The Woes of Jay Y: Can the Galaxy S6 Save Samsung's Crown Prince?" *The Guardian*, April 20, 2015, https://www.theguardian.com/technology/2015/apr/20/samsung-galaxy-s6-woes-of-samsung-crown-prince-lee-jae-yong.

7   Daren Tsui, interview by the author, January 10, 2017.

8   Adam Lashinsky, "Can Samsung's New Leader Dethrone Apple?" *Forbes*, July 27, 2015, http://fortune.com/2015/07/27/samsung-jay-lee/.

9   Peter Weedfald, interview by the author, February 24, 2016.

10 T.J. Kang, interview by the author, January 29, 2016.

11 Samsung mobile employee, interview by the author, February 16, 2016.

12 Miyoung Kim, "Jay Lee, Samsung's Unassuming Heir Apparent," Reuters, December 5, 2012, https://www.reuters.com/article/us-samsung-lee-newsmaker/jay-lee-samsungs-unassuming-heir-apparent-idUSBRE8B40A220121205.

13 Yoon Hee-seok, "The Warning Vice Chairman Lee Jae-yong Delivered About Manufacturing 20 Years Ago," *Electronic Time*, September 22, 2015, http://www.etnews.com/20150918000274. This source is in Korean. The author's researcher translated the title and the quoted text into English.

14 Park Hyeon-cheol and Kim Young-hee, "Lee Jae-yong: Lim Sae-ryung Mutual Divorce," *Hankyoreh*, February 18, 2009, http://www.hani.co.kr/arti/society/society_general/339527.html. This source is in Korean. The author's researcher translated the title and the quoted text into English.

15 "Jay Y. Lee," *Forbes*, undated, https://www.forbes.com/profile/jay-y-lee/#2741dc6e24a2.

16 Nam S. Lee, interview by the author, November 13, 2015.

17 Kim Yong-chul, *Thinking of Samsung* (Seoul, South Korea: Social Commentary, 2010), pp. 201–4.

18 Huh In-jung, "e-Samsung Owner Explains Concept," *Chosun Ilbo* (English edition), July 11, 2000, http://english.chosun.com/site/data/html_dir/2000/07/

11/2000071161386.html.

19   Kim, *Thinking of Samsung*, p. 201.

20   Samsung SDI, "Results for First Quarter of 2001" (letter to shareholders), April 24, 2001.

21   Lim Ju-young, Ahn Hee, Lee Han-seung, "Special Prosecutors' 'e-Samsung' Case: 28 Including Senior Vice President Lee Jae-yong Found Not Guilty," Yonhap News Agency, March 13, 2008, https://www.yna.co.kr/view/AKR20080313108700004. This source is in Korean. The author's researcher translated the title and the quoted text into English.

22   Kim Rahn, "Lee Jae-yong Cleared of e-Samsung Allegations," *The Korea Times*, March 13, 2008, https://www.koreatimes.co.kr/www/news/nation/2009/07/113_20666.html.

23   Park Soon-bin, "Chaebol Ventures' Blind-eye Management," *Hankyoreh*, April 3, 2001, http://h21.hani.co.kr/arti/econ omy/economy_general/2112.html. This source is in Korean. The author's researcher translated the title and the quoted text into English.

24   Kim, *Thinking of Samsung*, p. 204.

25   Ibid., p. 205.

26   Park Min-ha, "Samsung, Repeated Obstruction of Investigation ⋯ 400 Million Won in Fines," *SBS*, March 19, 2012, https://news.sbs.co.kr/news/endPage.do?news_id=N1001122402. This source is in Korean. The author's researcher translated the title and the quoted text into English.

27   Kim, *Thinking of Samsung*, p. 202.

28   Kim, "Woes of Jay Y."

29   Alan Plumb, interview by the author, August 20, 2014.

30   "Rolls-Royce Trent 900 Clocks Up 6,000 Flying Hours on the A380," Defense Aerospace, July 17, 2006, http://www.defense-aerospace.com/article-view/release/71238/trent-900-engine-logs-6,000-hours-on-a380.html.

31   Alan Plumb, interview by the author, August 20, 2014.

32   Lee and Clenfield, "Samsung Low-Profile Heir Poised to Succeed Father Seen as a God."

33   Former Samsung designer, phone interview by the author, January 30, 2017.

34   Kim Gaeyoun, interview by the author, November 15, 2010.

35   Bill Ogle, interview by the author, January 6, 2017.

36 Peter Weedfald, interview by the author, February 24, 2016.

37 Karen Freeze and Kyung-won Chung, "Design Strategy at Samsung Electronics: Becoming a Top-Tier Company," *Harvard Business Review* (case no. DMI021-PDF-ENG), November 12, 2008, https://hbr.org/product/design-strategy-at-samsung-electronics-becoming-a-top-tier-company/DMI021-PDF-ENG.

38 Ihlwan Moon, "Camp Samsung," *BusinessWeek*, July 3, 2006, https://www.bloomberg.com/news/articles/2006-07-02/camp-samsung.

39 Freeze and Chung, "Design Strategy at Samsung Electronics."

40 Yunje Kang, email message to the author, November 24, 2010.

41 Kim In-cheol. "Samsung Bordeaux TV, on a Record-Breaking March," Yonhap News Agency, syndicated by *Korea Economic Daily*, March 13, 2007, https://www.hankyung.com/news/article/2007031348458. This source is in Korean. The author's researcher translated the title and the quoted text into English.

42 Kim Yoo-chul, "Slim Tops Key Trend for TV Makers," *The Korea Times*, August 25, 2008, https://www.koreatimes.co.kr/www/news/tech/2012/07/129_29939.html.

43 Rasmus Larsen, "Samsung Dominates Global TV Market for 10th Straight Year," *FlatpanelsHD*, March 15, 2016, https://www.flatpanelshd.com/news.php?subaction=showfull&id=1458017308.

44 Song Jung-a, "Samsung Sets Succession Plan," *Financial Times*, January 19, 2007, https://www.ft.com/content/20947efa-a7b1-11db-b448-0000779e2340.

45 Richard Siklos and Martin Fackler, "Howard Stringer, Sony's Road Warrior," *The New York Times*, May 28, 2006, https://www.nytimes.com/2006/05/28/business/yourmoney/28sony.html.

46 Kevin Kelleher, "How Sony Got Up and Out of Its Death Bed," *Time*, May 21, 2015, http://time.com/3892591/sony-turnaround/.

47 Hiroko Tabuchi, "Sony to Cease Its Flat-Screen Partnership with Samsung," *The New York Times*, December 26, 2011, https://www.nytimes.com/2011/12/27/technology/sony-sells-stake-in-lcd-panel-joint-venture.html.

48 "Sony Chairman Sir Howard Stringer to Retire," *BBC News*, March 11, 2013, https://www.bbc.com/news/business-21738549.

49 Jonathan Handel, "Ex–Sony CEO Howard Stringer on Sony's Failures and Time Inc.'s Big Challenges," *Hollywood Reporter*, October 25, 2014, https://www.hollywoodreporter.com/news/sony-ceo-howard-stringer-opines-743982.

1   Hwang Chang-gyu, "Dear Young People, Be Crazy to Make Others Happy,"
    Chosun Ilbo, February 10, 2010, http://news.chosun.com/site/data/html_
    dir/2010/02/10/2010021001829.html?Dep0=chosunmain&Dep1=news&Dep
    2=headline1&Dep3= h1_04. This source is in Korean. The author's researcher
    translated the title and the quoted text into English.

2   "Who Is Hwang Chang-gyu, the Figure Newly Poised to Lead KT?"
    Yonhap News Agency, December 16, 2013, https://www.yna.co.kr/view/
    AKR20131216195600017. More information is available at "What Did Hwang
    Chang-gyu Do as a Researcher and Businessman?" *Scienceall*, April 1, 2016.
    These sources are in Korean. The author's researcher translated the title and the
    quoted text into English.

3   Sung Ki-young, "'Star Executive' Samsung Electronics President of Semiconductors
    Hwang Chang-gyu's Concerns for Country," *Shindonga*, July 29, 2004, http://
    shindonga.donga.com/Library/3/06/13/103652/1. This source is in Korean.
    The author's researcher translated the title and the quoted text into English.

4   Cho Hyun-jae, Chun Ho-rim, and Lim Sang-gyoon, *Samsung Electronics,
    Digital Conquerer* (Seoul: Maeil Business Newspaper, 2005), p. 558. This source
    is in Korean. The author's researcher translated the title and the quoted text into
    English.

5   Jung Kyung-joon, "Moore's Law and Hwang's Law," *Dong-A Ilbo*, May 9, 2011,
    http://www.donga.com/news/article/all/20110508/37032822/1. This source is
    in Korean. The author's researcher translated the title and the quoted text into
    English.

6   Song Jung-a, "Monday Interview: Hwang Chang-gyu, KT Chief Executive,"
    Financial Times, May 3, 2015, https://www.ft.com/content/211ece46-e82d-
    11e4-894a-00144feab7de.

7   Hwang, "Dear Young People, Be Crazy to Make Others Happy."

8   Eichenwald, "The Great Smartphone War."

9   Ibid.

10 "Plea Agreement," *U.S. v. Samsung Electronics and Samsung Semiconductor*, case
    no. 05-0643 PJH (U.S. District Court, Northern District of California, San
    Francisco Division), October 13, 2005.

11 "Plea Agreement," *U.S. v. Quinn*, case no. CR 06-0635 PJH (U.S. District Court,

Northern District of California, San Francisco Division), October 5, 2006.

12 Department of Justice, "Sixth Samsung Executive Agrees to Plead Guilty to Participating in DRAM Price-Fixing Cartel" (news release), April 19, 2007, https://www.justice.gov/archive/atr/public/press_releases/2007/222770.htm.

13 Brian Merchant, *The One Device: The Secret History of iPhone* (New York: Hachette, 2017), pp. 358–63.

14 Ibid., p. 362.

15 Ibid., pp. 153–54.

16 Ibid., p. 362.

17 "Steve Jobs Introducing the iPhone at Macworld 2007," posted by YouTube user superapple4ever on January 9, 2007, https://www.youtube.com/watch?v=x7qPAY9JqE4.

18 Merchant, *The One Device*, p. 363.

17장 벌거벗은 임금님

1 Myung Oh and James Larson, *Digital Development in Korea: Building an Information Society* (Abingdon, UK: Taylor & Francis, 2011), pp. 106–7.

2 Robert Kelly, "Uber and Classic Asian Mercantilism," *The Diplomat*, July 25, 2014, https://thediplomat.com/2014/07/uber-and-classic-asian-mercantilism/.

3 Former Google software engineer, interview by the author, March 2, 2015.

4 Former staffer in Chairman Lee Kun-hee's office, interview by the author, February 14, 2016.

5 Kim Yong-chul, interview by the author, September 24, 2015.

6 Choe Sang-hun, "Corruption Scandal Snowballs at South Korea's Samsung Group," *The New York Times*, November 6, 2007, https://www.nytimes.com/2007/11/06/business/worldbusiness/06iht-samsung.1.8210181.html. A list of Kim's allegations from each press conference can be found at http://www.hani.co.kr/arti/society/society_general/252735.html.

7 Choe Sang-hun, "South Korean Leader Allows Inquiry into Samsung Bribes," *The New York Times*, November 28, 2007, https://www.nytimes.com/2007/11/28/business/worldbusiness/28samsung.html.

8 Choe Sang-hun, "Book on Samsung Divides Korea," *The New York Times*, April 25, 2010, https://www.nytimes.com/2010/04/26/technology/26samsung.html.

9   Evan Ramstad, "Samsung Whistleblower Returns to the Public Eye," *The Wall Street Journal*, May 19, 2010, https://blogs.wsj.com/digits/2010/05/19/samsung-whistleblower-returns-to-the-public-eye/.

10   Choe Sang-hun, "Samsung Chairman's Office Raided in Inquiry," *The New York Times*, January 15, 2008, https://www.nytimes.com/2008/01/15/business/worldbusiness/15samsung.html.

11   "The Mystery of Korea's Elderly Protesters," *Korea Exposé*, May 2, 2016, https://www.koreaexpose.com/the-mystery-of-south-koreas-elderly-protesters/.

12   Joo Jin-woo, "The Catholic Priests' Association Is Sad and Hurting," *SisaIn*. April 29, 2008, https://www.sisain.co.kr/?mod=news&act=articleView&idx no=1838. The article is a round-up of what other media outlets were publishing on Kim Yong-chul. The original articles cited in this article appear to have been taken down and are no longer available online. The article quotes the conservative *Chosun Ilbo* as calling Kim Yong-chul a "traitor," and the *Dong-A Ilbo* as calling him "no different than a gigolo." This source is in Korean. The author's researcher translated the headline and text into English.

13   Photograph in the author's possession. More information on the Korean Parents Federation is at Lee Sang-hak, "Conservative Group Reproaching Lawyer Kim Yong-chul and Catholic Priests Association for Justice," Yonhap News Agency, April 23, 2008. The article is in Korean. The author's researcher translated the headline and text into English.

14   Choe Sang-hun, "Samsung's Chairman Is Indicted for Tax Evasion in Corruption Case," *The New York Times*, April 17, 2008, https://www.nytimes.com/2008/04/17/business/worldbusiness/17iht-samsung.4.12107507.html.

15   Lee Hae-seong, "'Everything Was Due to My Inattention' ⋯ Chairman Lee Kun-hee Returns Home After 11 Hours of Questioning by Samsung Special Prosecutors," *Korea Economic Daily*, April 5, 2008, https://www.hankyung.com/society/article/2008040413961. This source is in Korean. The author's researcher translated the title and the quoted text into English.

16   Choe, "Samsung's Chairman Is Indicted."

17   "Samsung Chairman Steps Down," *CNNMoney*, April 22, 2008, https://money.cnn.com/2008/04/22/news/international/samsung_resignation/index.htm. The full press conference is shown on video at Associated Press, "Samsung Chairman Says He Will Resign to Take Responsibility for Scandal," posted by YouTube

user AP Archive on April 22, 2008, https://www.youtube.com/watch?v=C_gDCUP0y2g.

18   "Samsung Chairman Steps Down," CNN, April 22, 2008, http://edition.cnn.com/2008/WORLD/asiapcf/04/22/samsung.chairman.resignation/index.html?eref=edition.

19   Kim Yong-chul, interview by the author, September 24, 2015.

20   "Samsung Chairman Indicted," *Dong-A Ilbo*, April 18, 2008, http://www.donga.com/en/article/all/20080418/258134/1/Samsung-Chairman-Indicted.

21   "Former Samsung Chairman Lee Kun-hee's Trial Gets Underway," *Hankyoreh*, June 13, 2008, http://english.hani.co.kr/arti/english_edition/e_national/293086.html.

22   Choe Sang-hun, "Former Samsung Chief Is Convicted," *The New York Times*, July 17, 2008, https://www.nytimes.com/2008/07/17/business/worldbusiness/17samsung.html.

23   Rhee So-eui, "Ex–Samsung Chief Given 3-Year Suspended Jail Term," Reuters, July 16, 2008, https://www.reuters.com/article/us-samsung-sentence/ex-samsung-chief-given-3-year-suspended-jail-term-idUSSEF00017220080716.

24   Choe, "Former Samsung Chief Is Convicted."

25   Kim Yong-chul, interview by the author, September 24, 2015.

26   Roh Hoe-chan, interview by the author, September 23, 2015.

27   Kim Seung-wook. "The National Intelligence Service 'X-file Incident' That Spanned Eight Years," Yonhap News Agency, February 14, 2013, https://www.yna.co.kr/view/AKR20130214171400004. The transcript was also recounted by Roh Hoe-chan in our interview.

28   Roh Hoe-chan, interview by the author, September 23, 2015.

29   Kim Sung-jin, "Samsung Chairman Forecast to Extend Sojourn in US," *The Korea Times*, September 21, 2005, http://www.koreatimes.co.kr/article/20050921/270242.

30   Roh Hoe-chan, interview by the author, September 23, 2015. A partial video of one of these hearings (without the segment involving the justice minister) is at https://news.sbs.co.kr/news/endPage.do?news_id=N1000010673.

31   Roh Hoe-chan, interview by the author, September 23, 2015. More information is at Ko Woong-seok, "Kim Sang-hee, Vice Justice Minister, Tenders Resignation," Yonhap News Agency, syndicated by *Maeil Business Newspaper*, August 18, 2005,

https://www.mk.co.kr/news/home/view/2005/08/305992/. This article is in Korean.

32   Heo Won-soon, "Ambassador Hong Brought Down by X-file Scandal ⋯ Shortest Serving U.S. Ambassador at Five Months and Three Days," *Korea Economic Daily*, July 26, 2005, https://www.hankyung.com/politics/article/2005072601461. This source is in Korean. The author's researcher translated the title and the quoted text into English.

33   "Court Finds Roh Hoe-chan Not Guilty in 'Samsung X-file' Disclosure Case," *Hankyoreh*, December 5, 2009, http://english.hani.co.kr/arti/english_edition/e_national/391645.html.

34   Roh Hoe-chan, interview by the author, September 23, 2015.

35   "'X-file' Roh Hoe-chan Found Partially Guilty," *Maeil Business Newspaper*, May 13, 2011, https://www.mk.co.kr/news/society/view/2011/05/305239/. This source is in Korean. The author's researcher translated the title and the quoted text into English.

36   Lim Ju-young, Kim Tae-jong, "'X-file' Journalist Lee Sang-ho Found Guilty at Appeal Trial," Yonhap News Agency, syndicated by *Korea Economic Daily*, November 23, 2011, https://www.hankyung.com/society/article/2006112339408. This source is in Korean. The author's researcher translated the title and the quoted text into English.

37   "Court Finds Roh Hoe-chan Not Guilty."

38   Youkyung Lee, "South Korean Lawmaker Loses Seat over Samsung Wiretaps," Associated Press, February 16, 2013, https://news.yahoo.com/skorean-lawmaker-loses-seat-over-samsung-wiretaps-090038078finance.html.

39   Judicial Watchdog Center, "[28th Criticism of Ruling] The Ruling as Seen from Outside the Courtroom—Roh Hoe-chan's Guilty Verdict on the Spy Agency X-file Case," *People's Solidarity for Participatory Democracy*, February 18, 2013, http://www.peoplepower21.org/Judiciary/996452. This source is in Korean. The author's researcher translated the title and the quoted text into English.

40   Lee, "South Korean Lawmaker Loses Seat."

41   Roh Hoe-chan, interview by the author, September 23, 2015.

42   International Olympics Committee Ethics Commission, "Decision with a Recommended Provisional Measure," no. D/03/08 (case no. 4/2008), July 18, 2008.

43 Kim Min-kyoung, "Lee Administration Made Samsung Pay US Litigation Costs for DAS," *Hankyoreh*, July 11, 2018, http://english.hani.co.kr/arti/english_edition/e_national/852869.html.

44 Choe Sang-hun, "Korean Leader Pardons Samsung's Ex-Chairman," *The New York Times*, December 29, 2009, https://www.nytimes.com/2009/12/30/business/global/30samsung.html.

45 Associated Press, "Lee Reinstated to IOC," *ESPN*, February 8, 2010, http://www.espn.com/olympics/news/story?id= 4895452.

46 Oh Young-jin, "Praising Lee Kun-hee," *The Korea Times*, July 12, 2011, http://www.koreatimes.co.kr/www/news/opinion/2011/07/137_90741.html.

47 Choe, "Korean Leader Pardons Samsung's Ex-Chairman."

48 Michael Breen, "What People Got for Christmas," *The Korea Times*, December 25, 2008. The article is no longer available online. A copy of it is in the author's possession.

49 Michael Breen, interview by the author, November 17, 2010.

50 "Correction," *The Korea Times*, January 29, 2010, http://m.koreatimes.co.kr/phone/news/view.jsp?req_news idx=59927.

51 Michael Breen, interview by the author, November 17, 2010. Breen has an account of the lawsuit in his book, *The New Koreans: The Story of a Nation* (New York: St. Martin's Press, 2017), pp. 231–33.

52 Michael Breen, interview by the author, November 17, 2010. More information is available in Breen, *New Koreans*, pp. 231–33.

53 Breen, *New Koreans*, pp. 231–33.

54 Choi Jeong-yup, "Michael Breen 'Mocked' Korea, 'Did He Even Apologize?'" *EBN*, May 14, 2010, http://www.ebn.co.kr/news/view/437428. This source is in Korean. The author's researcher translated the title and the quoted text into English.

55 John Glionna, "Samsung Doesn't Find Satirical Spoof Amusing," *Los Angeles Times*, May 10, 2010, https://www.latimes.com/archives/la-xpm-2010-may-10-la-fg-korea-samsung-20100510-story.html.

56 Michael Breen, interview by the author, November 17, 2010.

57 Kim Yong-chul, *Thinking of Samsung* (Seoul: Social Commentary, 2010).

58 Choe, "Book on Samsung Divides Korea."

59 "We Will Be Strict in Our Reporting on Conglomerates," *Kyunghyang Shinmun*,

February 23, 2010, http://m.khan.co.kr/view.html?art_id=201002231826025. This source is in Korean. The author's researcher translated the title and the quoted text into English.

60   Kim Yong-chul, interview by the author, September 24, 2015.

61   "Lee Kun-hee Reinstated as Samsung Electronics Chairman," *Hankyoreh*, March 25, 2010, http://english.hani.co.kr/arti/english_edition/e_business/412228. html.

62   "The Next Big Bet," *The Economist*, October 1, 2011, https://www.economist. com/briefing/2011/10/01/the-next-big-bet.

63   Jonathan Cheng, "Samsung's Outlook for Vision 2020 Gets Blurry," *The Wall Street Journal*, June 29, 2015, https://blogs.wsj.com/digits/2015/06/29/ samsungs-outlook-for-vision-2020-gets-blurry/.

64   Moon Ihlwan, "Apple Envy Drives Samsung Shakeup," *Bloomberg Businessweek*, December 15, 2009, https://www.bloomberg.com/news/articles/2009-12-15/ apple-envy-drives-samsung-shakeup.

65   "Lee Kun-hee Reinstated as Samsung Electronics Chairman."

66   "iPhone Gets Official Government Approval in South Korea," *TechCrunch*, November 18, 2009, https://techcrunch.com/2009/11/18/iphone-gets-official-government-approval-in-south-korea/.

18장 갤럭시의 수호자들

1   "Summary of Executive-Level Meeting Supervised by Head of Division (February 10)" (Plaintiff's Exhibit No. 40), *Apple vs. Samsung Electronics*, case no. 11-1846 (U.S. District Court, Northern District of California, San Jose Division, 2011).

2   Former Samsung vice president, interview by the author, September 18, 2015.

3   Kim Titus, interview by the author, February 16, 2016.

4   Steve Kovach, "How Samsung Won and Then Lost the Smartphone War," *Business Insider*, February 26, 2015, https://www.businessinsider.com/samsung-rise-and-fall-2015-2.

5   Miyoung Kim, "Samsung: 'Fast Executioner' Seeks Killer Design," Reuters, March 23, 2012, https://www.reuters.com/article/uk-samsung/samsung-fast-executioner-seeks-killer-design-idUSLNE82M01420120323.

6   "Summary of Executive-Level Meeting."

7   Kim, "Samsung: 'Fast Executioner' Seeks Killer Design."

8   Chang Dong-hoon, interview by the author, July 21, 2011.

9   Singapore Telecommunications Limited, "Singtel and Samsung Bring to Singapore the 'Smart Life' with Galaxy S" (news release), May 27, 2010, https://www.singtel.com/about-Us/news-releases/singtel-and-samsung-bring-singapore-smart-life-samsung-galaxy-s.

10   Ed Ho, interview by the author, October 5, 2017.

11   Kat Hannaford, "Samsung Galaxy S Known as Vibrant, Captivate and Fascinate with US Carriers," *Gizmodo*, June 28, 2010, https://gizmodo.com/samsung-galaxy-s-known-as-vibrant-captivate-and-fascin-5574325.

12   Walter Isaacson, *Steve Jobs* (New York: Simon & Schuster, 2011), p. 512.

13   Poornima Gupta, Miyoung Kim, and Dan Levine, "How the Apple-Samsung War Is Completely Different Than Any Other Tech Rivalry in History," Reuters, February 10, 2013, https://www.businessinsider.com/apple-and-samsung-2013-2.

14   "Samsung-Apple Licensing Discussion" (Defendant's Exhibit No. 586.001), *Apple vs. Samsung Electronics*, case no. 11-1846 (U.S. District Court, Northern District of California, San Jose Division, 2011).

15   Ashby Jones, "Apple's Pretrial Salvo," *The Wall Street Journal*, July 25, 2012, https://www.wsj.com/articles/SB10000872396390443295404577547352281567654.

16   Julia Kollewe, "Samsung Counter-sues Apple over Battle for £100bn Smartphone Industry," *The Guardian*, April 22, 2011, https://www.theguardian.com/technology/2011/apr/22/samsung-apple-lawsuits-smartphones.

17   Former Galaxy marketer, interview by the author, October 9, 2017.

18   Samsung mobile employee, interview by the author, February 16, 2016.

19   Galaxy marketer, interview by the author, November 8, 2016.

20   "Transcript of Proceedings," *Apple vs. Samsung Electronics*, case no. 5:12-cv-00530 (U.S. District Court, Northern District of California, San Jose Division, April 14, 2014), vol. 7, pp. 1596–1622.

21   "Transcript of Proceedings," p. 1612.

22   Galaxy marketer, interview by the author, November 8, 2016.

23   Paul Golden, interview by the author, February 17, 2016.

24   Peter Skarzynski, interview by the author, December 28, 2016.

25   Bill Ogle, interview by the author, January 6, 2017.

26 Peter Skarzynski, interview by the author, December 28, 2016.

27 Galaxy marketer, interview by the author, November 8, 2016.

28 "Transcript of Proceedings," p. 1668.

29 "Transcript of Proceedings," pp. 1667–69.

30 Geraldine E. Willigan, "High-Performance Marketing: An Interview with Nike's Phil Knight," *Harvard Business Review*, July–August 1992, https://hbr.org/1992/07/high-performance-marketing-an-interview-with-nikes-phil-knight.

31 Phil Knight, *Shoe Dog: A Memoir by the Creator of Nike* (New York: Scribner, 2011), p. 250.

32 Roy S. Johnson, "The Jordan Effect," *Fortune*, June 22, 1998, http://archive.fortune.com/magazines/fortune/fortune_archive/1998/06/22/244166/index.htm.

33 Kurt Badenhausen, "How Michael Jordan Still Makes $100 Million a Year," *Forbes*, March 11, 2015, https://www.forbes.com/sites/kurtbadenhausen/2015/03/11/how-new-billionaire-michael-jordan-earned-100-million-in-2014/#12bdd8c2221a.

34 American Advertising Federation, "Todd Pendleton, 2013 Advertising Hall of Fame Induction," posted by YouTube user American Advertising Federation on July 24, 2014, https://www.youtube.com/watch?v=DaQcWMK8VQA.

35 Dow Jones Newswires, "Nike Signs Kobe Bryant to $40 Million Contract," *The Wall Street Journal*, June 25, 2003, https://www.wsj.com/articles/SB105649507860753000.

36 Brian Wallace, interview by the author, January 6, 2016.

37 Brian Wallace, email message to the author, December 2, 2016.

38 Brian Wallace, interview by the author, January 6, 2016.

39 Former Galaxy marketer, interview by the author, October 23, 2017.

40 Brian Wallace, interview by the author, January 6, 2016.

41 Kovach, "How Samsung Won and Then Lost."

42 Brian Wallace, interview by the author, January 6, 2016.

43 Ibid.

44 Ibid.

45 Former Galaxy marketer, interview by the author, October 23, 2017.

46 "Transcript of Proceedings," pp. 1671–82.

47 "Transcript of Proceedings," pp. 1671–82.

48 Clyde Roberson, interview by the author, April 6, 2016.

49 Bill Ogle, interview by the author, January 6, 2017.

50   Galaxy marketer, interview by the author, November 8, 2016.

51   Petey McKnight, interview by the author, January 24, 2017.

52   Galaxy marketer, interview by the author, November 8, 2016.

53   Michal Lev-Ram, "Samsung's Road to Global Domination," *Fortune*, January 22, 2013, http://fortune.com/2013/01/22/samsungs-road-to-global-domination/.

54   Galaxy marketer, interview by the author, November 8, 2016.

55   Former Galaxy marketer, interview by the author, January 10, 2017.

56   Former Galaxy marketer, interview by the author, October 9, 2017.

57   Brian Wallace, interview by the author, September 28, 2016.

58   Former Galaxy marketer, email message to the author, February 1, 2017.

59   Brian Wallace, interview by the author, January 6, 2016.

60   Galaxy marketer, interview by the author, November 8, 2016.

61   Former Galaxy marketer, interview by the author, January 10, 2017.

62   Former Galaxy marketer, interview by the author, January 10, 2017.

63   Galaxy marketer, interview by the author, November 8, 2016.

64   Brian Wallace, interview by the author, January 6, 2016.

65   Ibid.

66   Kovach, "How Samsung Won and Then Lost."

19장 스티브 잡스 숭배

1   "Transcript of Proceedings," *Apple vs. Samsung Electronics*, case no. 5:12-cv-00530 (U.S. District Court, Northern District of California, San Jose Division, April 14, 2014), vol. 7, pp. 1672–73.

2   Former Samsung vice president for channel and launch marketing Petey McKnight, email message to the author, May 23, 2017.

3   Galaxy marketer, interview by the author, November 8, 2016.

4   Galaxy marketer, interview by the author, November 8, 2016.

5   Brian Wallace, interview by the author, January 6, 2016.

6   Galaxy marketer, interview by the author, November 8, 2016.

7   Jody Akana et al., Portable Display Device, U.S. Design Patent No. US D670,286 S, filed November 23, 2011, issued November 6, 2012, https://assets.sbnation.com/assets/1701443/USD670286S1.pdf.

8   John Markoff, "Apple's Visionary Redefined Digital Age," *The New York Times*,

October 5, 2011 (online version published a day earlier under a different title), https://www.nytimes.com/2011/10/06/business/steve-jobs-of-apple-dies-at-56.html.

9   Matt Richtel, "Jobs's Death Draws Outpouring of Grief and Tributes," *The New York Times*, October 5, 2011, https://www.nytimes.com/2011/10/06/technolog y/jobss-death-prompts-grief-and-tributes.html.

10   Apple Inc., "Celebrating Steve," posted by YouTube user Marc Shulz on October 26, 2011, https://www.youtube.com/watch?v=Zj3x_3ZxA_8.

11   Simon Mundy, "Samsung Heir Apparent Lee Jae-yong Faces Tough Investor Test," *Financial Times*, September 30, 2013, https://www.ft.com/content/ f36f3bc0-f800-11e2-87ec-00144feabdc0.

12   "Subject: Use Google to Attack Apple?" (Plaintiff's Exhibit No. 215), *Apple vs. Samsung Electronics*, case no. 5:12-cv-00530 (U.S. District Court, Northern District of California, April 14, 2014).

13   Former Galaxy marketer, interview by the author, February 20, 2016.

14   Several former Samsung executives, interviews by the author, March 2015– August 2016.

15   Several former Samsung executives, interviews by the author, March 2015– August 2016.

16   Galaxy marketer, interview by the author, November 8, 2016.

17   "Subject: Use Google to Attack Apple?"

18   Brian X. Chen, "Samsung Saw Death of Apple's Jobs as a Time to Attack," *The New York Times*, April 16, 2014, https://bits.blogs.nytimes.com/2014/04/16/ samsung-saw-death-of-steve-jobs-as-a-time-to-attack/.

19   Former Galaxy marketer, email message to the author, October 29, 2017.

20   Petey McKnight, interview by the author, January 24, 2017.

21   Brian Wallace, interview by the author, January 6, 2016.

20장 코크 vs. 펩시: 콜라 전쟁의 재연

1   Brian Wallace, interview by the author, January 6, 2016.

2   Bernice Kanner, "Coke vs. Pepsi: The Battle of the Bubbles," *New York*, October 5, 1981, https://books.google.com/books?id=BuYCAAAAMBAJ&pg=PA21&so urce=gbs_toc_r&cad= 2#v=onepage&q&f=false.

3   Roger Enrico and Jesse Kornbluth, *The Other Guy Blinked: How Pepsi Won the*

Cola Wars (New York: Bantam Books, 1986).

4   Brian Wallace and two former Samsung marketing executives, interviews by the author, January 24, 2017–February 15, 2017.

5   Brian Wallace, interview by the author, January 6, 2016.

6   Wallace and two other former marketing executives. interviews by author. January 6–February 25, 2016.

7   Steve Kovach, "Samsung Is Going Right for Apple Fanboys' Jugular with Its Latest Commercial," *Business Insider*, November 22, 2011, https://www.businessinsider.com/samsung-galaxy-s-ii-commercial-2011-11.

8   Brian Wallace, interview by the author, September 28, 2016.

9   Brian Wallace, interview by the author, January 6, 2016.

10   Ibid.

11   Ibid.

12   Petey McKnight, interview by the author, January 24, 2017.

13   Galaxy marketer, interview by the author, November 8, 2016.

14   Bobby Hundreds, "Inside 72andSunny, Advertising's Bright Horizon," *The Hundreds*, August 29, 2014, https://thehundreds.com/blogs/bobby-hundreds/72andsunny.

15   Riazatt Butt, "Benetton Tears Down Pope-Kissing Ads After Vatican Legal Threat," *The Guardian*, November 17, 2011, https://www.theguardian.com/world/2011/nov/17/benetton-pope-kissing-ads.

16   Butt, "Benetton Tears Down Pope-Kissing Ads."

17   Hundreds, "Inside 72andSunny, Advertising's Bright Horizon."

18   Ibid.

19   Ibid.

20   Petey McKnight and two other executives, interviews by the author, January 24, 2017–October 20, 2017.

21   Petey McKnight, interview by the author, January 24, 2017.

22   Ibid.

23   Former Galaxy marketer, interview by the author, October 23, 2017.

24   Brian Wallace, interview by the author, September 28, 2016.

25   Brian Wallace, interview by the author, September 28, 2016.

21장 차세대 히트 상품

1   Samsung Electronics, "Samsung Galaxy S II (The Next Big Thing) Commercial," posted by YouTube user iAnimationProduction on November 22, 2011, https://www.youtube.com/watch?v=GWnunav N4bQ.

2   Brian Wallace, interview by the author, September 28, 2016.

3   Former Galaxy marketer, interview by the author, October 23, 2017.

4   Effie Awards, "Samsung Mobile: The Next Big Thing Is Already Here," 2013, https://effie.org/case_database/case/NA_2013_6977. Full case study not available online; it is in the author's possession.

5   Association of National Advertisers, "Speaker Profile: Todd Pendleton," https://www.ana.net/ajax/speaker/id/29267.

6   Samsung Electronics, "Samsung Galaxy S III Launch Press Conference," posted by YouTube user GamerStuff on June 21, 2012, https://www.youtube.com/watch?v=Mppharp0R3Y.

7   Chenda Ngak, "Samsung Galaxy S II Ad Mocks Apple Fans," *CBS News*, November 23, 2011, https://www.cbsnews.com/news/samsung-galaxy-s-ii-ad-mocks-apple-fans/.

8   Hyunjoo Jin, "Samsung Surges Past Apple in Smartphones, Upbeat on Q4," Reuters, October 28, 2011, https://www.reuters.com/article/us-samsung/samsung-surges-past-apple-in-smartphones-upbeat-on-q4-idUSTRE79R0B620111028.

9   Kovach, "How Samsung Won and Then Lost."

10   Brian Wallace, interview by the author, January 6, 2016.

11   Ben Bajarin, "The Flaw in Samsung's Anti-iPhone Commercial," *Tech.pinions*, November 23, 2011, https://techpin ions.com/the-flaw-in-samsungs-anti-iphone-commercial/4240.

12   Brian Wallace, interview by the author, January 6, 2016.

13   Ibid.

14   Fourteen former colleagues and employees in the Samsung Telecommunications American marketing office or related offices, interviews by the author, January 2016–December 2017.

15   Former Galaxy marketer, interview by the author, October 23, 2017.

16   Brian Wallace, interview by the author, January 6, 2016.

17   Galaxy marketer, interview by the author, November 8, 2016.

18   Seven former Galaxy marketers, interviews by the author, January 2015–

February 2017.

19   Brian Wallace, interview by the author, January 6, 2016.

20   Brian Wallace, email message to the author, April 29, 2019.

21   Francis Fukuyama, *Trust: The Social Virtues and the Creation of Prosperity* (New York: Free Press, 1995), pp. 127–45.

22   Brian Wallace, interview by the author, January 6, 2016.

23   Kovach, "How Samsung Won and Then Lost."

24   Kovach, "How Samsung Won and Then Lost." Fifteen members of the marketing team and related teams recalled the same events reported in the *Business Insider* article.

25   Brian Wallace, interview by the author, January 6, 2016.

26   Kovach, "How Samsung Won and Then Lost."

27   Galaxy marketer, interview by the author, November 8, 2016.

28   Ibid.

29   Brian Wallace, interview by the author, January 6, 2016.

30   Former Galaxy marketer, interview by the author, October 23, 2017.

22장 갤럭시 3부작

1   Fifteen former Galaxy marketers, interviews by the author, January 2016–February 2018.

2   Dan Graziano, "Samsung Reveals the Strategy That Kept the Galaxy S III a Secret," *BGR*, June 14, 2012, https://bgr.com/2012/06/14/samsung-galaxy-s-iii-top-secret/.

3   Fifteen former Galaxy marketers, interviews by the author, January 2016–February 2018.

4   Galaxy marketer, interview by the author, November 10, 2016.

5   Samsung Electronics, "Samsung Galaxy S III Launch Press Conference," posted by YouTube user GamerStuff on June 21, 2012, https://www.youtube.com/watch?v=Mppharp0R3Y.

6   Reuters, "Samsung Gets 9 Million Orders for New Galaxy Phone: Report," May 18, 2012, https://www.reuters.com/article/us-samsung/samsung-gets-9-million-preorders-for-new-galaxy-phone-report-idUSBRE84H00X20120518.

7   Luke Westaway, "Samsung Galaxy S3 Breezes Past 40 Million Sales Mark,"

CNET, January 15, 2013, https://www.cnet.com/news/samsung-galaxy-s3-breezes-past-40-million-sales-mark/.

8   Gareth Beavis, "Number 1: Galaxy S3," *TechRadar*, July 27, 2012, https://web.archive.org/web/20120921031030/http://www.techradar.com/news/phone-and-communications/mobile-phones/20-best-mobile-phones-in-the-world-today-645440/page:21.

9   Kevin Thomas, "Samsung Galaxy S3 Scoops Best Smartphone Award at MWC 2013," 3G, February 27, 2013, https://3g.co.uk/news/samsung-galaxy-s3-scoops-best-smartphone-award-at-mwc-2013.

10 Natasha Lomas, "Samsung Galaxy S3 Review," *CNET*, July 24, 2012, https://www.cnet.com/reviews/samsung-galaxy-s3-review/.

11 Luke Westaway, "Best Smart Phone of the Year, as Voted For by CNET UK Readers," *CNET*, December 20, 2012, https://www.cnet.com/news/best-smart-phone-of-the-year-as-voted-for-by-cnet-uk-readers/.

12 Richard Lawler, "Samsung's Q2 2012 Earnings Show $5.86 Billion Operating Profit, That's a Lot of Galaxy S IIIs," *Engadget*, July 26, 2012, https://www.engadget.com/2012/07/26/samsungs-q2-2012-earnings-record-profit/.

13 Nilay Patel, "Apple vs. Samsung: Inside a Jury's Nightmare," *The Verge*, August 23, 2012, https://www.theverge.com/2012/8/23/3260463/apple-samsung-jury-verdict-form-nightmare.

14 Dan Levine, "Jury Didn't Want to Let Samsung Off Easy in Apple Trial: Foreman," Reuters, August 25, 2012, https://www.reuters.com/article/us-apple-samsung-juror/jury-didnt-want-to-let-samsung-off-easy-in-apple-trial-foreman-idUSBRE87O09U20120825.

15 Deborah Netburn, "Judge Koh Snaps at Apple Lawyer, Asks if He's on Crack," *Los Angeles Times*, August 16, 2012, https://www.latimes.com/business/la-xpm-2012-aug-16-la-fi-tn-apple-lawyer-smoking-crack-20120816-story.html.

16 Christina Bonnington, "Judge Calls for New Trial in *Apple v. Samsung*, Slashes Apple's Award by 40 Percent," *Wired*, March 1, 2013, https://www.wired.com/2013/03/koh-slashes-apple-damages/.

17 Bonnington, "Judge Calls for New Trial."

18 Charles Arthur, "Samsung Galaxy Tab 'Does Not Copy Apple's Designs,'" *The Guardian*, October 18, 2012, https://www.theguardian.com/technology/2012/oct/18/samsung-galaxy-tab-apple-ipad; Associated Press, "Samsung Wins

Korean Battle in Apple Patent War," August 24, 2012, https://www.cbc.ca/news/business/samsung-wins-korean-battle-in-apple-patent-war-1.1153862; Mari Saito and Maki Shiraki, "Samsung Triumphs over Apple in Japan Patent Case," Reuters, August 31, 2012, https://in.reuters.com/article/us-apple-samsung-japan/samsung-wins-over-apple-in-japan-patent-case-idINBRE87U05R20120831.

19 Apple Inc., "Apple Special Event 2012—iPhone 5 Introduction," posted by YouTube user the unofficial AppleKeynotes channel on September 14, 2012, https://www.youtube.com/watch?v= 82dwZYw2M00&t=911s.

20 Michal Lev-Ram, "Samsung's Road to Global Domination," *Fortune*, January 22, 2013, http://fortune.com/2013/01/22/samsungs-road-to-global-domination/.

21 Lev-Ram, "Samsung's Road to Global Domination."

22 Samsung Electronics, "Samsung Galaxy S3 Ad: The Next Big Thing Is Already Here," posted by YouTube user DYP WWI on September 19, 2012, https://www.youtube.com/watch?v= NgOA7qqDQbE.

23 Former Galaxy marketer, interview by the author, January 10, 2017.

24 Brian Wallace, interview by the author, September 28, 2016.

25 Kovach, "How Samsung Won and Then Lost."

26 Former Galaxy marketer, interview by the author, October 23, 2017.

27 Kovach, "How Samsung Won and Then Lost."

28 Four Galaxy marketers, interviews by the author, February 2015–January 2017.

29 Lev-Ram, "Samsung's Road to Global Domination."

30 Ian Sherr and Evan Ramstad, "Has Apple Lost Its Cool to Samsung?" *The Wall Street Journal*, January 28, 2013, https://www.wsj.com/articles/SB10001424127887323854904578 264090074879024.

31 Kovach, "How Samsung Won and Then Lost."

32 Jason Evangelho, "With Hilarious 2-Minute Super Bowl Ad, Samsung Steals Cool Factor from Apple," *Forbes*, February 3, 2013, https://www.forbes.com/sites/jasonevangelho/2013/02/03/with-hilarious-2-minute-super-bowl-ad-samsung-officially-steals-cool-factor-from-apple/#130b5461326a.

33 "New Samsung Commercial Mocks Apple Lawsuits in SuperBowl Teaser Ad Feat. Odenkirk, Rudd & Rogen," posted by YouTube user Zef Cat on February 1, 2013, https://www.youtube.com/watch?v=vf2xRupwzoA.

34 Evangelho, "With Hilarious 2-Minute Super Bowl Ad."

35 Daisuke Wakabayashi, "Apple Considered Firing Longtime Ad Agency TBWA,"

The Wall Street Journal, April 4, 2014, https://ww w.wsj.com/ar ticles/apple-considered-f iring-longtime-ad-agency-1396647347.

36 Zac Hall, "Internal Emails Reveal Phil Schiller Shocked by Response from Apple's Ad Agency over Marketing Direction," 9to5Mac, April 7, 2014, https://9to5mac.com/2014/04/07/internal-emails-reveal-phil-schiller-shocked-by-response-from-apples-ad-agency-over-marketing-direction/.

37 Ibid.

38 "FY'14 Planning Offsite" (Defendant's Exhibit No. 413.001), *Apple vs. Samsung Electronics*, case no. 12-CV-00630-LHK (U.S. District Court, Northern District of California, San Jose Division, 2011), http://cdn3.vox-cdn.com/assets/4244447/DX-413.pdf.

39 Sean Hollister, "Apple's New Mac Ads Are Embarrassing," *The Verge*, June 28, 2012, https://www.theverge.com/2012/7/28/3197951/apple-olympic-ads-genius-bar-embarrass.

40 Jim Edwards, "Apple 'Spends Millions of Dollars on Ads That Don't Even Run," *Business Insider*, June 11, 2013, https://www.businessinsider.com/apples-advertising-under-phil-schiller-2013-6.

41 Spencer E. Ante, "Apple Closes U.S. Ad-Spending Gap with Samsung," *The Wall Street Journal*, April 8, 2014, https://blogs.wsj.com/digits/2014/04/08/apple-closes-u-s-ad-spending-gap-with-samsung/.

42 Ann-Christine Diaz and Maureen Morrison, "For Apple, Marketing Is a Whole New Game," *Ad Age*, June 9, 2014, https://adage.com/article/agency-news/apple-marketing-a-game/293605.

23장 **생태계**

1 T.J. Kang, interview by the author, January 29, 2016.

2 Ibid.

3 Ibid.

4 Eric Lai, "What's Stopping ThinkFree from Liberating Businesses from Microsoft Office?" Computerworld, June 15, 2007, https://www.computerworld.com/article/2541855/what-s-stopping-thinkfree-from-liberating-businesses-from-microsoft-office-.html.

5 T.J. Kang, interview by the author, January 29, 2016.

6 Ho Soo Lee, interview by the author, September 5, 2016.

7 Yonhap News Agency, "Lee Kun-hee Espouses Importance of Software," *JoongAng Korea Daily*, August 18, 2011, http://koreajoongangdaily.joins.com/news/article/article.aspx?aid=2940367.

8 T.J. Kang, interview by the author, January 29, 2016.

9 T.J. Kang, email message to the author, August 24, 2017.

10 T.J. Kang, interview by the author, January 29, 2016.

11 Ho Soo Lee, interview by the author, September 5, 2016.

12 T.J. Kang, interview by the author, January 29, 2016.

13 Ibid.

14 Joern Esdohr, "Petition: VoIP for Bada!" *Joern Esdohr*, September 13, 2010, http://www.joernesdohr.com/bada/petition-voip-for-bada/.

15 Gareth Beavis, "Samsung Wave Review," *TechRadar*, August 8, 2010, https://www.techradar.com/reviews/phones/mobile-phones/samsung-wave-680092/review/9.

16 T.J. Kang, interview by the author, January 29, 2016.

17 Ibid.

18 Eight former Samsung executives, interviews by the author, January 2015–February 2017.

19 T.J. Kang, interview by the author, January 29, 2016.

20 Daisuke Wakabayashi and Min-Jeong Lee, "Samsung's 'Good' Problem: A Growing Cash Pile," *The Wall Street Journal*, May 8, 2013, https://www.wsj.com/articles/SB10001424127887323798104578454440307100754.

21 Yonhap News Agency, "Lee Kun-hee Espouses Importance of Software." T.J. Kang, Daren Tsui, and Ed Ho, interviewed by the author, added that Jay Lee came out in favor of software and M&A.

22 Jonathan Cheng, Evelyn M. Rusli, and Min-Jeong Lee, "Samsung Plays Catch-up on Software," *The Wall Street Journal*, October 7, 2013, https://www.wsj.com/articles/a-weak-spot-for-samsung-1381190699.

23 T.J. Kang, interview by the author, March 27, 2016.

24 Sam Byford, "Take a Look Inside Samsung's New $300 Million Silicon Valley Campus," *The Verge*, February 27, 2013, https://www.theverge.com/2013/2/27/4034988/samsung-silicon-valley-campus-pictures.

25 T.J. Kang, interview by the author, January 29, 2016.

26 Ibid.

27 David Goldman, "Marc Hurd's Sex Scandal Letter Emerges," *CNNMoney*, December 30, 2011, https://money.cnn.com/2011/12/30/technology/hurd_letter/index.htm.

28 T.J. Kang, interview by the author, January 29, 2016.

29 Ibid.

30 Peter Delevett, "Mercury News Interview: Daren Tsui, Co-founder, CEO of mSpot," *San Jose Mercury News*, June 24, 2011, https://www.mercurynews.com/2011/06/24/mercury-news-interview-daren-tsui-co-founder-ceo-of-mspot/.

31 T.J. Kang, interview by the author, January 29, 2016.

32 Ibid.

33 Ed Ho, interview by the author, October 5, 2017.

34 Delevett, "Mercury News Interview: Daren Tsui."

35 Daren Tsui, interview by the author, January 10, 2017.

36 Ibid.

37 Ibid.

38 Ed Ho, interview by the author, January 3, 2017.

39 Ibid.

40 Ibid.

41 Daren Tsui, interview by the author, January 10, 2017.

42 Daren Tsui, email message to the author, April 21, 2019.

43 Daren Tsui, interview by the author, January 10, 2017.

44 T.J. Kang, interview by the author, January 29, 2016.

45 Leena Rao, "Samsung Acquires Mobile Entertainment and Music Streaming Startup mSpot," *TechCrunch*, May 9, 2012, https://techcrunch.com/2012/05/09/samsung-acquires-mobile-entertainment-and-music-streaming-startup-mspot/.

46 Daren Tsui, interview by the author, January 10, 2017.

47 T.J. Kang, interview by the author, January 29, 2016.

48 Ibid.

49 Jon Fingas, "Samsung Expects Music Hub to Reach Competitors' Devices, More Countries," *Engadget*, January 27, 2013, https://www.engadget.com/2013/01/27/samsung-music-hub-to-reach-other-companies-devices-more-countries/.

50 Daren Tsui, interview by the author, January 10, 2017.

51 T.J. Kang, interview by the author, March 27, 2016.

52 Sumi Lim, interview by the author, December 17, 2015.

53 Vogelstein, *Dogfight*, p. 54.

54 Donald Melanson, "Google Exec Calls Android Acquisition Its 'Best Deal Ever,'" *Engadget*, October 27, 2010, https://www.engadget.com/2010/10/27/google-exec-calls-android-acquistion-its-best-deal-ever/.

55 Six former Samsung executives and employees, interviews by the author, January 2015–February 2017.

56 Sam Byford, "Samsung Finally Folding Bada OS into Tizen," *The Verge*, February 25, 2013, https://www.theverge.com/2013/2/25/4026848/bada-and-tizen-to-merge.

57 T.J. Kang, email message to the author, October 16, 2017.

58 Hod Greeley, interview by the author, February 10, 2016.

59 John Koetsier, "The Samsung Platform Emerges: Registration Opens for Samsung's First-Ever Developer Conference," *VentureBeat*, August 26, 2013, https://venturebeat.com/2013/08/26/the-samsung-platform-emerges-samsung-announces-first-ever-developer-conference/.

60 Hod Greeley, interview by the author, February 10, 2016.

61 Ibid.

62 Waze executive, email message to the author, April 29, 2019. Hod Greeley recounted the same sequence of events in his interview with the author on February 10, 2016.

63 Hod Greeley, interview by the author, February 10, 2016.

64 Ibid.

65 Julie Bort, "Waze Cofounder Tells Us How His Company's $1 Billion Sale to Google Really Went Down," *Business Insider*, August 13, 2015, https://www.businessinsider.com/how-google-bought-waze-the-inside-story-2015-8.

66 Hod Greeley, interview by the author, February 10, 2016.

67 David Rowan, "The Inside Story of Jan Koum and How Facebook Bought WhatsApp," *Wired UK*, May 1, 2018, https://www.wired.co.uk/article/whats-app-owner-founder-jan-koum-facebook.

68 Richard Trenholm, "Samsung ChatOn Will Be Turned Off in February," *CNET*, December 19, 2014, https://www.cnet.com/news/samsung-chaton-will-be-turned-off-in-february/.

69 Hod Greeley, interview by the author, February 10, 2016.

70 Universal Music Group executive, email message to the author, May 4, 2019. T.J.

Kang confirmed being told these statements by Rob Wells in an email message to the author on July 23, 2019.

71 Universal Music Group executive, email message to the author, May 4, 2019.

72 Daren Tsui, interview by the author, January 10, 2017.

73 Ibid.

74 T.J. Kang, interview by the author, January 29, 2016.

75 Ibid.

76 Ibid.

77 Ibid.

78 Universal Music Group executive, email message to the author, May 4, 2019.

79 Daren Tsui, interview by the author, January 10, 2017.

24장 화이트 글러브

1 Joanne Lovato, LinkedIn profile, https://www.linkedin.com/in/joanne-lovato-24465b7/, retrieved January 4, 2016.

2 Galaxy marketer, interview by the author, May 3, 2017.

3 Ibid.

4 Ibid.

5 Shane Snow, "How Stars Like Jay Z and Martha Stewart End Up with Samsung Devices," *Fast Company*, January 13, 2014, https://www.fastcompany.com/3020215/the-real-reason-famous-people-like-jay-z-and-martha-stewart-use-samsung-phones.

6 Ibid.

7 Galaxy marketer, email message to the author, August 31, 2017.

8 Snow, "How Stars Like Jay-Z and Martha Stewart End Up with Samsung Devices."

9 Ibid.

10 Samsung Electronics, "Samsung Unpacked 2013—Galaxy S4 Unpacked Event—FULL Presentation," posted by YouTube user ItsMobileTech on March 16, 2013, https://www.youtube.com/watch?v=iLmOEVijYOQ.

11 Former Galaxy marketer, interview by the author, February 20, 2016; Petey McKnight, interview by the author, January 24, 2017.

12 Molly Wood, "Samsung GS4 launch: Tone-Deaf and Shockingly Sexist," *CNET*, March 14, 2013, https://www.cnet.com/news/samsung-gs4-launch-tone-deaf-

and-shockingly-sexist/.

13   Samsung Electronics, "Samsung Electronics Announces Curved OLED in Korea" (news release), June 27, 2013, https://news.samsung.com/global/samsung-pioneers-an-era-of-flawless-picture-quality-with-curved-oled-tv.

14   Aljosa Puzar and Yewon Hong, "Korean Cuties: Understanding Performed Winsomeness (Aegyo) in South Korea," *Asia Pacific Journal of Anthropology* 19 (2018): 333–49, https://www.tandfonline.com/doi/abs/10.1080/14442213.201 8.1477826.

15   Galaxy marketer, interview by the author, November 8, 2016.

16   Brian X. Chen, "Samsung May Have Passed Apple in the U.S.—for Now," *The New York Times*, June 5, 2013, https://bits.blogs.nytimes.com/2013/06/05/samsung-may-have-surpassed-apple-in-the-u-s-for-now/.

17   Former Galaxy marketer, interview by the author, October 23, 2017.

18   Snow, "How Stars Like Jay Z and Martha Stewart End Up with Samsung Devices."

19   Shawn Carter, Thomas Bell, Roland Chambers, and Kenneth Gamble, "What More Can I Say," track 3 on Jay-Z, *The Black Album*, Roc-A-Fella, 2003. The lyrics are available at https://genius.com/Jay-z-what-more-can-i-say-lyrics.

20   Kanye West, Jon Brion, and Devo Springsteen, "Diamonds from Sierra Leone (Remix)," feat. Jay-Z, track 13 on Kanye West, *Late Registration*, Roc-A-Fella, 2005. The lyrics are available at https://genius.com/Kanye-west-diamonds-from-sierra-leone-remix-lyrics.

21   Alvin Hall, "Jay-Z: From Brooklyn to the Boardroom," *BBC News*, December 1, 2006, http://news.bbc.co.uk/2/hi/business/6160419.stm.

22   Drake Baer, "The Heart of the Deal: Why Jay-Z Really Hooked Up with Samsung," *Fast Company*, August 5, 2013, https://www.fastcompany.com/3015234/the-heart-of-the-deal-why-jay-z-really-hooked-up-with-samsung?jwsource=cl.

23   Former Galaxy marketer, interview by the author, October 23, 2017.

24   Andrew Hampp, "Jay-Z's New Blueprint: The Billboard Cover Story," *Billboard*, June 21, 2013, https://www.billboard.com/articles/news/1567999/jay-zs-new-blueprint-the-billboard-cover-story.

25   Ibid.

26   Samsung Electronics, "Jay-Z 'Magna Carta Holy Grail' Samsung Commercial," posted by YouTube user PlugMatch on June 16, 2013, https://www.youtube.

com/watch?v= lmZvjKPeAK0.

27   United Press International, "Jay-Z Releases Trailer for New Album 'Magna Carta Holy Grail,'" June 16, 2013, https://www.upi.com/Entertainment_News/2013/06/16/Jay-Z-releases-trailer-for-new-album-Magna-Carta-Holy-Grail/6091371437283/.

28   Samsung Electronics, "Jay-Z 'Magna Carta Holy Grail' Samsung Commercial."

29   Jay-Z ("Mr. Carter," @S_C_), "If 1 Million records gets SOLD and billboard doesnt report it, did it happen? Ha. #newrules #magnacartaholygrail Platinum!!! VII IV XIII," Twitter, June 18, 2013, 2:34 a.m., https://twitter.com/s_c_/status/346682205168357377?lang=en.

30   "Jay-Z's $5 Million Samsung Deal Will Change Music Forever," *Business Insider*, July 4, 2013, https://www.businessinsider.com/jay-zs-5-million-samsung-deal-2013-7.

31   Hampp, "Jay-Z's New Blueprint."

32   Shawn Carter, Chauncey Hollis Jr., Darhyl Camper Jr., Michael Dean, "Somewhereinamerica," track 7 on Jay-Z, *Magna Carta Holy Grail*, Roc Nation, 2013. The lyrics are available at https://genius.com/Jay-z-somewhereinamerica-lyrics.

33   Former Galaxy marketer, interview by the author, October 23, 2017.

34   Karissa Donkin, "Jay-Z's Magna Carta Holy Grail Release a #Samsungfail," *The Star*, July 4, 2013, https://www.thestar.com/entertainment/music/2013/07/04/jayzs_magna_carter_holy_grail_release_a_samsungfail.html.

35   Former Galaxy marketer, interview by the author, October 23, 2017.

36   Hannah Bae (@hanbae), "#JayZ's sponsors at #Samsung prove themselves not only intrusive, but technically inept http://www.nytimes.com/2013/07/05/arts/music/jay-z-is-watching-and-he-knows-your-friends.html ⋯ #SamsungFail," Twitter, July 17, 2013, 10:31 a.m., https://twitter.com/hanbae/status/357311502623064064.

37   Donkin, "Jay-Z's Magna Carta Holy Grail Release a #Samsungfail."

38   Henry T. Casey, "Magna Carta Holy Fail? A Samsung/Jay-Z Release Postmortem," Contently, July 8, 2013, https://contently.com/2013/07/08/magna-carta-holy-fail-a-samsung jay-z-release-postmortem/.

39   Donkin, "Jay-Z's Magna Carta Holy Grail Release a #Samsungfail."

40   Former Galaxy marketer, interview by the author, October 23, 2017.

41   Casey, "Magna Carta Holy Fail?"

42   Breakfast Club Power 105.1 FM, "The Breakfast Club Classic—Jay Z Interview 2013," posted by YouTube user Breakfast Club Power 105.1 FM on July 11, 2013, https://www.youtube.com/watch?v=Y2TbLohPKI0.

43   David Greenwald, "RIAA Updates Rules Before Jay-Z's 'Magna Carta,'" *Billboard*, July 1, 2013, https://www.billboard.com/articles/news/1568753/riaa-updates-rules-before-jay-zs-magna-carta.

44   Keith Caulfield, "Jay Z's 'Magna Carta' Debuts at No. 1 on Billboard 200 Chart," *Billboard*, July 16, 2013, https://www.billboard.com/articles/news/1924866/jay-zs-magna-carta-debuts-at-no-1-on-billboard-200-chart.

25장 밀크

1   T.J. Kang, interview by the author, March 27, 2016.

2   Ho Soo Lee, T.J. Kang, Daren Tsui, and Ed Ho, interview by the author, January 2016–August 2017.

3   T.J. Kang, interview by the author, March 27, 2016.

4   T.J. Kang, Daren Tsui, and Ed Ho, interviews by the author, March 2016–August 2017.

5   T.J. Kang, interview by the author, March 27, 2016.

6   Han Kuk-hyun (director of Samsung UXCA), email message to the author's researcher Junyoub Lee, January 15, 2015.

7   T.J. Kang, interview by the author, March 27, 2016.

8   Han Kuk-hyun, email to the author's researcher, January 15, 2015.

9   Neil Everette, email to the author, April 29, 2019. Everette published details of the dial on his personal website at https://www.neileverette.com/samsungmusic. The dial was also the subject of an untitled internal Samsung documentary that is in the author's possession.

10   T.J. Kang, interview by the author, March 27, 2016.

11   Daren Tsui, interview by the author, January 10, 2017.

12   Ibid.

13   T.J. Kang and Daren Tsui, interviews by the author, March 27, 2016, and January 10, 2017.

14   T.J. Kang, interview by the author, March 27, 2016.

15   Daren Tsui, email message to the author, October 13, 2017.

16 Ibid.

17 Galaxy marketer, interview by the author, May 3, 2017.

18 Daren Tsui, email message to the author, October 13, 2017.

19 Simon Mundy et al., "Fresh Urgency for Samsung Reinvention Drive," *Financial Times*, January 27, 2014, https://www.ft.com/content/b6353d72-84eb-11e3-8968-00144feab7de.

20 T.J. Kang, interview by the author, March 27, 2016.

21 Ibid.

26장 세상을 뒤흔든 셀카 사진

1 Galaxy marketer, interview by the author, May 3, 2017.

2 Beth Snyder Bulik, "You Need to See This: Samsung's Oscars Campaign," *Ad Age*, March 1, 2014, https://adage.com/article/media/samsung-breaks-samsung-campaign-oscars/291938.

3 Suzanne Vranica, "Behind the Preplanned Oscar Selfie: Samsung's Ad Strategy," *The Wall Street Journal*, March 3, 2014, https://www.wsj.com/articles/behind-oscar-self ie-samsungs-ad-strategy-1393886249.

4 Elizabeth Stamp, "The Architectural Digest Greenroom at the 2014 Oscars," *Architectural Digest*, January 31, 2014, https://www.architecturaldigest.com/gallery/oscar-greenroom-david-rockwell-slideshow.

5 Katherine Rosman, "Twitter Mirror: Celebrities' New Publicity Machine," *The Wall Street Journal*, December 10, 2013, https://www.wsj.com/articles/no-headline-available-1386699836.

6 Galaxy marketer, interview by the author, November 8, 2016.

7 Galaxy marketer, interview by the author, May 3, 2017.

8 Former Galaxy marketer, interview by the author, January 10, 2017.

9 Galaxy marketer, interview by the author, May 3, 2017.

10 Former Galaxy marketer, interview by the author, January 10, 2017.

11 Former Galaxy marketer, interview by the author, January 10, 2017.

12 Former Galaxy marketer, interview by the author, January 10, 2017.

13 "86th Annual Academy Awards, 2014" (script), act 6, March 2014. The beginning of the section reads "ELLEN IN AUDIENCE/RECORDING BREAKING SELFIE (ELLEN SITS NEXT TO MERYL STREEP) NOT IN

TELEPROMPTER."

14   Former Galaxy marketer, interview by the author, January 10, 2017; Galaxy marketer, interview by the author, May 3, 2017.

15   Former Galaxy marketer, interview by the author, January 10, 2017.

16   *The Ellen DeGeneres Show*, "Behind the Scenes at the Oscars," posted by YouTube user TheEllenShow on March 5, 2014, https://www.youtube.com/watch?v=7w4TMdCLNMM.

17   Unpublished photograph in the author's possession, March 2, 2014.

18   Emily Yahr, "How Many People Watched the 2014 Oscars? 43 Million, the Most in 10 Years," *The Washington Post*, March 3, 2014, https://www.washingtonpost.com/news/arts-and-entertainment/wp/2014/03/03/how-many-people-watched-the-2014-oscars-43-million-the-most-in-10-years/?utm_term=.0d56547662c9.

19   Academy of Motion Picture Arts and Sciences, "86th Academy Awards (2014 Oscars) FULL SHOW," posted by YouTube user Sebastian Vînătoru on April 7, 2014, https://www.youtube.com/watch?v=x_-IVPnytsA.

20   *The Ellen DeGeneres Show*, "Jared Leto on Pizza and the Oscar Selfie," posted by YouTube user TheEllenShow on March 3, 2014, https://www.youtube.com/watch?v= 4zVtaGFU4lo.

21   Academy of Motion Picture Arts and Sciences, "86th Academy Awards."

22   Galaxy marketer, interview by the author, May 3, 2017.

23   Academy of Motion Picture Arts and Sciences, "86th Academy Awards."

24   Ellen DeGeneres (@TheEllenShow), "If only Bradley's arm was longer. Best photo ever. #oscars," Twitter, March 3, 2014, 12:06 p.m., https://twitter.com/theellenshow/status/44032 2224407314432?lang=en.

25   Harry Wallop, "Oscars 2014: The Most Famous 'Selfie' in the World (Sorry Liza)," *The Telegraph*, March 3, 2014, https://www.telegraph.co.uk/culture/film/oscars/10674655/Oscars-2014-The-most-famous-selfie-in-the-world-sorry-Liza.html.

26   Chris Matyszczyk, "Ellen Does Samsung Oscars Selfie, Tweets from iPhone Backstage," *CNET*, March 2, 2014, https://www.cnet.com/news/ellen-does-samsung-oscars-selfie-tweets-from-iphone-backstage/.

27   Galaxy marketer, interview by the author, May 3, 2017.

28   Academy of Motion Picture Arts and Sciences, "86th Academy Awards."

29   The Academy (@TheAcademy), "Sorry, our bad. #Oscars," Twitter, March 3,

2014, 12:15 p.m., https://twitter.com/ theacademy/status/440324450907475968.

30   Academy of Motion Picture Arts and Sciences, "86th Academy Awards."

31   *The Ellen DeGeneres Show*, "Behind the Scenes at the Oscars."

32   Caspar Llewellyn Smith, "Ellen DeGeneres' Oscar Selfie Beats Obama Retweet Record on Twitter," *The Guardian*, March 2, 2014, https://www.theguardian. com/film/2014/mar/03/ellen-degeneres-selfie-retweet-obama.

33   Russell Brand. "Truth Behind Oscar Selfie: Russell Brand The Trews (E07)," posted by YouTube user Russell Brand on March 7, 2014, https://www.youtube. com/watch?v=F78Bs9dwQZ0.

34   Eli Langer, "Ellen's Viral Selfie Leads to $3 Million Donation," *CNBC*, March 4, 2014, https://www.cnbc.com/2014/03/04/ellens-viral-selfie-leads-to-3-million-donation.html.

35   Wallop, "Oscars 2014: The Most Famous 'Selfie' in the World."

36   "Oscar Selfie," in "100 Photos: The Most Influential Photographs of All Time," *Time*, October 18, 2016, http://100photos.time.com/photos/bradley-cooper-oscars-selfie.

37   Lauren Jenkins (@jenks), "Hey, @TheEllenShow! We painted a picture of you at Twitter HQ. Come take a #selfie with us! @LizFiandaca @genaweave," Twitter, April 11, 2014, 6:18 a.m., https://twitter.com/jenks/status/454367882911031296.

38   *The Ellen DeGeneres Show*, "Pres. Barack Obama on Ellen Breaking His Twitter Record," posted by YouTube user TheEllenShow on March 19, 2014, https:// www.youtube.com/watch?v= 8WmtUzftpS0.

39   David Jackson, "Obama's Victory Tweet Sets Record," *USA Today*, November 7, 2012, https://www.usatoday.com/story/theoval/2012/11/07/obama-election-tweet-election-2012/1688953/.

40   David Bugliari (Bradley Cooper's agent at the Creative Artists Agency), email message to the author, May 30, 2019.

41   MIPTV, "Keynote: Maurice Levy, Publicis Groupe—MIPTV 2014," posted by YouTube user mipmarkets on April 8, 2014, https://ww w.youtube.com/watch?time_continue=1605&v= 1ipQk5DgM_s.

42   "Ellen's Oscar Selfie: Worth $9 Billion?" *NBC News*, April 9, 2014, https://www.nbcnews.com/tech/social-media/ellens-oscar-selfie-worth-1-billion-n75821.

43   "Ellen's Oscar Selfie: Worth $9 Billion?"

44   Vranica, "Behind the Preplanned Oscar Selfie."

45   Mark Bergen, "Forget the Selfie: Samsung Is Out-Innovating Apple in Marketing," *Ad Age*, April 11, 2014, https://adage.com/article/digital/fact-check-samsung-s-selfie-worth-a-billion/292625.

46   Eric Mack, "Samsung Is Undisputed King of Smartphones; Apple Still Distant Second," *Forbes*, April 30, 2014, https://www.forbes.com/sites/ericmack/2014/04/30/samsung-is-undisputed-king-of-smartphones-apple-still-distant-second/#30ae6ca31c61.

47   Andrew McMains, "Samsung Tells the Story Behind the Selfie That Ate Hollywood (and Twitter)," *Adweek*, March 18, 2014, https://www.adweek.com/brand-marketing/samsung-tells-story-behind-selfie-ate-hollywood-and-twitter-156385/.

27장 전통으로의 회귀

1   Steve Kovach, "How Samsung Won and Then Lost."

2   Brian Wallace, interview by the author, January 6, 2016.

3   Former Galaxy marketer, interview by the author, February 20, 2016.

4   Ten former colleagues and employees of Todd Pendleton, interviews and email correspondence with the author, January 2016–February 2018.

5   Mark Bergen, "Samsung Restructures U.S. Marketing Team as Mobile Division Falters," *Ad Age*, November 4, 2014, https://adage.com/article/cmo-strategy/samsung-restructures-u-s-marketing-team/295385.

6   Brad Wete, "Kanye West and Jay Z to Kick Off Samsung's SXSW Concert Series," *Billboard*, March 10, 2014, https://www.billboard.com/articles/events/sxsw/5930374/kanye-west-and-jay-z-to-kick-off-samsungs-sxsw-concert-series.

7   Daren Tsui, interview by the author, January 10, 2017.

8   Ibid.

9   Ibid.

10   Daren Tsui, email to the author, August 1, 2019.

11   Gordon Kelly, "How Google Used Motorola to Smack Down Samsung—Twice," *Forbes*, February 10, 2014, https://www.forbes.com/sites/gordonkelly/2014/02/10/how-google-used-motorola-to-smack-down-samsung-twice/#46f9912e21fa.

12   Brad Stone, "Google's Sundar Pichai Is the Most Powerful Man in Mobile," *Bloomberg Businessweek*, June 27, 2014, https://www.bloomberg.com/news/

articles/2014-06-24/googles-sundar-pichai-king-of-android-master-of-mobile-profile.

13   Ibid.

14   Ibid.

15   Amir Efrati, "Google's Confidential Android Contracts Show Rising Requirements," *The Information*, September 26, 2014, https://www.theinformation.com/articles/ Google-s-Confidential-Android-Contracts-Show-Rising-Requirements.

16   Ibid.

17   Four Samsung executives, interviews by the author, January 2016–October 2017.

18   Ina Fried, "After Google Pressure, Samsung Will Dial Back Android Tweaks, Homegrown Apps," *Recode*, January 19, 2014, https://www.vox.com/2014/1/29/ 11622840/after-google-pressure-samsung-will-dial-back-android-tweaks-homegrown.

19   Brad Stone, Sam King, and Ian King, "Summer of Samsung: A Corruption Scandal, a Political Firestorm—and a Record Profit," *Bloomberg Businessweek*, June 27, 2017, https://www.bloomberg.com/news/features/2017-07-27/summer-of-samsung-a-corruption-scandal-a-political-firestorm-and-a-record-profit.

20   T.J. Kang, interview by the author, March 27, 2016.

21   Kelly, "How Google Used Motorola to Smack Down Samsung—Twice." Even though Google oversees the design and development of the Nexus phone, placing Google in competition with Samsung's hardware, the Nexus is manufactured by original equipment manufacturers (OEMs). Google's focus remains software, its search engine, and the Android operating system.

22   T.J. Kang, interview by the author, March 27, 2016.

23   Four former Samsung executives, interviews by the author, January 2016–February 2017.

24   T.J. Kang, interview by the author, March 27, 2016.

25   Cho Kwi-dong, "Former Samsung Adviser Fukuda, 'Time for Samsung to Forget About New Management and Reset,'" *Chosun Ilbo*, June 11, 2015, http:// biz.chosun.com/site/data/html_dir/2015/06/11/2015061101667.html. This source is in Korean. The author's researcher translated the title and the quoted text into English.

26   T.J. Kang, interview by the author, March 27, 2016.

27   In-Soo Nam, "Samsung Chairman Lee Kun-hee Regains Consciousness," *The*

Wall Street Journal, May 25, 2014, https://blogs.wsj.com/digits/2014/05/25/samsung-chairman-lee-kun-hee-regains-consciousness/.

28   Stone, King, and King, "Summer of Samsung."

28장 벌처 투자가

1   Se Young Lee, "For Samsung Heirs, Little Choice but to Grin and Bear Likely $6 Billion Tax Bill," Reuters, June 5, 2014, https://www.reuters.com/article/us-samsung-group-succession-tax/for-samsung-heirs-little-choice-but-to-grin-and-bear-likely-6-billion-tax-bill-idUSKBN0EG2SC20140605.

2   Ibid.

3   Shu-Ching Jean Chen, "Samsung's Lee Family Accused of Corrupt Dealings," *Forbes*, November 13, 2007, https://www.forbes.com/2007/11/13/samsung-corruption-investigation-face-markets-cx_jc_1113autofacescan01.html.

4   Seo Bo-mi, "Samsung's 'Innovative' Inheritance Technique," *Hankyoreh*, January 5, 2013, http://www.hani.co.kr/arti/english_edition/e_business/568398.html.

5   Samsung C&T shareholder, interview by the author, February 4, 2015.

6   "Rumor of Samsung Group Chairman Lee Kun-hee's Death Raises Stock Prices," *BusinessKorea*, April 16, 2015, http://www.businesskorea.co.kr/news/articleView.html?idxno=10149.

7   Eight Samsung shareholders, meetings and phone conversations with the author, May 2014–June 2016.

8   "Hong Ra-hee's Stock Valuation Soars ⋯ Emerging as the 'Nucleus' of Management Succession," Yonhap News Agency, March 21, 2017, https://www.yna.co.kr/view/AKR 20170320161100008. This source is in Korean. The author's researcher translated the title and the quoted text into English.

9   A dozen Samsung employees and recently departed employees, meetings and phone conversations with the author, May 2014–August 2015.

10   "The Samsung Group Is Merging Two Major Units as It Prepares to Transfer Power in the Founding Family," *AFP*, May 26, 2015, https://www.businessinsider.com/afp-samsung-to-merge-two-major-units-2015-5.

11   Matthew Levine, "Samsung Group Is Doing a Cozy Merger," *Bloomberg*, July 2, 2015, https://www.bloomberg.com/opinion/articles/2015-07-01/samsung-group-is-doing-a-cozy-merger.

12 Min-jeong Lee and Jonathan Cheng, "Samsung Heir Apparent Jay Y Consolidates Power with Merger," *The Wall Street Journal*, May 26, 2015, https://www.wsj.com/articles/samsung-heir-a pparent-consolidates-power-with-merger-of-two-major-firms-1432603589.

13 Levine, "Samsung Group Is Doing a Cozy Merger."

14 Max Abelson and Katia Porzecanski, "Paul Singer Will Make Argentina Pay," *Bloomberg*, August 7, 2014, https://www.bloomberg.com/news/articles/ 2014-08-07/argentinas-vulture-paul-singer-is-wall-street-freedom-fighter.

15 Nate Raymond and Joseph Ax, "Manhattan U.S. Attorney's Top Deputy to Join Hedge Fund Elliott," Reuters, June 18, 2015, https://www.reuters.com/article/hedgefund-elliott-lawyer/manhattan-u-s-attorneys-top-deputy-to-join-hedge-fund-elliott-idUSL1N0Z423T20150618.

16 Sheelah Kolhatkar, "Paul Singer, Doomsday Investor," *The New Yorker*, August 20, 2018, https://www.newyorker.com/magazine/2018/08/27/paul-singer-doomsday-investor.

17 "Samsung C&T (KNX:000830): proposed merger with Cheil Industries (KNX:028260)," ISS Special Situations Research, July 3, 2015, https://www.issgovernance.com/file/publications/samsung_ct_merger_with_cheil_industries.pdf.

18 Se Young Lee and Joyce Lee, "U.S. Fund Elliott Challenges Samsung Group Restructuring Move," Reuters, June 3, 2015, https://www.reuters.com/article/us-cheil-industries-m-a-samsung-c-t/u-s-fund-elliott-challenges-samsung-group-restructuring-move-idUSKBN0OJ34C20150604.

19 Adam Lashinsky, "Can Samsung's New Leader Dethrone Apple?" *Fortune*, July 27, 2015, http://fortune.com/2015/07/27/samsung-jay-lee/.

20 "Chronology of Samsung C&T's Merger with Cheil Industries," Yonhap News Agency, July 17, 2015, https://en.yna.co.kr/view/AEN20150715010200320.

21 "Samsung C&T Says to Sell 9 Mln Treasury Shares to KCC Corp," Reuters, June 10, 2015, https://www.reuters.com/article/samsung-ct-kcc-idUSL3N0YW3H020150610.

22 Kang Yoon-seung, "Elliott Seeks to Block Samsung C&T's Share Sale," Yonhap News Agency, June 11, 2015, https://en.yna.co.kr/view/AEN20150611002651320?input=rss. Elliott published its public statements and presentations for shareholders and media, in English and Korean, at http://www.fairdealforsct.com/.

23   Kanga Kong, "Korea Inc. Ready to Kill Major Reforms No Matter Who Wins Vote," *Bloomberg*, April 27, 2016, https://www.bloombergquint.com/markets/korea-inc-ready-to-kill-major-reforms-no-matter-who-wins-vote.

24   Elliott Management, "Elliott's Perspectives on Samsung C&T and the Proposed Takeover by Cheil Industries," June 2015, p. 6., http://www.fairdealforsct.com/present/.

25   Se Young Lee, "Hedge Fund, Samsung Group Locked in Fight over $8 Bln Merge," Reuters, June 11, 2015, https://www.reuters.com/article/samsung-ct-kcc-elliott/update-1-hedge-fund-makes-fresh-legal-challenge-to-samsung-group-deal-idUSL3N0YX07120150611.

26   Choe Sang-hun, "Court Rejects Investor's Move to Disrupt Samsung Merger," *The New York Times*, July 1, 2015, https://www.nytimes.com/2015/07/02/business/dealbook/court-rejects-investors-move-to-disrupt-samsung-merger.html.

27   Agence France-Presse, "US Fund Elliott Files Appeal Against Samsung Merger Ruling," July 3, 2015, https://www.aaj.tv/2015/07/us-fund-elliott-files-appeal-against-samsung-merger-ruling/.

28   "Amid Crisis, Samsung C&T Makes Clear Its Intention to Merge ⋯ Advertising Extensively," Yonhap News Agency, July 13, 2015. Recordings of Samsung's TV spots are in the author's possession. https://www.yna.co.kr/view/AKR20150713028100003. This source is in Korean. The author's researcher translated the headline and text into English.

29   Kim Byung-chul, "Samsung Really Wants to Succeed in the Merger," *Huffington Post Korea*, July 14, 2015, https://www.huffingtonpost.kr/2015/07/14/story_n_7790824.html. This source is in Korean. The author's researcher translated the headline and text into English.

30   Jo Gwi-dong, "Samsung C&T's Persuasion of Elliott-allied Foreign Shareholders Successful," *Chosun Biz*, July 17, 2015, http://biz.chosun.com/site/data/html_dir/2015/07/17/2015071701664.html. This source is in Korean. The author's researcher translated the headline and text into English. Information on the walnut cakes and watermelons are in Jen Wieczner. "Inside Elliott Management: How Paul Singer's Hedge Fund Always Wins," Fortune. December 7, 2017, https://fortune.com/2017/12/07/elliott-management-hedge-fund-paul-singer/.

31   Jonathan Cheng and Min-Jeong Lee, "As Vote Nears, Samsung Pulls Out All the Stops," *The Wall Street Journal*, July 15, 2015, https://www.wsj.com/articles/as-

vote-nears-samsung-pulls-out-all-the-stops-1436994473.

32 Representative of minority shareholder, interview by the author, July 16, 2015.

33 Joo Jin-woo, "We Are Revealing the 'Samsung Jang Choong-gi' Text Messages in Full,'" *SisaIN*, August 9, 2017, https://www.sisain.co.kr/?mod=news&act=articleView&idxno=29814. This source is in Korean. The author's researcher translated the headline and text into English.

34 Ibid. More information is at Kim Eun-ji and Joo Jin-woo, "Messages of Favor That Samsung's Jang Choong-ki Received," *SisaIN*, August 16, 2017, https://www.sisain.co.kr/?mod=news &act=articleView&idxno=29863. This source is in Korean. The author's researcher translated the headline and text into English.

35 Haviv Rettig Gur, "Fight over One of the World's Largest Tech Companies Turns Anti-Semitic," *The Times of Israel*, July 9, 2015, https://www.timesofisrael.com/fight-over-one-of-the-worlds-largest-tech-companies-turns-anti-semitic/.

36 Ibid.

37 Anti-Defamation League, "ADL Urges Korean Gov't to Condemn Anti-Semitism Following Pernicious Stereotypes in Media Outlets" (news release), July 10, 2015, https://www.adl.org/news/press-releases/adl-urges-korean-govt-to-condemn-anti-semitism-following-pernicious-stereotypes.

38 Jung Jin-yeop, "2015 Accounts of National Pension Service," National Pension Service Management Committee, March 2016. This source is in Korean. The author's researcher translated the headline and text into English. The document is in the author's possession.

39 Seo Han-ki, "NPS: 'We Decided on Samsung C&T Merger,' ⋯ Seems Like They Will Agree," Yonhap News Agency, July 10, 2015, https://www.yna.co.kr/view/AKR20150710173053017. This source is in Korean. The author's researcher translated the headline and text into English.

40 Min-Jeong Lee and Jonathan Cheng, "Pension Fund Could Be Samsung Kingmaker," *The Wall Street Journal*, June 5, 2015, https://www.wsj.com/articles/pension-fund-could-be-samsung-kingmaker-1433502314.

41 Hwang Ye-rang, "The Secret of July 2015 Between Samsung-NPS-Blue House," *Hankyoreh 21*, November 2016, https://www.yna.co.kr/view/AKR20150713028100003. This source is in Korean. The author's researcher translated the headline and text into English.

42 Kim Woo-chan, interview by the author's researcher Max Soeun Kim, July 10,

2015.

43 Kim Myeong-ryol, "Looking into the Proceedings from NPS Meeting Regarding Samsung C&T Merger," *Money Today*, November 23, 2016, http://news.mt.co.kr/mtview.php?no= 2016112316234472720. The NPS meeting minutes are in the author's possession. This source is in Korean. The author's researcher translated the headline and text into English.

44 Ibid.

45 Yoo Hyun-min, "NPS Agrees on Merger Between Samsung C&T and Cheil Industries Based on Synergy," Yonhap News Agency, November 23, 2016, https://www.yna.co.kr/view/AKR20161123126400008. This source is in Korean. The author's researcher translated the headline and text into English.

46 S.J. Kim (former top Samsung financial executive), interview by the author, June 14, 2015.

47 Ken Kurson, "Spat Between Samsung and NYC Hedge Fund Takes Nasty Detour into Jew-Baiting," *Observer*, July 13, 2015, https://observer.com/2015/07/spat-between-samsung-and-nyc-hedge-fund-takes-nasty-detour-into-jew-baiting/.

48 Ibid.

49 Ibid.

50 Ryan Daly, "Samsung's Alleged Anti-Semitic Cartoons Pulled from Website," *Fortune*, July 16, 2015, http://fortune.com/2015/07/16/samsungs-anti-semitic-cartoons/.

51 Kang Se-hoon, "Fervent Last-Minute Debate Regarding Samsung Merger," *Newsis*, July 14, 2015, http://www.newsis.com/view/?id=NISX20150714_0013791085. This source is in Korean. The author's researcher translated the headline and text into English.

52 Samsung C&T Minority Shareholders Group,"Public Statement to NPS," July 2015. Document is in the author's possession. This source is in Korean. The author's researcher translated the headline and text into English.

53 Stock analysts and minority shareholders, meetings with the author, July 2015.

54 Kang Dong-oh, interview by the author, July 15, 2015.

55 Park Eun-jee, "Shareholders Vote to Approve Samsung Merger," *Korea JoongAng Daily*, July 18, 2015, http://korea joongangdaily.joins.com/news/article/article.aspx?aid=3006777.

56 Jonathan Cheng and Min-Jeong Lee, "Samsung Shareholders Back $8 Billion

Merger, in Blow to U.S. Hedge Fund," *The Wall Street Journal*, July 17, 2015, https://www.wsj.com/articles/samsung-c-t-shareholders-approve-8-billion-merger-with-cheil-industries-1437105075.

57 Park, "Shareholders Vote to Approve Samsung Merger."

58 Chang Jae Yoo, "Q&A: NPS Embroiled in Korea's Political Scandal over Samsung Units' Merger," *Korea Economic Daily*, November 29, 2016, http://www.koreaninvestors.com/?p=1447.

59 Kim Yoo-chul, "Samsung Beats Elliott to Pass Merger Deal," *The Korea Times*, July 17, 2015, https://www.korea times.co.kr/www/news/tech/2015/07/133_182984.html.

60 Cheng and Lee, "Samsung Shareholders Back $8 Billion Merger."

61 Kim, "Samsung Beats Elliott to Pass Merger Deal."

62 Anna Fifield, "In South Korea, Samsung Prepares to Crown Third-Generation 'Emperor,'" *The Washington Post*, October 9, 2014, https://www.washingtonpost.com/world/in-south-korea-samsung-prepares-to-crown-third-generation-emperor/2014/10/08/6ec0ba58-44bb-11e4-b437-1a7368204804_story.html.

63 Kim, "Samsung Beats Elliott to Pass Merger Deal."

64 "Samsung C&T Stocks Plunge as Lower Demand Hits Bottom Line," *The Korea Herald*, May 17, 2016, https://www.koreatimes.co.kr/www/biz/2019/04/488_204880.html.

65 Park Han-na, "NPS Sees Big Losses After Samsung C&T Merger," *The Investor*, November 21, 2016, http://www.the investor.co.kr/view.php?ud=20161121000877.

66 Choi Kwang, interview by the author, May 7, 2017.

29장 말 한 마리와 바꾼 제국

1 "Lee Jae-yong's Feelings About the Park Meeting Revealed," *Maeil Business Newspaper*, August 6, 2017, https://www.mk.co.kr/news/society/view/2017/08/526943/. This source is in Korean. The author's researcher translated the headline and text into English.

2 Choi Hoon, "Living in the Past," *Korea JoongAng Daily*, December 8, 2016, http://koreajoongangdaily.joins.com/news/article/article.aspx?aid=3027134.

3 Lee, "Park Geun-hye Administration."

4 Lee Dong-hyun, "Blue House: Park Geun-hye Administration, Samsung

Memo Written in August 2014," *Hankook Ilbo*, July 16, 2017, https://www. hankookilbo.com/News/Read/201707161519454085. This source is in Korean. The author's researcher translated the headline and text into English. Elliott Associates, the hedge fund that challenged the Samsung merger in a shareholder vote, published a comprehensive English account of evidence from Jay Lee's trial in a document intended for Elliott's later arbitration case against the South Korean government. The document is KL Partners, Three Crowns LLP, and Kobre & Kim, "Claimant's Amended Statement of Claim," *Elliott Associates, L.P. vs. Republic of Korea*, Arbitration Under the Arbitration Rules of the United Nations Commission on International Trade Law and the Free Trade Agreement between the Republic of Korea and the United States of America, April 4, 2019, https://pcacases.com/web/sendAttach/2594.

5   Kang Young-soo. "Lee Jae-yong: 'After Being Chastised by President Park, I See What People Mean About Her 'Laser Beam Gaze,'" *Chosun Ilbo*, April 7, 2017, http://news.chosun.com/site/data/html_dir/2017/04/07/2017040702451.html. This source is in Korean. The author's researcher translated the headline and text into English.

6   Eun-Young Jeong, "His Kingdom for a Horse? Samsung Heir's Trial Hinges on an Equestrian Deal," *The Wall Street Journal*, July 4, 2017, https://www. wsj.com/articles/case-against-samsung-heir-rides-on-alleged-horse-trading-deal-1499088469. The Core Sports contract is in the possession of the author.

7   Choe Sang-hun, "A Presidential Friendship Has Many South Koreans Crying Foul," *The New York Times*, October 27, 2016, https://www.nytimes. com/2016/10/28/world/asia/south-korea-choi-soon-sil.html.

8   Alexander Vershbow (U.S. ambassador to South Korea), cable sent on July 20, 2007, Public Library of U.S. Diplomacy, WikiLeaks, https://wikileaks.org/ plusd/cables/07SEOUL2178_a.html.

9   Kim Min-kyung, Chung Yoo-ra: "I Don't Think Samsung Was Unaware of Exchanging Horses," *Hankyoreh*, July 12, 2017. This source is in Korean. The author's researcher translated the headline and text into English.

10 "Samsung Private Jet's Last Flight to Carry George W. Bush," *Chosun Ilbo*, October 1, 2015, http://english.chosun.com/site/data/html_dir/2015/10/01/ 2015100101487.html.

11 Min-Jeong Lee, "Samsung Sells Chemical Businesses to Rival Lotte," *The Wall*

Street Journal, October 29, 2015, https://www.wsj.com/articles/samsung-sells-chemical-businesses-to-rival-lotte-1446176583.

12   Seo Ji-eun, "Two Years On, Samsung Heir Has Put His Brand on Group," *Korea JoongAng Daily*, May 10, 2016, http://koreajoongangdaily.joins.com/news/article/article.aspx?aid= 3018515.

13   Kentaro Ogura, "Samsung Sheds Old Culture for New Growth," *Nikkei Asian Review*, June 30, 2016, https://asia.nikkei.com/Business/Samsung-sheds-old-culture-for-new-growth.

14   Lee Suh-hee, "Samsung Cancels Summer Festival ⋯ Speeding Up the Process of Overthrowing Corporate Culture," *Hankook Ilbo*, March 22, 2016, https://www.hankookilbo.com/News/Read/201603220479056587. This source is in Korean. The author's researcher translated the headline and text into English.

15   Kentaro Ogura, "Samsung Sheds Old Culture for New Growth."

16   Samsung marketer, email message to the author, December 2, 2016.

17   Fifteen Samsung vice presidents and former vice presidents, interviews by the author, March 2016–September 2017.

18   Nam S. Lee, interview by the author, November 13, 2015.

19   Ho Soo Lee, interview by the author, September 5, 2016.

20   Former Galaxy marketer, interview by the author, October 23, 2017.

21   Samsung Electronics, "Petition for a Writ of Certiorari to the United States Court of Appeals for the Federal Circuit," *Samsung Electronics v. Apple*, December 14, 2015, https://www.scribd.com/doc/293255771/Samsung-vs-Apple-Samsung-s-Appeal-to-the-Supreme-Court.

22   Florian Mueller, "*Apple v. Samsung*: Petition for Supreme Court to Take First Look at Design Patent Case in 122 Years," *Foss Patents*, December 14, 2015, http://www.fosspatents.com/2015/12/apple-v-samsung-petition-for-supreme.html.

23   Casey Neistat, "I'm a Male Model," posted by YouTube user CaseyNeistat on March 2, 2016, https://www.youtube.com/watch?v=88N-811loAo.

24   Dan Rys, "Samsung's Milk Music Officially Shuts Down U.S. Service," *Billboard*, September 22, 2016, https://www.billboard.com/articles/business/7518662/samsung-milk-music-officially-shuts-down-us.

25   Daren Tsui, interview by the author, January 10, 2017.

26   Peter Bright, "Samsung's Tizen Is Riddled with Security Flaws, Amateurishly

Written," *Ars Technica*, April 4, 2017, https://arstechnica.com/gadgets/2017/04/samsungs-tizen-is-riddled-with-security-flaws-amateurishly-written/.

27 "Choi Soon-sil Computer Obtained ⋯ President's Speeches Have Been Downloaded," *JTBC*, October 24, 2016. http://news.jtbc.joins.com/article/article.aspx?news_id=NB11340632. This source is in Korean. The author's researcher translated the headline and text into English.

28 Lee Ha-kyeong, "A Bloody Similarity," *Korea JoongAng Daily*, January 14, 2017, http://koreajoongangdaily.joins.com/news/article/article.aspx?aid=3028421.

29 Ju-min Park and Se Young Lee, "S. Korea President's Approval Rating Falls to 5 Percent: Gallup," Reuters, November 4, 2016, https://www.reuters.com/article/us-southkorea-politics-poll-idUSKBN12Z04Y.

30 Choe Sang-Hun, "South Koreans 'Ashamed' over Leader's Secretive Adviser," *The New York Times*, November 5, 2016, https://www.nytimes.com/2016/11/06/world/asia/south-koreans-ashamed-over-les-secretive-adviser.html.

31 Korean lawyer, interview by the author, November 14, 2016.

32 Choe Sang-Hun, "Choi Soon-sil, at Center of Political Scandal in South Korea, Is Jailed," *The New York Times*, October 31, 2016, https://www.nytimes.com/2016/11/01/world/asia/south-korea-park-geun-hye-choi-soon-sil.html.

33 Ju-min Park and Tony Munroe, "South Korea's Park Says 'Hard to Forgive Myself' for Political Crisis," Reuters, November 3, 2016, https://www.reuters.com/article/us-southkorea-politics-idUSKBN12Z05N.

34 "Prosecutors Raid Samsung's Headquarters, Grill Exec over Scandal," Yonhap News Agency, November 8, 2016, https://en.yna.co.kr/view/AEN20161108001354315.

35 Song Jung-a, "South Korean Prosecutors Make New Raids over Political Scandal," *Financial Times*, December 21, 2016, https://www.ft.com/content/b2986b0a-c744-11e6-8f29-9445cac8966f.

36 National Pension Service staffer, WhatsApp message to the author, April 28, 2017.

37 "Ex–Health Minister Sentenced to 2.5-Year Jail Term in Corruption Scandal," Yonhap News Agency, June 8, 2017, https://en.yna.co.kr/view/AEN20170608007251315.

38 Michael Katz, "Former Korean Minister Found Guilty of Pressuring Pension," Chief Investment Officer, June 12, 2017, https://www.ai-cio.com/news/former-korean-minister-found-guilty-pressuring-pension/.

39 Analyst at Wall Street investment house, meeting with the author, December 22,

2016.

40   SBS News, "[SBS LIVE] Park Geun-hye— Choi Soon-sil Gate Live Broadcast," SBS, December 5, 2016, https://www.youtube.com/watch?time_continue=1&v=gkhXFaPbNSk. The conversation beginning with "Are you indeed an accomplice?" plays at 1:20:57. The quote "Jay Y. Lee seems like he has memory problems" plays at 5:05:07. Jay Lee says "I don't know" and "I don't remember" many times throughout the hearing. A full transcript of these proceedings is in National Assembly of the Republic of Korea, "Notes from Special Investigative Committee for Private Persons' Interference in Park Geun-hye Administration," December 6, 2016. Document is in the author's possession. This source is in Korean. The author's researcher translated the headline and text into English.

41   Republic of Korea, "Prosecutors' Report on Private Persons' Interference in Park Geun-hye Administration," p. 18. Document is in the author's possession. This source is in Korean. The author's researcher translated the headline and text into English.

42   Bridge Economy, "Jay Lee Attends the Special Prosecutors' Office and the Court for Warrant Hearing, Unresponsive to Reporters' Questions," posted by YouTube user BridgeEconomy on January 17, 2017, https://www.youtube.com/watch?v=W3a5Qri3PIg. This source is in Korean. The author's researcher translated the headline and text into English.

43   Jonathan Cheng and Timothy W. Martin, "Samsung Heir Meets Prosecutors: 22 Hours of Questioning and a $5 Lunch," *The Wall Street Journal*, January 15, 2017, https://www.wsj.com/articles/samsung-heir-meets-prosecutors-22-hours-of-questioning-and-a-5-lunch-1484305005.

44   Sherisse Pham, "Judge Rejects Arrest Warrant for Samsung Heir," *CNNMoney*, January 18, 2017, https://money.cnn.com/2017/01/17/investing/samsung-jay-lee-arrest-warrant-court/ index.html.

45   JTBC News, "Jay Lee Attends His Second Warrant Hearing," posted by YouTube user JTBC News on February 16, 2017, https://www.youtube.com/watch?v=Ww0F4UJq5MQ. This source is in Korean. The author's researcher translated the headline and text into English.

46   OhMyNewsTV, "Lee Jae-yong 'Fateful Day,' Scene of Transportation to Seoul Detention Center," posted by YouTube user OhMyNewsTV on February 16, 2017, https://www.youtube.com/watch?v=mV_ktOwH3Vs. This source is in

Korean. The author's researcher translated the headline and text into English.

47 Hyunjoo Jin and Joyce Lee, "Samsung Chief Lee Arrested as South Korean Corruption Probe Deepens," Reuters, February 16, 2017, https://www.reuters.com/article/us-southkorea-politics-samsung-group/samsung-chief-lee-arrested-as-south-korean-corruption-probe-deepens-idUSKBN15V2RD.

48 Ibid.

49 Eun-Young Jeong and Timothy W. Martin, "Samsung Heir's Prison Life: Seven Hours of TV on an LG Screen, $1.25 Meals," *The Wall Street Journal*, February 28, 2017, https://www.wsj.com/articles/samsung-heirs-prison-life-7-hours-of-tv-1-25-meals-1488282647.

50 Ju-min Park, "Mattress on Cell Floor, Toilet in the Corner for Samsung Scion," Reuters, February 17, 2017, https://www.reuters.com/article/us-southkorea-politics-samsung-group-pri/mattress-on-cell-floor-toilet-in-the-corner-for-samsung-scion-idUSKBN15W0J4.

51 Brad Stone, Sam King, and Ian King, "Summer of Samsung: A Corruption Scandal, a Political Firestorm—and a Record Profit," *Bloomberg Businessweek*, July 26, 2017, https://www.bloomberg.com/news/features/2017-07-27/summer-of-samsung-a-corruption-scandal-a-political-firestorm-and-a-record-profit.

52 "History Repeats Itself," *Korea Herald*, April 8, 2018, http://www.koreaherald.com/view.php?ud=20180408000033.

53 Ahn Sung-mi, "CJ Vice Chairwoman Signals Return with Rare Public Appearance," *The Investor*, December 6, 2016, http://www.theinvestor.co.kr/view.php?ud=20161206000638.

54 Christine Kim, "The World According to Park: A Blacklist and Placenta Shots in South Korea," Reuters, January 19, 2017, https://www.reuters.com/article/us-southkorea-politics-black list-idUSKBN15314D.

55 Han Yeong-hye, "Seoul Detention Center, Where Former President Park Geun-hye Is Detained," *JoongAng Ilbo*, March 31, 2017, https://news.joins.com/article/21425038. This source is in Korean. The author's researcher translated the headline and text into English.

56 Former Samsung vice president, interview by the author, September 1, 2017.

57 Geoffrey A. Fowler and Joanna Stern, "Why Samsung's Battery Fix Gets a Grade C, For Now," *The Wall Street Journal*, January 22, 2017, https://www.wsj.com/articles/why-samsungs-battery-fix-gets-a-grade-c-for-now-1485133200.

58   Samsung Electronics, "Samsung Finally Reveals Why the Galaxy Note 7 Kept Exploding," posted by YouTube user Tech Events on January 23, 2017, https://www.youtube.com/watch?v= Iu18CykEH9o.

59   Paul Mozur, "Galaxy Note 7 Fires Caused by Battery and Design Flaws, Samsung Says," *The New York Times*, January 22, 2017, https://www.nytimes.com/2017/01/22/business/samsung-galaxy-note-7-battery-fires-report.html.

60   Fowler and Stern, "Why Samsung's Battery Fix Gets a Grade C."

61   Park Chul Wan, email message to the author's researcher Max Soeun Kim, April 21, 2017.

62   Jessica Dolcourt, "Samsung Galaxy S8 Review," *CNET*, May 26, 2017, https://www.cnet.com/reviews/samsung-galaxy-s8-review/.

63   Gareth Beavis, "Samsung Galaxy S8 Review," *TechRadar*, January 17, 2019, https://www.techradar.com/reviews/samsung-galaxy-s8-review.

64   Former Galaxy marketer, interview by the author, October 9, 2017. More reasons for lackluster sales are addressed in Kim Yong-won, "Samsung Electronics Galaxy S8 Sales Below Expectations, Dark Clouds Hanging over Long-Term Popularity," *BusinessPost*, April 26, 2017, http://www.businesspost.co.kr/BP?command= naver&num=49245. This source is in Korean. The author's researcher translated the headline and text into English.

65   Peter Wells, "Samsung Pushes South Korean Stocks Toward Record High," *Financial Times*, May 2, 2017, https://www.ft.com/content/62df3254-5ea6-3ea6-b2bb-f b90399b42a0.

66   Jacky Wong, "The World's Most Profitable Tech Company? Not Apple," *The Wall Street Journal*, July 6, 2017, https://www.wsj.com/articles/the-worlds-most-profitable-tech-company-not-apple-1499398067. This is not by the same reporter who interviewed the author of this book, but the article shows the soaring profits of the time.

67   "Dr. Oh-Hyun Kwon, Vice Chairman & CEO, Samsung Electronics Co., Ltd.," posted by YouTube user The Economic Club of Washington, D.C., on October 19, 2017, https://www.youtube.com/watch?v=uCkoRV4fOUs.

68   Stone, King, and King, "Summer of Samsung."

69   Jeyup S. Kwaak and Paul Mozur, "Mastermind or Naïf? Samsung Heir's Fate Hinges on the Question," *The New York Times*, August 23, 2017, https://www.nytimes.com/2017/08/23/business/samsung-jay-lee-trial-lee-jae-yong.html.

70 Ibid.

71 "Jay Lee: 'Park Geun-hye Complained About Hong Seok-hyun in Private,'" Yonhap News Agency, August 2, 2017, https://www.yna.co.kr/view/AKR20170802175300004. This source is in Korean. The author's researcher translated the headline and text into English.

72 Joyce Lee and Hyunjoo Jin, "Downfall of Ex–Samsung Strategy Chief Leaves 'Salarymen' Disillusioned," Reuters, August 25, 2017, https://www.reuters.com/article/us-samsung-lee-choi/downfall-of-ex-samsung-strategy-chief-leaves-salarymen-disillusioned-idUSKCN1B50UX.

73 Samsung Electronics, "Samsung Galaxy Note 8 Unpacked—Full Replay," posted by YouTube user samsungnewzea land on September 10, 2017, https://www.youtube.com/watch?v= W2YErBpcB-w.

74 Dan Seifert, "Samsung Galaxy S8 Review: One for the Fans," *The Verge*, September 5, 2017, https://www.theverge.com/2017/9/5/16253308/samsung-galaxy-note-8-review.

75 Seoul Central District Court, 27th Criminal Division, "Ruling on 2017 (Goh-hap) 194," August 25, 2017, pp. 50–105. The Korean term *Goh-hap* has no literal translation in English. It signifies criminal cases decided by a panel of three judges. Document is in the author's possession. This source is in Korean. The author's researcher translated the headline and text into English.

76 *Newbc*, "Stenographic Notes from Lee Jae-yong's First Trial Obtained." August 25, 2017, http://www.newbc.kr/bbs/board.php?bo_table=comm1&wr_id=4151.

77 Seoul Central District Court 27th Criminal Division. "Ruling on 2017 (Goh-hap) 194," August 25, 2017, p. 19.

78 Kim Min-jung, "After Announcing Five-Year-Sentence, Jay Lee Seems Calm, Audience Gasps," *Hankook Ilbo*, August 25, 2017, https://www.hankookilbo.com/News/Read/201708251849861053. This source is in Korean. The author's researcher translated the headline and text into English.

79 Matthew Miller, "The iPhone X Is Basically Samsung's Note 8 Plus Animojis," ZDNet, September 12, 2017, https://www.zdnet.com/article/iphone-x-no-thanks-samsungs-note-8-is-all-i-ever-wanted-in-a-smartphone-and-more/.

80 Aatif Sulleyman, "A Leap Forward for Apple but Samsung Is Still Ahead," *The Independent*, September 15, 2017, https://www.independent.co.uk/life-style/

gadgets-and-tech/features/iphone-x-vs-samsung-s8-features-note-8-android-years-ahead-ios-11-a7947206.html.

81 Former Galaxy marketer, interview by the author, October 9, 2017.

82 Timothy W. Martin and Tripp Mickle, "Why Apple Rival Samsung Also Wins If iPhone X Is a Hit," *The Wall Street Journal*, October 2, 2017, https://www.wsj.com/articles/why-apple-rival-samsung-also-wins-if-iphone-x-is-a-hit-1506936602.

83 "Facebook Shows Another Foreign Spy Hidden Behind CNRP to Topple the Government," *Fresh News*, August 24, 2017, http://freshnewsasia.com/index.php/en/63667-facebook-2.html. The article is in Khmer, the language of Cambodia. A Cambodian translator completed this translation for the author.

84 Erin Handley and Niem Chheng, "Filmmaker James Ricketson Charged," *The Phnom Penh Post*, June 9, 2017, https://www.phnompenhpost.com/national/filmmaker-james-ricketson-charged.

85 "Latest Updated: CNRP Leader Kem Sokha Arrested for 'Treason,'" *The Cambodia Daily*, September 3, 2017, https://www.cambodiadaily.com/news/nrp-leader-kem-sokha-arrested-treason-134249/.

에필로그
1 Anthony Cuthberson, "Galaxy Fold: Inside Samsung's Struggle to Deliver a Foldable Phone—and Why the Future of Smartphones Hinges on It," *The Independent*, July 1, 2019, https://www.independent.co.uk/life-style/gadgets-and-tech/features/samsung-galaxy-fold-foldable-phone-release-date-when-explained-a8980056.html.

2 Aatif Sulleyman, "The Galaxy Fold Timeline: Samsung's Incredible Journey from 2011 to Foldgate," *Trusted Reviews*, April 23, 2019, https://www.trustedreviews.com/news/samsung-fold-timeline-3652069.

3 Steve Dent, "Samsung Files Patent for a Bizarre Foldable Smartphone," *Engadget*, November 10, 2016, https://www.engadget.com/2016/11/10/samsung-foldable-smartphone/.

4 Shin Ji-hye, "Samsung Mobile Chief Not Confident About Foldable Phones This Year," *The Korea Herald*, January 9, 2018, http://www.koreaherald.com/view.php?ud=20180109000915.

5   Cuthberson, "Galaxy Fold: Inside Samsung's Struggle to Deliver a Foldable Phone."

6   Sohee Kim, Sam Kim, and Bruce Einhorn, "The Critic Tapped to Be Korea's Top Cop," Bloomberg News, May 18, 2017, https://www.bloomberg.com/news/articles/2017-05-18/samsung-threw-out-critic-tapped-to-be-korea-s-top-business-cop.

7   Korea Fair Trade Commission, *Annual Report 2017*, http://www.ftc.go.kr/solution/skin/doc.html?fn=bd60e97df64ecf b0bf2578c58ef3a70fc41f48786446f 5f55aed59088afd80fd&rs=/fileup-load/data/result/BBSMSTR_000000002404/.

8   Eun-Young Jeong, "South Korea Names 'Chaebol Sniper' to Watchdog Role," *The Wall Street Journal*, May 17, 2017, https://www.wsj.com/articles/south-korea-names-chaebol-sniper-to-watchdog-role-1495020959.

9   Kim, Kim, and Einhorn, "The Critic Tapped to Be Korea's Top Cop."

10   Kim Jaewon and Sotaro Suzuki, "Korea's 'Chaebol Sniper' Says Family Bosses Should Yield to Pros," *Nikkei Asian Review*, January 17, 2019, https://asia.nikkei.com/Editor-s-Picks/Interview/Korea-s-chaebol-sniper-says-family-bosses-should-yield-to-pros.

11   "South Korea's New President Vows to Take on the Country's Huge Family-Run Conglomerates," Reuters, May 22, 2017, https://fortune.com/2017/05/22/south-korea-antitrust-samsung-hyundai-chaebol-regulations-oversight/.

12   Joyce Lee and Haejin Choi, "Samsung Scion Lee Walks Free After Jail Term Suspended, Faces Leadership Challenges," Reuters, February 4, 2018, https://www.reuters.com/article/us-samsung-lee/samsung-scion-lee-walks-free-after-jail-term-suspended-faces-leadership-challenges-idUSKBN1FO0R9.

13   Sam Kim, "Samsung's Jay Y. Lee Set Free in Unexpected Court Reversal," Bloomberg News, February 5, 2018, https://www.bloomberg.com/news/articles/2018-02-05/samsung-heir-jay-y-lee-goes-free-after-court-suspends-jail-term.

14   Lee and Choi, "Samsung Scion Lee Walks Free After Jail Term Suspended, Faces Leadership Challenges."

15   Jack Nicas, "Apple and Samsung End Smartphone Patent Wars," *The New York Times*, June 27, 2018, https://www.nytimes.com/2018/06/27/technolog y/apple-samsung-smartphone-patent.html.

16   Edward White and Kang Buseong, "Elliott's $718m Claim Against South Korea Poses Risk for Moon," *Financial Times*, May 3, 2019, https://www.ft.com/

content/1a972668-6ca9-11e9-80c7-60ee53e6681d.

17	Representative of Elliott Management in New York City, email to the author, May 13, 2019.

18	Song Gyung-hwa, "[News analysis] Lee Jae-yong's Disturbing Display of Confidence Ahead of Supreme Court Ruling," *Hankyoreh*, May 5, 2019, http://www.hani.co.kr/arti/PRINT/892707.html.

19	Sherisse Pham, "Why Samsung's Billionaire Chief Is Headed to North Korea," *CNNMoney*, September 17, 2018, https://money.cnn.com/2018/09/17/technology/south-korea-samsung/index.html.

20	Song Gyung-hwa, "[News analysis] Lee Jae-yong's Disturbing Display of Confidence Ahead of Supreme Court Ruling," *Hankyoreh*.

21	Song Jung-a, "Regulator Says Samsung BioLogics Breached Accounting Rules," *Financial Times*, May 2, 2018, https://www.ft.com/content/4e37a1a6-4db4-11e8-8a8e-22951a2d8493.

22	Song Jung-a, "Two Samsung Employees Arrested over Alleged Cover-Up," *Financial Times*, April 29, 2019, https://www.ft.com/ content/20347230-6a95-11e9-80c7-60ee53e6681d.

23	Song, "Regulator Says Samsung BioLogics Breached Accounting Rules."

24	Song Su-hyun, "[Newsmaker] How Much Trouble Is Samsung BioLogics In?" *The Korea Herald*, November 22, 2018, http://www.koreaherald.com/view.php?ud=2018112200 0745.

25	Joyce Lee, "Accounting Concerns Wipe $6 Billion Off Samsung BioLogics Market Value," Reuters, May 1, 2018, https://www.reuters.com/article/us-samsung-biologic-accounting-samsung-c/accounting-concerns-wipe-6-billion-off-samsung-biologics-market-value-idUSKBN1I301U.

26	Kim Jaewon, "Samsung BioLogics Trading Suspended After Fraud Ruling," *Nikkei Asian Review*, November 14, 2018, https://asia.nikkei.com/Business/Companies/Samsung-BioLogics-trading-suspended-after-fraud-ruling.

27	Arlene Weintraub, "Samsung BioLogics Strikes Back, Filing Lawsuit over Criminal Penalties Imposed by Korean Regulators," *FiercePharma*, November 28, 2018, https://www.fierce pharma.com/pharma/samsung-biologics-strikes-back-filing-lawsuit-over-criminal-penalties-imposed-by-korean.

28	Choonsik Yoo and Yuna Park, "Samsung BioLogics Shares to Remain Listed, Resume Trade on Dec. 11," Reuters, December 10, 2018, https://www.reuters.

com/article/samsung-biologics-accounting/samsung-biologics-shares-to-remain-listed-resume-trade-on-dec-11-idUSS6N1X502C.

29   Edward White and Song Jung-a, "Eighth Samsung Employee Arrested over Biotech Fraud Case," *Financial Times*, June 5, 2019, https://www.ft.com/content/6d6ea99c-8720-11e9-a028-86cea8523dc2.

30   "Court Rejects Arrest Warrant for Samsung BioLogics CEO," Yonhap, July 20, 2019, http://www.koreaherald.com/view.php?ud= 20190720000005.

31   "Evidence Destroyed from Samsung Bio-Logics CEO's Computers: Prosecutors," Yonhap, June 3, 2019, https://en.yna.co.kr/view/AEN20190603006900325.

32   Ibid.

33   Lim Jeong-yeo, "Samsung BioLogics Apologizes for Destructing Evidence of Alleged Fraud," *The Korea Herald*, June 14, 2019, http://www.koreaherald.com/view.php?ud=20190614000628.

34   Chang Chung-hoon and Song Kyoung-son, "Supreme Court Ruling Deals Samsung Wild Card," *Korea JoongAng Daily*, September 2, 2019, http://koreajoongangdaily.joins.com/news/article/article.aspx?aid=3067449&cloc=joongangdaily%7Chome%7Cnewslist1.

35   "Watch Samsung Unveil Its Foldable Phone—The Galaxy Fold," posted by YouTube user Tech Insider, February 20, 2019, https://www.youtube.com/watch?v=sHR8efUn3SY.

36   Mark Gurman (@murkgurman), "The screen on my Galaxy Fold review unit is completely broken and unusable just two days in. Hard to know if this is widespread or not," Twitter, April 17, 2019, 8:58 p.m., https://twitter.com/markgurman/status/11185744672 55418880?lang=en.

37   Dieter Bohn, "My Samsung Galaxy Fold Screen Broke After Just a Day," *The Verge*, April 17, 2019, https://www.theverge.com/2019/4/17/18411510/samsung-galaxy-fold-broken-screen-debris-dust-hinge-flexible-bulge.

38   Chris Fox, "Samsung Galaxy Fold: Broken Screens Delay Launch," BBC, April 22, 2019, https://www.bbc.com/news/technology-48013395.

39   Chaim Gartenberg and Dieter Bohn, "Samsung Responds to Galaxy Fold Screen Damage: 'We Will Thoroughly Inspect These Units,'" *The Verge*, April 17, 2019, https://www.theverge.com/2019/4/17/18412572/samsung-galaxy-fold-screen-damage-statement-inspect-screen-protector.

40   Hudson Hongo, "Look at All These Fucked Up Galaxy Folds," *Gizmodo*, April 17,

2019, https://gizmodo.com/look-at-all-these-fucked-up-galaxy-folds-1834118147.

41 Chris Welch, "Samsung Delays Galaxy Fold Indefinitely: 'We Will Take Measures to Strengthen the Display,'" *The Verge*, April 22, 2019, https://www.theverge.com/2019/4/22/18511170/samsung-galaxy-fold-delay-indefinitely-statement-screen-display-broken-issues.

42 Cuthberson, "Galaxy Fold: Inside Samsung's Struggle to Deliver a Foldable Phone—and Why the Future of Smartphones Hinges on It."

43 Ibid.

44 Ju-min Park, "Samsung Electronics First-Quarter Profit Falls 60% On-Year as Weak Chip Prices Bite," Reuters, April 29, 2019, https://www.businessinsider.com/samsung-electronics-first-quarter-profit-falls-60-on-year-as-weak-chip-prices-bite-2019-4.

45 "'Creative Ecosystems' Is Key to Non-Memory Chip Business," *Dong-A Ilbo*, April 25, 2019, http://www.donga.com/en/article/all/20190425/1711196/1/Creative-ecosystems-is-key-to-non-memory-chip-business.

46 Park Tae-hee, "Who Triggered the Chip Crisis?" *Korea JoongAng Daily*, July 16, 2019, http://koreajoongang daily.joins.com/news/article/article.aspx?aid=3065513.

47 Song Gyung-hwa, "[News analysis] Lee Jae-yong's Disturbing Display of Confidence Ahead of Supreme Court Ruling," *Hankyoreh*.

48 "[Full Video] 'Influence-Peddling Scandal' Supreme Court Sentencing," YTN, August 29, 2019, https://www.ytn.co.kr/_ln/0301_201908291453019091_001. The source is in Korean. The author's researcher translated the source into English. An alternative video is available at https://www.youtube.com/watch?v=3h39mMR99IM&feat ure=youtu.be.

49 "[Full Video] 'Influence-Peddling Scandal' Supreme Court Sentencing," YTN.

50 Sohee Kim, "Samsung's Lee Faces a Retrial That Could Put Him Back in Jail," Bloomberg News, August 29, 2019, https://www.bloomberg.com/news/articles/2019-08-29/south-korea-orders-retrial-of-samsung-s-lee-in-bribery-scandal.

51 Ibid.

52 Ibid.

53 Lauren Goode, "Review: Samsung Galaxy Fold," *Wired*, October 24, 2019, https://www.wired.com/review/samsung-galaxy-fold/amp.

54   Sohee Kim, "Billionaire Samsung Heir Endures Lecture from Judge in Bribery Trial," Bloomberg News, October 24, 2019, https://www.bloomberg.com/amp/news/articles/2019-10-25/billionaire-samsung-heir-endures-tongue-lashing-in-graft-trial.

55   Sohee Kim, "Samsung Billionaire to Cede Board Seat Before Bribery Probe," Bloomberg News, October 26, 2019, https://www.bloomberg.com/amp/news/articles/2019-10-08/samsung-billionaire-heir-to-cede-board-seat-before-legal-probe. The most up-to-date board roster is available at Samsung Electronics, "Board of Directors," https://www.samsung.com/global/ir/governance-csr/board-of-directors/.

옮긴이의 말

삼성 공화국, 언제부턴가 사람들은 한국을 그렇게 부르기 시작했고 어느새 누구도 부인하지 않는 사실 아닌 사실이 되었다. 역자는 40대 후반에 접어든 중년 세대다. 아마도 삼성 이재용 부회장과 비슷한 시대를 살아온 세대가 아닐까 싶다.

지금은 글로벌 거대 기업이 되어 국경을 초월한 엄청난 위상을 자랑하지만, 불과 30년 전만 해도 삼성은 국내를 벗어나면 별다른 주목을 받지 못했다. 사실 국내에서도 삼성은 긍정적인 이미지보다 부정적인 이미지가 더 부각되어 있다. 나 역시 비슷한 감정이다. 기술은 분명히 세계 일류임을 인정하지만 다른 부분에서는 글쎄, 고개를 갸웃하게 된다.

처음 이 책의 번역을 의뢰받았을 때 기대 반 걱정 반의 심정이었다. 한국인도 아닌 외국인이 바라본 삼성이라! 과연 긍정적일까, 부정적일까. 혹시 한국과 삼성을 제대로 알고는 있을까. 설마 수박 겉만 핥고 마는 것은 아닐까. 결론은 생각보다 훨씬 더 폭넓고 깊이 있게 삼성의 과거와 현재를 잘 조명했다는 느낌을 받았다. 누군가는 상당히 거북할 수도 있을 테지만, 저자는 나름 객관적이고 편향되지 않은 시각을 견지하고 있었다. 오히려 내가 몰랐거나 제대로 알지 못했던 삼성을 사심 없이 바라볼 수 있는 좋은 기회가 되었다. 아마 독자들도 마찬가지일 것이라고 생각한다.

우리나라 근현대사의 굴곡을 헤치며 눈부시지만 결코 아름답지만은 않은 성장을 이루어온 삼성, 창업주 이병철 회장부터 현재의 글로벌 삼성을 이끌어낸 이건희 회장과 삼성의 황태자이자 미래의 총수인 이재용 부회장에 대해 잘 몰랐던 사실들이 예상외로 많았다. 또한 삼성의 많은 인재들이 펼친 뛰어난 활약도 내 시선을 끌었다. 그들에게 부정적인 면들보다 긍정적인 면들이 많은 것은 분명한 사실이고, 세계 일류의 글로벌 거대 기업은 결코 저절로 이루어지거나 운에 의해 만들어지지 않는다는 것도 부정할 수 없는 사실이다.

삼성은 삼성의 방식대로 밀어붙여 한때 감히 넘볼 수 없는 수준으로 여겨지던 일본의 소니를 멀찌감치 따돌리고, 마침내 세계 최고로 손꼽히는 애플과 한 치의 양보도 없는 치열한 경쟁을 펼치고 있다. 이처럼 국민들에게 엄청난 자긍심을 심어주는 우리의 자랑스러운 기업이 여러 사건과 사고들로 비난과 지탄을 받지 않았다면 얼마나 좋았을까. 바로 그 삼성의 방식으로 인해 말이다.

하지만 최근에 여러 떠들썩한 스캔들을 거치면서 삼성은 확실한 변화의 기류를 보이고 있는 듯하다. 그동안 역자도 삼성에 그리 우호적이지는 않은 사람이었지만 조만간 삼성 공화국이라는 말이 더 이상 부정적으로 들리지 않기를 기대하며, 삼성이 세계 일류의 기술 기업이라는 명성에 걸맞게 사회적 책임도 세계 최고 수준으로 실행할 것이라고 믿어본다.

끝으로 이 책을 번역할 수 있는 기회를 주시고 역자의 부족한 번역을 보완해주신 저스트북스 대표님과 꼼꼼한 손길로 글을 매끄럽게 다듬어주신 편집장님께 깊은 감사의 마음을 전한다.

2020년 6월
윤영호